本辑刊的编辑出版受以下项目资助：
- 国家社科基金重大项目"西方史学史谱系中的文明史范式研究"（项目号 19ZDA237）
- 科技创新服务能力建设—基本科研业务费（科研类）（市级）—高校智库与社会服务能力建设—全球史研究中心

全球史评论

第二十辑

（2021 No.1）

Global History Review Vol.20

刘新成 刘文明◎主　编

中国社会科学出版社

图书在版编目(CIP)数据

全球史评论. 第20辑/刘新成，刘文明主编. —北京：中国社会科学出版社，2021.6
ISBN 978 - 7 - 5203 - 8449 - 0

Ⅰ.①全… Ⅱ.①刘…②刘… Ⅲ.①世界史—研究 Ⅳ.①K107

中国版本图书馆 CIP 数据核字(2021)第 092659 号

出 版 人	赵剑英
责任编辑	安　芳
责任校对	张爱华
责任印制	李寡寡

出　　版	中国社会科学出版社
社　　址	北京鼓楼西大街甲 158 号
邮　　编	100720
网　　址	http://www.csspw.cn
发 行 部	010 - 84083685
门 市 部	010 - 84029450
经　　销	新华书店及其他书店
印　　刷	北京明恒达印务有限公司
装　　订	廊坊市广阳区广增装订厂
版　　次	2021 年 6 月第 1 版
印　　次	2021 年 6 月第 1 次印刷
开　　本	710×1000　1/16
印　　张	22.25
字　　数	365 千字
定　　价	98.00 元

凡购买中国社会科学出版社图书，如有质量问题请与本社营销中心联系调换
电话：010 - 84083683
版权所有　侵权必究

全球史评论
Global History Review

学术顾问 ［美］彭慕兰（Kenneth L. Pomeranz）
　　　　　　［德］夏德明（Dominic Sachsenmaier）
编 委 会 刘新成　夏继果　梁占军　刘文明
　　　　　　王永平　施　诚　岳秀坤　孙　岳
　　　　　　陈志坚　乔　瑜
主　　编 刘新成　刘文明
主　　办 首都师范大学全球史研究中心
本辑编辑 乔　瑜
英文编辑 孙晓霞

目 录

论 文

● 全球史理论与方法
太平洋史与太平洋国家史研究刍议 …………… 汪诗明 刘舒琪（3）
近年来史学界对跨国史的批评与反思 ………………………… 刘 祥（17）

● 专题研究
《乾隆皇帝谕英王乔治三世敕书》与有关传统中国对外关系之观点
　　在20世纪早期的形成 ……………………………… 沈艾娣（30）
地图何为？东西方早期的空间描绘 …………… 赖 锐 安 珂（57）
察物与想象：1688年的《中国新志》 …………………… 潘天波（82）
明清时期丝绸之路上农作物传播及对中国的影响 ……… 崔思朋（101）
中韩近世财产分割文书的比较 …………………………… 朱 玫（123）
小斯当东与英使访华"礼仪之争" ………………………… 赵连城（143）
林则徐与伯驾的"交往"：跨文化互动视角的思考 ……… 李 杨（155）
时局下的个人：华工何广培出洋经历的跨国史考察 …… 王延鑫（165）
"丁戊奇荒"中的灾情信息传播与"洋赈" ………………… 赵 莹（179）
康有为的"新世"论：从欧美政治变革思考中国问题 …… 张 翔（195）
从"鬼子"词义及其指称变化看近代中国的外来侵略者 … 许龙波（219）
基督教传教士对日本侵华的观察和言说
　　——以《教务杂志》的书评为中心（1928—1941）……… 王 皓（233）

评 论

航海图绘制的世界史
　——评宫崎正胜著《从航海图到
　　世界史》 ………………………………………… 张小敏（251）
二战时期英国军队军备规模述评 ……………… 张　箭　陈安琪（265）

海外新书评介

《没有永远的咖啡：咖啡叶锈病的全球史》评介 ………… 朱守政（281）
《缓缓之灾：澳大利亚的干旱生活》评介 ………………… 乔　瑜（286）
《从巡捕到革命者：全球上海的锡克移民
　（1885—1945）》评介 ……………………………… 黄肖昱（290）
《物质帝国：15—21世纪我们如何成为世界消费者》
　评介 ………………………………………………… 王仰旭（295）
《女性的世界/女性的帝国：国际视角下的基督教
　妇女禁酒联盟（1880—1930）》评介 …………… 孙晓霞（300）
《海战：1860年以来的全球历史》评介 …………………… 李向远（306）
《帝国眼中的中国法律：主权、正义与跨文化政治》评介 … 魏怡多（311）
《橡胶的世界史：帝国、工业和日常生活》评介 ………… 张炜伦（318）
《大航海时代的日本人奴隶：亚洲·新大陆·欧洲》
　评介 ………………………………………………… 韩　仑（325）
《东方是黑色的：黑人激进主义者想象中的冷战中国》
　评介 ………………………………………………… 苏学影（331）
《全球化的大历史：全球世界体系的诞生》评介 ………… 汪锦涛（335）

Contents and Abstracts ……………………………………………（339）

Thematic Papers
论文

• 全球史理论与方法

太平洋史与太平洋国家史研究刍议

汪诗明　刘舒琪

摘要　国外的太平洋史研究已取得了一定的成果,其中环境史、原住民史研究令人印象深刻,但"西方中心论"的印迹依然明显。在全球史及区域国别问题研究渐受重视的背景下,太平洋史研究开始受到国内学界的关注。作为认识论上的一个整体史概念,太平洋国家史是有待取得共识的;作为一部文本上的整体史,太平洋国家史很难被定性、构架和书写,这主要是由于研究的意义不明以及缺乏历史建构。有鉴于此,太平洋地区的区域史、次区域史应是学界感兴趣并着力而为的领域。

关键词　太平洋　太平洋史　太平洋国家史　区域史

近年来,中国学界对海洋史的研究兴趣渐浓,除译介西方学者有关海洋史的论著外,一些学者对海洋史的研究方法或路径进行了有益的探讨①;还有一些学者对国别如越南、韩国等国的海洋史研究情况进行了梳理与评论。② 当然,中国海洋史研究在国内的海洋史中仍占据主导地位,成果也

---

① 夏继果:《海洋史研究的全球史转向》,《全球史评论》第九辑(2015年12月),第3—18页;朱明:《建构和争论中的印度洋历史——书写亚洲海洋史的尝试》,《全球史评论》第七辑(2014年12月),第85—99页。
② 黄普基:《民族海洋与海洋民族:近代以来的韩国海洋史研究》,《全球史评论》第十五辑(2018年12月),第170—186页;李雪威:《韩国海洋观的历史变迁》,《韩国研究论丛》2018年第1期。

较丰硕。① 从这些研究成果中不难窥见，学者们关注的要么是海洋史的一般研究范式，要么探讨某个国家的海洋史，其焦点显然不在海洋，而是某个特定国家。因为长期以来，"史学研究以陆地为单位，并依此构建起世界历史的学科框架。在这种'陆地史观'有意无意的影响下，一些所谓的'海洋史'不过是'海洋周边陆地史'"②。至于太平洋史研究，这方面的研究成果就更少了，而以太平洋为专门研究对象的论著也不多。③ 这里不妨设想一下：如果太平洋史已进入中国学者的研究视野，那么这部太平洋史的总体构架会是怎样？哪些问题会受到中国学者的关注？中国学者的太平洋史与欧美学者的太平洋史最大的不同是什么？如此等等。这些叩问并非没有意义，也许就是中国学界涉足太平洋史研究的动力所在以及拟要开展研究的着力点。与太平洋史研究相关的一个概念是太平洋国家史。学界在研究区域史时会提及这一概念，但这一概念是否有一个可认知甚至可以展开叙事的历史予以支撑，学界还没有对此展开认真的讨论。然而，这并不影响太平洋史、太平洋区域内的次区域史在各自相应的学术视阈内的持续研究。本文有两大研究任务：一是厘清太平洋史、太平洋国家史以及太平洋区域内的次区域史的概念；二是探讨国内学界如何在借鉴国外研究成果的基础上，开拓自己的研究领域。不妥之处，敬请方家指正。

一 太平洋史

太平洋是世界上最大、最深和岛屿最多的海洋，它的表面积约为1.663亿平方公里（约6420万平方英里），差不多占地球表面积的三分之一，其包含的地表水占地球地表水总量的45%以上。太平洋之名称源自拉丁文"Mare Pacificum"，意为"平静的海洋"。1519年9月，斐迪南·麦哲伦率领一支由五艘均为100吨位的帆船组成的船队，从塞维利亚起锚远航。次年10月，抵达如今以他名字命名的海峡。后向西航行，经过38天

---

① 杨芹：《2018年中国海洋史研究综述》，《海洋史研究》2018年第2期。
② 夏继果：《"新海洋史"悄然兴起》，《中国社会科学报》2015年7月20日，http://www.cssn.cn/zx/201507/t20150720_2085075_1.shtml. 2021—03—06.
③ 何芳川：《崛起的太平洋》，北京大学出版社1991年版；何芳川：《太平洋贸易网与中国》，《世界历史》1992年第6期。

的艰难航行后，一个平静的海面尽收眼底，他因此称之为太平洋。① 从此，太平洋进入西方人的认知视野。

海洋史被认为是世界史书写的"另一种方式"。"海洋史的一个路径就是述说因水路的联结而形成的全球性地缘经济。不妨说全球化就发生在一个海洋世界上，该世界通过（但不唯一通过）欧洲的海上帝国和滨海城邦彼此间的商业关系以及它们同世界各部分的区域海上贸易者、劳工及航海者的商业关系而强有力地联结，也通过各种各样能穿越大海并在海上生活的人类巧思与能力而联结。海洋在世界史上还为各种类型关于想象力、支配力和物质交换的计划充当着关键空间。"② 与陆地有主权疆界而不可逾越不同的是，海上边界通常是模糊不清的，而且大部分海洋属于公海，不在民族国家或帝国的管辖或羁绊之下。这就给世界各部分的联系增添了很多通道，从而成就了一个相对畅通无碍的世界，展现了一个与陆地疆界完全不同的画面，为历史学家构思一部以海洋为舞台的世界史提供了思路和素材。

起初接触"太平洋史"这一概念，着实让人有点摸不着头脑的感觉，不知一部太平洋史要谈什么，如何构思，如何运笔，究竟想得出一个什么样的结论。出现这样的困惑与对"太平洋史"概念缺乏清晰认知有关。坦率地说，学界对"太平洋史"概念的界定是比较含糊的。王华教授在《太平洋史：一个研究领域的发展和转向》一文中在对欧美学界的主要研究成果梳理后做了这样的总结："太平洋史首先应被视为（受到全球史和海洋史研究深刻影响的）一个新的学术框架、视角和分析模式。太平洋史是一种分析结构和明确的历史分析范畴，历史学家们借助其来组织起近现代某些最重要的历史发展。"③ 如果我们接受这一笼统的定义，撰写一部太平洋史似乎也不难。比如说，把太平洋作为一个区域来看待，作为历史事件和历史人物活动的一个场域，作为一部历史剧的舞台。也就是说，以时间为

---

① 20世纪的地理学家奥斯卡·施柏特说"太平洋"这个名称最有可能源自麦哲伦及其船员的经历。参见［美］唐纳德·B. 弗里曼：《太平洋史》，王成至译，东方出版中心2011年版，第6页；［美］斯塔夫里阿诺斯：《全球通史——从史前史到21世纪》（下），第7版，吴象婴等译，北京大学出版社2005年版，第417页。

② 吴莉苇：《逃离疆域，立足海洋：〈海洋史〉与世界史书写的新可能性》，《世界历史评论》2019年第4期。

③ 王华：《太平洋史：一个研究领域的发展与转向》，《世界历史》2019年第3期。

轴，把不同时期的历史事件与历史人物定格在具体的时空框架内，一部太平洋史的大致轮廓亦呈现出来了。由此可见，当把太平洋视为历史的一个场景或舞台时，舞台上的角色是谁已经不那么重要了，因为这些角色是无法选择的，当然也不是一成不变的。比如在欧洲殖民前，太平洋地区的很多岛屿就有人类居住，有的在此栖息几万年甚至更长时间。① 这些人究竟是土生土长的原住民还是通过亚洲"跳板"一波波迁徙至此的早期移民，这也变得无关紧要。重要的是，他们先于欧洲白人在太平洋众多岛屿上定居并繁衍生息。殖民时代的到来，使得相当数量的白人漂洋过海至太平洋地区。这些不速之客不仅贪婪地攫取当地的珍贵资源，而且残忍地屠杀原住民。到后来，殖民大国在此展开了无休无止的殖民争夺，太平洋从此变得不再太平了。

太平洋史属于海洋史范畴。海洋史研究首先关注的不是人的活动，而是海洋本身的活动以及海洋的生成与变迁。众所周知，在人类出现之前，太平洋已经有极其漫长的历史了。人类出现之后，自然环境对人类活动的影响让人类感受到自然的巨大威力并顿生敬畏之情，而人类对其了解却少得可怜。随着人类社会的进步以及科学和技术的发展，人类不仅对自然的认知有着越来越浓厚的兴趣，而且这方面的知识自然水涨船高，学术研究活动也随之开启。在海洋史或太平洋史研究方面，欧美学界走在了前列。为中国读者所熟知的美国海洋史学家唐纳德·B. 弗里曼在太平洋史研究领域就做了很有启迪意义的探索。正如他在其著作第一章的前言所申明的那样："对于影响这个大洋的物理过程以及它与周边大陆和岛屿上的人类和其他生物群落的相互作用，我们的了解还有很大的差距，某些错误观念依然残留在人类对待它的态度中。为了增进我们对太平洋在人类历史中的强大作用的理解，为了随着知识的推进而改变态度，那要求我们了解这个大洋半球的自然环境的一些关键方面。本章关注的是这些最为显著的物理影响力，包括地理的、气候和海洋学的、地壳构造上的影响力，而且关注它们之间的相互作用，以此作为动态的背景，随后用于讨论太平洋的历史和开发。"② 弗里曼一方面承认了人类对太平洋本身认知的不足，甚至有传说

---

① 汪诗明：《种族问题研究中三个基本概念的界定与阐释》，《安徽史学》2015 年第 1 期。
② ［美］唐纳德·B. 弗里曼：《太平洋史》，第 10 页。

和谣言掺杂其中；另一方面强调了对太平洋自然环境的认知之于太平洋史研究的基础性意义。由于弗里曼研究的重点和归宿不是落在太平洋自然史的变迁方面，而是试图通过太平洋的环境变迁来反映人类对这一区域环境的适应与开发甚至破坏，所以他只关注对人类活动有着重要影响的几个环境方面的主题。即便如此，这种知识体系的挑战是可以想象的，但这又是研究太平洋史或太平洋人类社会史必须而为的一个步骤。因为如果对自然环境的特点及其影响的认知还停留在一知半解，那么人类很多的创造性活动包括宗教活动就无法得到满意的解释，因此环境史的研究是区域与国别史研究的一个重要方面。① 在这方面，弗里曼无疑有着较为深刻的认识。但必须指出的是，尽管弗里曼也把非欧洲国家和非西方人纳入太平洋史的写作范围，书中不乏对殖民时代西方国家对太平洋岛屿的征服和环境的肆意破坏予以抨击，但整本书大体围绕着西方世界在这一地区的活动来构架的，以西方人的视界来看待太平洋这一空间或地理概念的，并用西方人的历史观来诠释太平洋地区不同民族、不同文化或不同文明之间的交流与碰撞的，"欧美中心论"或"西方中心论"仍然是这部史学著作的底色与基调。

二　太平洋国家史？

太平洋史是把太平洋作为一个活动中心或舞台来展开叙事的，不同的历史时期赋予了太平洋不同的舞台角色。那么如何看待太平洋国家史概念？我个人认为，作为认识论上的一个整体史概念，太平洋国家史是有待取得共识的，甚至很可能达不成共识；作为一部文本上的整体史，太平洋国家史也很难被定性、构思和书写。然而，泛泛意义上去谈论太平洋国家史，这非但没有任何问题，反而会帮助我们去观察和思考某些相关问题，比如哪些是太平洋国家，哪些是这一区域的中心国家，哪些是边缘国家，等等。我们不是也常常谈及地中海国家史、加勒比海国家史吗？尽管它们在空间范围上与太平洋不可同日而语。不过，一旦要把太平洋国家史从一

---

① 刘文明：《生态环境：全球史研究关注的问题》，《光明日报》（理论·世界史）2012年1月12日，第11版。

般认识层面落实到文本层面，事情就可能变得复杂起来。因为这里既涉及对太平洋国家史如何的认知，又有如何操作的问题。这两个层面的问题令我们感到困惑甚至无所适从。

其一，著述意义不明。历史书写是一项有意义的创造性活动。也就是说，我们写一部历史，无论书写的对象是国家，还是民族甚至个人，其意义是有明确指向的：一是通过对研究对象的过往作一个历时的呈现，让后人对其有所知晓，这具有知识层面的意义；二是揭示其历史地位、意义、训诫或启示，这是认识上的意义。[①] 这两种意义的存在不仅成为研究历史的动机，也成为撰写历史所需要的指导原则。循此而推，撰写一部太平洋国家史的意义是什么呢？

太平洋地区有很多国家，不仅包括那些位于太平洋之中的国家，还有那些与太平洋毗邻的国家。俄罗斯、东亚（蒙古国除外）、东南亚一些国家、太平洋岛屿国家、澳大利亚和新西兰、北美、部分中美洲和南美洲国家，都可以称作太平洋国家。由于很多民族或族群都是在不同时期登上历史舞台的，太平洋地区尤甚，因此，在人类历史演进的绝大部分时间里，太平洋的不同区域之间几无交集，即使在新航路开辟之后，这种状况仍持续了很长时间。也就是说，太平洋作为一个区域仅仅是一个地理空间的存在，而作为一个人类活动的场域，不同的区域少有联系甚至多数之间是彼此隔绝的。历史叙事不仅要讲时间上的连续性，强调空间组合或空间序列，而且注重历史事件的因果与逻辑联系。时间、空间和人物三者之间是存在一定内在关联性的，从而孕育自成体系、各具特色的区域文化或区域文明。如果把毫无关联的区域拼凑在一起，置于一个毫无因缘际会、毫无共鸣的历史语境，这样做的目的是什么？如果找不到一个情理皆合的目的，为何要将它们置放在一起，当作叙事的对象？

其二，历史的建构问题。历史是由人类创造的，历史也是由人类来书写的，书写历史的人不仅有着特定的目的，而且有自己的议题选择偏好。这就是为何写同一国家的历史，会出现不同风格、不同体例、不同内容、不同观点的历史。如果试着去写一部太平洋国家史，那么谁是这部历史的主角，历史演进的线索又是什么？不同历史阶段诸多国家的历史形态绝然

[①] 钱乘旦：《新时代中国世界史学科建设问题》，《历史研究》2019 年第 1 期。

不同,哪种历史形态应该受到关注,还是把所有的都记载下来?

撰写一个民族或一个国家的历史,尽管认知视角不同,撰写风格迥异,但都不缺乏一个明确的主线:有的以一个民族的源起、成长为线索;有的以王朝更迭为线索;有的以文明的兴衰为线索,有的以近现代化进程为线索,如此等等。这些线索不仅是被研究对象的历史演进的内在机理,也是后人观察和研究其历史的主要依凭。如果没有这些线索,那么呈现在我们面前的历史要么混沌不清,要么支离破碎。反观太平洋国家史,不消说整个历史时期,即便是某一个特定时期,寻找一个共同的历史发展主线也费神伤脑。这里,我们不禁联想到了全球史。全球史,准确地说是全球史概念,从它问世以来就一直处在争议之中。"理解历史学家和其他学者撰写全球史所用方法的多样性,可能与试图理解历史学本身一样复杂。全球史从社会科学中借用了分析的概念和哲学的方法,而有时候,这些概念和方法得到提炼并再度反馈给社会科学。大多数研究全球史的方法中包含了自我批评的种子,有时甚至是自我否定,其结果是,全球史学家的大量作品都是基于方法和概念的作品。一些看起来是或者被宣称是新东西的,实际上是旧的。一些被声称为普世的东西实际上是地方性的。一些被推崇为客观的东西实际上是主观的。当历史学家评估自我和他人,全球史的方法可能会很快改变。"① 本人倾向于认为,全球史是一种概念,或者一种研究方法或研究框架;全球史不是指全球国家史,也非所有国家历史的拼凑,而是指某种研究对象变迁的一种更广范围内的空间呈现。这种历史研究或叙述的对象可以指的是一种物品的全球流通,某一物种从一个原生大陆到一个次生大陆的适应与改良;也可以指人类在全球范围内的迁徙或移民②,甚至可以指某种传染性疾病在全球范围内的扩散与肆虐等。总之,这些都是客观存在的,并且的确在相当程度上改变了自然界的物理景观,丰富了人类生活的内容,也改变了人类的生活方式甚至生存方式,甚至推动或阻滞人类文明的演进。太平洋地区的国家史所描述的对象绝然不是某一物种的流播或人类从一地迁往另一地的过程,而是把这一地区的国家作为

---

① [美] 柯娇燕:《什么是全球史》,刘文明译,北京大学出版社2009年版,第8页。
② 王宇博:《19世纪前半期澳大利亚移民的来源与影响》,《苏州科技大学学报》(社会科学版) 2018年第6期。

观照、研究和描述的对象。这些国家在某一时期内是否分享一个共同的主题，是否呈现某一具有共性的历史进程，这是描叙国家史时不得不考虑的内容。但经验告诉我们：这条路很难走得通，也许根本就不存在这条路。有人说，全球史"仍是一项新兴事业，有一套明显不同的假设和问题"①。如果这一结论言之有理，不妨也可以这样说：太平洋国家史"是一项新兴事业，有一套明显不同的假设和问题"。可是，这些假设和问题是什么呢？

如果真的不存在这样的国家史，那么何来这样的假设和问题？这也许就是迄今为止尚未见到一本涵盖太平洋地区所有国家或者主要国家历史的著作的主要缘由。然而，不可否认的是，把某个国家与太平洋联系在一起作为研究和著述对象的案例并不在少数，比如美国与太平洋，澳大利亚与太平洋，新西兰与太平洋，或者澳大利亚、新西兰与太平洋。从学理上看，把某个国家与太平洋联系起来进行研究，有操作上的诸多便利之处。首先，特定的国家是主要观照对象，太平洋只是作为一个地理空间的存在，是一个附属研究对象。这是不能含糊的。特定国家的历史变迁、风土人情、政治体制、宗教文化、外交、安全与防务、社会发展等应是主要的研究内容。其次，把太平洋作为特定国家发展变迁的一个影响因素或表征来对待。一个国家的发展变化与其地理环境有着非常紧密的关联。虽然"地理环境决定论"一直备受诟病，但地理环境对人类文明演进的影响却是不容否认的，也是不容低估的。作为一个海洋国家或与海洋毗邻的国家，海洋环境的影响是一个历时性的存在，也可谓无处不在。在一个国家发展变迁中，海洋环境既可以能动成为一个有利因素，也可以被动转为一个不利因素。正如何芳川先生所言："在人类文明的发展史上，海洋一直起着特殊的作用。浩瀚无际的海洋，给人类带来困难也带来便利，带来挑战也带来希望。"② 海洋之于人类社会发展的作用的双重属性决定了这方面的研究是有其独特价值的。然而，国内很少有学者去做这方面的尝试。就澳大利亚史研究来说，以澳洲史、澳大利亚史、澳大利亚文明史或澳大利亚来命名的历史著作不在少数，但时至今日，一部以"澳大利亚与太平

---

① [美] 柯娇燕：《什么是全球史》，第8页。
② 何芳川：《太平洋贸易网与中国》，第64页。

洋"来命名的著作仍难觅影踪。出现这一结果的原因是多方面的，如难以改变的思维惯性、知识结构的欠缺以及对海洋史缺乏应有的认知等。在国内大洋洲研究领域不断拓展的背景下①，相信不久的将来会有一些学者涉足这一领域。

三 太平洋区域与次区域史

必须承认的是，主张写一部太平洋国家史的不乏其人，但持反对或保留意见的人肯定居于多数。与其这样无休止地进行口舌之辩，不如理性地回到一个可认知、可操作的历史画面中。这就是把区域史或次区域史作为学界未来研究的一个主要方向。

第二次世界大战后，区域史研究渐成一门"显学"。这是因为，战后非殖民化运动在世界范围内风起云涌，摆脱殖民枷锁的民族独立国家一个接一个地涌现。由前殖民地脱胎而来的民族独立国家不仅具有政治主权的属性，也诠释了文化主权的内涵，即"欧洲文化指导或教导非欧洲文化的说法已告终结"②。毫无疑问，非殖民化运动为区域史研究提供了很好的题材和切入口。比如，这些殖民地和半殖民地为何在战后掀起非殖民化运动？谁来领导这场改变民族命运的政治运动？独立后的国家选择何种发展道路？它们在新国家建设中会面临哪些问题、困难或挑战？这些新独立的国家与其宗主国的关系如何重新调整？国际政治格局会不会因为这些新独立的国家的出现而发生改变？如此等等。

从世界范围来看，东南亚地区是战后较早开展非殖民化运动的，而且比其他地方更显"民族性"；新独立的东南亚国家很快走上了区域联合自强的道路，令其他地方望尘莫及。东南亚地区在战后所经历的一系列变化迫使人们的思想与认识发生转变。正如巴勒克拉夫所指出的那样："正是那些使我们对现实的看法发生转变的力量——首先是指绝大部分人类的崛起，摆脱政治上的从属关系，获得政治上的独立，并发挥政治影响——迫

---

① 汪诗明：《大洋洲研究的新进展、不足及未来展望》，《学术界》2020年第5期。
② [美]爱德华·W.萨义德：《文化与帝国主义》，李琨译，生活·读书·新知三联书店2003年版，第366—367页。

使我们开阔视野去看待过去。"① 英国学者 D. G. E. 霍尔的《东南亚史》②和俄亥俄大学著名学者约翰·F. 卡迪的《战后东南亚史》就是在这种背景下创作的。那么西方学者笔下的东南亚史会关注哪些内容呢？想必约翰·卡迪已经料到会有人提出这样的问题，并对此有着浓厚的兴趣，所以，他在书的序言中坦言："这部战后东南亚历史概览旨在对这一问题确感兴趣的学者和一般读者使用。它既不指望对政治非殖民化过程本身作专门研究，也不指望对不发达地区的经济问题加以说明，或者对十分复杂的、但是无论如何已经明确的现代化过程加以探讨。这种专题分析的编写工作还是留给有关学科的专家们去做为好。然而，要使历史发展为人们所理解，显然必须在政治、经济和社会这些互有联系的情况中广泛地观察其来龙去脉。对历史作对比的处理，能提供一个有用的背景，在这一背景内，可以有益地考虑一些更有分析性的研究。"③ 的确如约翰·F. 卡迪未卜先知的那样，无论是非殖民化运动本身，还是不发达经济现象和现代化进程，这些是需要进行深入探讨的，并由研有专长的人来做这项工作，而他撰写的《战后东南亚史》是一部通识性著作，其目的不是提供有关某一问题的深刻洞见，而在于为读者或专业人士提供一种认识或深入研究特定问题的一般性背景和历史语境。这差不多是早期区域史研究的一个普遍价值取向。如果卡迪的话具有导向意义，那么包括政治非殖民化以及现代化进程在内等发展问题将是今后区域史研究的一个重要内容。

就太平洋区域来说，区域史研究不仅关涉自然区域划分，也与政治区域或地缘政治有关。④ 如果仅仅有自然区域因素而无政治区域或地缘政治色彩，那么区域史研究就失去一条主要线索，失去历史书写的主要依托，失去历史研究的价值所在。这就是东南亚史、东亚史、拉丁美洲史甚至大洋洲史研究颇受学界关注的原因之一。就大洋洲来说，苏联学者 C. A. 托卡列夫和 C. N. 托尔斯托夫主编的《澳大利亚和大洋洲各族人民》无疑是

---

① ［英］杰弗里·巴勒克拉夫：《当代史学主要趋势》，杨豫译，上海译文出版社 1987 年版，第 243 页。
② ［英］D. G. E. 霍尔：《东南亚史》，中山大学东南亚历史研究所译，商务印书馆 1982 年版。
③ ［美］约翰·F. 卡迪：《战后东南亚史》，姚楠等译，上海译文出版社 1984 年版，第 1 页。
④ ［澳］米尔顿·奥斯本：《东南亚史》，郭继光译，商务印书馆 2012 年版，第 4 页。

这一区域研究的代表性作品之一。① 国内学界在大洋洲史研究方面也做了一定的努力，如钱乘旦先生主编、汪诗明和王艳芬合著的《太平洋英联邦国家——处在现代化的边缘》②和钱乘旦先生主编、王宇博、汪诗明、朱建君合著的《世界现代化历程（大洋洲卷）》③ 就是把大洋洲作为一个区域研究的开拓性作品。

未来大洋洲史研究另一个有价值的题域很可能是次区域史研究。大洋洲按其自然区域、种族和文化，可分为美拉尼西亚、密克罗尼西亚和波利尼西亚三大地区或三大文化圈。这种划分为次区域史研究提供了无须解释的便利。值得注意的是，除了新西兰、皮特凯恩群岛和复活节岛，三大文化圈有人居住的太平洋岛屿几乎都处于南北回归线之间。④ 美拉尼西亚（Melanesia）系由希腊语"melas"（黑色）和"nesos"（岛）两字组成，因为这一带居民的肤色主要是黑色的。这一地区包括赤道以南、180度子午线以西的全部岛屿和群岛。主要国家有斐济、巴布亚新几内亚、所罗门群岛、瓦努阿图、新喀里多尼亚等。密克罗尼西亚（Micronesia）是由希腊语"micros"（小）和"nesos"（岛）组成。这一地区位于180度子午线以西、赤道以北地区，该区域内的岛屿较小。主要国家有瑙鲁、基里巴斯等。波利尼西亚是由希腊语"poly"（众多）和"nesos"（岛）组成。该区域包括180度子午线以东、南纬30度至北纬30度之间。这个区域北起夏威夷、西南至新西兰、东南至迪西岛，形成一个大三角形，岛屿众多。主要国家有图瓦卢、西萨摩亚、汤加、库克群岛和纽埃。此外，英国的海外领地皮特凯恩群岛以及并入新西兰版图的托克劳也在该区域内。⑤

在这些岛屿国家或自治领中，绝大多数之间的距离是很遥远的，其种族和文化差异比我们想象的要大得多。比如，美拉尼西亚文化圈是太平洋

---

① [苏联] C. A. 托卡列夫、C. N. 托尔斯托夫主编：《澳大利亚和大洋洲各族人民》（上、下），李毅夫等译，生活·读书·新知三联书店1980年版。
② 汪诗明、王艳芬：《太平洋英联邦国家——处在现代化的边缘》，四川人民出版社2005年版。
③ 王宇博、汪诗明、朱建君：《世界现代化历程（大洋洲卷）》，江苏人民出版社2012年版。
④ [美] 唐纳德·B. 弗里曼：《太平洋史》，第70页。
⑤ [美] 约翰·亨德森：《大洋洲地区手册》，福建师范大学外语系译，商务印书馆1978年版，第88—90页。

上第一个在大洋中部接受大量移民流入的岛屿区域，它最接近亚洲的人口来源地区。语言和种族的极大差异表明，在这个广袤的文化疆域里，即从新几内亚西部向东延伸到斐济的巨大弧形范围内，人类的迁徙繁衍是一个漫长的过程，基因库的混合与补充或许持续了上千年。① 波利尼西亚群岛空间分布最广。波利尼西亚人的来源和散布的证据来自三个相互支持的研究领域：考古学、语言—人种学、口头或艺术的传统。"虽然波利尼西亚人是太平洋人民当中最具有探险精神并且在文化上同质的人民"，但最新研究揭橥，波利尼西亚人和美拉尼西亚人在基因上并没有密切关系。波利尼西亚语言是使用广泛的马来—波利尼西亚语群的一部分，后者在地理上的分布从印度洋中的马达加斯加岛高地到太平洋深处的角落。许多研究人员在分类上认为波利尼西亚语言属于这个广泛语群的东方亚语系，与美拉尼西亚和密克罗尼西亚的查莫罗语相同。②

　　上面所提及的这些岛屿国家或自治领在取得独立或自治前都属于欧美澳新等国的殖民地、托管地和附属地，独立或自治后，它们面临着消除殖民痕迹、摆脱贫困和发展民族经济的重任。而一些区域性甚至全球性问题又需要这些国家共同面对，比如区域经济一体化、海洋环境治理以及应对全球气候变暖等。③ 1971 年 8 月，斐济、萨摩亚、汤加、瑙鲁、库克群岛、澳大利亚和新西兰在惠灵顿召开南太平洋七方会议，正式成立了"南太平洋论坛"。此后，该论坛的成员数量不断增加，以至于 2000 年 10 月，"南太平洋论坛"正式改名为"太平洋岛国论坛"。"太平洋岛国论坛"就是这一地区的国家就区域问题进行磋商与合作的论坛。④ 但是，区域一体化进程并没有实现预期目标，反而暴露出不少问题。在这种情况下，一些次区域组织就应运而生了。比如 1993 年 7 月，斐济、巴布亚新几内亚、所罗门群岛、瓦努阿图等国成立了美拉尼西亚先锋集团（Melanesian Spearhead Group），其主要目的就是推动地区经济发展、建立政治框架来处理与协调

---

① ［美］唐纳德·B. 弗里曼：《太平洋史》，第 71 页。
② ［美］唐纳德·B. 弗里曼：《太平洋史》，第 75—76 页。
③ 徐秀军、田旭：《全球治理时代小国构建国际话语权的逻辑——以太平洋岛国为例》，《当代亚太》2019 年第 2 期；王阳：《全球海洋治理视野下海洋气候变化的法律规制：现状、特征与前景》，《边界与海洋研究》2021 年第 1 期。
④ 汪诗明、王艳芬：《如何界定太平洋岛屿国家》，《太平洋学报》2014 年第 11 期。

地区事务等。① 该集团每年举行一次会议。美拉尼西亚先锋集团的成立，不仅强化了这一区域内有关国家的区域认同、文化认同、种族认同和发展认同，也对区域外国家的潜在联合起到了一定的示范效应，如2021年2月9日，因不满澳大利亚、新西兰对"太平洋岛国论坛"负责人选举惯例的蔑视，瑙鲁、密克罗尼西亚联邦、马绍尔群岛、基里巴斯、帕劳联合宣布集体退出"太平洋岛国论坛"。这五个国家属于密克罗尼西亚文化圈，受美国的控制与影响较大。这一退群之举较为罕见，可以视为太平洋岛屿地区次区域主义发展的又一力证。

如果说把大洋洲作为一个区域来研究存在一定困难的话，那么次区域的研究就显得相对容易一些。次区域内不仅国家数量少，而且共性较多，相互往来较为频繁，这对于历史研究的主题选择无疑提供了一条有价值的线索。在突出次区域国家共性的同时，也可以把它们的异性作为观察次区域问题的视角，以此显示区域内有关国家发展的异质性或多样性。当然也可以把次区域放在区域范围之内加以比照分析。这是另一个层面的话题，在此不赘述。

四　结论

世界由一个个民族国家为单元组成，民族国家历史仍是史学研究的一个主要客体；世界是由一个个区域所构建的，区域史研究占有非常重要的地位；世界也可以视为一个相互联结的整体，全球史研究有其存在的价值。当民族国家冲破封建割据的藩篱而成为政治行为主角时，民族史或国家史就必然成为历史研究的一条主线或主要内容；当殖民地或半殖民地高举反殖民大旗并赢得民族独立或自治时，区域史或区域问题研究就成了一个时势所需的现象；但当经济全球化成为一种时代潮流时，全球史研究便有了信手拈来的缘由。三种史学形态都有其兴起和发展的时代印迹，但它们之间并不存在谁排斥谁的问题，而是有着相辅相成、相互补充、相互映照的关系。正确认识和处理这三种史学形态的关系，需要历史从业者不断

---

① 陈晓晨：《美拉尼西亚先锋集团：一个次区域组织的发展探析》，《区域与全球发展》2020年第5期。

开拓其研究视野，自觉更新历史观念，因为"历史研究从来都是一个经由研究者自觉发动的'发现'过程，一时一地的禁锢由研究者的视野局限造成，也必然经其视野的改变而打破"①。

太平洋区域广袤、人口众多、国家众多、民族或族群成分复杂、文化种类繁多、宗教信仰复杂、国家形态多样、发展水平不一，这就使得太平洋史或太平洋区域史研究有着厚重的背景、丰富的内涵和广阔的前景。在区域国别问题研究受到普遍重视的环境下，区域史研究不仅未受到削弱，反而对其要求更高。作为当今世界上经济和社会发展最充满活力的地区，作为大国角力的竞技场，太平洋或太平洋区域受到学界的关注度是其他地区所无法比拟的。期待国内学界在太平洋史、太平洋区域或次区域史领域有更多的研究成果问世。

（汪诗明，华东师范大学国际关系与地区发展研究院教授；
刘舒琪，华东师范大学国际关系与地区发展研究院博士研究生）

---

① 王华：《国内外学界的夏威夷历史研究述评》，《苏州科技大学学报》（社会科学版）2018年第6期。

近年来史学界对跨国史的批评与反思*

刘 祥

摘要 近三十年来,跨国史研究在史学界推动了史学研究路径和主题的更新,并取得丰硕的学术成果。与此同时,围绕跨国史也出现了不少批评,这涉及跨国史的概念及具体实践中对研究主题的选择、国家角色的定位、因果联系的确认等问题。对这些问题的反思有助于跨国史研究的进一步发展,也为促进跨国史与民族国家史之间的相互补充提供了有益的思考。

关键词 跨国史 学术批评 民族国家史 跨国主义

自20世纪90年代跨国史在国外史学界兴起以来,其跨越民族国家疆界的呼吁很快得到众多学者的支持,从事跨国史研究的学者将视线转向国家之间或国家之上的历史,取得丰硕成果。① 2009年,《帕格拉夫跨国史辞典》(以下简称《辞典》)的出版标志着跨国史研究已经在史学界站稳脚跟,《辞典》近400个词条包含了"19世纪至今在民族国家之间及之上的交流与联系"②,内容涵盖从人口流动到国际非政府组织等广泛议题。另

---

* 基金项目:四川大学创新火花项目库一般项目(编号:2019hhs-11)阶段性成果。
① 已有研究及其代表著作,参见王立新《跨国史的兴起与20世纪世界史的重新书写》,《世界历史》2016年第2期;刘文明:《跨国史:概念、方法和研究实践》,《贵州社会科学》2018年第8期;[美]入江昭:《全球史与跨国史:过去、现在与未来》,邢承吉、滕凯炜译,浙江大学出版社2018年版。
② Akira Iriye, Pierre-Yves Saunier, eds., *The Palgrave Dictionary of Transnational History*, London: Palgrave McMillan, p. xviii.

外，《辞典》是由来自 25 个国家近 350 位学者集体编撰而成，这表明跨国史的发展本身存在明显的跨国特征，跨国史在美国、英国、加拿大、法国、德国、荷兰、澳大利亚、日本等国尤其发展迅猛，跨国学者集体合作的著述日益普遍。

与跨国史从兴起到盛行的场景相对的是，围绕跨国史的争论一直存在，这场被入江昭（Akira Iriye）称为"史学编撰革命"①的史学转向自其诞生起便体现出争议性质。澳大利亚学者伊恩·蒂勒尔（Ian Tyrrell）在《美国历史评论》1991 年 10 月刊上发表的《国际史时代的美国例外论》被认为是跨国史呼吁的较早体现，蒂勒尔在文中提出突破民族国家疆界来破除美国史学界长期存在的例外论思想。② 这篇文章的同一期还刊载了美国学者迈克尔·麦克格尔（Michael McGerr）对蒂勒尔文章的评论，他认为蒂勒尔所追求的跨国史可能降低对历史上的美国独特性的认识，甚至会否定所有以民族国家为中心的历史写作方式。③ 这一观点的交锋并没有随着跨国史的壮大而消解，相反，围绕跨国史的争论不断扩大。本文正是要从学术史的角度梳理 20 世纪 90 年代以来史学界对跨国史研究的主要批评意见，从中反思跨国史写作中的缺陷和不足，并为跨国史研究的进一步深入发展提供一点个人的浅见。

一 "跨国史"概念及其争议

首先是对跨国史概念的争论。早期推动跨国史兴起的学者曾尝试对跨国史进行定义，入江昭将其称为"对跨越国家间疆界的运动和力量的研究"；④ 长期担任《美国历史杂志》编辑的史学家大卫·西伦（David Thelen）则将跨国史的研究对象概括为"在民族国家之上、之下、之间、

---

① [美]入江昭：《全球史与跨国史：过去，现在与未来》，邢承吉、滕凯炜译，浙江大学出版社 2018 年版，第 1 页。
② Ian Tyrrell, "American Exceptionalism in an Age of International History", *The American Historical Review*, Vol. 96, No. 4 (Oct., 1991).
③ Michael McGerr, "The Price of the New Transnational History", *The American Historical Review*, Vol. 96, No. 4 (Oct., 1991), p. 1056.
④ Akira Iriye, "Transnational History", *Contemporary European History*, Vol. 13, No. 2 (June, 2004), p. 213.

周围及其内部移动的人群、观念、机制和文化"①;斯文·贝克特(Sven Beckert)则将跨国史当作一种视角(way of seeing),它关注"超越政治定义的实体之上的网络、进程、信念和制度"②。这些定义各有侧重,但跨国史后续发展中占据上风的却是实用主义,即注重跨国史的经验研究而忽视对其定义的进一步廓清,以至于蒂勒尔认为过多的定义及其争论反而可能会对跨国史带来危害。③ 尽管如此,有不少学者认为应对跨国史有更清晰的定义,德国史学者康拉德·雅劳施(Konrad H. Jarausch)尤其呼吁应厘清国家在"跨国"中的地位。④ 这指向跨国史研究中的一个重要问题,即民族国家出现之前的历史是否属于跨国史?不同学者对此有着不同的回答,如蒂勒尔强调跨国史应仅限于民族国家出现之后,而关注早期现代史的学者则认为不应作此限制。⑤

英国史学者帕特里夏·克拉文(Patricia Clavin)同样警示"跨国主义的危险在于成为无所不包的概念",她尤其强调区分跨国与"国际"和"多国"⑥。这实际涉及定义概念的另外一个问题,即跨国史与相似概念之间的关系。这包括很多不同的研究领域,如比较史、国际史、全球史、国际关系史等。具体而言,跨国史的适用范围远大于比较史且其关注重点不同,但仍有不少学者在研究中会混合使用两种概念。⑦ 针对国际史与全球史,入江昭认为国际史仍然以民族国家为叙事核心,且更强调大国扮演的角色。相对而言,全球史与跨国史更为接近,基本可以互换,但后者更强

---

① David Thelen, "The Nation and Beyond: Transnational Perspectives on United States History", *The Journal of American History*, Dec., 1999, Vol. 86, No. 3, p. 967.

② "AHR Conversation: On Transnational History", *The American Historical Review*, Vol. 111, No. 5 (December 2006), p. 1459.

③ Ian Tyrrell, "Reflections on the Transnational Turn in United States History: Theory and Practice", *Journal of Global History*, Vol. 4, No. 3 (Nov, 2009), p. 460.

④ Konrad H. Jarausch, Reflections on Transnational History, 2006. https://lists.h-net.org/cgi-bin/logbrowse.pl?trx=vx&list=h-german&month=0601&week=c&msg=LPkNHirCm1xgSZQKHOGRXQ&user=&pw= (2021.1.20).

⑤ Ian Tyrrell, "Reflections on the Transnational Turn in United States History", p. 461; Bartolomé Yun Casalilla, "Transnational History: What Lies behind the Label? Some Reflections from the Early Modernist's Point of View", *Culture & History Digital Journal*, Vol. 3, No. 2 (Dec, 2014), pp. 1–7.

⑥ Patricia Clavin, "Defining Transnationalism", *Contemporary European History*, Vol. 14, No. 4 (November, 2005), p. 434.

⑦ 这在欧洲学者中体现明显,参见:Heinz-Gerhard Haupt and Jürgen Kocka, *Comparative and Transnational History: Central European Approaches and New Perspectives*, Oxford: Berghahn Books, 2009。

调作为视野的跨国史,即关注全球力量与国家发展之间的因果联系,尽管它也关注非国家行为体的历史。① 此外,也有学者从研究对象的角度对跨国史与国际关系史进行了区分。② 如果说这些概念尚能与跨国史有一定区分的话,其他与跨国史几乎在同时甚至更早时期兴起的概念则界限更为模糊,这包括"联系的历史(Connected Histories)、交织的历史(Histoire Croisée)、纠缠的历史(Entangled Histories)、共享的历史(Shared History)"等。③ 这些主要流行于欧洲的史学路径和视角在很多情况下都可以与跨国史进行互换,而这又引申出了另一问题:为何"跨国史"会相比其他概念更为成功?这其中除了概念模糊带来的包容性之外,美国学界为代表的英语世界学术话语霸权显然也在其中发挥作用,以致有法国学者批评跨国史为"不必要的美国进口货"④。

学界围绕跨国史概念的争论体现出该领域边界的模糊,这在跨国史兴起时期为其带来了极大的便利,研究者在论述发表及求职过程中也可以借助这一新晋潮流获得助益。但在跨国史兴起近30年后,跨国史亟须明确的定义来确定其内涵,在广为接受的定义出现之前,具体的跨国史研究个案中应对其有清晰的界定,这既是学术研究的基本要求,也是促进学术交流和对话的重要前提。

二 跨国史实践中的问题及批评

除了对跨国史的定义之外,方兴未艾的跨国史实践及其产生的学术著作同样引起了不同学者的批评,这体现在多个方面:研究主题的选择、因果联系的确立、国家的角色、研究的精英化等。这些批评突出地体现在众多著作的书评及研究综述之中,它们在体现出跨国史研究的复杂性与严谨性的同时,也反映出学术创新面临的多重挑战。

---

① [美] 入江昭:《全球史与跨国史:过去,现在与未来》,第13页。
② 王立新:《跨国史的兴起与20世纪世界史的重新书写》,第9页。
③ Pierre-Yves Saunier, "Learning by Doing: Notes about the Making of the Palgrave Dictionary of Transnational History", *Journal of Modern European History*, Vol. 6, No. 2, (2008), pp. 162 - 163.
④ Nancy L. Green, *The Limits of Transnationalism*, Chicago: University of Chicago Press, 2019, p. 38.

跨国史研究首先面临的挑战是研究主题的选择，而这其中很可能出现对历史的误读。托马斯·本德（Thomas Bender）于2006年出版的《万国一邦》选取了美国历史上五个重要时段论述了跨国力量对于美国历史的复杂塑造，同时又批评美国例外论的神话，指出美国在国家构建、内战、工业化时代的社会政策等多个问题上与其他国家的相似之处。针对这一研究，斯文·贝克特认为本德低估了一些非常重要但不属于跨国性因素的作用，没有展示全球结构本身的演化，它与民族国家构建是同时进行且相互影响的，而且本德过于依赖英文文献也可能导致对非西方国家历史的曲解。[1] 有学者进一步指出本德将美国内战与中国的太平天国运动相类比是对历史的误读。[2] 此外，由于历史上进行跨国实践的多为社会上层，跨国史的流行将使得移民之外的其他普通人群很难在跨国史中发声，甚至削弱社会史领域多年来研究成果的现实意义，类似的担忧在技术史和女性史学者的研究述评中都有明显的体现。[3]

跨国史论述中对跨国联系的因果证据链的构建同样受到众多学者的质疑。作为一种新的研究视角和路径，跨国史在其初始阶段便被视作观察域外历史影响民族国家历史的有力工具，史学家借此视角考察商品、人员、理念等的跨国流通对国内事务的影响，出现了许多令人耳目一新的论点和解释。确立跨国影响的因果联系在这些新研究中非常关键，哈佛大学教授查尔斯·梅尔（Charles Maier）便批评本德在《万国一邦》中只关注不同时期美国与其他国家历史的相似性，却未能进一步解释这些现象的因果联系。[4] 美国劳工史学界的跨国史新研究对该领域的种族、阶级等经典主题进行了拓展与深化，将劳工与美帝国的复杂构建联系起来，但同样有学者认为目前不少新研究所关注的跨国联系是不平衡的，未能更多地解释帝国

---

[1] Sven Becket, "Review on A Nation among Nations", *The American Historical Review*, Vol. 112, No. 4 (Oct., 2007), pp. 1123–1124.

[2] 王立新：《在国家之外发现历史：美国史研究的国际化与跨国史的兴起》，《历史研究》2014年第1期。

[3] Erik van der Vleuten, "Toward a Transnational History of Technology: Meanings, Promises, Pitfalls", *Technology and Culture*, Vol. 49, No. 4 (Oct., 2008), pp. 989–992；曹鸿：《美国女性史、性别史与性存在史研究的全球及跨国转向》，《全球史评论》2020年第1辑，第129页。

[4] Charles S. Maier, "Review on A Nation among Nations", *The Journal of American History*, Vol. 94, No. 1 (Jun., 2007), p. 233.

海外的工人运动对美国内部的影响。①

缺乏因果联系的部分原因在于跨国因果证据链的建立对史学家提出了较高的要求。丹尼尔·罗杰斯（Daniel Rodgers）于1998年出版的《大西洋的跨越》被认为是跨国史的经典之作，罗杰斯探讨了进步时代大西洋两岸在社会保险、城市规划、农村合作社、住房改革等"社会政治"领域的相互交流与影响。针对这一跨国史视角，有评论认为该书更多体现的是欧洲对美国的单向影响，没有体现出多方交流的复杂特征，罗杰斯也没有令人信服地论证在美国社会政治的演变过程中，究竟是欧洲范例还是其国内议题起到更大的推动作用。② 柏林洪堡大学教授于尔根·科卡（Jürgen Kocka）在论述全球史的挑战时认为该领域学者在论述中容易"流于表面"，容易"高估作为解释因素的互动和联系"③。对跨国史的这一挑战是较为严峻的，它促使跨国史研究者在发挥历史学的想象力、搜索原始材料、结合既有国内史研究等方面必须更加努力，更有创造性。

国家的角色同样是跨国史研究中受到热烈讨论的内容。早在20世纪70年代初，以罗伯特·基欧汉（Robert O. Keohane）和小约瑟夫·奈（Joseph S. Nye, Jr.）为代表的国际关系学者便提醒学界"国家并非国际政治中唯一的行为体"，要改变以国家为中心的国际政治观，更重视对"跨国关系的研究"，即那些"不受中央外交机构控制的跨越国家疆界之间的联系、联合和互动"，并且至少有一方是以跨国企业、基金会、工会组织、宗教组织等为代表的非政府组织。④ 但很快，罗伯特·吉尔平（Robert Gilpin）为代表的国际政治经济学者指出跨国企业与国家特别是美国霸权之间的依赖关系，很难将其视作独立行为体。塞缪尔·亨廷顿（Samuel P. Huntington）同样观察到"二战"后出现了"跨国组织革命"，他也认为跨国组织的活动常常受到其与国家政府的"准入协定"的影响，跨国活动的增强将增加其对准入的需求，因而不会减弱反而会增强国家的

---

① 王心扬：《跨国劳工史在美国的兴起、创新与问题》，《世界历史》2020年第5期。
② Peter Baldwin, "Review on Daniel T. Rodgers, Atlantic Crossings: Social Politics in a Progressive Age", *International Review of Social History* 45 (2000), p. 316.
③ Jürgen Kocka, "Global History: Opportunities, Dangers, Recent Trends", *Culture & History Digital Journal*, Vol. 1, No. 1 (June, 2012), p. 4.
④ Joseph S. Nye, Jr., and Robert O. Keohane, "Transnational Relations and World Politic: An Introduction", *International Organization*, Vol. 25, Issue 3 (Summer 1971), pp. 329–349.

控制力。① 由此可见，国家的角色一直是对跨国联系研究中的核心问题。实际上，如蒂勒尔所说，参加拉比埃特拉会议的跨国史倡导者在一开始便主张"跨国并不意味着要消除国家"②，而是不再将民族国家视作"封闭自足"和无差别的实体，将其置于跨国联系的历史语境之中进行进一步的考察。③

  但随着跨国史的迅速发展，将跨国史作为研究领域的学者考察商品和人群在国家疆界之间的流动，将跨国史作为研究视角的学者探究跨国因素对国内历史的塑造，国家在跨国史中的地位似乎受到了削弱，这受到了众多学者的批评。康拉德·雅劳施便认为跨国史不应被看作解决所有问题的万灵药，国家建设、宪法等因素虽受外部因素影响，但更主要的还是国内因素，不能忽视国家及国内权力机制在其中的重要性。④ 查尔斯·梅尔则做了一个形象的类比："如果我们要论述网络，我们需要论述节点及其之间的联系，两者都不可缺。"⑤ 德国史学家于尔根·奥斯特哈默（Jürgen Osterhammel）同样认为民族国家仍然是重要的分析框架，其作用不可忽视。⑥ 国家的重要性在美国外交史学家的论述中得到突出的强调，沃尔特·拉费伯（Walter LaFeber）认为学界所强调的"跨国重要性"并未充分揭示美国外交及其力量如何深刻地影响了"美国世纪"，跨国史低估了美国塑造跨国环境的能力。⑦ 越战史专家弗雷德里克·罗格瓦尔（Fredrik Logevall）近年来更是提出要"将美利坚国家重新置于美国对外关系史研究的

---

① Samuel P. Huntington, "Transnational Organizations in World Politics", *World Politics*, Vol. 25, No. 3 (April, 1973), p. 355.

② Ian Tyrrell, Reflections on the Transnational Turn in United States History, p. 458.

③ The LaPietra Report: A Report to the Profession, https://www.oah.org/insights/archive/the-lapietra-report-a-report-to-the-profession/, 2021.1.20.

④ Konrad H. Jarausch, Reflections on Transnational History, 2006.

⑤ Charles Maier, Forum: Reflections on Transnational History, https://lists.h-net.org/cgi-bin/logbrowse.pl?trx=vx&list=h-diplo&month=0601&week=d&msg=3mJmgeNYHCxVhmveAbF3mA 2021.1.20

⑥ Jürgen Osterhammel, "A 'Transnational' History of Society: Continuity or New Departure?", in Heinz-Gerhard Haupt and Jürgen Kocka, *Comparative and Transnational History: Central European Approaches and New Perspectives*, Oxford: Berghahn Books, 2009, p. 47.

⑦ Walter LaFeber, "The United States and Europe in an Age of American Unilateralism", in R. Laurence Moore and Maurizio Vaudagna, eds., *The American Century in Europe*, Ithaca, NY: Cornell University Press, 2003, p. 45.

中心"，他认为总统决策、外交政策、党派政治、军事力量及国家的构建是塑造美国对外关系与世界局势的首要力量，而越来越多的自下而上的跨国史研究会淡化这一历史事实。① 很难说这些批评是基于对当下跨国史研究全景的如实描绘，因为不少跨国史研究同样强调国家及其权力的作用，这些批评更多体现的是对跨国史研究壮大后将要走向失衡的"跨国"与国家之间关系的担忧，它们也提醒研究者进一步将国家的角色置于历史语境之中。

与强调国家角色重要性相伴的是对跨国主义限度的论述。跨国史兴起后，跨国活动受到学者的高度关注，国际组织和非政府组织围绕人权保障、环境保护等议题穿越国家间疆界的活动尤其受到青睐，这其中暗含着自由主义和世界主义的倾向，忽视了跨国主义的阴暗面。② 就普通人群的跨国活动而言，跨国主义面临的挫折及失败也没有得到足够的重视，法国巴黎高等社会科学研究院专注移民史的学者南希·格林（Nancy L. Green）在 2019 年出版的《跨国主义的限度》对此有精彩的论述。格林的论述始于一个在法国陷入官司纠纷的美国人，尽管他充分利用在美、法两国的关系网络，动员舆论力量，最终仍被判处有罪，这引出格林在全书中的核心观点：跨国主义绝非像看上去那么简单，国家力量始终深刻影响着跨国活动的主体、方式甚至是最终的结果。格林在该书中充分利用自己移民史的学科背景，考察了移民历程中公民身份的重要性，这在移居海外的众多美国人的经历中都得到了验证。在方法论上，格林强调 20 世纪 90 年代以来兴起的跨国史与后结构主义的紧密联系，后者使得移民史学者在内的研究者关注重心由国家及权力等结构（Structure）因素转向个体能动性（Agency），这实际是对历史语境的忽视，因为 20 世纪初的跨国流动性显然与 90 年代之间存在巨大差别。因此，需要避免以当下对跨国流动性的辉格主义解释来代替对具体历史事件的分析。③

国家的潜在影响还体现在跨国史的具体写作中。《帕格拉夫跨国史辞

---

① Daniel Bessner, Fredrik Logevall, "Recentering the United States in the Historiography of American Foreign Relations", *Texas National Security Review*, Vol. 3, No. 2（Spring 2020）.

② Kiran Klaus Patel, "An Emperor without Clothes？The Debate about Transnational History Twenty-five Years On", *Histoire@ Politique*, No. 26（mai-août, 2015）, p. 9.

③ Nancy L. Green, *The Limits of Transnationalism*, p. 140.

典》已体现出跨国史研究的跨国特征，但这并不意味着研究方法的趋同，相反，曾经影响各民族国家历史写作的因素将继续影响其各自的跨国史写作。天普大学教授佩特拉·古德（Petra Goedde）认为美国的跨国史研究受文化史影响更大，将文化引入国际关系史的分析推动了美国学者对国家以及国家利益的重新认识，正是在葛兰西、格尔茨、福柯、布尔迪厄等人文化理论影响之下出现了美国式的跨国史研究：更为关注种族、性别等因素，强调行为决策背后的文化因素，这与欧洲学者关注政治、社会和经济联系的做法差异明显，而非西方学者在实践跨国史时则更关注后殖民理论，这正是国家对跨国史写法的不同影响。[1] 慕尼黑大学历史学教授基兰·帕特尔（Kiran Klaus Patel）同样认为德国跨国史更受社会史影响，且德国跨国史主要研究框架是欧洲，而美国学者则关注世界范围。[2] 这些都表明国家对跨国史的实践存在潜移默化的影响。

除了对国家角色受忽视的批评外，针对跨国史研究的批评还与学术共同体的发展有关。正因为跨国史在语言、经费、时间等方面的高要求，这使得跨国史研究的门槛很高，限制了很多学者进入这一领域，这与国外史学界自60年代社会史兴起以来史学研究群体不断扩大之间形成明显的反差，因此引起了部分学者的质疑。帕特尔认为在现行学术发展状态下，"受资助越多的学校越有可能做出好的跨国史研究"[3]。独立学者蒂姆·莱西（Tim Lacy）同样指出跨国史书写中的实际困难，它不利于青年学者在学术生涯初期的成长，而随着跨国史料的多寡成为决定跨国史研究质量的重要因素，学者也应对史料的限度有清醒的认识，避免陷入对跨国史料的极端偏重。[4] 这些呼吁并非危言耸听，虽然跨国史研究也带来了不少学者跨国合作的案例，但显然跨国史研究需要学者有足够的研究经费以及充足的研究时间，这在国外史学界容易导致研究成果集中于受资助多的私立学

---

[1] Petra Goedde, "Power, Culture, and the Rise of Transnational History in the United States", *The International History Review*, Vol. 40, No. 3 (2018), pp. 8 – 9.

[2] Kiran Klaus Patel, "Transnations Among Transnations? The Debateon Transnational History in the United States and Germany", *American Studies*, Vol. 54, No. 3 (2009), pp. 460 – 463.

[3] Kiran Klaus Patel, "An Emperor without Clothes? The Debate about Transnational History Twenty-five Years On", p. 10.

[4] Tim Lacy, The Promise And Perils of Transnational History, https：//s-usih.org/2008/11/promise-and-perils-of-transnational/ 2021.1.20.

校和研究机构,而在整个全球史学环境下则可能进一步削弱不发达国家历史学者的声音,这显然与跨国史的初衷之间存在矛盾。

跨国史实践中存在的这些问题及批评并非要求学者摒弃这一视角和路径,相反,经历了近三十年的发展,已经走入"而立之年"的跨国史需要有更为清晰的概念界定,研究者要对研究主题有取舍,同时在研究过程中需要重视国家的显性的和隐性的作用。整体而言,跨国史研究的兴起和发展是为了增进对复杂历史过去的认识,在这一过程中,学者通过跨国合作来弥补研究中的不利境遇,以跨国主义的方式来增进历史研究的深度,这本身也是深化学术共同体的重要内涵。

三 重新审视跨国史与民族国家史的关系

在技术层面深化对历史上的跨国现象和跨国力量的研究之外,跨国史研究还需处理的一个问题就是它与民族国家历史的关系。在这一问题上,尽管有学者持不同的看法,但更为主流的观点是跨国史和民族国家历史已经成为密不可分的史学探寻方式,未来的史学研究应实现跨国史与民族国家历史的平衡,两者的关系不应是取代与被取代,而应是相互补充。从学术评论的角度来看,不少观点从表面看似是对跨国史的批评,但其内核仍是对跨国史深入发展的期许。

首先,跨国史研究并不在道德上优于民族国家历史。跨国史的兴起伴随的是学界对以往历史经历的进一步挖掘,以往受到忽视的历史经验得到呈现,如19世纪后期至20世纪上半叶跨国的妇女及和平运动的发展,冷战时期美苏在消除疾病等领域中的合作,以及入江昭在《全球共同体》中从国际组织视角对20世纪历史的重新解读,从事人道主义救助、文化交流、和平与裁军、发展援助、人权,以及环境保护的组织都受到了关注。[①]但这并不表明跨国史研究关注的都是道德向善的运动,种族歧视及其话语的传播、殖民治理术在帝国之间的流行、恐怖主义及极端主义的兴起也逐

[①] [美]入江昭:《全球共同体:国际组织在当代世界形成中的角色》,刘青等译,社会科学文献出版社2009年版。

渐成为跨国史关注的问题。① 关于跨国主义的辉格主义叙述就此需要从学术层面进行严格的审视，特别是其背后隐藏的道德意味。除主题之外，跨国史倡导冲破民族国家的藩篱，抨击"方法论的民族主义"（methodological nationalism），从更宽广的视野考察历史，似乎在方法论上也蕴含着道德优越性。但这一点也受到了学界的批评，奥斯特哈默指出跨国史没有使常规的社会史显得过时，只是后者需要重新思考其结构，不再只考虑国家的经济、社会、政治和文化。② 雅劳施更是直白地指出德国史学界的国际史已经处理了众多跨越国家疆界的议题，跨国史与跨国主义本身并没有道德优越性。③

其次，跨国史研究的发展并不会取代民族国家历史，正如移民史学者艾明如（Mae Ngai）所指："历史转向的危险在于过剩和无节制，跨国史不应意味着民族国家历史的终结。"④ 这一判断体现在两个方面，第一，部分跨国史研究正是出于对民族国家历史新的综论（Synthesis）的追求。本德早在80年代便哀叹美国史学研究中接连的"新"史学及其碎片化带来的史学生源及历史的社会功用的下降。⑤ 正是出于对国家历史综论的寻求带来了本德对跨国史的关注及推动，这也反映出美国历史研究中长期以来对跨国视角和主题的关注。⑥ 由此可见，跨国史与民族国家历史之间并无截然的对立，本德和蒂勒尔两人从跨国史视野对美国历史的两部通史性论述正印证了这点。⑦

---

① 可参见《帕格拉夫跨国史辞典》对相关词条的展开论述。
② Jürgen Osterhammel, "A 'Transnational' History of Society: Continuity or New Departure?" p. 48.
③ Konrad H. Jarausch, Reflections on Transnational History.
④ Mae Ngai, Promisesand Perils of Transnational History, 2012. https://www.historians.org/publications-and-directories/perspectives-on-history/december-2012/promises-and-perils-of-transnational-history. 2021.1.20.
⑤ Thomas Bender, "Wholes and Parts: The Need for Synthesis in American History", *Journal of American History*, Vol. 73, No. 1 (June 1986), pp. 120 – 136.
⑥ Marcus Gräser, "World History in a Nation-State: The Transnational Disposition in Historical Writing in the United States", *The Journal of American History*, Vol. 95, No. 4 (Mar., 2009), pp. 1038 – 1052.
⑦ Thomas Bender, *A Nation Among Nations: America's Place in World History*, New York: Hill and Wang, 2006; Ian Tyrrell, *Transnational Nation: United States History in Global Perspective since 1789*, Basingstoke: Palgrave Macmillan, 2007.

民族国家历史无法被完全取代的第二点理由在于它巨大的社会价值。当代世界仍主要由民族国家组成，这使得历史叙述承担着教育民众和传承民族国家集体记忆的功能。以美国史为例，美国革命史一直是美国国家生活中的重要组成部分，关于美国立国的神话是塑造美国价值理念的重要内容，在这方面，美国革命史研究中时空维度的拓展并不比传统革命史能提供更大的现时价值。① 美国近年来族裔政治的激化及围绕非裔美国人在美国历史中的经历的争论则进一步赋予了国家历史以政治意义，民族国家历史成为不同政治派别的竞技场，因此，正如美国学者吉尔·勒波尔（Jill Lepore）所言："不书写民族国家历史的危害远胜过民族国家历史本身。"② 这些都表明，尽管跨国史受到越来越多的学者的青睐，但民族国家历史仍有其强大生命力，"跨国史并非城里唯一的把戏"③。

最后，跨国史与民族国家历史的关系应是互相补充。正因为民族国家历史的重要性，如果跨国史将其完全抛开，那么它必将遭受失去听众的风险，这会对跨国史的进一步发展蒙上阴影。④ 从跨国史的已有研究来看，非国家行为体的历史并非隔绝于民族国家组成的世界之外，从跨国视野探讨国内历史与域外历史的双向影响也离不开对国内因素的关注，这都是跨国史可以从民族国家历史研究中吸取的养分。另外，跨国史兴起以来的民族国家历史在研究主题、论述视角方面都应有更新，而非旧式的传统研究。结合跨国史与民族国家历史不断增长的研究成果，才能增进对复杂历史的认识，并推动实现史学研究更大的社会价值。

结　语

近 30 年来，史学界的"跨国转向"取得了丰硕的成果，史学研究的主题和路径得到极大拓宽，跨国史研究使世界历史自近代以来除战争与和平之外的其他丰富内容得到呈现，跨国因素对民族国家历史的复杂塑造也

---

① 薛冰清：《美国革命史研究中时空维度的扩展及其意义》，《世界历史》2018 年第 6 期。
② Jill Lepore, "A New Americanism: Why A Nation Needs A National Story", *Foreign Affairs*, March/April 2019.
③ Lynn Hunt, "The Prospects of the Present", *Perspectives on History*, December 2012, p. 29.
④ 王立新：《在国家之外发现历史：美国史研究的国际化与跨国史的兴起》，第 160 页。

得到进一步展示。在此基础上，跨国史研究的进一步发展需要解决当前阶段的一系列问题，新的研究亟须对跨国史有更为清晰的定义，跨国史研究的主题也应更为准确而非无所不包，具体研究中需要对国家的作用有更为清醒的认识，跨国的史学合作也是扩大跨国史研究群体、避免研究中的精英主义以及增进跨国史研究的重要内容。

在学术研究的内部革新之外，现实环境变迁同样会影响跨国史的发展。如果说20世纪90年代全球化迅猛发展的国际环境为跨国转向提供了有利环境，近年来国际政治中本土主义与逆全球化现象的日益凸显则使跨越民族国家疆界的呼吁似乎显得不合时宜。实际上，新的国际环境为跨国史研究带来了机遇和挑战。跨国史研究需要对历史上的跨国经历有更深入的检视，摒弃跨国史研究中的道德优越，从历史语境出发，带着对当代世界变迁中的现实关怀去还原跨国史更为丰富的面向。在此基础上，新的跨国史研究才能与民族国家历史之间实现更好的结合，为更多的现实问题提供历史维度的参考建议。

（刘祥，四川大学历史文化学院博士后）

● 专题研究

《乾隆皇帝谕英王乔治三世敕书》与有关传统中国对外关系之观点在 20 世纪早期的形成[*]

沈艾娣

(张 丽 杨 阳译)

摘要 本文对乾隆皇帝回应 1793 年马戛尔尼访华使团要求的"谕英王敕书"予以考察,该敕书常被解读为是清王朝无知和狭隘的象征。基于更为广泛的档案史料阅读分析,敕书中那段广为引用的引文并不代表乾隆皇帝对英国使团的真实反应,乾隆主要是把此次事件看作一种安全威胁,而不是 18 世纪英国所担忧的礼仪问题。当该敕书在 20 世纪早期开始广泛流传时,英国人的观点又影响了中国和西方的学者。本文的考察主要集中在陈垣、沈兼士、许宝蘅和其他那些利用清宫档案编辑出版了《掌故丛编》第一卷的学者身上,以及利用这些档案资料创造了具有持久影响力的清朝叙事的蒋廷黻、邓嗣禹和费正清。考察该敕书是如何被解读的,显示了档案工作者作为历史共同创造者的作用,同时也展示出我们今天关于清史的许多观点在多大程度上仍然受到 20 世纪初中国政局动荡的影响。

关键词 马戛尔尼使团 乾隆 历史档案 磕头 费正清

任何上过中国历史课的欧美人几乎都熟知下面这段引文,它是 1793 年

---

[*] 原文见 Henrietta Harrison, "The Qianlong Emperor's Letter to George III and the Early-Twentieth-Century Origins of Ideas about Traditional China's Foreign Relations", *American Historical Review*, Vol. 122, No. 3, June 2017, pp. 680–701.

《乾隆皇帝谕英王乔治三世敕书》与有关传统中国对外关系之观点在20世纪早期的形成

马戛尔尼（Macartney）勋爵率英国使团访华时，《乾隆皇帝谕英王乔治三世敕书》中的一段话：①

> 天朝抚有四海，惟励精图治，办理政务，奇珍异宝，并不贵重。尔国王此次赍进各物，念其诚心远献，特谕该管衙门收纳。其实天朝德威远被，万国来王，种种贵重之物，梯航毕集，无所不有。尔之正使等所亲见。然从不贵奇巧，并无更需尔国制办物件。②

自20世纪20年代以来，上面这段文字曾被历史学家、国际关系学者、记者以及教师们广为引用，用以说明传统中国对正在兴起的西方力量的失于认识：乾隆皇帝愚蠢地认为乔治三世是在向他朝贡，而他对英国礼物的贬低则被认为是对西方科学甚至工业革命的拒绝；与朝贡联系在一起并体现在磕头仪式中的传统中国的对外关系，与新兴欧洲国家间的平等外交形成了鲜明对照。这种结论中所暗含的对清朝政治文化的宽泛解读，曾受到专家们多年的批评。然而，对上段引文的传统解释是如何形成的呢？又是什么原因导致它经久不衰？

广泛阅读清史档案资料显示，那段被广泛引用的文字并不代表乾隆对英国使团的真实反应，乾隆主要把使团看作一种安全威胁；相反，大量资料显示的反倒是18世纪英国对礼仪的关注，以及这种关注在20世纪初乾隆敕书开始广泛流传时对中西学者的影响。对《乾隆皇帝谕英王乔治三世敕书》是如何被解读的考察显示，无论是历史档案的编辑取舍，还是我们今天的清史观点，依然在一定程度上受到20世纪初中国政局变化的影响。

对用乾隆敕书中的一段话定性前近代中国外交关系这种做法的批评已经存在多年。这种批评主要集中在两类研究上：第一，针对西方科学对清

---

① 引语被收入《牛津引语辞典》，牛津出版社2009年版。
② 中国第一历史档案馆编：《英使马戛尔尼访华档案史料汇编》，国际文化出版公司1996年版，第56页。该译本已经超过版权保护期，现已广为重印，源自 Edmund Trelawney Backhouse and John Otway Percy Bland, *Annals and Memoirs of the Court of Peking from the 16th to the 20th Century*, London: Heinemann, 1914, pp. 324 – 325. 同时该段翻译文字也出现在 Ssu-yü Teng and John K. Fairbank, *China's Response to the West: A Documentary Survey*, 1839 – 1923, Cambridge: Harvard University Press, 1954, p. 19.

廷影响的研究；第二，把清朝作为一个满族征服者王朝的研究。研究耶稣会教士在华历史的学者早就指出，清廷对西方天文学和数学很有兴趣。康熙皇帝曾在耶稣会教士的指导下研究欧几里得的《几何原理》以及其他数学著述，而他的孙子乾隆皇帝则收藏了大量欧洲制造的钟表、自动装置和天文仪器。① 乔安娜·薇丽·科恩（Joanna Waley Cohen）在《18世纪晚期的中国与西方技术》（China and Western Technology in the Late Eighteenth Century）这篇深有影响的文章中，对清初皇帝对耶稣会教士提供的欧洲军事技术的兴趣进行研究，科恩认为乾隆是出于国内政治的考虑，才在上述引文中强调中国的文化优势和自给自足。② 还有一部分学者，他们利用满语和中亚语言文献进行研究，认为虽然清朝皇帝利用儒家的制度和哲学来管理他们的汉族臣民，但并没有把这些思想强加给其帝国的边疆民族，而是根据边疆民族的文化制度和思想来构建清朝廷与他们之间的关系。③ 劳拉·纽比（Laura Newby）认为清朝在处理其与中亚地区的对外关系上也同样遵循了这一原则，并没有总是对这些地区采用儒家的朝贡体系理念。④ 最近，马修·莫内卡（Matthew Mosca）又提出，18世纪的清朝官员已经意识到他们是全球贸易体系的一部分，而且知道英俄两国是重要的参与者，清朝坚持一口通商，因为清朝最初的体制结构赋予了地方官员如两广总督、广东巡抚和粤海关监督处理外交的权力。⑤

尽管上述研究对传统解释形成了挑战，我们所熟知的那种对马戛尔尼访华事件的看法依然深有影响。在何伟亚（James Hevia）和阿兰·佩雷菲特（Alain Peyrefitte）20世纪90年代的研究中，文化和礼仪都被放在了解

---

① Catherine Jami, *The Emperor's New Mathematics: Western Learning and Imperial Authority in China during the Kangxi Reign* (1662 – 1722), Oxford: Oxford University Press, 2012; Catherine Pagani, *Eastern Magnificence and European Ingenuity: Clocks of Late Imperial China*, Ann Arbor: University of Michigan Press, 2004. 北京故宫博物院，http://www.dpm.org.cn，是关于乾隆收藏品的一个主要信息来源。

② JoannaWaley-Cohen, "China and Western Technology in the Late Eighteenth Century," *American Historical Review*, Vol. 98, No. 5, December 1993, pp. 1525 – 1544. 同时参见 Zheng Yangwen, *China on the Sea: How the Maritime World Shaped Modern China* Leiden: E. J. Brill, 2014, p. 190.

③ 关于这方面的研究，见 Joanna Waley-Cohen, "The New Qing History," *Radical History Review*, Vol. 88, 2004, pp. 193 – 206.

④ L. J. Newby, *The Empire and the Khanate: A Political History of Qing Relations with Khoqand, c. 1760 – 1860*, Leiden: Brill Academic Pub, 2005, pp. 6 – 10.

⑤ Matthew Mosca, "The Qing State and Its Awareness of Eurasian Interconnections, 1789 – 1805," *Eighteenth Century Studies*, Vol. 47, No. 2, 2014, pp. 103 – 116.

释清朝皇帝对英国做出反应的中心地位，尽管在其他方面，他们在方法和论点上完全不同。① 此外，从《乾隆皇帝谕英王乔治三世敕书》中摘录的那段引文仍然是公众了解中国的一个熟悉途径。中学和大学里的学生们继续分析它，记者们依旧引用它；它也被当前国际关系学者们拿来作为可以诠释国际社会当今想法的一个历史例证，那种以中国为中心的亚洲外交想法是当今亚洲国际关系新的解读的基础。②

一 相关解读的影响力来自何方

上述引文之所以很有影响力，主要源自它是皇帝在一个重要外交文件中的原始文字。然而，这些年也不断有人呼吁，要批判地看待历史文件是如何被推到历史学家面前的政治进程。③ 这始于当前一些学者所研究的主题与之前撰写和编纂档案的那些人所想的不一样。社会历史学家寻找无声群体的生活，以期从阅读历史文献中发现与表面文字不同的潜在信息。④ 更进一步的思考则催生了安·劳拉·斯托莱（Ann Laura Stoler）关于档案编撰既有记录政治，又有塑造政治的力量的看法。⑤ 就此，柯尔斯顿·韦尔德（Kirsten Weld）特别考察了为压迫人民（而隐藏那个压迫）编写档案的机构能够阻挠那些寻求平反的人。⑥ 通过研究如何运用档案资料，不仅

---

① James L. Hevia, *Cherishing Men from Afar: Qing Guest Ritual and the Macartney Embassy of* 1793, Durham: Duke University Press, 1995; Alain Peyrefitte, translated by Jon Rothschild, *The Collision of Two Civilisations: The British Expedition to China in* 1792-4, London: The Harvill Press, 1993.

② E. g. , David C. Kang, *China Rising: Peace, Power, and Order in East Asia*, New York: Columbia University Press, 2007; Shogo Suzuki, Yongjin Zhang, and Joel Quirk eds. , *International Orders in the Early Modern World: Before the Rise of the West*, London: Routledge, 2014.

③ Ann Blair and Jennifer Milligan, and Jennifer "Introduction" to *Toward a Cultural History of Archives*, Special Issue, *Archival Science*, Vol. 7, No. 4, 2007, pp. 289-296; Farina Mir, "Introduction" to "The Archives of Decolonization", *AHR* Roundtable, *American Historical Review*, Vol. 120, No. 3, June 2015, pp. 844-851.

④ Harriet Bradley, "The Seduction of the Archive: Voices Lost and Found", *History of the Human Sciences*, Vol. 12, No. 2, 1999, pp. 107-122.

⑤ Ann Laura Stoler, *Along the Archival Grain: Epistemic Anxieties and Colonial Common Sense*, Princeton: Princeton University Press, 2009.

⑥ Kirsten Weld, *Paper Cadavers: The Archives of Dictatorship in Guatemala*, Durham: Duke University Press, 2014. 另外一个近来的这类研究是 Caroline Elkins, "Looking beyond Mau Mau: Archiving Violence in the Era of Decolonization", *American Historical Review*, Vol. 120, No. 3 June 2015, pp. 852-868.

有助于我们理解那些无声群体，而且对研究政治和外交也很有价值，特别是重大政治转型之后，为了使当前合法化，而需要对过去的历史进行重建的要求。①

辛亥革命后，清廷档案不再被用来作为提供朝廷决策信息和歌颂皇帝的文集，反而被用来作为解释清王朝灭亡之合理性的资料来源。对这个过程至关重要的是一群中国学者的工作。他们在 20 世纪 20 年代出版了《掌故丛编》，而当时的政治形势则影响了他们对有关马戛尔尼使团访华清史资料的摘选，而这些经过摘选的资料却又成了具有权威性的史料。特别是，这批学者在关于马戛尔尼使团访华的档案资料编纂中，着重选择了那些表现清廷关注仪式和礼仪的文献，而却忽视了那些有关清廷对英国威胁的军事反应的文献；而这些史料文字又通过费正清的研究传播给了西方读者。费正清想利用中国档案平衡当时西方人对中国外交史的流行看法，但他对中国档案的重视，也意味着他的研究将受到档案资料选择的严重影响，而他所接触到的档案资料又是经过当时管理清史档案的中国学者们筛选后，而公开给历史学者的那部分史料。

特里·库克（Terry Cook）呼吁历史学家应认真考虑档案资料编纂者作为历史"共同创造者"（co-creators）的角色，因为档案资料编纂者可以决定保留哪些档案和排除哪些档案。② 就马戛尔尼使团访华这一案例来说，民国档案管理人员 20 世纪 20 年代出版的《掌故丛编》中的《英使马戛尔尼来聘案》直到 20 世纪 90 年代才被内容更为丰富的《英使马戛尔尼访华档案史料汇编》所取代。这些 20 世纪初的中国档案编纂者都是有重要影响力的知识分子，而现存的大量资料和研究也使我们有可能研究他们在档案资料编选过程中的态度和作为。仔细研究《掌故丛编》和《英使马戛尔尼访华档案史料汇编》这两套档案资料中有关马戛尔尼使团的历史文献，不仅使我们可以把英使团访华从一个人们所熟知的关于礼争的故事转变为

---

① Todd Shepard, "'Of Sovereignty': Disputed Archives, 'Wholly Modern Archives, and the Post-Decolonization French and Algerian Republics, 1962 – 2012", *American Historical Review*, Vol. 120, No. 3, June 2015, pp. 869 – 883; Jennifer S. Milligan, "The Problem of *Publicité* in the Archives of Second Empire France", in Francis X. Blouin Jr. and William G. Rosenberg, eds., *Archives, Documentation, and Institutions of Social Memory: Essays from the Sawyer Seminar*, Ann Arbor: University of Michigan Press., 2007, pp. 20 – 35.

② Terry Cook, "The Archive (s) Is a Foreign Country: Historians, Archivists, and the Changing Archival Landscape", *Canadian Historical Review*, Vol. 90, No. 3, 2009, pp. 497 – 534.

《乾隆皇帝谕英王乔治三世敕书》与有关传统中国对外关系之观点在 20 世纪早期的形成

一个清朝廷对英国威胁而做出军事反应的故事,而且也使我们看到档案编辑过程中资料取舍的重要力量;这种力量塑造了我们讲给自己和他人的历史。

二 真相是什么?

关于《乾隆皇帝谕英王乔治三世敕书》的流行解释,令人吃惊的是,其几乎与清廷当时的反应没有多少相似之处,这一点可从北京第一历史档案馆 1996 年出版的《英使马戛尔尼访华档案史料汇编》中看到。由于清史档案远未被完整保存,《英使马戛尔尼访华档案史料汇编》并没有囊括当时的所有档案,也没有收入与马戛尔尼使团研究相关的所有文献,而是只选用了涉及使团的资料。尽管如此,《英使马戛尔尼访华档案史料汇编》还是收集了六百多份相关文献,既有含有上述引文的《乾隆皇帝谕英王乔治三世敕书》,也有乾隆皇帝感谢英国所赠哔叽褂料的信件。①《英使马戛尔尼访华档案史料汇编》按档案全宗编纂,但有一个便捷的目录,人们可以按日期顺序进行查阅。

如果我们按照日期顺序阅读《英使马戛尔尼访华档案史料汇编》,故事是从一封信开始的:这是 1792 年 10 月英国东印度公司写给两广总督的一封信,信中告知英吉利国王打算派使团在乾隆皇帝生日的那一天前去祝贺。随后是中国沿海省份官员在等候英国船只出现时,朝廷与官员的诸多文件往来。1793 年 7 月下旬,使团抵达天津外洋,在使团成员乘船前往北京,然后越过长城,前往承德避暑山庄觐见乾隆皇帝的路途跋涉中,乾隆皇帝和他的官员间有很多的公文往来。这些公文大多是关于行程安排的,其中也有很多关于英国所带礼品的讨论:让英国人提供礼品清单,以及礼品运送、装配和展示的方法,还有一些是关于使团觐见乾隆皇帝时的礼仪的讨论,只有少数文件提到了磕头问题,而其中的几个还是责备徵瑞自高自大,幻想大使应该向他磕头。②

---

① 《英使马戛尔尼访华档案史料汇编》,第 451 页。
② 《英使马戛尔尼访华档案史料汇编》,第 38 页。

转折点发生在 1793 年 9 月底，当时发生了两件大事。第一，使团从承德返回北京后，清官员开始安排他们南向广州的行程；第二，英国的一系列要求被翻译成中文。① 当乾隆皇帝读到这些要求时，他感到非常不快。英国人不仅想在北京留任常驻大使（为了越过两广总督和粤海关监督），还想在沿海港口和北京进行贸易，要求享受税收减免，同时索要宁波港附近舟山群岛中的一个岛屿和要求在广州附近建立一个基地。这些要求具有重大的政治上和财政上的含义，皇帝当然很快意识到了这一点。于是，之前已经写好的给英吉利国王的那封公式化的敕书被扔掉，一封新的敕书，按照皇帝的个人指示被起草。新起草的敕书对使团提出的所有要求予以逐条陈述和拒绝。尽管许多读者认为马戛尔尼遭到拒绝是因为其拒绝磕头，从而导致乾隆皇帝的愤怒，但敕书中并没有提到磕头或其他任何礼仪问题，而是集中在对使团各种要求的陈述和拒绝上。② 这个敕书便是前面那段著名引文的出处来源。在那段引文中，乾隆一方面对英国礼物轻描淡写；另一方面又强调自己的慷慨。这个敕书被正式交给马戛尔尼，使团亦匆匆离开北京。

这之后，在幸存下来的大量文件中，其主要关注点是如何避免因拒绝英国要求而可能造成的军事后果。就在使团离京前，军机处向沿海各省总督发出了一道重要上谕。上谕中，乾隆皇帝谕各省总督所发生的一切，并警告说："英吉利在西洋诸国中较为强悍，今既未遂所欲或致稍滋事端。"他继而敦促各地总督加强防御，并指示广州官员不要给英国人任何军事行动的借口。

> 今该国有欲拨给近海地方贸易之语，则海疆一代营讯，不特整饬军容，并宜预筹防备。即如宁波之珠山等处海岛及附近澳门岛屿，皆当相度形势，先事图为，毋任英吉利夷人潜行占据。……再粤海关抽收夷商税课原应按则征收严胥索。英吉利商船来粤较之别国为多，将来该国货船出入固不便遽减其税，亦不可丝毫浮收，致该国夷商等得

---

① 《英使马戛尔尼访华档案史料汇编》，第 536 页。
② 《英使马戛尔尼访华档案史料汇编》，第 126—127、536 页；Hevia, *Cherishing Men from Afar*, p.181；赵刚：《是什么遮蔽了史家的眼睛？——18 世纪世界视野中的马戛尔尼使团来华事件》，《视界》2002 年第 9 期。

《乾隆皇帝谕英王乔治三世敕书》与有关传统中国对外关系之观点在 20 世纪早期的形成

以借口。①

紧随着这个上谕，是地方官员汇报自己遵旨采取各种行动的回奏，②也有很多是关于如何摆脱当时停泊在舟山的五艘英国军舰的，特别是全副武装的"狮子"号舰。③舟山岛有深水良港，这也是英国人希望在那里建立基地的原因之一。马戛尔尼曾解释说，因为许多水手生病了，所以需要在岛上休息。事实也的确如此，因为"狮子"号上暴发了严重的痢疾，导致多人死亡。④乾隆皇帝接受了他们要在岛上休息的请求，但同时敦促地方官员让英国船只尽快离开。⑤船长欧内斯特·高尔（Ernest Gower）在他的航行日志中曾记录，他们在沿中国海岸向南航行途中，曾遭到中国船只的驱逐，当地人还向他们的井中投掷脏物，致使他们没有干净的水。他们通过鸣枪展示力量，停靠在港口的中国船只也不时地鸣枪展示他们的力量。⑥还有一些奏折是向皇帝报告，他们如何向正在往南航行的英国使团展示军事力量（这些也出现在英国人的记录中，里面提到沿途有大量的士兵巡逻，并对清兵所展示的大炮做了不屑的评论。）⑦

与乾隆皇帝这些上谕混杂在一起的，还有松筠和爱新觉罗长麟写的一系列奏折，松筠负责使团的接待工作，长麟则随使团前往广州，接任两广总督一职，同时接手使团在浙江的护送工作。他们的任务是与使团进行贸

---

① 《英使马戛尔尼访华档案史料汇编》，第 176—177 页。
② 《英使马戛尔尼访华档案史料汇编》，第 411、418—421、427—428、441、446 页。
③ 《英使马戛尔尼访华档案史料汇编》，第 171—172、393—397、402—404、434—435 页。
④ 《英使马戛尔尼访华档案史料汇编》，第 389—390 页；Ernest Gower, "A Journal of His Majesty's Ship Lion, Beginning the 1st October 1792 and Ending the 7th September 1794", Add. MS 21, 106, British Library, London, pp. 62, 70, 85.
⑤ 《英使马戛尔尼访华档案史料汇编》，第 171—172、179 页。
⑥ Gower, "A Journal of His Majesty's Ship Lion", pp. 90 – 92.
⑦ George Macartney, An Embassy to China: Being the Journal Kept by Lord Macartney during His Embassy to the Emperor Ch'ien-lung, 1793 – 1794, ed. J. L. Cranmer-Byng, London: Longmans, 1962, pp. 179 – 180, 218; J. C. Hüttner, Voyage a la Chine, Paris: J. J. Fuchs can, 1798, p. 139; Aeneas Anderson, A Narrative of the Embassy to China, in the Years 1792, 1793, and 1794, London: J. Debrett, 1795, p. 254; George Thomas Staunton, Childhood Travel Diary, 1793 Aug. 30 – 1794 Feb. 1, especially October 20, 1793, and December 2, 1793, George Thomas Staunton Papers, David M. Rubenstein Rare Book and Manuscript Library, Duke University.

易谈判，一方面打消使团制造麻烦的念头；另一方面对英国人提出的要求不做任何让步。从松筠和长麟上奏给乾隆皇帝的奏折和马戛尔尼给英国内政大臣亨利·邓达斯（Henry Dundas）的报告中看出，松筠和长麟做得非常成功。① 档案资料给人的总体印象是，在乾隆皇帝的心目中，对英国要求做出有效的军事和外交反应远比在马戛尔尼使团抵达北京之前所讨论的磕头和其他礼仪问题重要得多。

整个 19 世纪，中国这边关于马戛尔尼使团的记述也呈现出近似的叙事。《清实录》中的乾隆王朝主要根据外朝文献编纂而成，其中缺少了一些可以在皇帝私下给大臣的谕旨中找到的军事细节。尽管如此，编辑人员对马戛尔尼使团访华史料的编纂还是较为公正的，收入了《乾隆皇帝谕英王乔治三世敕书》，以及皇帝关于军事行动的谕旨。② 20 世纪 30 年代以前，《清实录》只对极少数读者开放；而在鸦片战争背景下出版的一些作品也强调了英国对领土的要求和清朝的军事反应。《广东海防汇览》（1838）收藏有乾隆皇帝谕英吉利国王的正式敕谕，同时还有一道乾隆皇帝针对英国要求而写给自己官员，立场更为强硬的敕谕，还有他对松筠和长麟在军事和商业方面应如何回应的敕谕。③ 另外，《粤海关志》（1839）中还收藏有乾隆的另一道严厉的敕谕，强调不允许英国人占领岛屿的重要性，并以建立海防的敕令结尾。④ 同样的主题也出现在 19 世纪 90 年代出版的清朝对外关系史中，把马戛尔尼使团访华事件置于当时清朝战胜廓尔喀人（Ghurkhas），并与俄国进行了成功边界谈判的强大王朝背景之下。⑤ 在清王朝所有的文献记述中，马戛尔尼使团都被看作一个防务问题，重点放在军事准备和对英国人在广东贸易的管理上。

---

① 《英使马戛尔尼访华档案史料汇编》，第 57、65—68、78、401—402、405—407、413—417、429—433、437—440、442—444 页；Macartney to Henry Dundas, November 9, 1793, India Office Records and Private Papers, British Library [hereafter IOR], IOR/G/12/92, 95 - 105; Macartney to Henry Dundas, November 23, 1793, IOR/G/12/92, pp. 399 - 401.

② 《英使马戛尔尼访华档案史料汇编》，第 27—88 页；《明清实录》，数字古籍丛书，爱如生数字化技术研究中心，北京，http://server.wenzibase.com/dblist.jsp，乾隆 58。

③ 卢坤、邓廷桢：《广东海防汇览》，河北人民出版社 2009 年版，第 893—899 页。

④ 梁廷枏：《粤海关志》，1839 年编卷 22，第 2—12 页。

⑤ 王之春：《国朝柔远记》，1891 年编卷 6，第 1—9 页。

三 所谓的"礼争"关注渊源何处？

既然清廷把马戛尔尼使团看作来自英国的军事威胁，那么关于"礼争"的流行观点又是如何形成的呢？要了解这个问题，我们首先要看一看英国当时的文献。乾隆皇帝似乎十分清楚对外国使节应该采用什么样的礼仪，而且也比较灵活，至少他没有要求他的官员，在长城以外离京城较远的承德避暑山庄对马戛尔尼使进行某种非正式的觐见时，推行全套的磕头礼仪仪式。① 相比之下，当时的欧洲则正处在一个各国统治者之间的关系正在发生巨大变化的历史背景下，而外交礼仪则是关于这些关系该如何变化的谈判的核心。

研究近代早期欧洲史的学者指出，尽管 1648 年的《威斯特伐利亚和约》通常被认为是主权国家平等外交开始的标志，但事实上，主权观念是逐渐发展起来的，直到 18 世纪，旧的宫廷等级制度体系依旧存在。② 就如霍恩（D. B. Horn）在他关于英国外交的杰出研究中所评论的那样："18 世纪（外交官）重视礼仪的程度对今天的作家来说好像太过分了。"③ 他指出，这一时期的欧洲大国不会接受其他国家驻派大使，除非这个国家的国力地位与其相当。他同时详细描述了因礼仪和特权问题，不同国家间很难互派大使的事例。其中一例就是，哈布斯堡王朝作为神圣罗马帝国的统治者曾拒绝授予英国国王"陛下"的称号，因为他只是一个国王（King）而不是皇帝（Emperor）。这使得当时的英国很难派遣大使到维也纳。④ "美国

---

① 关于马戛尔尼是否执行了磕头仪式的相关问题，见 Earl H. Pritchard, "The Kowtow in the Macartney Embassy to China in 1793", *Far Eastern Quarterly*, Vol. 2, No. 2, 1943, pp. 163-203; Peyrefitte, *The Collision of Two Civilizations*, pp. 224-225.

② Christian Windler, *La diplomatie comme éxperience de l'autre: Consuls Français au Maghreb (1700-1840)*, Geneva: Librairie Droz, 2002, pp. 86-91; Windler, personal communication, 2014, based on his "Symbolische Kommunikation und diplomatische Praxis in der Frühen Neuzeit: Erträge neuer Forschungen", in Barbara Stollberg-Rilinger, Tim Neu, and Christina Brauner, eds., *Alles nur symbolisch? Bilanz und Perspektiven der Erforschung symbolischer Kommunikation*, Cologne: Bohlau, 2013, pp. 161-186.

③ D. B. Horn, *The British Diplomatic Service*, 1689-1789, Oxford: Clarendon Press, 1961, p. 204.

④ D. B. Horn, *The British Diplomatic Service*, 1689-1789, Oxford: Clarendon Press, 1961, pp. 22, 204-208.

革命"和"法国大革命"更是加剧了这种问题,因为它们所创建的强大新国家是共和体制,在传统上属于宫廷等级中最低等级的实体。"美国革命"和"法国大革命"也使"平等"的启蒙思想在政治上崭露头角;在此之前,这一思想主要是针对个人,现在则开始从个人延伸到国家。然而,即使是在18世纪90年代,这种思想依然备受争议。在马戛尔尼使团回国后,托马斯·詹姆斯·马蒂亚斯(Thomas James Mathias)就发表了一首诗,他声称这首诗是《乾隆皇帝谕英王乔治三世敕书》中一段话的翻译,乾隆皇帝在诗中谴责了法国革命的领袖:

在震惊的世界之上!
恶性平等的旗帜展开,
流淌的鲜血在空气中弥漫,
旗帜上的词汇:博爱的自由、死亡、绝望!①

马蒂亚斯(Mathias)是英国女王的一名内侍成员,也是一位讽刺作家。他对当时文学名人以及法国思想界的匿名攻击广受保守派的欢迎。②正如诗歌中所暗示的那样,平等还远未被普遍接受,即便只是作为一种理想,也远未被接受。直到1816年的"维也纳会议",国家间平等的礼仪才被接受。即便如此,这一理想,也如同中国朝贡制度的理想一样,并未被付诸实践。

在等级外交仍然是欧洲公认的外交关系的背景下,英国在使团离开伦敦之前,就已经开始关注中国皇帝觐见英王使团的礼仪问题,这也就不足为奇。马戛尔尼在写给邓达斯(Dundas)的信中,已经预想到了即将可能遇到"跪拜、俯伏和其他无聊的东方仪式"的问题,并表示他会灵活地处理这些事情。③ 在詹姆士·吉尔雷(James Gillray)的著名漫画《外交官

---

① Thomas James Mathias, *The Imperial Epistle from Kien Long, Emperor of China, to George the Third, King of Great Britain*, London: printed for R. White, 1796, p. 30. (译者注:诗歌英文为"O'er th' astonished world, The flag of dire EQUALITY unfurl'd, Drizzling with blood of millions streams in air, The scroll, FRATERNAL FREEDOM, DEATH, DESPAIR!")

② Paul Baines, "Mathias, Thomas James (1753/4 – 1835)", in *Oxford Dictionary of National Biography*, Oxford: Oxford University Press, 2004.

③ Macartney to Henry Dundas, March 17, 1792, IOR/G/12/91, p. 85.

《乾隆皇帝谕英王乔治三世敕书》与有关传统中国对外关系之观点在 20 世纪早期的形成

及其随从在北京朝廷的接见》(*The Reception of the Diplomatique and His Suite at the Court of Pekin*)中,英国人在一个斜躺着的东方君主面前俯首贴地,其经常被用来说明磕头对中国接见马戛尔尼使团的重要性。然而事实上,这幅画早在使团离开伦敦之前就已经发表了。这幅画代表的不是中国对礼仪的关注,而是英国民众对英国外交官身体姿势的关注,而且成为判断使团是否成功的一个核心标准。马戛尔尼在日记中经常提到礼仪,特别是磕头问题,这表达了他的焦虑,也显然是为了记录他在处理这个问题上是多么的谨慎。① 马戛尔尼使团的约翰·巴罗(John Barrow)写了一本颇有影响的关于使团的书,书中强调马戛尔尼曾拒绝磕头,声称事实上是中国人在礼仪问题上过于呆板。② 对此,劳伦斯·威廉姆斯(Laurence Williams)则认为巴罗的表述恰恰反映了当时英国讽刺作品对后来者对使团描述的影响,他们以期通过辩护性的描述来颠覆讽刺批评。③

这种对礼仪的关注继续出现在 19 世纪关于马戛尔尼使团的英文著作中,因为外交礼仪仍然是当时在华欧洲强权所关注的问题。西方人很重视他们与中国外交时的礼仪形式,他们的外交官拒绝按清朝的礼仪行事,称他们不是朝贡国的代表。清廷这边则是在——或完全拒绝接见,除非使团成员接受磕头仪式——或采用一种避免正式接见的替代性仪式——之间摇摆。1816 年,英国又派阿美士德伯爵(Lord Amherst)率使团访华,清廷当时是拒绝接见,除非使团成员接受磕头仪式;可是清末也有几次朝廷采用了一种避免正式接待——英国人因此也不用磕头的——非正式仪式方式接见英国使者。④ 在英国,礼仪问题的政治重要性持续发酵,这也体现在詹姆斯·布罗姆利·伊姆斯(James Bromley Eames)1909 年出版的有影响

---

① Macartney, *An Embassy to China*. 尽管这本日记一直到 20 世纪才出版,但它是乔治·斯当东的著作和约翰·巴罗的著作的主要资料来源,参见 George Staunton, *An Authentic Account of an Embassy from the King of Great Britain to the Emperor of China*, London: W. Bulmer & Co. for George Nicol, 1796, and John Barrow, *Travels in China: Containing Descriptions, Observations, and Comparisons, Made and Collected in the Course of a Short Residence at the Imperial Palace of Yuen-Min-Yuen, and on a Subsequent Journey through the Country from Pekin to Canton*, London: T. Cadell and W. Davies, 1804.

② Barrow, *Travels in China*.

③ Laurence Williams, "British Government under the Qianlong Emperor's Gaze: Satire, Imperialism, and the Macartney Embassy to China, 1792 – 1804", *Lumen* 32, 2013, pp. 85 – 107.

④ Tseng-Tsai Wang, "The Audience Question: Foreign Representatives and the Emperor of China, 1858 – 1873", *The Historical Journal*, Vol. 14, No. 3, 1971, pp. 617 – 626.

的通史著作《英国人在中国》(*The English in China*) 中；这本书批评马戛尔尼在磕头问题上的随意性，并在作者的序言中，将此书献给八国联军的一位英国军官。① 美国人威廉·伍德维尔·洛克希尔（William Woodville Rockhill）1897 年在新创刊的《美国历史评论》上发表了一篇关于磕头的文章《出使中国的外交使团：磕头问题》，1900 年他被任命为"改革清朝外交礼仪执行委员会"的美国全权代表。② 可以说，一直到辛亥革命，马戛尔尼使团访华时的礼仪问题一直都是西方关注的焦点，而中国文献强调的则是英国人的威胁以及为应对这种威胁而采取的军事措施。

当时，《乾隆皇帝谕英王乔治三世敕书》并不广为人知。敕书的英译本早被遗忘在了英国东印度公司的档案里，就连孜孜不倦的荷西亚·鲍罗·马士（Hosea Ballou Morse），在他 1910 年出版的《中华帝国对外关系史》中也没有提到这道敕书。③ 敕书的原件可以在关于粤海关防务的文件中找到，但直到 1884 年《东华续录》成书才引起了人们的注意。④ 1896 年，爱德华·哈珀·帕克（Edward Harper Parker）将从《东华续录》中摘取的乾隆敕书翻译成英文。当时帕克的兴趣是想利用这些新史料，研究 18 世纪 90 年代的廓尔喀战争，尽管他在伦敦的一本杂志上发表了乾隆敕书的译文，但并没有引起了任何特别的反响。⑤

导致《乾隆皇帝谕英王乔治三世敕书》名声大噪的是清王朝 1911 年的灭亡和民族主义的兴起。1914 年，两位居华英国作家把乾隆敕书的英译

---

① James Bromley Eames, *The English in China: Being an Account of the Intercourse and Relations between England and China from the Year 1600 to the Year 1843 and a Summary of Later Developments*, London: Barnes & Noble Books, 1974.

② William Woodville Rockhill, "Diplomatic Missions to the Court of China: The Kotow Question", 2 pts., *American Historical Review*, Vol. 2, No. 3, 1897, pp. 427–442 and Vol. 2, No. 4, 1897, pp. 627–643.

③ Hosea Ballou Morse, *International Relations of the Chinese Empire* 3 vols, London: Longmans, Green, and Co., 1910–1918.

④ 王先谦：《东华续录》(1884)，乾隆：卷116，第26页，卷118，第3—8页，收录于《续修四库全书》。编纂委员会编：《续修四库全书》，上海古籍出版社 2002 年版。

⑤ E. H. Parker, "From the Emperor of China to King George the Third", *The Nineteenth Century: A Monthly Review*, Vol. 40, 1896, pp. 45–55. 关于 Parker 的研究兴趣，参见 Parker, 32 *Pamphlets on Chinese History Etc.* [有 29 篇文章从 1884—1914 年的期刊中摘录或重印出来], Bodleian Library, Oxford, 24631 d 16.

《乾隆皇帝谕英王乔治三世敕书》与有关传统中国对外关系之观点在20世纪早期的形成

本收录进了他们编写的清朝野史。① 正是从这本英文著作中，中国学者摘选出了《乾隆皇帝谕英王敕书》。对他们来说乾隆在敕书中的愚昧和自满正好应和了民国革命。乾隆敕书是辛亥革命前后清史研究中广泛出现和流行的著名文献之一。另一个是《扬州十日记》，这本书绘声绘色地描述了17世纪清军征服时的残暴行径，也被翻译成了不同的语言出版发行。② 事实是，历史学者通过同样程序所得到的清史档案文献使革命的解释尤为有效和持久。

对于英国的作者们来说，马戛尔尼使团的失败赋予了英国强权在中国存在的合理性。③ 出于这种目的，马戛尔尼提出的要求被概括为外交关系和自由贸易（而不是减免税收和索要领土基地）。马士（Morse）称之："英国1793年提出的适度贸易权利法案，在1842年通过武力得到了实现。"④ 英国作家们以马戛尔尼使团访华为始点讲述中英关系，通过讲述英国曾两次试图通过外交手段实现国家间的正当平等关系，但却都不幸失败的故事，进而论证英国对中国使用武力的正当性，而在写作中则避而不谈使团的那些实质性要求。这样做所产生的一个效应，就是使当年清朝看起来更像是在对文化冲突进行反应。⑤

1911年辛亥革命后不久，埃德蒙·贝克豪斯爵士（Sir Edmund Backhouse）和约翰·奥威·珀西·布兰德（John Otway Percy Bland）就出版了一部关于清朝历史的著作，书中收录了《乾隆皇帝谕英王乔治三世敕书》的完整翻译。⑥ 这是一本诙谐有趣的畅销书。该书把乾隆敕书呈现给公众，

---

① Backhouse and Bland, *Annals and Memoirs of the Court of Peking*, pp. 322 – 331.
② 王秀楚：《扬州十日记》收录在留云居士1896编的《明季稗史汇编》；Peter Zarrow, "Historical Trauma: Anti-Manchuism and Memories of Atrocity in Late Qing China", *History and Memory*, 16, No. 2, 2004, pp. 67 – 107；朱新屋：《扬州十日记》与辛亥革命——一个书籍史和阅读史的分析，《近代史学刊》（北京）2015年第13期。
③ 关于这段史料，参见Robert Bickers, *The Scramble for China: Foreign Devils in the Qing Empire*, 1832 – 1914, London: Allen Lane, 2011.
④ Hosea Ballou Morse, The Chronicles of the East India Company Trading to China, 1635 – 1834, 5 vols, Oxford: Carendon Press, 1926 – 1929, Vol. 2, p. 225.
⑤ Eames, *The English in China*, 152.
⑥ 贝克豪斯好像是在《东华续录》里找到了这道敕书，因为当时他为博德莱恩图书馆（Bodleian Library）买了一套100卷的图书，参见David Helliwell, *A Catalogue of the Old Chinese Books in the Bodleian Library*, Vol. 1: *The Backhouse Collection*, Oxford: Bodleian Library, 1983, p. 37.

而一些人便将这道敕书作为中国人傲慢的罪证，进而为英国侵略中国辩护。① 然而，布兰德和贝克豪斯爵士自己则是倾向于浪漫保守主义，他们把乾隆敕书视为乾隆皇帝伟大的证据，使之与中国后来的衰落形成鲜明对照："自它的统治者把自己描绘为'天朝抚有四海'以来，这个伟大天朝帝国的衰落和受辱的过程是多么迅速和彻底啊。"② 此后，《乾隆皇帝谕英王乔治三世敕书》很快便被西方读者所熟知。出于对西方自身文化优越性的自信，西方人对乾隆敕书中的言辞常常报以讥笑。哲学家伯特兰·罗素（Bertrand Russell）曾在中国做过巡回演讲，他读过布兰德和贝克豪斯（Bland and Backhouse）的著作，并在他自己1922年出版的著作《中国问题》中，从乾隆敕书中摘录了一段很长的话，然后评论说："除非敕书中的那种荒谬不再出现，否则没人能理解中国。"③ 阿诺德·汤因比（Arnold Toynbee）也在20世纪30年代引用了乾隆敕书，他认为"治疗这种精神错乱的最好方法就是嘲笑"④（尽管他认为当时西方存在着与他完全相似的态度）。汤因比和布兰德（Bland）一样，从中国18世纪的傲慢和当代的衰弱的对比中，看到了辛辣的嘲讽。读者和作者们在对乾隆敕书的讥讽中不谋而合，而一些作者更是试图从乾隆敕书的语言中，找寻出中国一些现实问题的根源，这无疑是导致敕书中那段引文在西方文献中经久不衰的部分原因。而此前，表达最多的观点则是清王朝在乾隆皇帝统治下的领土广袤和强盛。

布兰德和贝克豪斯的著作同样还迎合了许多中国精英掺和着保守主义、民族自豪感和共和主义的复杂情绪，以致布兰德和贝克豪斯的著作在出版

---

① Harley Farnsworth MacNair, *Modern Chinese History: Selected Readings*, Shanghai: Commercial Press, 1927; Hosea Ballou Morse and Harley Farnsworth MacNair, *Far Eastern International Relations*, Boston: New York Houghton Mifflin Co., 1931, viii.

② Backhouse and Bland, *Annals and Memoirs of the Court of Peking*, 322. 另见 Hugh Trevor Roper, *Hermit of Peking: The Hidden Life of Sir Edmund Backhouse*, Harmondsworth: Penguin Books Ltd, 1978, pp. 46–49.

③ Bertrand Russell, *The Problem of China*, London: Allen & Unwin, 1922, p. 51. （在罗素著作 *The Problem of China* 的中译版本中，这句话被翻译为"人们只有等到不再认为乾隆所言甚为荒谬时才会理解中国"。参见［英］罗素《中国问题》，秦悦译，学林出版社1996年版，第38—39页——译者注）

④ Arnold J. Toynbee, *A Study of History*, 12 vols, Oxford: Oxford University Press, 1935–1961, Vol. 1, p. 160.

《乾隆皇帝谕英王乔治三世敕书》与有关传统中国对外关系之观点在 20 世纪早期的形成

后的一年内便被译成中文。① 把清朝堕落腐败的故事与构成中国新政治权威的中国西化精英对清朝的批判相结合，这本书的中译本一经出版便轰动一时，在 1915—1931 年间四次再版。然而，对刘半农这个中国读者来说，乾隆皇帝的宏大言论则并没有什么可嘲笑的地方，这些言辞符合中国传统，且皆出自人们所熟知的经典来源，也符合中国的外交惯例，这道敕书只不过是被纳入了书中对过去清朝的浪漫和悲剧的一般文字描述中。受到布兰德和贝克豪斯的著作的启发，刘半农决定对当时刚刚出版的马戛尔尼日记进行翻译。序言中，刘半农笔下的马戛尔尼和乾隆皇帝在谈判中都表现出了令人印象深刻的灵活性，是中国未来处理对外关系的典范。② 然而，刘半农这个关于马戛尔尼使团的新鲜观点虽然受到欢迎，但却被认为不具有学术性。把布兰德和贝克豪斯的著作翻译成中文的译者们觉得他们有责任指出，刘的观点是多么不可靠，因为刘半农是小说家，而不是历史学家。③

正是通过这些文字流行，有关马戛尔尼使团的英文文献引起了中国历史学家和档案学家的注意。④ 1924 年，清朝残余势力被逐出紫禁城，故宫博物院成立。随后，原来由国务院接手的军机处档案被转移到了故宫博物院。同时，故宫博物院也接手了故宫里尚存的案宗，包括各省官员的奏折原件。⑤ 今天，我们所知道的关于马戛尔尼使团事件的流行看法，不过是过去重塑清朝历史这一宏大工程中的一部分而已，而这项工程是建立在如何获取和编纂档案的基础上，只是对清史档案内容的重新塑造被掩盖在了奋力抢救和整理历史资料的故事下面。

清朝灭亡之前，由于维护不善和为了节省空间，加上两次外国军队的破坏，许多文件已经丢失。后来，在辛亥革命后上台的民国政府又销毁了

---

① Backhouse and Bland, *The Story of the Qing Court*, 陈诒先、陈冷太译：《清室外纪》，中华书局 1915 年版。

② Helen Robbins, *Our First Ambassador to China: An Account of the Life of George, Earl of Macartney*, New York: E. P. Dutton and Co., 1908, chaps 10 – 12. 第 244—392 页，由刘半农（刘复）缩减和翻译为《乾隆英使觐见记》，中华书局 1916 年版。

③ Backhouse and Bland,《清室外纪》译者序言，第 1 页。

④ 参见其他作者的引用资料，如萧一山《清代通史》，商务印书馆 1932 年版，第 751—765 页；[日] 稻叶君山：《清朝全史》第 2 卷，但焘译，中华书局 1935 年版，第 68—80 页。

⑤ 北平中华图书馆协会：《军机处档案移存故宫博物院》《图书馆学季刊》第 1 卷，1926 年第 2 期。

一部分民国官员认为无用的档案。① 对一些文献不予保留的决定,虽然会使历史学家感到沮丧,但却是国家档案管理中必不可少的一环。② 到了 20 世纪 20 年代,除了政治转型之外,兰克史学方法（Rankean historiography）也影响到了在海外学习的中国人。他们开始把档案研究作为一种西方的科学研究方法。这种方法与当初清朝考据学的传统相吻合。因此,当学者们在北京的市场上发现了一袋袋清代档案文件被作为废纸出售时,他们在报刊上报道了这个糟糕的事情,从而使得这批档案再次获得了学术（以及金钱）上的重视。③

然而,抢救清史档案不过是一个拥有着强烈政治动机的更大工程的一部分,目的是利用这些档案寻找中国近代史的真相。换言之,也就是制造出一个批判清王朝的新历史。两名资深学者、历史学家陈垣和沈兼士,被指派负责故宫博物院的档案部门。沈兼士是一位知名学者,至今因他作为一位档案学家的工作而闻名。两人邀请了曾在清朝和民国政府任职的许宝蘅管理档案。这些人都经历了辛亥革命,而且都是民国政府的成员。陈垣是中国同盟会的成员,辛亥革命后进入国民议会,并在北京政府担任了一系列的政府职务。他还是早期外国人居华历史研究的杰出专家,并受聘于北京大学汉学研究所。此外,他还是沈兼士领导下的新成立的中国科学院历史与文学研究所的成员。④ 许宝蘅是个官员,他和陈垣在同一个社会圈子里活动,都是"思误社"的成员。这个社团一个月见两次面,编辑文字和讨论学术。⑤ 这个社团的另一个成员是历史学家孟森,他因研究雍正皇帝如何通过阴谋手段登基——这个清王朝最大丑闻之一——而出名。单士

---

① 中国第一历史档案馆编：《明清档案与历史研究——中国第一历史档案馆六十周年纪念论文集》,中华书局1986年版,第 12、35、125—126、129 页。

② Terry Cook, "Remembering the Future: Appraisal of Records and the Role of Archives in Constructing Social Memory", in Blouin and Rosenberg, *Archives, Documentation, and Institutions of Social Memory*, pp. 169 – 181.

③ Shana J. Brown, "Archives at the Margins: Luo Zhenyu's Qing Documents and Nationalism in Republican China", in Tze-ki Hon and Robert J. Culp, *The Politics of Historical Production in Late Qing and Republican China*, Boston: Brill, 2007, pp. 249 – 270; Q. Edward Wang, *Inventing China through History: The May Fourth Approach to Historiography*, Albany: State University of New York Press, 2001, pp. 14 – 19;萧启庆：《推陈出新的史学家陈垣》,《新史学》2005 年第 16 卷第 3 期。

④ 萧启庆：《推陈出新的史学家陈垣》。

⑤ 桑兵：《国民学界的老辈》,《历史研究》2005 年第 6 期。

元，作为许宝蘅的助手，摘选并转录了许多文献，他是孟森的学生。① 这些新档案学家的个人背景和他们所在的圈子，几乎无可避免地会使他们青睐于那些有助于对清朝历史进行修正的历史文献。

许宝蘅于1927年12月首次到访档案馆。同其他到访档案馆的人一样，许也是怀着一个发现机密的念头。他发现了一个盒子，上面写着"雍正某年奉上谕，非圣御前不得开看，违者即行正法"②。许宝蘅随后打开了这个盒子，发现盒子里装有许多一个个的小文件包，是关于控告中国文人反满文字的案子。他当时就决定从这些档案中选取资料发表。几天后，他又发现了康熙皇帝离京出行时，写给一位在京太监的一批上谕。这些上谕"就像普通人家的家庭书信"，这让许宝蘅异常兴奋。③ 他决定将这批上谕放在他著作新卷的开头。

在接下来的几个月里，在陈垣和沈兼士的指导下，许宝蘅与助手们一起编纂了《掌故丛编》的第一卷。该卷收录了有关马戛尔尼使团访华的47份文献，直到20世纪90年代《英使马戛尔尼访华档案史料汇编》的出版，这些文献是马戛尔尼使团访华事件的主要中文资料来源。约翰·朗切洛·克兰默·拜格（John Launcelot Cranmer Byng）将其中一部分文件译成英文，并以《1793年马戛尔尼勋爵使团出使北京的中国官方文献》的标题出版。④ 克兰默·拜格认为这些文献是关于马戛尔尼使团访华事件"非常完整的记录"，但事实上它们只是档案馆里600多份有关文件中的一小部分，选择这些文献受到了档案原来的结构、编纂者先入为主的立场，以及当时政治背景的影响。⑤

与其他政治转型期的档案工作者相似，陈垣和沈兼士也面临着同样的境遇，即最初创建档案馆的官僚机构反而导致了他们在档案资料整理上的

---

① 单士元：《故宫札记》，紫禁城出版社1990年版，第42、158页。
② 许宝蘅：《许宝蘅日记》第3卷，许恪儒编，中华书局2010年版，第1216页。同时参见 Stoler, *Along the Archival Grain*, pp. 26 – 27.
③ 许宝蘅：《许宝蘅日记》，第1218页，这些上谕在史景迁的著作中被翻译成了英文，*Emperor of China: Self-Portrait of Kang-his*, London: Jonathan Cape, 1974, Appendix A, pp. 155 – 166.
④ J. L. Cranmer-Byng, "Lord Macartney's Embassy to Peking in 1793 from Official Chinese Documents", *Journal of Oriental Studies* 4, No. 1 – 2, 1957 – 1958, pp. 118 – 187. 之后，有更全面的法文翻译，由皮埃尔·亨利·杜兰德（Pierre Henri Durand）牵头，阿兰·佩雷菲特（Alain Peyrefite）编辑，*Un choc de cultures: La vision des Chinois*, Paris: Fayard, 1991.
⑤ 故宫博物院掌故编：《掌故丛编》第1卷，1928年。

困境。① 他们启用许宝蘅是因为他曾在内阁和军机处工作，希望他的内部知识能使他对档案的结构有更好的理解。② 然而，浩瀚的档案资料和许宝蘅有限的经验限制了他们。许多对马戛尔尼使团做出军事反应的文献都存于宫中档案，包括乾隆皇帝硃批的密折。然而，宫中档案都没有被公开过，因为这些防务问题既重要而又机密，并不像礼仪和仪式问题那样，是可以公开展示给人看的清朝外交的一部分。③ 军机处是晚清最有权力的国家机构，许宝蘅曾在那里工作。他认为军机处的档案非常重要，而且已经移交给民国政府。所以，最先解密的是军机处档案，而不是宫中档案里的朱批奏折。

选择什么文献出版，同样受到政治因素的影响。从基本层面上来讲，编者们对清朝历史的总体观点都受到那一代人民族主义反满思想的影响。当时选录和编释档案的大部分实际工作是由研究生承担的。指导这些研究生的沈兼士曾直白地写到，像有关明朝灭亡和文字狱案等的文献十分重要，其他文献可作为资料统计之用。④ 另外一个更直接的政治背景是：1928 年初，当《掌故丛编》的第一卷正在编纂时，蒋介石的国民军队正在北伐，这给故宫博物院带来了一个危险的局面。一方面，北洋政府中的保守派对把皇帝赶出故宫，并把故宫作为博物院深感不满：孙中山的支持者，广东人陈垣，就在北洋政府对国民党主要支持者的镇压中遭到逮捕；另一方面，博物馆也受到国民党内部激进分子的威胁。北伐中，国民党又通过了要将整个宫殿及宫内物品作为叛逆者资产予以出售的议案。⑤ 在这种情况下，《掌故丛编》的编者们无可避免地要考虑，如何能使他们的工作更容易为新政府所接受。这个新政府不仅视自己为孙中山的接班人和推翻清王朝的革命者，而且视自己为反对帝国主义的力量，正在着手从英国人手中拿回租界。

《掌故丛编》的第一卷就是在这种政治环境下诞生的。对文献的选择

---

① Weld, *Paper Cadavers*; Mir, "Introduction".
② 许宝蘅：《许宝蘅日记》第 1 册。
③ Waley Cohen, "China and Western Technology in the Late Eighteenth Century".
④ 沈兼士：《沈兼士学术论文集》，葛信益、启功编，中华书局 1986 年版，第 373 页；单士元：《故宫札记》，第 166 页。
⑤ 单士元：《故宫札记》，第 159 页；北京地方志编纂委员会编：《北京志·世界文化遗产卷·故宫志》，北京出版社 2005 年版，第 671 页。

《乾隆皇帝谕英王乔治三世敕书》与有关传统中国对外关系之观点在 20 世纪早期的形成

集合了编纂者的革命民族主义和国民党处理清朝历史时对反帝的强调。第一卷以康熙皇帝的照片和那些曾让许宝蘅兴奋的康熙离京出行时写给驻京太监的上谕开头①，这样会给读者一种感觉，就是这些档案资料可以揭下清廷的面具，从内部窥探其真实的面目。照片和朱谕的后面是关于马戛尔尼使团的相关资料，其余的是与汉民族主义反满案件有关的皇帝敕谕（关于 17 世纪要求汉人蓄辫的有关敕令）和与中国边界防卫有关的文件（里面一位著名的汉族将领年羹尧在西藏作战，但却在雍正皇帝登基后的权力斗争中被处死），还有关于清朝对中国人思想和文化进行控制，实行"文字狱"的文献。虽然该卷并不是国家指导下的宣传册，但却是编纂者们的立场和当时环境推动下的产物。这些文献原本来自清朝的自身记录，文献本身对清朝并没有明确的敌意，但当把这些文献集合在一起时，就对当时的反清舆论做出了贡献。《掌故丛编》和当时其他档案资料汇编对这些主题的突出，在接下来的数年里，深深影响了国内外学者的研究。

编者们在选择与马戛尔尼使团有关的档案资料时有着同样的考虑。许宝蘅在他简短介绍的一段文字中解释说，马戛尔尼使团访华是中国国际关系的开端，而他的目的是提供《东华续录》中所没有的新史料。档案文件以百灵（Francis Baring）宣布大使馆成立开始，以马戛尔尼使团离开北京结束，大量文件涵盖的是使团向北京赶路和后来在承德接受觐见的这段时间；其效果是突出对礼品和礼仪进行讨论的这个时间段，从而漏掉所有与军事反应有关的档案文献，并通过《乾隆皇帝谕英王乔治三世敕书》，将这种叙事效果推向高潮。这种效果部分是因为利用了军机处档案，这些档案涉及的是从天津到北京的行程，还有使团在北京和承德的住所安排，而皇帝与松筠、长麟，以及各省负责沿海防务官员之间的公文往来，则大部分保存在宫中。尽管《乾隆皇帝谕英王乔治三世敕书》和乾隆令各省官员做出军事反应的敕谕都在军机处档案里，且两个文件在当时也都已出版，但许宝蘅的选择是以《乾隆皇帝谕英王乔治三世敕书》结尾，而不是以随后几天皇帝令各省官员做出军事反应的敕谕结尾。

---

① 《掌故丛编》第 1 卷，1928 年。

另外，许宝蘅还从八篇有关磕头礼仪的文献中选出三篇予以出版。①这种突出磕头问题的做法，显然受到了英国学术长期以来强调礼仪和仪式的直接影响，而实际上磕头问题在整个档案资料中的地位并没有那么重要。许宝蘅的日记记录，他为了得到巴林信件的译文，而拜访过曾在英国受过教育的马来西亚华人辜鸿铭。或许是在辜鸿铭的建议下，许宝蘅随后购买了中译本的《马戛尔尼日记》和日本人稻叶君山（Inaba Kunzan）著的《清朝全史》（1914）。《马戛尔尼日记》里面多次提到礼仪问题，而稻叶君山的著作则是把使团放到平等外交礼仪争论的框架下进行叙述，最后以《乾隆皇帝谕英王乔治三世敕书》结尾。②

总体来说，《掌故丛编》里那些经过挑选的档案文献制造出了一种效果，那就是清王朝被描绘成了一个面对正在崛起的西方力量，既无知又被动的王朝。清朝官员一方面对礼仪细节表现出过度的关注；另一方面又对他们所面临的军事威胁毫无觉察。这里的一个争论是，导致19世纪清朝军事力量弱小的原因是什么？这一争论符合20世纪初对儒家文化的批判，其与五四运动相关，而且也符合那种用文化差异来解释近代中西双方力量悬殊的更广泛的兴趣。双方都呼吁进一步西化，而陈垣等学者对汉化的历史研究，则是这场辩论的政治共鸣部分。上述批判的某些方面至今令很多学者信服；就像很多档案汇编在编纂时有意排除某些档案一样，《掌故丛编》的问题是，其在编撰过程中所受到的各种历史和政治因素的影响并没有在最后的出版中体现出来。几句介绍之后，《掌故丛编》并没有对其所剔除的档案文献数目做任何提示，致使读者以为他们是沉浸在并未被修饰过的18世纪的清朝官员的原始声音中。

四 中国学界声音是如何传到西方的？

《掌故丛编》中有关马戛尔尼使团的清史档案资料又是通过费正清传到西方的。费正清强调中国档案资料的使用，并把这种研究风格传给了他

---

① 这些数字只是象征性的。鉴于部分和全部的过去文件有时会被复制和再复制为一个个新的文件，致使不太可能对与某个主题相关的文件数量进行准确的统计。

② 许宝蘅：《许宝蘅日记》，第1221页；［日］稻叶君山：《清朝全史》第2卷，第67—68页。

《乾隆皇帝谕英王乔治三世敕书》与有关传统中国对外关系之观点在20世纪早期的形成

的研究生，而这些研究生后来又成为美国主导中国研究的学者。费正清把马戛尔尼使团，尤其是《乾隆皇帝谕英王乔治三世敕书》，作为西方平等外交关系与中国所持世界统治观之间的冲突的象征，并认为这种冲突是中国近代历史发展的背后推动力。通过利用当时正在出版的档案资料，他似乎是用清朝官员的真实想法来论证他的观点。然而，他接触到的那些档案资料实际上是中国史料编纂者挑选出来的史料，其结果自然是误导性的。

费正清师从英国杰出档案研究专家马士，但却决定从事中国的档案研究。[1] 1935年，他前往北京收集资料。作为一名中文水平有限，且在中国缺少关系的美国研究生，他几乎没有机会接触到故宫博物院掌管档案的资深学者。费正清通过蒋廷黻，接触到了上面提到的那些档案资料。蒋廷黻比费正清年长几岁，说一口流利的英语，曾在哥伦比亚大学完成了他关于英国工党外交政策的博士论文。当时，蒋廷黻是清华大学历史系主任，政治上也很活跃，是国民党新政府中的一员。20世纪50年代，蒋廷黻曾担任中华民国驻联合国代表，这或许也是他最为人知的角色。那时，他刚完成了一部颇具影响的档案汇编著作《近代中国外交史资料辑要，1932—1934》。[2]

在对中国近代史的分析中，蒋廷黻把他那一代人对中西文化差异的沉迷，与英语著作所宣称的欧洲国家是在追求国家间平等的理想结合起来。他指出，中国与北方外族的关系早已有之，但那不是邦交关系。[3] 然而，他也对欧洲国家处理外交关系的动机是追求国家间平等的观点持怀疑态度。[4] 他在1938年关于中国近代史的调查文章中不无讽刺地写道："中西的关系是特别的：在鸦片战争以前，我们不肯给外国平等待遇；在以后，

---

[1] John King Fairbank, *Chinabound: A Fifty-Year Memoir*, New York: NY Harper & Row, 1982, pp. 21; Fairbank, *Trade and Diplomacy on the China Coast: The Opening of the Treaty Ports*, 1842–1854, Cambridge: Harvard University Press, 1964, dedication. 另见 Robert Bickers, "Purloined Letters: History and the Chinese Maritime Customs Service", *Modern Asian Studies* 40, No. 3, 2006, pp. 691–723.

[2] Fairbank, *Chinabound*, p. 87; 蒋廷黻：《近代中国外交史资料辑要》，沈渭滨编，1932—1934年版；湖南教育出版社2008年再版；蒋廷黻：《蒋廷黻回忆录》，东方出版社2011年版；Fairbank, *Trade and Diplomacy on the China Coast*, Acknowledgments.

[3] T. F. Tsiang (蒋廷黻), "China and European Expansion", *Politica*, Vol. 2, No. 5, 1936, pp. 1–18.

[4] 关于普世规则，参见蒋廷黻《中国与近代史的大变局》（1935年），《蒋廷黻选集》，传记文学杂志社1978年版，第519—567页。

他们不肯给我们平等待遇。"① 中日战争爆发时，他充满忧患地写道，只有一个重要问题："中国人能近代化吗？能赶上西洋人吗？能利用科学和机械吗？能废除我们的家族和家乡观念而组织一个近代的民族国家吗？"②

费正清直接参与了蒋廷黻朝贡体制思想的构建，他与邓嗣禹（S. Y. Teng）在 1939 年至 1941 年间发表了一系列有关清史档案的文章。③ 邓嗣禹对《大清会典》这部涵盖从外交实践中总结外交理念和外交礼仪等多个主题的著作进行了详尽研究。以邓嗣禹的研究为依托，费正清和邓嗣禹提出，朝贡体系主要是解决贸易问题，在这个体系中礼仪比实力更为重要。与蒋廷黻不同，他们对西方国家追求国家间平等外交这一观点颇为认同，认为这是西方的一个文化特征。④ 然而同蒋廷黻一样，费正清也是在利用这些话题，来阐述中国能否实现现代化这一问题。几年后，在中国共产党取得政权后不久，费正清争辩道："中国似乎比其他任何成熟的非西方国家，更不能适应现代的生活环境。"⑤ 费正清认为现代生活与中国传统格格不入，包括民族主义、工业化、科学方法、法治、企业家精神和发明创造；但他本人的研究主要是集中在中国的外交关系问题上，并将这个问题置于朝贡体系的框架内进行研究。⑥

这些关于中国外交关系的观点，因费正清和邓嗣禹 1954 年出版的教科书著作《中国对西方的反应》的巨大成功而在英语读者中得到更加广泛的传播。⑦ 这是一本编辑的资料书，它把一些"经过挑选和为了最大可能意义而浓缩了"的资料与具有很强隐意的文字叙述相结合。⑧ 书的大纲最初由邓嗣禹按照中国革命史著作的一般框架而作，以清初汉民族主义的反满

---

① 蒋廷黻：《中国近代史》，沈渭滨编，上海古籍出版社 1999 年版，第 9 页。
② 蒋廷黻：《中国近代史》，第 2 页。
③ J. K. Fairbank and S. Y. Teng, "On the Transmission of Ch'ing Documents", *Harvard Journal of Asiatic Studies*, Vol. 4, No. 1, 1939 pp. 12 – 46; Fairbank and Teng, "On the Types and Uses of Ch'ing Documents", *Harvard Journal of Asiatic Studies*, Vol. 5, No. 1 1940, pp. 1 – 71; Fairbank and Teng, "On the Ch'ing Tributary System", *Harvard Journal of Asiatic Studies*, Vol. 6, No. 2, 1941, pp. 135 – 246.
④ Fairbank and Teng, "On the Ch'ing Tributary System", p. 139.
⑤ Fairbank, *Trade and Diplomacy on the China Coast*, p. 4.
⑥ Fairbank, *Trade and Diplomacy on the China Coast*, p. 7.
⑦ Teng and Fairbank, *China's Response to the West*.
⑧ "Author's Statement," Harvard University Press, July 24, 1952, John K. Fairbank Papers, Harvard University Archives [此后将用 Fairbank Papers], call no. HUGFP 12.8, box 22.

《乾隆皇帝谕英王乔治三世敕书》与有关传统中国对外关系之观点在 20 世纪早期的形成

开始,以中共革命的胜利结束。① 但是,这一计划后来被费正清取消,取而代之的是以"问题与背景"作为该书的第一部分。然而,困扰着蒋廷黻和费正清那一代人的那个问题依然存在,那就是中国能否实现现代化?费正清对这一问题进行了重新阐述,以便可以将共产党如何获得政权这一部分也包括进去。

费正清在传统朝贡体系向现代国际关系体系过渡的框架内回答这个问题,把过渡过程中产生的紧张局势作为引起其他变化的推动力量。第一章以《乾隆皇帝谕英王乔治三世敕书》结尾,但敕书被严重删减,里面有关英使团主要要求的所有文字都被删除,"然从不贵奇巧,并无更需尔国制办物件"则成为敕书的最后一句话。② 然后,费正清加了一段自己的话,使效果更加突出。他说:"按照这种说法,那些即将攻破城门、摧毁中央帝国古老优越感的英格兰人和苏格兰人,仍旧被视作文明范围之外未被教化的夷人。"③ 邓嗣禹原本打算把乾隆敕书和《掌故丛编》中关于马戛尔尼使团的几个其他文献一同放进书中出版,但费正清将这些资料缩减为了只有一道敕书,并把这道敕书作为一个最著名的例子,用以说明清廷曾要把西方国家纳入它"传统且不合时宜的朝贡框架"里。④

《中国对西方的反应》这本书开始编纂时,冷战刚刚开始,该书阐述了一个重要政治问题。正如费正清所说,中国共产主义力量的崛起是"美国整个亚洲外交政策史上"最可怕的一件事,因此"每一个聪明的美国人都必须要努力了解这一事件的意义"⑤。然后,他给出了一个解决方案——那就是要了解历史。费正清在该书的简介中写道,如果我们不了解中国的现代史,那么"我们的外交政策就是盲目的,我们自己的主观设想就将有

---

① "Reform and Revolution in Modern China", ibid.; S. Y. Teng to John K. Fairbank, November 9, 1948, ibid., box 7.
② Teng and Fairbank, *China's Response to the West*, p. 19.
③ Teng and Fairbank, *China's Response to the West*, pp. 19 – 20.
④ Teng and Fairbank, *China's Response to the West*, p. 19; 在 Ssu-yü Teng and John K. Fairbank (邓嗣禹和费正清), *Research Guide for China's Response to the West: A Documentary Survey, 1839 – 1923*, Cambridge: Harvard University Press, 1954 的脚注中,给出的文献来源是《清实录》,但在邓嗣禹先前写的大纲中,显示的文献来源则是《掌故丛编》。参见 "Reform and Revolution in Modern China," Fairbank Papers, HUGFP 12.8, box 22.
⑤ Teng and Fairbank, *China's Response to the West*, p. 2.

可能把我们引向灾难"①。在对清朝因其官员不了解外国文化而灭亡的描写中，费正清也是在提醒美国，如果美国人不致力于了解中国，那么有些事情也会发生。正如一位评论家写道："中国并不是唯一一个因为他们领导人不愿接受令人不快的事实而受苦的民族。但毫无疑问，他们为此付出了沉重的代价，而我们都应该从中得到警示。"② 所以，这本书既是对美国外交政策的批评，也是对加强这一领域研究的呼吁，这一观点在随后几十年中得到了很多大学老师的认同。

《中国对西方的反应》这本书后来成了美英几代人的本科生教材，不仅现在仍在使用，而且继续影响着未来的资料编纂。③ 用《乾隆皇帝谕英王乔治三世敕书》作为美国制定对华外交政策辩护的依据，其作用就像是何伟亚所指出的：用这道敕书来代表20世纪60年代中国的文化主义、孤立主义和自给自足。④ 整个冷战时期，整整一代人的教科书都在用乾隆敕书中的那段引文来说明传统中国与世界其他地区的隔绝（这种说法并不令笔者信服，因为当初正是大量的贸易促使马戛尔尼使团访华）。⑤ 从这里，《乾隆谕乔治三世敕书》又被引用到了世界史的教科书中和过去二十年的国际关系教科书中，用以帮助读者理解当前中国对东南亚的态度。⑥ 只是在这里，上述引言第一次不再被当作笑话提起：中国的崛起意味着国际关系学者将准备按照自己的方式看待乾隆皇帝的陈述。新一代学者旨在用马戛尔尼使团事件，挑战国际关系学界中许多欧洲中心主义的学术研

---

① "Prospectus—China's Response to the West: A Sourcebook", February 2, 1950, Fairbank Papers, HUGFP 12.8, box 22.

② William W. Lockwood, *Review of China's Response to the West*, *Far Eastern Survey*, Vol. 24, No. 10, 1955, pp. 158 – 159.

③ 比如，Pei-kai Cheng and Michael Lestz with Jonathan D. Spence, eds., *The Search for Modern China: A Documentary Collection*, New York: Norton, 1999; David G. Atwill and Yurong Y. Atwill, *Sources in Chinese History: Diverse Perspectives from 1644 to the Present*, Upper Saddle River: Pearson/Prentice Hall, 2010.

④ Hevia, *Cherishing Men from Afar*, p. 239.

⑤ Nathaniel Peffer, *The Far East: A Modern History*, Ann Arbor: The University of Michigan Press, 1958, pp. 51; Franz Schurmann and Orville Schell, eds., *The China Reader*, 3 vols, New York: Vintage Books Random House, 1967, Vol. 1, pp. 104 – 105; J. Mason Gentzler, *Changing China: Readings in the History of China from the Opium War to the Present*, New York: Praeger. Publishers, 1977, p. 23.

⑥ Majid Tehranian, *Rethinking Civilization: Resolving Conflict in the Human Family*, London: Routledge, 2007; John Baylis, Steve Smith, and Patricia Owens, *The Globalization of World Politics: An Introduction to International Relations*, Oxford: OUP Oxford, 2014.

究,他们指出一直到不久前的现代之前,经常是非西方国家在制定外交关系准则,对这样研究很难不予以同情。① 然而,这样的做法又使他们极容易回到关于国际关系中欧洲平等主义、中国等级制主义的视角中。这种视角产生于向欧洲国家间平等礼仪关系转型中的紧张局势,它被中国的学者们写进中国历史,用以指责被他们推翻的清王朝分不清礼仪和现实孰轻孰重。

五 我们可以从整个故事中得出什么结论

那么我们从马戛尔尼使团访华被如何解读的整个故事中可以得出什么结论呢? 一方面,我们看到的是历史学家们所熟知的警示故事:解读档案文件时的历史背景很重要,孤立引用某一段话则会产生潜在的误导;然更进一步,我们还需注意的是,档案被如何提供给历史学者,将影响到历史学者如何使用这些档案。在一个档案资料大量电子数据化的时代,一个关于档案资料出版的故事似乎显得无关紧要;然而,在一个规模巨大的数据化的档案资料中,当某些档案被选择,某些档案被排除,而使用者却并不知情时,这意味着当研究者为了寻找某些特定词汇而阅读时,问题将会变得更加严重。②

当我们开始考察档案资料汇编中的档案漏编问题时,我们看到当乾隆皇帝在清朝特定的世界统治观的正式框架下回复英王信的同时,他也在采取行动以应对马戛尔尼使团的军事威胁,同时避免潜在的经济损失。他正确地感觉到,用含糊的语言许诺将来的贸易谈判来安抚马戛尔尼,可以避免眼前的麻烦,但他始终保持着高度警惕。尽管清廷对英国海外扩张细节的了解极其有限,但乾隆皇帝和他的大臣们显然是聪明能干的政治家。除了阅读有关使团的直接资料,我们还应该记住我们今天用来诠释清史的框架是在 20 世纪初形成的,反映着当时的关注点,而这个框架造就了这些呈现在我们面前的档案。关于这些框架是否反映中国或西方关于中国历史的

---

① Suzuki, Zhang, and Quirk, *International Orders in the Early Modern World before the Rise of the West*.

② Lara Putnam, "The Transnational and the Text-Searchable: Digitized Sources and the Shadows They Cast", *American Historical Review*, Vol. 121, No. 2, April 2016, pp. 377–402.

看法，至今仍有很大争议。①

事实上，正如我们所看到的，英语写作学者和汉语写作学者之间曾有很多交流。我们需要了解的一个更为重要问题是，20世纪初的政治背景推出了那个时代的特殊问题。"中国人能现代化吗？"是当时中西方学者研究的核心问题，而《乾隆皇帝谕英王乔治三世敕书》则被用来提出中国"是否可以接受平等外交关系、科学和工业化这个问题"。今天看来，这样的问题显然已经过时，中国在世界舞台上日益增长的实力正在推动新一轮的清史重写。

[作者沈艾娣（Henrietta Harrison），牛津大学教授。译者张丽，北京航空航天大学人文社会科学学院教授；杨阳，北京航空航天大学人文社会科学学院博士研究生。]

---

① Paul A. Cohen, *Discovering History in China: American Historical Writing on the Recent Chinese Past*, New York: Columbia University Press, 1984.

地图何为？东西方早期的空间描绘[*]

赖 锐 安 珂

摘要 本文通过对比东西方文明在地理学与制图学领域的共性和特性，来解释其产生的文化背景，以及早期的交流与接触。首先，考察两个文明关于陆地和宇宙空间特征的表示方法，即它们是如何实现相似的地图描绘。其次，阐释古希腊"地理学"的独创性及早期的世界地图。最后，通过对中国传统地图的分析发现，古代中国可以在不考虑地球为球体的条件下绘制地图，主要依托于比例尺进行绘制，同时使用网格法量化地理上的尺度。这种方法在14世纪通过阿拉伯人传入欧洲，进而被用于西方地图的绘制。当然，网格法也根据欧洲人的需要，被改造并赋予了新的意义。无论在东方还是西方，试图掌握时间和空间都是人们绘制地图最主要的原因。

关键词 东方 西方 地理 地图 文化交流

在封闭或遥远的空间里交流知识是社会生存的必要条件，这也是为什么不同文明和不同时代的人会发明文本和图像来描绘空间，并将其与他人分享。然而，界定这些关于空间的知识传播并非易事，特别是当涉及古代世界的两端——地中海文明和中华文明之时。今天，我们在阅读地理学史和地图学史的过程中可以发现描绘空间的"欧式方法"和"中式方法"，

---

[*] 本文为法国国家科学研究中心研究员安珂（Anca Dan）与赖锐合作完成，法文版题为 *Qui a inventé la carte? Quelques généralités sur les plus anciennes représentations des espaces, d'Occident et d'Orient*，发表于 Michel Espagne, Li Hongtu, *Chine France-Europe Asie: Itineraires de concepts*, Paris, Éditions Rue d'Ulm, 2018, pp. 133–174. 中文版由赖锐翻译，并对原文做了部分修改。

研究者尚未对这两种不同的方法进行比较研究，且未曾揭示二者之间的关系。

其实东西方这两个不同的世界或许在大部分时间内都忽略了彼此的存在。在现代之前，诚然有往来于其间的印度、伊朗、阿拉伯或蒙古中介者使得它们中间可能建立起间接的联系，从公元1世纪起，在亚历山大城和罗马城备受青睐的奢侈品丝绸的贸易就是显著的例证。而在地球的另一端，明朝时期中国人绘制的世界地图中也包含了一些经由阿拉伯人得知的关于西方世界的知识。至于两者是否有过直接接触，答案仍然是未知的。一些学者认为两个世界之间直接的接触可能比我们想象的要多，根据最近的一个猜想，西安出土的瑰丽的秦始皇兵马俑甚至也可能是希腊人的作品，或者至少受到了伴随着亚历山大大帝（Alexander the Great）征服印度和中亚之后东传的希腊雕像的启发。① 与此相对的是，如今通过大学教科书传播的普遍观点则将大多数古代科技的发展归因于中国人卓越的贡献，古代中国人早在欧洲认识中国之前就已经对欧洲有所了解。②

当然，我们现在已经十分清楚欧洲人和中国人对世界认知是什么时候开始直接交锋的。元朝时，像马可·波罗（Marco Polo）这样的欧洲旅行家以及阿拉伯人就曾来到中国来收集信息，并帮助从未到过中国的制图师修改和完善了此前绘制的世界地图。与此同时，部分中国的使臣也到达过波斯湾，多亏了刘郁的《西使记》，我们才得以了解元朝特使常德在中亚和伊朗的行程。到了14世纪初，元代道士朱思本依据自己的实地考察和此前的一些地理名著，例如《元和郡县图志》《元丰九域志》《元一统志》等，完成了《舆地图》的绘制。在经过明朝地理学家罗洪先的修订之后，此书更是名噪一时，并被重新命名为《广舆图》，于1555年左右出版。尽管如此，我们一直要等到16世纪后期才分别看到中国与欧洲关于远东最重要的制图技术和地理知识的融合。郑若曾编制过一本中国沿海地图集《筹海图编》，于1562年出版，其中包括日本和

---

① Lukas Nickel, "The First Emperor and Sculpture in China", *Bulletin of the School of Oriental and African Studies*, Vol. 76, No. 3, 2013, pp. 413–447.

② Arild Holt-Jensen, *Geography. History and Concepts: A Student's Guide*, Los Angeles, London, New Delhi, Singapore, Washington DC: Sage Publications Ltd, 2009, p. 37.

韩国的地理知识。从 16 世纪末到 17 世纪初，利玛窦通过整理《广舆图》和《筹海图编》这两部著作绘制了一系列中国和世界地图。利玛窦的《山海舆地全图》① 于 1584 年出版，但如今早已遗失。最后，1602 年出版发行的《坤舆万国全图》标志着中国在明朝时正式引进了西方制图技术和地球仪知识。② 经过几十年的交流与融合，由基督教传教士开启的地理知识交流不仅结束了东西方地图学的平行发展，也成为现代世界地图学发展史上的一座重要里程碑。

当蒙古西征使东西方世界接触与碰撞成为可能时，这两个伟大的文明有关地球的认知和制图绘制已经有了各自的发展。在本文中，我们所感兴趣的正是这两种古老"科学"的形成过程。这两种"科学"平行地演化着：两者都基于人类普遍认知的模式、经验观测和可对比的历史背景之中。但是，在某些关键的时间节点上，这两种"科学"也因接触彼此而得到新的发展。常被大众遗忘的第一个关键节点可追溯到公元 1—2 世纪，就在克罗狄乌斯·托勒密（Claudius Ptolemy）完成《地理学》（*Geography*）一书并就此建立之后近千年西方的地理知识框架之前。在奥古斯都（Augustus）治下的人民好奇地提及"赛里斯"（Seres）（古希腊和古罗马对与丝绸相关的国家和民族的称呼，一般认为是指中国）后不到一个世纪③，随着汉朝不断向西扩展疆域，班超的使臣到达了当时罗马人常去的海岸。与此同时，马其顿商人梅斯·提提阿努斯（Maes Titianos）的商队到达了赛里斯的首都，从此开启了从公元 2 世纪起一系列罗马使团对中国的访问。他们的商道从 19 世纪开始就被称为丝绸之路：这是一个现代神话，表明两个独立于彼此而又十分相似的文明之间跨洲交流的连续性。

所以到底是谁发明了地图？是西方的地中海文明还是中华文明？这个问题没有一个简单的答案。我们会分别列举它们对制图技术发展的贡献，

---

① 最近有研究认为这幅地图应该叫作《大瀛全图》，参见汤开建、周孝雷《明代利玛窦世界地图传播史四题》，《自然科学史研究》2015 年第 3 期。

② B. Szcześniak, "Matteo Ricci's Maps of China", *Imago Mundi*, Vol. 11, 1954, pp. 127 – 136; J. D. Day, "The Search for the Origins of the Chinese Manuscript of Matteo Ricci's Maps", *Imago Mundi*, Vol. 47, 1995, pp. 94 – 117.

③ Florus, *Epitome of Roman History* 2, p. 34.

解释二者在此领域的相似性和独特性，并解释这些独特性产生的文化背景。因此，我们将围绕三类史料来组织这篇文章。首先，我们会看这两个文明中最古老的关于地球和宇宙空间的描绘方法，并观察它们如何以各自独特的方式描绘出相似的地图。这些相似之处可以通过人类大脑的相同功能来解释，也就是说人脑产生的空间描绘是相似的，但也可以通过相似的社会历史背景来解释。文章的第二部分，我们将阐释古希腊"地理"一词的独创性。它是由埃拉托斯特尼（Eratosthenes）在公元前3世纪所创，后被斯特拉波（Strabo）继承并完善。同时，还将提到公元2世纪住在亚历山大城的托勒密是如何绘制地图的。以梅斯·提提阿努斯为代表的商人所收集到的有关中国的地理信息使得托勒密能够计算并绘出西方最早最详细的世界地图。在本文的第三部分也是最后一部分，我们将讨论最著名的古代中国地图：我们发现这些地图与希腊人的"地理制图学"方法遥相呼应；通过这种方法，人们可以在不考虑地球为球体的条件下绘制地图。然而，与12世纪以前西方所绘制的地图不同的是，中国地图是依托比例尺而绘制的。在14世纪，一位阿拉伯中介将网格法介绍给了西方的制图者，暗示着比例的即将产生。但是如同所有的"文化传播"一样，网格法也根据欧洲人的需要被赋予了新的含义与用法。最后，我们将整合中西方两个文化领域中地理空间描绘的相似性和独特性，并且进一步提出历史语境对于比较知识发展的重要性。

一　基本的地理常识

如何解释相互间没有接触的群体的空间描绘？今天的认知科学能够界定人们在头脑中如何组织将所看到的空间与他人分享时所使用的模型和策略。全球化的历史视角能够使我们了解一些超出个体能力的思想是否源自文化转移，即使是间接的转移，也可以使我们清楚它们是否为不同文明之间平行发展过程中的相似发明。

我们可以比较一下西方和中国对空间的描绘，既包括有人居住的空间，也包括整个地球在内的宇宙空间。当我们考察那些完全非理性的初级描绘时，可以发现由人类大脑相同功能而展现的许多相似性。毕竟人们在空间描绘过程中所使用的建构模型和表现形式是受大脑刺激形成的，而由相同大脑区域刺激形成的知识转移，也就变得难以察觉。

（一）我们怎样谈论周围的空间？回到"格式塔"（Gestalt）

我们往往是带着文化的眼镜观察大自然。实际上，也正是通过认知模型和认知策略，我们才得以感知和描绘我们所处的环境，并将其与周围的人分享。在 20 世纪心理学家库尔特·勒温（Kurt Lewin）[1] 和让·皮亚杰（Jean Piaget）[2] 的著作发表之后，历史学家得以认识到传统社会空间交流的主要方式是"路径描述"或"路径视角"，这是一种与"调查视角"相对立的方式。因此，这是一个"模式导向型"视图，因为空间及其描绘是按照方向和走过的路径被建构的，而不是被观察者建构；在后一种情况下，人们需要处理观察者"自我定向型"的视图。在此视角下，观察者只描述了他所看到的周围环境。

西方古典历史学家们从波多辛诺夫（Alexander V. Podossinov）[3] 和彼得罗·詹尼（Pietro Jann）[4] 开始提出了"hodological"或"hodoporical"概念，也就是"视图"或"空间"概念（古希腊语中 ὀδός 意为"道路"，λόγος 意为"记录"，πόρος 意为"旅途"）。这类知识建立在基本的常识基础之上，也就是说，其本身是经验性的，不需要特殊的技能就可以直接从经验中得到。因此，人们很容易把它理解成线性模式。但这并不意味着观察视野被限制在一个维度上，而是表明人们可以根据所选定的方向来选择空间信息，以便将点状的空间信息连成线状，通过对每一个点的文字描述或结构化的图像来表达空间。这种心理建构和空间描述的基本模式在不同古代文明中不约而同地出现，这一点可以在地中海沿岸的埃及、巴比伦、赫梯以及希腊的地名和人名的名单中得到证实。同样，人们也可以从对东方的伊朗和中国的研究中找到证据。

---

[1] "Kriegslandschaft", *Zeitschrift für angewandte Psychologie*, Vol. 12, 1917, p. 440447. *Principles of Topological Psychology*, New YorkLondon, 1936, p. 87 sq. (*Grundzüge der topologischen Psychologie*, BernStuttgart, 1969).

[2] B. Inhelder, *La Représentation de l'espace chez l'enfant*, Paris, 1948.

[3] А. В. Подосинов, "Из истории античных географических представлений", *VDI*, Vol. 147, No. 1, 1979, p. 147166.

[4] P. Janni, *La mappa e il periplo. Cartografia antica e spazio odologico*, Roma, 1984. A. Dan et al., "Common Sense Geography and Ancient Geographical Texts", *ETopoi*, Vol. 6, 2016.

在古希腊罗马文化中，人们也可以在冒险、地理纪实以及游记等文学题材中发现"hodological"的影响：这些词语根植于西方文化，用以描述亦真亦幻的旅行。第一个例子可以追溯到西方世界世代口耳相传的史诗和故事。它们已经成为西方文学空间描述的典范：由此我们想到了吉尔伽美什（Gilgamesh）的冒险之旅，奥德修斯（Odysseus）的传奇旅程，还有荷马（Homer）《伊利亚特》（*Iliad*）中的舰船名录，维吉尔（Virgil）的史诗《埃涅阿斯纪》（*Aeneid*），以及流浪汉题材的讽刺文学《堂吉诃德》（*Don Quixote de la Mancha*）和《格列夫游记》（*Gulliver's Travels*），都是很好的例子。事实上地名和人名在西方的口述文学中［如中世纪的英文史诗《威德西兹》（*Widsith*）］反复出现。在那个时代，写作需要广博的学识与超常的记忆力。而这些体裁在现代文化中却日趋减少标志着叙事文学对描述性文学的取代。①

描述空间的第二种方式是"调查视角"。这种方式不是由观察者经过的路线本身来决定，而是由观察者自己决定的：因此它是"自我定向型"的。主体处在观察空间的边缘，并试图从高处尽可能看到更多的空间。在西方地理学中，我们经常提到"鸟瞰图"（观察者不停移动，或者处于四分之三视野可见处，或视线垂直于地面所作的俯视图）和"通览视角"（观察者站在固定点，通过该点和被观察客体的相对位置关系来描述其前后左右所见的事物，这个点通常选在高处）。这两个概念。② 因此，无论是文本还是图像呈现的全景和多维地图都属于这一类型。事实上，如果"路径视角"更适合用口头和书面文本。那么，鸟瞰视角，也就是皮亚特·詹尼所说的"制图视角"更适合于图像：这就是为什么不同文化都会用地图和象征符号来简化对空间的描述。自史前时代以来，人们就已经或多或少能从两个维度描述周围的环境——例如新石器时代的定居点恰塔霍裕克（Çatal Höyük）遗址，苏美尔人的昔苏尔（Ga-Sur）泥板，埃及和亚述宫殿

---

① G. Genette, "Frontières du récit", *Communications*, Vol. 8, 1966, pp. 152 – 163.

② H. A. Taylor, B. Tversky, "Spatial Mental Models Derived from Survey and Route Descriptions", *Journal of Memory and Language*, Vol. 31, 1992, p. 261292, and "Perspective in Spatial Descriptions", *Journal of Memory and Language*, Vol. 35, 1996, p. 371391; B. Trevsky, N. Franklin, H. A. Taylor, D. J. Bryant, "Spatial Mental Models from Descriptions", *Journal of the American Society for Information Science* Vol. 45, no1. 9, 1999, p. 656688.

内墙壁上的浮雕，以及公元前1000年云南沧源县岩石上的壁画。①

最后，还有第三类空间描述的视角，即"全景视图"。这一视角非常人所能拥有，它主要存在于不同文化的艺术创作中。这是一种不需要观察者双脚踏地的神明般的视角，这一类型的视角涵盖了从宇宙俯瞰地球的所有事物，这得益于地球本身的复杂性。以这种垂直视野绘制的地图，用无所不在，无所不包的视野，清楚呈现出道路和建筑物的网状结构。都灵纸草（The papyrus of Torino）上描绘的公元前12世纪埃及瓦地哈马马特（Ouadi Hammamat）河谷东部沙漠的金矿位置属于第一类视图，在中国也有与之类似的流域地图。这种地图无论是写实还是想象，无论是否使用了比例尺，都可以与古希腊罗马时代阿特米多努斯（Artemidorus）纸草相媲美。在第二类视角下，人们绘制了以1:240的比例制成的罗马城市平面图（Forma Vrbis Severiana）和罗马其他地图（如Via Anicia地图）。② 多亏了近几年来在希腊和罗马出土的诸多建筑图纸，人们才可以更好地了解专业人员按照比例尺进行草图绘制的工作。长期以来，人们对该领域的认识所依靠的就是建筑师［比如维特鲁威（Vitruvius）］的手稿，或者是拉丁测量师的手稿。③ 当统一的度量体系建立之后，可以想见这类平面图能够涵盖更广阔的罗马帝国。没有人能够清楚地知道奥古斯都的女婿玛尔库斯·维普撒尼乌斯·阿格里帕（Marcus Vipsanius Agrippa）绘制的地图究竟是什么样子④；事实上，使用比例尺这种绘制技术的罗马地图很难见到。在这一点上，与中国古代地图进行比较是极具启发性的。如果罗马人曾经把城市

---

① J. B. Harley, D. Woodward, *The History of Cartography* I. *Cartography in Prehistoric, Ancient and Medieval Europe and the Mediterranean*, Chicago-London, 1987. J. B. Harley, D. Woodward, *The History of Cartography* II. 2. *Cartography in the traditional east and southeast Asian societies*, London, 1994.

② Emilio Rodríguez-Almeida, *Forma Vrbis antiquae. Le mappe marmoree di Roma tra la Repubblica e Settimio Severo*, Roma, 2002; Pier Luigi Tucci, "The Marble Plan of the Via Anicia and the Temple of Castor and Pollux in Circo Flaminio: The State of the Question", *Papers of the British School at Rome* Vol. 81, 2013, pp. 91 – 127.

③ Pierre Gros, "Les illustrations du *De architectura* de Vitruve : histoire d'un malentendu", dans C. Nicolet, *Les littératures techniques dans l'Antiquité romaine*, Vandoeuvres-Genève, 1996, pp. 19 – 44; O. A. W. Dilke, "Maps in the Treatises of Roman Land Surveyors", *The Geographical Journal* Vol. 127, No. 4, 1961, pp. 417 – 426; O. A. W. Dilke, "Illustrations from Roman Surveyors' Manuals", *Imago Mundi* Vol. 21, 1967, pp. 9 – 29.

④ P. Arnaud, "Texte et carte d'Agrippa. Historiographie et données textuelles", *Geographia antiqua* 2009, pp. 57 – 110.

平面图扩展到已知世界的最大范围，那么中国的比例尺绘制技术就可以用于揭示罗马帝国疆域图可能的样子。

(二) 想象的宇宙和地球：天圆地方的组合魅力

当空间完全超越个体和群体的认知能力与行为能力的范围时，便不宜再苛求其描述的形状和度量的精确度。比准确更为重要的是这种形状的意义以及人们赋予它的价值。从这个角度来看，希腊罗马和中国是古代世界最具代表性和启发性的文明。

在西方，居住在四周都是海的陆地上的人们往往认为大地是圆形的。这无疑最接近我们对所处陆地的经验性观察。从涉及"圆状"环海的一些埃及文本，到《巴比伦世界地图》（*Babylonian mappamundi*）[1]，到《伊利亚特》中阿基琉斯（Achilles）的盾牌，以及被希罗多德（Herodotus）取笑的伊奥尼亚圆形地图（Ionian circular maps），再到文艺复兴时期复制的罗马"圆状地图"（orbis），这些都一再证明地球上可居住部分的形状被普遍认为是圆形的，这也是不断完善的结果。[2] 在这一认知体系中，它的边缘距世界中心["世界之脐"（navel）或"生命之树"（tree of life）]的距离是相同的。"生命之树"连接着冥府、人间与天界。[3] 除了这个中心之外，圆形的大陆可以通过两端的山脉与天空分离，就像悬在公元前4000年埃及阿姆拉人（Amratian）的碗上一样，或者就像在公元前4世纪阿卡迪亚（Arkesilas）的拉科尼亚杯（Laconian cup）上一样。

然而，尽管古典时期以来古希腊和古罗马人普遍认为地球是球形的，在其二维空间中，围绕"寰宇"（orbis terarum 指罗马帝国疆域，与希腊的 oekoumene 相一致，即地球上希腊人的居所）的投影近似圆形，但他们也经常谈到方形地球这一概念。在希腊，柏拉图学派认为立方体是地球最理想的形状，因为立方体是三维事物中最稳定的形式。即使处在球体的宇宙

---

[1] W. Horowitz, "The Babylonian Map of the World", *Iraq* Vol. 50, 1988, pp. 147–165.

[2] J. E. Wright, *The Early History of Heaven*, Oxford, 1999, pp. 3–51; W. Horowitz, *Mesopotamian Cosmic Geography*, Winoma Lake, 1998.

[3] S. Terrien, "The Omphalos Myth and Hebrew Religion", *Vetus Testamentum* Vol. 20, No. 3, 1970, pp. 315–338; G. Lechler, "The Tree of Life in Indo-European and Islamic Cultures", *Ars Islamica* Vol. 4, 1937, pp. 369–419.

之中也能够岿然不动。① 在罗马,沿袭神庙设计的城市,其最初形式也是方形的。② 其他印欧人的聚落中心也是方形的:其中,希腊人从希罗多德的记载中了解到,游牧民族斯基泰人(Scythians)的部落也是方形的。③ 因此,尽管中国的方形地球论曾令欧洲人感到惊讶,然而类似的说法在古代世界却并不罕见。

为什么方形地球的概念无所不在呢?为什么我们今天还在谈论"天涯海角"呢?在欧亚大陆的人看来,地球是方形的想法可能受海岸环境的启发。同样地,人们也考虑到了方形几何体所具有的优势,一般来说,它是平衡稳固的存在形式,不同于容易不停旋转的球体。当然,我们不能单凭绘制方形比圆形更容易就作此判断,虽然球体的面积计算在当时肯定是一个问题,但那些在尝试探索天体运动奥秘的过程中建造起来的神奇设备,包括从石器时代到公元前1万多年土耳其出现的哥贝克力石阵(Göbekli Tepe),到公元前8000年的沃伦场(Warren Field),再到公元前3000年出现的巨石阵(Stonehenge),都表明古代人类有能力绘制巨大的圆形。

与此同时,不可否认的是,在正方形上找到中心和对称的等距点,的确比在圆上找到要更容易,因为正方形很容易测量,所以测量过程是可控的。陆地与天空的对比很鲜明,大地像是被球形或半球形的天穹覆盖,大地与天空的交界点恰好能与"天涯海角"相吻合。这些天际线与太阳的东升西落息息相关。换言之,至少人们总能将之与日升日落联想在一起。

方形的物体(代表地球)雕刻在圆形的物体(代表宇宙/苍穹)上,在中国象征着帝国的永恒,类似的物品在古代中国非常之多。比如在学者的著述中④,在人们日常生活物品中,在钱币上以及颇具代表的汉代铜镜

---

① Platon, *Timée* 54a – 55c; *cf. Phédon* 110b.

② Alexandre Grandazzi, La Roma quadrata: mythe ou réalité? *Mélanges de l'École française de Rome. Antiquité* Vol. 105, No. 2, 1993, pp. 493 – 545; Attilio Mastrocinque, "Roma quadrata", *Mélanges de l'École française de Rome. Antiquité* Vol. 110, No. 2, 1998, pp. 681 – 697.

③ A. Dan, "Herodotus' Measures of Scythia", in *Скифия. Образ и историко-культурное наследие. Материалы конференции 26 – 28 октября 2015 года*, Российская академия наук, Институт всеобщей истории, Москва, 2015, pp. 23 – 30.

④ C. Cullen, "A Chinese Eratosthenes of the Flat Earth: A Study of a Fragment of Cosmolgoy in Huai Nan tzu 淮南子", *Bulletin of the School of Oriental and African Studies*, University of London Vol. 39, No. 1, 1976, pp. 106 – 127; D. W. Pankenier, *Astrology and Cosmology in Early China: Conforming Earth to Heaven*, Cambridge, 2013.

上。与之相对的是，西方人在公共和私人空间中经常使用球体，比如在罗马帝国的钱币上也可以看到球体这一意象。人类居住的陆地偶尔也被放置于天体的中心，因为它被认为处于浩瀚宇宙一隅的地球上的微小存在。①尽管如此，在整个宇宙作为一个统一整体被描述的意象中，陆地与其他要素相似的角色一同象征了帝国至高无上的权威与掌控力。

二　西方地理学与地图学

（一）"地志学（chorography）之父"埃拉托斯特尼

如何描述球体表面上的平坦陆地？希腊人发明了"地理学"用于研究地球上人类居住的陆地。作为一门学问，它源于数学、自然哲学和文学的交叉领域，可追溯至公元前3世纪的亚历山大时期。古希腊锡兰尼城（Cyrene）的数学家兼语法学家埃拉托斯特尼（Eratosthenes），在柏拉图哲学思想的基础之上，希望能够对已知世界进行描述。他希望能够结合新的希腊化哲学思想完善这门学问。当时的博物馆和图书馆设施，以及他在埃及法老托勒密三世（Ptolemy Ⅲ）时期担任的宫廷职务都给他提供了极大的便利，使他有机会从当时已有的文献中接触到大量的地理知识，尤其是关于亚洲的知识。②

在巴门尼德（Parmenides）、欧多克索斯（Eudoxus）的克尼多斯（Cnidos）以及亚里士多德（Aristotle）之后，根据夏至日白昼的持续时间长短，埃拉托斯特尼依照星象在地表划分出了几个平行的狭长带，取名为"气候带"（希腊语为κλίμα，表示相对于地平线而言的地轴的倾斜度，与我们所说的"纬度"基本一致）。在公元前2世纪之前，圆形和球体并不是按照度数划分的，而是按照六十等分制划分的。因此，埃拉托斯特尼的五个气候带由六十等分制中的几个等分构成，对称地分布在赤道热带区域的

---

① L'étude la plus complète à ce jour est celle de P. Arnaud, "L'image du globe dans le monde romain: [science, iconographie, symbolique]", *Mélanges de l'École française de Rome. Antiquité* Vol. 96, No. 1, 1984, pp. 53–116.

② A. Dan, "The First of the *Bêta*: Notes on Eratosthenes' Invention of Geography", in Ch. Rico, A. Dan, *The Library of Alexandria*, Jérusalem, 2017.

两侧。①

然而，为了准确描述地球，比例尺工具当然是必不可少的。埃拉托斯特尼为了比前辈学者估算得更加精确，决定通过观察夏至时令当日位于同一条子午线上的已知间距的两个地方的太阳投影，来测量地球的周长。通过把两地（测得两地间子午线对应圆心角大约为圆周的1/50）的间距［大约5000斯塔迪亚（stadia）］乘以50，他估算出地球的周长为25万斯塔迪亚（为了符合传统的六十等分制，埃拉托斯特尼将这一数值提高到25.2万斯塔迪亚，以便成为60的倍数）。假如埃拉托斯特尼的斯塔迪亚接近于雅典的度量单位，即1斯塔迪亚约等于185米，那么地球的周长可约略为46250千米。②他估测的数据要比现代数据偏大，这也是经验不足所致。但是，他所使用的测量理论本身是没有问题的。因为十分接近实际数据，埃拉托斯特尼得以据此计算出地球上可居住部分的陆地面积约占地表面积的四分之一。为了得到这些数值，他沿着高加索山（亚历山大大帝时期被历史学家想象出来的山脉，相当于从今天的高加索山脉，穿越黑海和里海，一直延伸到喜马拉雅山的这块区域）排列出一条线。这条线正是他的前辈墨西拿人迪凯阿尔库斯所说的世界之轴所在地。③这条线现在已经成为参照线，它穿过了赫拉克勒斯（Heracles）、西西里岛海峡、罗得岛（Rhodes）和想象中的位于北纬36度的高加索山脉。此外，埃拉托斯特尼还利用马萨利亚的皮西亚斯（Pytheas of Massalia）搜集的信息来了解极北之地的纬度。他还利用欧奈西克瑞塔斯（Onesikritos）和尼阿库斯（Nearchos）搜集到的关于印度的信息，了解到印度与埃塞俄比亚处在同一条线上，印度就在埃塞俄比亚的东南角。同时，不同的居住地可以根据经纬线粗略地进行定位。这些线并不仅是根据地面现实物体确定的，也是根据该地相对于天体（太阳和星星）的位置来确定的，因而对于陆地上的人具有一定的误导性。他的这种网格法后来成为地理学的基本原理。正是利

---

① K. Geus, "Measuring the Earth and the Oikoumene: Zones, Meridians, Sphragides and Some Other Geographical Terms Used by Eratosthenes of Kyrene", in K. Brodersen, R. J. A. Talbert (éds), *Space in the Roman World. Its perception and presentation*, Münster, 2004, pp. 9 – 26; K. Geus, *Eratosthenes von Kyrene. Studien zur hellenistischen Kultur-und Wissenschaftsgeschichte*, München, 2002.

② Cleomedes, *Elementary theory of the sky* 1.7, Geminos, *Introduction to the* Phenomena 16.6; Vitruvius 1.6.9; Strabo 2.5.7, 34; Pliny the Elder 2.247 *sq*.

③ Eratosthenes III A 2 Berger = Livre III fr. 47 Roller in Strabo 2.1.1 – 2.

用网格法，埃拉托斯特尼能够更加客观地划分希腊人和异族人的城市。这种方法与斯多葛学派（Stoic）的世界观一致，希腊人与异族人的区分不再是种族而是按照文化来区分。与此同时，埃拉托斯特尼把方形地球可居住部分的形状比作披风（马其顿士兵的战服），这正是之前亚历山大大帝想要展现给人们的帝国轮廓。① 这种相似的图形也表示了埃拉托斯特尼坚定维护马其顿人和托勒密王朝的世界霸权，在发明这些概念和方法之后，"地理学"也逐渐成为一种政治手段。

总之，当我们从严格意义上谈论地理学的时候，我们谈论的是对陆地和地球球体的整体描述，这些描述通常是以文本或图像的形式呈现。作为一门起源于希腊的学问，地理学只在与希腊人有直接接触的文化中传播。埃拉托斯特尼的作品已经遗失，但它们肯定影响了波利比乌斯（Polybius）和斯特拉波等历史学家，阿帕米亚的哲学家波塞多尼斯，现存第一部希腊文宇宙志《论世界》（*On the World*）的匿名作者，《西庇阿之梦》（*Dream of Scipio*）的作者西塞罗，以及其他的地理学爱好者（比如老普林尼），这些人都曾受益于埃拉托斯特尼的著作。直到现在，埃拉托斯特尼对地球周长的测量对大多数人来说仍是一项伟大的壮举。② 首先，即使制图方法已经无从知晓，但他在著作中绘制的图像似乎已经作为制图范本流传下来。我们可以在稀见的古希腊制图文本中找到相应的证据，比如科斯马（Cosmas）（曾在公元 6 世纪航行到印度）的《基督教地形学》（*Christian Topography*）制图草稿以及其他的材料。③ 然而，在拉丁传统中，学界一直都将这些成就错误地归功于阿格里帕（Agrippa），他由此而得到的赞誉本来应当属于埃拉托斯特尼。尽管这些图纸没有明确的经纬坐标标注，但它

---

① Strabo 2.5.5 – 6；9；14；17.1.6；Plutarch, *Life of Alexander* 26；*cf.* Ch. Jacob, "Mapping in the Mind: The Earth from ancient Alexandria", dans D. Cosgrove（éd.）, *Mappings*, London, 1999, pp. 24 – 49；K. Zimmermann, "Eratosthenes Chlamys-Shaped World: A Misunderstood Metaphor", in D. Ogden（ed.）, *The Hellenistic World: New Perspectives*, London, 2002, pp. 23 – 40.

② Patrick Gautier Dalché *et al.*, *La terre. Connaissance, représentations, mesure au Moyen Âge*, Turnhout, 2013, pp. 178 – 184.

③ M. Kominko, *The World of Kosmas: Illustrated Byzantine Codices of the Christian Topography*, Cambridge, 2013；A. V. Podossinov, "Karte und Text. Zwei Wege der Repräsentation des geographischen Raums in der Antike und im frühen Mittelalter", dans F. J. González Ponce, F. J. Gómez Espelosín, A. L. Chávez Reino（éds）, *La letra y la carta. Descripción verbal y representación gráfica en los diseños terrestres grecolatinos: Estudios en honor de Pietro Janni*, Sevilla, 2016, pp. 3 – 32.

们仍旧记载了埃拉托斯特尼关于海湾深入内陆的观点。这些路线后来被载入罗马的普丁格地图（Peutinger Table）、欧罗西安（Orosian）地图和伊西多利安（Isidorian）地图，比如公元8世纪的阿尔比（Albi）或梵蒂冈（Vatican）的蒙迪地图（mappae mundi）。根据这些地图，人们进而制作出了伟大的中世纪地图，比如公元13世纪的赫里福德（Hereford）图和埃布斯托夫（Ebstorf）图。① 因此，"地理学之父"埃拉托斯特尼也被普遍认为是制图学的奠基人。利用地图更加合理地再现真实世界，这一梦想的实现，要等到中国的地理知识的进一步发展和克劳狄乌斯·托勒密的出现才能完成。

（二）托勒密的《地理学》与西方第一次发现中国

四个世纪之后，克劳狄乌斯·托勒密在罗马统治下的亚历山大城里继承并发展了埃拉托斯特尼对空间描述的学说。当然，这也得益于球体几何学的进步，埃拉托斯特尼的批评者［如尼西亚的希帕克（Hipparchos of Nikaia）和阿帕米亚的波塞多尼斯（Poseidonios of Apamea）］对天文观测方法和天文现象解释的推进，还有可能是由罗马人新发明的大地测绘法。但是即使凭借这些已有的便利，托勒密还是不知道要如何减小埃拉托斯特尼的方法在计算地球周长时产生的误差。埃拉托斯特尼认为地球上人类居住的陆地周长约等于25万斯塔迪亚。在此基础上，托勒密将其精确到了18万斯塔迪亚。两人关于数据的不同源于对距离的不同估算，托勒密计算赤道每度为500斯塔迪亚，而埃拉托斯特尼的计算数据为700斯塔迪亚。托勒密试图将这种距离与特定纬度位置上天文学方法测出的结果保持一致，这一目标也导致了一些错误。要知道这些出错的地图都是根据《地理学》的坐标信息绘制出来的。后来，在认识到这个导致不确定性的因素之后，人们提出重新计算托勒密的位置坐标，因为这些坐标可能是托勒密依托埃拉

---

① Pour la *Table de Peutinger*, M. Rathmann, *Tabula Peutingeriana*: *Die einzige Weltkarte aus der Antike*, Darmstadt, 2016; pour les cartes tardo-antiques, Natalia Lozovsky, "*The Earth is Our Book*": *Geographical Knowledge in the Latin West ca. 400 – 1000*, Ann Arbor, 2000; pour Hereford et ses sources, Scott D. Westrem, *The Hereford Map*, Turnhout, 2001, et P. D. A. Harvey, *The Hereford World Map*: *medieval world maps and their context*, London, 2006.

托斯特尼的数据计算得来的。相关地区的最新考古发现指出，托勒密的成就为欧洲①和亚洲②提供了新知识。

事实上，正如托勒密在《地理学》开篇中明确指出的那样，他的确从当时最新的游记中受益匪浅。这一点可以在公元1世纪后半叶到2世纪前半叶的史料中得到证明。同时，对古代中国和古希腊古罗马来说，这些史料也是有史以来双方首次直接接触的证明。根据公元5世纪的纪传体史书《后汉书》卷八十八《西域传》中的记载：公元73年，班超曾短暂地将中国的疆域扩展到西域。公元97年，班超派遣甘英出使大秦。然而，甘英只到了查拉赛尼王国，甚至可能只到了今伊拉克（当时称条枝）境内，并没有穿过"大海"（可能指波斯湾或者地中海，也可能是红海）。③ 此外，《后汉书》卷四和卷十五以及《后汉记》卷十四中还有记载说：公元1世纪，西方的蒙奇和兜勒——发音近似于马其顿帝国（Macedonia）④——的使臣曾经携带贡品到达中国。如果事实如此，那么梅斯·提

---

① I. Tupikova, K. Geus, *The Circumference of the Earth and Ptolemy's World Map*, Berlin, 2013 (Max Planck Preprint 439); Irina Tupikova, *Ptolemy's Circumference of the Earth*, Berlin, 2014 (Max Planck Preprint 464).

② I. Tupikova, M. Schemmel, K. Geus, *Travelling along the Silk Road: a new interpretation of Ptolemy's coordinates*, Berlin, 2014 (Max Planck Preprint 465).

③ É. Chavannes, "Les pays d'occident d'après le *Heou Han chou*", T'oung pao Vol. 8, 1907, pp. 149 – 234; A. Herrmann, *Die Verkehrswege zwischen China, Indien und Rom um 100 n. Chr.*, Leipzig, 1922; A. Herrmann, *Das Land der Seide und Tibet im Lichte der Antike. Quellen und Forschungen zur Geschichte der Geographie und Völkerkunde* Vol. 1, Berlin 1938; D. D. Leslie, K. H. J. Gardiner, *The Roman Empire in Chinese Sources*, Roma, 1996, pp. 42 – 55, 141 – 143; Yu, Taishan, *A History of the Relationships between the Western and Eastern Han, Wei, Jin, Northern and Southern Dynasties and the Western Regions*, University of Pennsylvania, 2004 (Sino-Platonic Papers 131), pp. 182 – 183, and Yu, Taishan, *A History of the Relationships between the Western and Eastern Han, Wei, Jin, Northern and Southern Dynasties and the Western Regions*, University of Pennsylvania, 2006 (Sino-Platonic Papers 173), pp. 17 – 26; John E. Hill, *Through the Jade Gate-China to Rome: A Study of the Silk Routes 1st to 2nd Centuries CE.*, North Charleston, South Carolina, 20152 (*non uidi*). P. Pelliot, "Notes sur les anciens itinéraires chinois dans l'Orient romain", *Journal asiatique* 1921, pp. 139 – 145; I. Tupikova, M. Schemmel, K. Geus, *Travelling along the Silk Road: a new interpretation of Ptolemy's coordinates*, Berlin, 2014, Max Planck Preprint 465, p. 30.

④ D. D. Leslie, K. H. J. Gardiner, *The Roman Empire in Chinese Sources*, Roma 1996, p. 14, 43, 148 – 150; R. McLaughlin, *Rome and the Distant East. Trade Routes to the Ancient Lands of Arabia, India and China*, London-New York 2010, pp. 126 – 128. A. Kolb, M. Speidel, "Imperial Rome and China: Communication and Information Transmission", dans M. D. Elizalde, W. Jianlang (éds), *China's Development from a Global Perspective*, Cambridge, 2017, pp. 28 – 56.

提阿努斯的商队可能就是马其顿人组成的。梅斯·提提阿努斯说他的商队曾到达神秘的丝绸国之都，该地距离他上次到过的石塔（据推测可能是新疆塔什库尔干）以东七个月的路程，但这个马其顿商团的身份至今仍然无法证明。①

虽然梅斯·提提阿努斯的文献已经遗失，但可以肯定的是托勒密曾经引用过它。他在其中获得了计算已知世界向东方延伸的最大面积的必要数据，包括经纬度数据和位于伊玛奥斯（Imaos）山（喜马拉雅山）后边的一些地点。我们仍然不知道托勒密掌握的关于赛里斯国的信息中有多少是来自梅斯·提提阿努斯，有多少来自其他间接的、现在已经不知道来源且已彻底消失的资料。我们对于罗马帝国与中国第一次实际接触之后的信息更加匮乏，两个文明间的这次接触仅被记载于《后汉书》卷七和卷八十八，《后汉记》卷十五和《梁书》卷五十四中，时间约在公元166年马尔库斯·奥列里乌斯（Marcus Aurelius）当政时期。因为这次时间太晚，所以并不能为托勒密的著作提供帮助。②

事实上，拉丁文献最开始提及的赛里斯人，常常和印度人、巴克特里亚人（Bactrians）、斯基泰人（Scythians）以及萨凯人（Sakai）有关联，甚至有时候会将这些人混在一起。这就难免使现代历史学者感到困惑，我们是否应该将这些赛里斯人定义为中国人？③ 然而对史料中的经纬度数据修

---

① A. Dan, "Maes Titianos 2213", in H.-J. Gehrke, F. Maier, V. Bucciantini (éds), Die Fragmente der Griechischen Historiker Part V; M. Heil, R. Schulz, "Who Was Maes Titianus?", *Journal of Ancient Civilisations*, ChangchunVol. 30, 2015, pp. 72 – 84.

② D. D. Leslie, K. H. J. Gardiner, *The Roman Empire in Chinese Sources*, Roma, 1996, p. 51, 153 – 158.

③ A. Berthelot, *L'Asie ancienne centrale et sud-orientale d'après Ptolémée*, Paris, 1930, pp. 236 – 254; S. Lieberman, "Who Were Pliny's Blue-Eyed Chinese?", *Classical Philology* Vol. 52, No. 3, 1957, pp. 174 – 177; Jean-M. Poinsotte, "Les Romains et la Chine, réalités et mythes", *Mélanges de l'École française de Rome. Antiquité* Vol. 91, No. 1, 1979, pp. 431 – 479; Y. Janvier, "Rome et l'Orient lointain: le problème des Seres. Réexamen d'une question de géographie antique", *Ktema* Vol. 9, 1984, pp. 265 – 303; B. Sergent, "Les Sères sont les soi-disant 'Tokhariens', c'est-à-dire les authentiques Arśi-Kuči", *Dialogues d'histoire ancienne* Vol. 24, No. 1, 1998, pp. 7 – 40; É. de La Vaissière, "The Triple System of Orography in Ptolemy's Xinjiang", dans W. Sundermann, A. Hintze, F. de Blois (éds), *Exegisti monumenta: Festschrift in Honour of Nicholas Sims-Williams*, Wiesbaden, 2009, pp. 527 – 536; R. Conte, "'Seri' e 'Sini': fonti pagane e cristiane", *Linguistica Zero* Vol. 2, 2010, pp. 55 – 93; G. Malinowski, "Origin of the Name Seres", dans G. Malinowski, A. Paroń, B. Sz. Szmoniewski (éds), *Serica-Da Qin. Studies in archaeoloy, philology and history of Sino-Western Relations*, Wrocław, 2012, pp. 13 – 25.

正后证实了"赛里斯大都会"长安城的存在。梅斯·提提阿努斯商队穿越塔里木盆地后又经过了七个月行程①,似乎也毫无疑问证明了托勒密所提到的赛里斯人是汉朝时期的中国人。

因此,这本标志西方地理学最高成就的著作,同时也是证实赛里斯就是中国的最古老直接证据。尽管这些知识是从真实的游记资料中得来的,但在当时依托这些知识绘制的地图并没有运用在实用的政治、军事或者经济活动中。它们一直都只是数学家的工具。因此,懂得使用托勒密《地理学》及据此绘制的图表的星相学家们,不只是想将这些星象图用于对沿海地带的星象描绘,比如埃拉托斯特尼提及过的布列塔尼岛和塔波巴那岛,他们还想将这些星象图用于对位于亚洲中心的赛里斯的大都会的星象描绘。在今天看来,这些知识毋庸置疑是政治权力的一种象征,但是在古代社会它们只有博学之士才拥有。

三 古代中国的地图学

(一) 古代早期的区域地图

古代中国的地图与西方地图完全不同。中国人很早就知道地球是球形的,并且从唐朝起,人们在制定历法时就考虑到了这一点。据记载,公元724—275年僧一行和天文学家南宫说在多地成功地进行了天文测量。测量结果记载于《旧唐书》卷三十五、《新唐书》卷三十一和《唐会要》卷四十二。② 然而,中国人似乎都没有试图运用这些测量数据来制作地图,也就是说古代中国并没有想要通过对地理信息的整合来将地球上的可居住区域投影到地图上。此外,尽管明朝已经通过与阿拉伯的贸易掌握了关于非洲和欧洲部分地理知识,但是我们仍然找不到继承了托勒密地图学传统的阿拉伯绘图技术对中国地图的影响。

对于最古老的中国地图,比如放马滩秦墓出土的木板和纸质地图或者

---

① É. de La Vaissière, "The Triple System of Orography in Ptolemy's Xinjiang", in W. Sundermann, A. Hintze, F. de Blois (éds), *Exegisti monumenta*: *Festschrift in Honour of Nicholas Sims-Williams*, Wiesbaden, 2009, pp. 527 – 536.

② Jun Wenren, Lei Li, "Numerical Study of Survey Under Direction of Nangong Yue and Yixing", *Chinese Historians* Vol. 4, No. 2, 1991, pp. 80 – 86.

马王堆汉墓出土的地图，在希腊的地图学体系中都属于地形图。这些地图呈现的是当时中国人已知世界的局部地区，它们也没有使用投影将所处的相对于地球和宇宙的位置绘入图中。放马滩的七幅木板地图主要描绘了三条河流，其地域范围，东西约 30 公里，南北约 50 公里。图中所绘的河流与现代相对应地区的水系图基本相似，其中水系的干流、支流交汇准确，流路方向符合实际，流程长短以及图中的森林和聚落的分布都较为精确，可以反映这幅图是经过实地踏勘之后绘制的，并且已经具有了比例尺的概念。区域地图的绘制以水系构成图面的总体框架，与西方采用经纬度测绘相比，用这种方法制图，只要首先保证水系位置相对准确，图中其他地理要素的空间位置也可达到预期的效果。这种制图方法也被后世继承下来，比如马王堆汉墓中的地图也是以水系为基本框架。此外，值得注意的是放马滩地图中绘制的闭合山形曲线，显示绘制者已经具有投影的概念，即以平面俯视图表示山脉，类似于现代的等高线。这种绘制方法在马王堆地图中得到了继承和完善，在这幅著名的地图中，不仅可以看出山脉的走向，甚至根据闭合线条的粗细画出了山峰的位置。①

有趣的是这两幅地图都曾被当作古代军事地图，不过绘制这两幅地图的真实目的可能不仅限于军事目的，而是为了便于当地的日常行政管理。②中国古代的地图和地理文本有很强的"王朝地理学"传统，这类"地理学"是以国家行政管理为目的，与西方"地理学"迥然不同。西方的"地理学"是对地球进行空间描绘的一门学问，所以很早便有了地球投影的概念，而服务于帝国管理的中国"地理学"则不需要关注地球的球体特征。③

克劳狄乌斯·托勒密在他的《地理学》开篇时就对这种在希腊非常普遍的空间描述进行过阐释。至少从公元前 2 世纪的历史学家波利比乌斯起，就用"地志学"来定义类似的空间描述：

---

① 张修桂：《中国历史地貌与古地图研究》，社会科学文献出版社 2005 年版，第 437—518 页；晏昌贵：《天水放马滩木板地图新探》，《考古学报》2016 年第 3 期。

② 张修桂：《中国历史地貌与古地图研究》，社会科学文献出版社 2005 年版，第 437—518 页；邢义田：《论马王堆汉墓"驻军图"应正名为"箭道封域图"》，《湖南大学学报》（社会科学版）2007 年第 5 期；邢义田：《中国古代的地图——从江苏尹湾汉牍的"画图"、"写图"说起》，《艺术史研究》第六辑，中山大学出版社 2004 年版，第 105—124 页。

③ 晏昌贵：《释"地理"》，载于唐晓峰主编《九州》第四辑，商务印书馆 2007 年版，第 108—118 页。

地理学是对地球上所有已知部分，以及所有与地球有关事物的书面表达。它不像地志学一样描述每一个细节，比如港口、村庄、市区、主干河流的支流等等；地理学的特性主要在于把已知的地球视为完整连续的特殊实体来描述。通过一种总体的、更加全面的方式，探究其本质，思考其特征，地理学专门考虑那些与地球有关的事物，如海湾、大城市、重要的人群、主要的河流和各类有意义的事物。地志学旨在呈现一种局部印象，类似于一个人只呈现他的耳朵和眼睛；地理学则旨在呈现一种全局视野，类似于一副呈现整个人物的肖像画。

地志学更关注的是呈现事物的质量，而不是数量。一般来说，它更关注相似性而不是布局的对称性；相反地，地理学则更关注数量而不是质量。因此它只考虑所有细节之处的相对称的比例，仅在一般轮廓和形态有关时才考虑相似性。地志学需要描述的是具体的结构布局，所以只有具有绘图天赋的人才能胜任这类工作；相反，研究地理学不需要绘图天赋，因为它只需要用线条和边缘注脚来呈现位置和整体构造的信息。这就是为什么地志学不需要数学方法；而在地理学中，这些数学方法恰恰起着十分重要的作用。

事实上，为了能够谈论地球的已知部分，谈论它的体积，它具有什么样的特性，它上面每一个存在物在地理上处于哪条经纬线上，我们必须考虑它的形状，它的大小，它相对于周围天体的位置。据此，我们才能够计算出昼夜的长度，才能够知道哪些恒星能够到达地轴的顶端，哪些恒星则总是位于地平线下面，也才能够了解与我们的居住环境相关的所有信息。①

相应的描述，除了可以在历史学家、诗人和学者的文学作品中得到证实，还可以在其他一些地图中得到进一步印证：比如帕莱斯特里纳城（Palestrina）的马赛克镶嵌品上的尼罗河三角洲图，还有马达巴城（Madaba）马赛克镶嵌品上的圣城图。绘制在备受争议的阿尔特米多鲁

---

① Ptolemy. *Geography*. I. i. 1 – 7.

斯（Artemidoros）纸莎草上的地图也被认为可能是一幅江河流域图，而不是道路图，与中国的放马滩地图相似。因为纸莎草是在埃及发现的，所以它很有可能描绘的是尼罗河三角洲地带。① 就绘制内容而言，这幅地图几乎可以与放马滩的木版地图媲美。放马滩地图主要描述的是河谷盆地地形。这两张看起来可能基于部分类似制图方法。相比测绘员实际得到的地理数据，当比例尺越小的时候，人们在地图上得到的信息精确度就越低。② 但是对于古代希腊罗马人和中国人来说，能够找到提高平面测量精确性的方法。

（二）网格图——从中国到西方的文化传播

然而，由于史料的限制，我们并不知道罗马人在绘制小比例尺地图时——不管绘制的是局部地图还是整个帝国疆域的地图——是否遵循了测绘原则。我们唯一能够接触到的一幅通过13世纪的副本保留至今的古代罗马地图《普丁格地图》，显示了地图绘制者对游记的粗糙加工水准和罗马帝国学校常见的间接继承于埃拉托斯特尼流派的普遍制图水平。地图中大部分路段的距离标识证明，当时人们在地图绘制中是没有使用比例尺的。如果真的如理查德·塔尔伯特（Richard Talbert）③ 所言，《普丁格地图》是在皇族宫殿里发现的。我们可能就要怀疑在实际旅行中，当时罗马人是否真的拥有更加详细的帝国地图。

中国制图历史的发展则完全不同。在中国，最合理的地志学可以追溯到公元3世纪。在张衡的基础上，通过继承其在数学和技术方面的成就，晋朝皇家制图师裴秀完善了他的图文结合的地图集。该地图整合了当时已

---

① D. Marcotte, "Le Papyrus d'Artémidore: le livre, le texte, le débat", *Revue d'histoire des textes* Vol. 5, 2010, pp. 333 – 371; F. Condello, "'Artemidoro' 2006 – 2011: l' ultima vita in breve", *Quaderni di storia* Vol. 74, 2011, pp. 161 – 256. P. Moret, "La figure de l' Ibérie d' après le papyrus d' Artémidore: Entre tradition hellénistique et mise en place d' un schéma romain", in G. Gallazzi, B. Kramer, S. Settis (éds), *Intorno al Papiro di Artemidoro. II. Geografia e cartografia. Atti del Covnegno internazionale del 27 novembre 2009 presso la Società Geografica Italiana*, Milano, Roma, 2012, pp. 33 – 85.

② O. A. W. Dilke, "Maps in the Treatises of Roman Land Surveyors", *The Geographical Journal* Vol. 127, No. 4, 1961, pp. 417 – 426; O. A. W. Dilke, "Roman Large-Scale Mapping in the Early Empire", dans J. B. Harley, D. Woodward (éds), *The History of Cartography* I. *Cartography in Prehistoric, Ancient and Medieval Europe and the Mediterranean*, Chicago-London, 1987, pp. 212 – 233.

③ R. Talbert, *Rome's World: The Peutinger Map Reconsidered*, Cambridge, 2010.

知的所有数学原理，这些原理后来也在明朝著名的地图中被应用。裴秀这本书的前言后来被收录到《晋书》当中，里面提到了制图的六条原则：第一项为分率，用它来处理实地广袤的缩小幅度；第二项为准望，用它来摆正各项地理要素的相对位置关系；第三项为道里，用它来确定准望所依据的距离数据；第四项为高下；第五项为方邪；第六项为迂直。所有这些要素都必须被简化到平面上来进行描绘。① 由于裴秀的作品很早就散佚了，所以他的"制图六体"并不为人所熟知。不过他总结的这些绘图原则在此后中国的地图绘制中也得到了很好运用，后世更加熟悉的绘图原则是"计里画方"。它要求绘图者在纸上先绘制好网格，然后将数据按照比例折算后绘入图中。②

现存最早明确使用"计里画方"绘制的地图是著名的《禹迹图》③，大禹是传说中夏朝的创立者，被认为是最早治理九州河流的人，这幅图受《尚书》中《禹贡》篇的启发。它和另外一幅没有绘制方格的《华夷图》在公元1136年先后刻制在同一方石碑（80 × 79 厘米）的前后两面。④《禹迹图》是现存最早的相对精确的中国地理总图，此前学者认为它之所以能够如此精确，是因为从唐代李吉甫编撰的地理总志《元和郡县图志》开始，就建立一整套中国地理数据集，系统地记录了各府州县治之间的方位和里程。再配合"极地坐标投影法"，即便可以绘制类似的精确地图。⑤但在之后很长一段时间里，石碑另外一面绘制并不准确的《华夷图》的影响力却远远超过《禹迹图》。

---

① 辛德勇：《准望释义——兼谈裴秀制图诸体之间的关系以及所谓沈括制图六体问题》，唐晓峰主编《九州》第四辑，商务印书馆2007年版，第243—276页。

② 成一农：《"非科学"的中国传统舆图：中国传统舆图绘制研究》，中国社会科学出版社2016年版，第57—60页。

③ H. de Weerdt, "Maps and Memory: Readings of Cartography in Twelfth-and Thirteenth-century Song China", *Imago Mundi*, Vol. 61, No. 2, 2009, pp. 145–167.

④ 辛德勇：《说阜昌石刻〈禹迹图〉与〈华夷图〉》，侯仁之主编《燕京学报》新二十八期，北京大学出版社2010年版，第1—72页。

⑤ 汪前进：《现存最完整的一份唐代地理全国数据集》，《自然科学史研究》1998年第3期。成一农：《"非科学"的中国传统舆图：中国传统舆图绘制研究》，中国社会科学出版社2016年版，第67—114页。不过，最近有学者将《禹迹图》与地球表面相匹配之后，认为地图背后一定还有某种测量手段而非路程距离。参见 Alexander Akin and David Mumford, "Yu laid out the lands": *georeferencing the Chinese Yujitu (Map of the Tracks of Yu) of 1136, Cartography and Geographic Information Science* Vol. 39, No. 3, 2012, pp. 154–169.

罗洪先编纂的《广舆图》则是运用"计里画方"绘制地图的另一个杰出代表,这部图集以元代朱思本的《舆地图》为基础,综合了明代其他一些地图绘制而成,图幅尺寸平均约为34厘米见方。其中"舆地总图"每方五百里,分省图每方百里,其余专题图每方大小不等。《广舆图》以书籍的形式出版,使其与此前的全国总图相比更容易保存和流传,因此对中国地图发展影响极大。①

尽管网格制图在公元3世纪裴秀之前就已出现,但直到14世纪它才传入地中海沿岸。但实际上对西方世界产生影响的并不是裴秀的"制图六体",而是另外一种制图方法。李约瑟把制图六体中的"准望"解释为"画矩形网格",他认为这是中国古代地图绘制所特有的方法。其实他所说的"矩形网格"应该是"计里画方"②。现在已知的第一个接受这一技术的是威尼斯人马蒂诺·萨努多(Martino Sanudo),在1291年阿克雷(Acre)政府倒台之后,萨努多赞成一次新的十字军东征。目的是阐述他关于重新征服东方的战略手段,为此他收集了10幅地图编入自己的著作之中,除了中世纪航海图和城市平面图之外,还包括了巴勒斯坦的网格地图。东西方向的28个方格和南北方向的83个方格的排列,并不是阿拉伯人使用经纬度那样的圆形分界方法。③ 事实上,萨努多自己解释这个参考网格的实用性时说,这种网格图使得识别和复制一些建筑物的地理信息变得更加容易。这种制图法随后也被用于14世纪和15世纪广泛传播的其他圣地地图,包括托勒密地图。④

许多学者不承认这项技术是从中国传到西方的,不过也并非所有人都反对这一说法。但是我们也必须承认,阿拉伯人作为传播这项技术的中间

---

① 成一农:《"非科学"的中国传统舆图:中国传统舆图绘制研究》,中国社会科学出版社2016年版,第114—160页。

② 辛德勇:《说阜昌石刻〈禹迹图〉与〈华夷图〉》,侯仁之主编《燕京学报》新二十八期,北京大学出版社2010年版,第1—72页。

③ Martino Sanudo in Jacques Bongars, *Gesta Dei Per Francos sive Orientalium Expeditionum et regni Francorum Hierosolimitani Historia*, Hanoviae, 1611, II, p. 246, suivant P. D. Harvey, *Medieval Maps of the Holy Land*, London, 2012, p. 116.

④ P. D. Harvey, *Medieval Maps of the Holy Land*, London, 2012, pp. 107 – 140; Émmanuelle Vagnon, *Cartographie et représentations de l'Orient méditerranéen en Occident (du milieu du XIIIe à la fin du XVe siècle)*, Turnhout, 2013, pp. 167 – 186.

人身份仍然尚未得到证实。① 当然，在阿拉伯地图上识别中国式的网格并不容易，因为它可能同时使用了托勒密的经纬系统网格。从 13 世纪开始，就已经有一些与地球表面地理信息定位并不吻合的网格地图。因此，操着阿拉伯语的波斯天文和地理学家扎卡利亚·伊本·穆罕默德·卡兹维尼（Zakarīyāʾ b. Moḥammad Qazvīnī）在《创造奇迹》（Marvels of the creation）的手稿中收录了一些世界地图，这些地图并没有使用把北半球划分为七个气候带的网格绘图方法，而是使用网格来准确定位，并且呈现不同地理信息之间的关系。这种体系至少可以追溯到《心中欢乐》（Pleasures of the hearts）的作者哈马达拉·穆斯陶菲·加兹维尼（Ḥamd Allāh Mustawfī Qazvīnī）②，他把这种网格制图法和常见的气候带划分法结合起来使用。虽然要证明哈马达拉及其他阿拉伯地理学家在绘图中使用了中国的"计里画方"绘图法仍比较困难，但他绘制的伊朗地图与同时代绘制的元代中国地图之间的确有着惊人的相似之处。当然，也不能排除这幅地图本身就是中国和阿拉伯制图理论与实践交流的结果。通过更为深入的研究蒙元时代伊尔汗王朝（Ilkhanid Iran）和元朝学者在内陆亚洲的交往，我们或许可以揭开这一文化传播的神秘面纱。很明显，正如马蒂诺·萨努多所写的那样，使用经纬度定位的阿拉伯地理学家可以在中国地图所使用的网格法中看到一种阅读和复制地图更加便捷的工具。

因此，早在西方地理学直接传入中国之前，中国就已在 18 世纪初成功绘制出《皇舆全览图》。我们也必须明白，或许中国的网格地图曾经间接传入西方，并对中世纪晚期和文艺复兴时期的西方地图学产生了影响。如果承认历史上中国作为一个世界性大国带来的影响，这无疑是长距离知识有效交流的新例证。

---

① J. Needham, *Science and Civilization in China* III. *Mathematics and the Sciences of the Heavens and the Earth*, Cambridge, 1959, pp. 551 – 565. Émmanuelle Vagnon, *Cartographie et représentations de l'Orient méditerranéen en Occident (du milieu du XIIIe à la fin du XVe siècle)*, Turnhout, 2013, pp. 167 – 186. H. Park, *Mapping the Chinese and Islamic Worlds. Cross-Cultural Exchange in Pre-modern Asia*, Cambridge, 2012.

② J. B. Harley, D. Woodward (éds), *The History of Cartography* II. 1. *Cartography in the Traditional Islamic and South Asian Societies*, Chicago-London, 1992.

四 结语

那到底是谁发明了地图呢？是以地中海和黑海这两个内陆海为中心的西方世界吗？位于亚洲、非洲和欧洲十字路口的亚历山大城是人类历史上首座拥有百万居民的国际大都会，有着上千年的辉煌历史。正是在这座城里，埃拉托斯特尼发明了用于描绘地球的方法——"地理学"，后来克罗狄乌斯·托勒密又对其进行了完善。但是，我们在书写地图学史的时候，又不能不提到东方世界。秦朝时候的中国统一为一个庞大的帝国，定都关中，长城是其抵御蛮夷的屏障；到了唐朝，首都长安成为世界上人口最多的城市。正是在中国，人们发明了建立在比例尺基础上的世界地图，这一方法在现代空间描绘中变得不可或缺。在公元 2 世纪，东西方两大文明的数学和天文学知识已经发展到很高的水平，亚历山大城的克劳狄乌斯·托勒密和中国的裴秀就是两个例子。两人的地图作品在后世有着截然不同的命运：如果说在西方，直到 15 世纪托勒密的《地理学》才有了合适的继承者，那么在中国，虽然裴秀绘制的地图早已失传，但是他总结的"制图六体"却在后来的地图绘制中被运用。在中国"地图学"一直被视作一门技术，只被用于政治、军事和经济等国家的行政管理之中；而西方的地图学则发展成为现代意义上的地理科学。[①]

因此，我们很难弄清楚到底谁才是地图的发明者，因为"地图"这个词本身的含义就很模糊。在 19 世纪测量和绘制空间的科学原理提出之前，地图可以指各种形式不同的空间描绘。包括简单的线型图和现代的 GPS 定位系统，甚至包括文本这种"意象地图"。事实上，地图几乎是在不同人群中同时自然产生的。一些研究者认为，地图并非仅是智人才有的发明，

---

① K. Guckelsberg, "The Achievements of Common Sense Geography", in K. Geus, M. Thiering (éds), *Features of Common Sense Geography: Implicit Knowledge Structures in Ancient Geographical Texts*, Berlin-Münster-Wien-Zürich-London, 2014, pp. 229–244; J. Guantao, F. Hongye, L. Qingfeng, "Historical Changes in the Structure of Science and Technology (Part Two, a Commentary)", in F. Dainian, R. S. Cohen (éds), *Chinese Studies in the History and Philosophy of Science and Technology*, Dordrecht, 1996, pp. 165–184.

穴居的尼安德特人（Neanderthal man）似乎也能够创作地图。①

当我们对比西方和东方古代地图时，要看到建立在地理常识基础之上的相同认知——无论是文盲还是受过教育的人头脑中的空间模型——或者得益于直接和间接交流而获得的知识。可是这两者之间也有不同，尤其是在理论的层面上：从希腊化时代以来，西方人绘制的都是有坐标的地图，也就是说在绘制过程中考虑到了地球的球体特性，进而使用经纬网来表示地理位置。而中国人则忽略了地球的球体特性（在天文学研究中似乎没有忽略），他们总结出一套普遍的"地形学"方法，即考虑到地形起伏并按照比例尺来绘制地图的传统。

将东西方古代地图进行比较研究有两方面的益处：第一，我们可以更好地理解东西方地理知识的交流和传播情况。比如，双方在汉朝—罗马帝国时期以及蒙元时期都有过接触和交流。第二，比较两种地图学传统之间的关系也可以给我们各自的地图学史研究带来一些启发，二者的差异可以告诉我们一个文明能够做到的和从未做过的。譬如古罗马没有绘制出像中国古代地图那样精确的区域图，而古代中国则没有发现"地理学"的存在。

东西方地图绘制的相似之处则激发了我们关注它们相同历史背景的兴趣，举一个例子足以说明：罗马和中国的地图都曾被普遍运用在上层精英人士特别是对皇位继承人的教育中。在西方，最著名的当属用于教育狄奥多西大帝（Theodosius the Great）的孙子，即罗马帝国最后一位皇帝狄奥多西二世的东西罗马帝国行政区目录《百官志》（*Notitia dignitatum*）。它成书于公元 4 世纪末 5 世纪初，后来经由加洛林（Carolingian）王朝《施派尔法典》（*Codex Spirensis*）的抄本保存下来。② 而在中国，当宋朝首都开封沦陷，皇室迁都临安之后，黄裳于公元 1190 年绘制了一幅中国地图，取名为《地理图》。该图连同它的图说一同被用于教授当时的嘉王，即后来继

---

① 如果说一些尼安德特人的抽象思维留下的图痕可以被看作是一种地图，比如 J. Rodríguez-Vidal et al., "A Rock Engraving Made by Neanderthals in Gibraltar", *PNAS* Vol. 111, No. 37, 2014, pp. 13301 – 13306.

② G. Traina, "Mapping the World under Theodosius II", in C. Kelly (éd.), *Theodosius II. Rethinking the Roman Empire in Late Antiquity*, Cambridge, 2013, pp. 155 – 171.

位的宁宗皇帝。① 罗马和中国的这两幅地图绘制都出现在帝国危亡的时刻，挽救帝国的希望只能寄托在下一代君王身上，而地图本身也象征着帝国时间和空间。更为罕见的是，这两幅地图都附有文字材料；由于这类地图极其特殊，也使其成为一种奢侈品。除了教育的用途，罗马人和中国人的地图也都被视为一种权力的象征。事实上，对时空的掌控是人类发明地图的最终目的。

（赖锐，上海交通大学马克思主义学院讲师；安珂，法国国家科学研究中心研究员）

---

① 郭声波：《黄裳〈地理图〉研究——以作者生平、制图年代、政区断限为中心》，《历史地理》第三十辑，上海人民出版社2014年版，第169—198页。

察物与想象：1688年的《中国新志》*

潘天波

摘要 在全球史视野下，物的描述与物的想象是早期全球文化交往的特殊方式。传教士安文思的《中国新志》对中华诸物展开了忠实的描述与想象，已然为欧洲民众阅读中华诸物提供了翔实的知识景观，并积极创生了跨文化的"中华帝国"形象构建的新阶段，继而促成欧洲民众对中华诸物的迷恋与神往达到高峰时期，并为欧洲的"中国风"展开提供了参照系。《中国新志》既回应了17世纪欧洲社会和民众对中华知识的渴求与追捧，也为中西技术文化交流提供纽带。

关键词 传教士 《中国新志》 中华帝国 诸物想象

一 引论

在汉学史上，16—17世纪诞生了两部欧洲的中国百科全书。一部是西班牙门多萨（Juan Gonsalez de Mendoza）1585年的《中华大帝国史》，被称为"16世纪欧洲的中国百科全书"；另外一部是1668年传教士安文思（Gabriel de Magalhães）的《中国新志》，被称为"17世纪欧洲的中国百科全书"。

门多萨从未踏足中国，但因"对强大的、至今仍不为人所熟悉的中华帝国的新鲜简明、确切真实的描述"而名冠欧洲，对"中华诸物"的描述

---

* 本文系国家社科基金项目"丝绸之路中外工匠文化交流研究"（项目批准号：18BZS170）阶段性成果。

近乎是跨时空的奢华想象。这种"想象性书写"局面直至金尼阁（Nicolas Trigault）根据利玛窦（Matteo Ricci）日记编写的《基督教远征中国史》的出现，才彻底改变了"想象写作"的现状。实际上，对 17 世纪以前传教士"猎奇性"或"想象性"的著述，葡萄牙传教士曾德昭（Alvaro Semedo）也表现过"不满"，他直言："至于那些记述中国的作品，我曾熟读其中几部，它们几乎缺乏所有真实的东西，任意在全然神话的故事中遨游。"① 于是，在中国生活了 22 年之久的曾德昭开始撰写《大中国志》②，并于 1641 年左右完成了对中国的贸易、手工业、艺术以及其他社会状况的真切认知、体察与描述。曾德昭的叙事风格被后来来华传教士继承与发展。就在曾德昭首次出版《大中国志》的 46 年后，葡萄牙传教士安文思的《中国新志》又将对中华帝国的描述与想象推向了新的阶段。

安文思（Gabriel de Magalhães）和利类思（Lodovico Buglio）神父开教于中国四川，进入晚明张献忠"大西政权"服务，后进入北京传教，服务于清廷政府。安文思是"利玛窦路线"的坚决维护者，认同"合儒易佛"的传教精神。1650 年，安文思受中国副省会北部负责人傅汎际之委托，撰写"有关中华帝国的历史及基督教在华传教的历程"。于是，安文思以《马可·波罗游记》为蓝本，用葡萄牙文写成了《中国的十二特点》或《中国十二绝》。③ 在安文思死后的第 11 年，即 1688 年，该书在法国巴黎出版，取名为《中国新志》④，也被称为《中国新史》。后来，《中国新志》由克洛德·伯努（Abbé Claude Bernou）重新构架和整理，后被译成法文，共有 21 章⑤，系统而详细地介绍了中国的语言文化、政治制度、矿产资源、工匠技术、航运船舶、建筑庙宇、民风民俗等诸多中国纪事，描述北京城约占 1/4 内容，尤其是对"中华诸物"的忠实描述与想象。

---

① [葡]曾德昭：《大中国志》，何高济译，商务印书馆 2012 年版，第 4 页。
② 原稿用葡语撰写，标题为《中国及其邻近地区的传教报告》（*Relacao de propagacao de séregno de China e outro adjacentes*）。
③ 所谓"十二绝"，即版图大、历史久、语言美、典籍丰、有教养、工程善、工艺精、物产丰、孔子崇高、政治发达、君主伟大、京城宏伟。
④ 葡萄牙书名全称：*Nouvelle relationde la Chine, Contenant la description des particu-laritez les plus considerable de ce grand empire*.
⑤ 参见[葡]安文思、[意]利类思、[荷]许理和《中国新史（外两种）》，何高济译，大象出版社 2016 年版。

安文思在中国居住长达39年（其中29年在北京），对中国北京、四川以及沿海地区十分熟悉。所谓"新志"或"新史"是以安文思的这部著作为标志，意在指欧洲汉学研究已经进入了"新的阶段"，即从传统的"猎奇性"或"想象性"叙事转向为科学的"证实性"描述阶段。1688年，法国向中国派遣5名"皇家数学家"或"国王数学家"抵达北京，这一年也标志着西方传教士来华从事传教活动以及汉学研究走向了新阶段。因此，1688年与《中国新志》是欧洲传教士对"中华帝国"想象以及"欧洲汉学"研究走向新阶段的标志。

在接下来的讨论中，拟以安文思的《中国新志》为研究对象，聚焦作品中对"中华诸物"的"真实描述"与"敏感想象"的剖析，透视作品以及传教士对"中华帝国"形象的构建，以期展示西方传教士对中华帝国的跨文化想象及其深远影响。

二 对诸物及技术的描述

从马可·波罗开始，对中华"物的描述"已然成为传教士观察中国的习惯性路径。与马可·波罗的描写不同的是，安文思或为欧洲民众提供了最为忠实而真切的中华帝国诸物及其技术知识新谱系。

（一）对诸物的描述

在《中国新志》或"中国十二绝"的描述中，直接描述"中华诸物"共有9章内容，其他章节也都有附带"中华诸物"的叙事。安文思在"非凡勤勉的民族"（第8章）里，首先用了一句中国俗语："中国无遗物"导入他的描述。在他看来，即在中国是没有一件可以丢弃之物，不管它有多么的细微，都有该物的特殊用场。《中国新志》涉及的"中华诸物"繁多，譬如有庙宇、建筑、园林、瓷器、造纸、印刷术、火药、丝绸、灯笼、金银器、茶叶、玉石、大炮、船舶、白蜡、计时器、钟表等，近乎涉及中国老百姓日常生活以及皇家生活的每一物件。但总的说来，主要有土木建筑、航运船舶、宫殿庙宇、匠作工艺四大类别，即为"吃穿住行"之诸物。

第一，对白丝的描述。丝绸是来华传教士著述中的重要描述对象，但安文思对丝绸的描述是较为细致和全面的。或者说,《中国新志》的中国描述进入一个新阶段。《中国新志》这样描述:"大家都知道全中国生产的丝又好又多。古人根据所知信息,把中国称作丝国,今人则从经验得知,所以亚洲和欧洲的许多国家都通过商队和大量船只装载中国的生丝和熟丝。由于这种丝的产量很大,丝织品甚多,其数量之大令人难以置信,既有素花的也有交织金银的,看来颇为丰富。全国人民都穿丝绸。王侯、王子、贵人及其仆人、太监、曼达林、文人、富人及所有妇女和四分之一的男人,都穿丝绸衣服,上层和最下层的人全一样,而且在朝廷很普遍,就连给主子牵马的脚夫都身着锦缎。人们仅从我们所述的给皇帝运送服装、丝绸的船就有三百六十五艘,即知丝绸的丰富是难以形容的。仅从南京和浙江省每年往朝廷的不仅有各种颜色的纱、锦缎、花缎和天鹅绒,还有供皇帝、皇后、王子及宫中嫔妃穿的华丽值钱的衣裳。此外再加上其他省份向皇帝进贡的几十万磅生丝和熟丝。"① 在此,安文思详细地再现了一个名副其实的"丝国"景观,而且描述了两个庞大的运输生丝和熟丝的"队伍",即"亚欧商队"和"朝廷进贡"。由于安文思在北京居住的时间很长,因此,他对皇宫里的皇亲国戚以及仆人太监之丝绸服饰描述细致入微,包括穿着丝绸的群体、品质、类型、数量、来源等,已然真实建构出一个"东方丝国"的帝国形象。

相比较之下,其他传教士对"丝国"的描述则较为笼统或简单的。利玛窦在《基督教远征中国史》中描述:"我也毫不怀疑,这就是被称为丝绸之国(Serica regio)的国度,因为在远东除中国外没有任何地方那么富产丝绸,以致不仅那个国度的居民无论贫富都穿丝着绸,而且还大量地出口到世界最遥远的地方。"② 曾德昭《大中国志》中描述:"论富庶它超过其他许多省,(浙江省)可称作中国商品潮流的最佳源头。它的特产是丝绸,无论生丝还是成品,也不管是茧还是原料,都运往各地。总之,中国输出的丝绸,都产自该省。"③ 很明显,利玛窦、曾德昭等传教士对中国丝绸只是"印象式"的描述。

---

① [葡]安文思、[意]利类思、[荷]许理和:《中国新史(外两种)》,第 141 页。
② [意]利玛窦、[比]金尼阁:《利玛窦中国札记》,何高济等译,中华书局 1983 年版,第 4 页。
③ [葡]曾德昭:《大中国志》,第 26—27 页。

第二，对蜡的描述。蜡虫、蜂和蚕是中国的三大养殖昆虫，由此制作的白蜡、蜜糖和蚕丝也是中国的特色产品。安文思对中国"白蜡"的描述是全新的，即在他之前的传教士除了金尼阁和汤执中之外，似乎没有接触过中国白蜡，也没有相关的描述。《中国新志》这样描述："中国的白丝和蜡值得一提。前者是世上最好的，后者不仅最好，而且独特，除中国外别国尚未发现。"①"中国的蜡是世界上最漂亮、最干净和最白的；尽管它不像欧洲的蜂蜡那样普通，仍然足以供应皇帝及宫廷之用，也供应贵人、王侯、在职的曼达林、文人及富人。它在好几个省都有发现，但湖广省最丰富、最白且最漂亮。"② 可见，安文思是在比较欧洲"蜂蜡"（黄蜡）的基础上来描述"中国蜡"的。安文思指出了这种白蜡在中国主要在上层社会被使用，其来源也较为广泛，但湖广地区品质最为优良。"白蜡"是一种不同于西方的黄蜡的另一种昆虫蜡，李时珍在《本草纲目》中就记载了中国南方的"蜡农"以及采制方法。《中国新志》也记载了当时北京城的"蜡农"，指出："仅在北京城，就有一千多户人家，他们没有正当职业，只靠出售取火盒的火柴及做蜡烛的蜡为生。"③ 1651 年，利玛窦和金尼阁在述及中国东南各省取"白蜡"的事情，他说："除了从蜂取蜡外，他们还有一种更好的蜡，更透明、不那么粘、烧起来火焰更亮。这种蜡是从养在一种专用树上的小蠕虫得到的。"④ 这里的"小蠕虫"，即寄生在树上的"蜡虫"。通过利玛窦、金尼阁和安文思的介绍，欧洲人由此知道了中国白蜡。1741 年 1 月 15 日，汤执中（Pierre Le Chérond d'Incarville）给若弗鲁瓦的信中提及白蜡制作，并主张引进中国白蜡树。⑤ 1872 年，李希霍芬在四川将白蜡送至英国以供研究。1848 年，沙畹将白蜡特定名为"中国蜡"⑥。白蜡是中国人民利用昆虫生产照明以及其他用途产品的一大发现，18 世纪的欧洲民众已经普遍使用和制作中国白蜡。徐光启《农政全书》详

---

① ［葡］安文思、［意］利类思、［荷］许理和：《中国新史（外两种）》，第 141 页。
② ［葡］安文思、［意］利类思、［荷］许理和：《中国新史（外两种）》，第 89 页。
③ ［葡］安文思、［意］利类思、［荷］许理和：《中国新史（外两种）》，第 80 页。
④ ［意］利玛窦、［比］金尼阁：《利玛窦中国札记》，第 16—17 页。
⑤ ［法］弗洛朗斯·蒂娜尔著，［法］雅尼克·富里耶绘：《探险家的传奇植物标本簿》，魏舒译，北京联合出版公司 2017 年版，第 56 页。
⑥ 王渝生：《中国农业与世界的对话》，贵州人民出版社 2013 年版，第 163 页。

细记载了"种女贞取白蜡"①的过程。在明末,江浙一带始养白蜡虫,白蜡也是18世纪全球丝路贸易中比较珍贵的商品。②

第三,对皇城及公共建筑的描述。安文思眼中的北京皇城是一个繁荣的"世界都市"。除了对宫廷皇家礼仪以及生活方式之描述外,安文思大量"白描"了皇城建筑的雄伟与壮丽。在安文思的笔下,这座"乌托邦式的帝都"成为欧洲民众向往的典范。安文思在"皇城的二十座宫殿"(第18章)中对中国宫廷建筑惊叹不已,"其宏伟富丽令人赞叹和起敬。……但在你到达这座御殿之前,必须穿过与阶梯相接的五座桥,越过一条盛满水的深堑。每座桥都用栏杆、扶手、柱子、墙柱和方形基座加以美饰,有狮子和其他装饰品,都用非常精致和洁白的大理石制成。……全部使用极精致的大理石,价格昂贵"③。安文思对御殿的阶梯、桥梁、深堑、栏杆、扶手、柱子、墙柱、石狮等刻画的细致入微,着实使人惊叹与起敬。安文思不仅对皇家建筑的客观描述,还对皇家的建筑哲学与建筑美学感到"疑惑"。他说:"我们还注意到另一件与这个御殿有关的事,那就是房屋以及皇帝使用的瓷器、家具和其他物品通常都绘上或绣上龙。皇帝居住的建筑物同样在名称、数字或其他方面与天有某种相似。所以,这座宫殿叫作九天,而非十一天,因为中国人从不承认它在皇宫最外层之外。"④ 显然,安文思对中国龙文化以及宫殿的数字哲学感到好奇。安文思还对公共工程和大建筑物的描述怀着"惊奇"的目光,他在"中国人的土木工程和建筑,特别是大运河"(第7章)写道:"据我的看法,中国的公共工程和大建筑物,在数量和规模上都超过我们所知道的其他国家。王公和大曼达林的宫室看起来像城镇,富豪的私人宅第则像许多宫殿。……这条运河有些地方经过城镇中间,有些地方沿城墙而过。……当然这是十分伟大的工程成就,虽然另外一千一百四十五个皇家旅舍的建筑也不逊色于它。此外,几千座堡以及横亘在中国北方的五百里格的长城更让人惊奇。"⑤ 在此,安文

---

① (明)徐光启:《农政全书》(下),岳麓书社2002年版,第614页。
② 朱德兰:《长崎华商:泰昌号、泰益号贸易史:1862—1940》,厦门大学出版社2016年版,第43页。
③ [葡]安文思、[意]利类思、[荷]许理和:《中国新史(外两种)》,第140页。
④ [葡]安文思、[意]利类思、[荷]许理和:《中国新史(外两种)》,第140页。
⑤ [葡]安文思、[意]利类思、[荷]许理和:《中国新史(外两种)》,第76—77页。

思对公共工程和大建筑物的描述的赞誉与惊奇显露无遗。实际上，西方人对中国皇家建筑的描述一直有他们的偏向。马可·波罗曾描述元大都的宫殿建筑："在这个六公里半的围场里，耸立着大汗巍峨的宫殿。其宽广的程度，前所未闻。……城墙的外边装有美丽的柱墩和栏杆，允许人们来往接近。大殿和房间的各方都饰以雕刻和镏金的龙、各种飞禽走兽图、武士雕像以及战争的艺术作品，屋顶和梁上雕梁画栋，金碧辉煌，琳琅满目。"① 作品诸如此类的描述笔墨较多，《马可·波罗游记》中出现最多的词汇如"宏伟壮丽""富丽堂皇""庞大漂亮"等，充分展现出马可·波罗对中国建筑的惊奇、赞誉与欣赏。不过，利玛窦和金尼阁认为："从房屋的风格和耐久性看，中国建筑在各方面都逊于欧洲。……中国人的这种性格使得他们不可能欣赏表现在我们的公私建筑中的那种富丽堂皇，甚至不相信我们告诉他们的有关情况。"② 显然，他们是基于欧洲石构建筑的立场，没有看到中国木构建筑的富丽。同样，曾德昭《大中国志》也指出中国的建筑不如西方的华丽，他说："他们的住房不如我们的华丽和耐用，不过因设计良好而便于居住，整洁舒适。"③ 相比较之下，安文思对中国皇家建筑的描绘是忠实的。

第四，对船舶体系的描述。安文思对"中国人的船舶"（第 9 章）的描述十分细致，既有民间船舶体系，又有皇家船舶体系。在民间体系层面，《中国新志》记载："中国有两个王国，一在水上，一在陆地，好像有许多威尼斯城。这些船是船主当房屋使用的。他们在船上做饭，生于斯、养于斯、死于斯；船上有他们的犬、猫，还有猪、鸭、鹅。"④ 安文思对中国水上交通和贸易表示惊奇，他说："这个国家的水上交通十分便利……其景象之可观，真使人惊奇。一个异邦人傍晚来到某个港口，会看见水上有一座船舶的城，同时也会看见陆上有另一座房屋的城。那些早出晚归的人，不得不乘帆船或桨船在两岸停靠的船只中间航行几个钟头。再者，某些港口生意兴隆，一个人需要半天，有时需要更多时间才能穿过城镇前的

---

① ［意］马可·波罗口述，鲁思梯谦笔录：《马可·波罗游记》，陈开俊等译，福建科学技术出版社 1981 年版，第 94 页。
② ［意］利玛窦、［比］金尼阁：《利玛窦中国札记》，第 20 页。
③ ［葡］曾德昭：《大中国志》，第 11 页。
④ ［葡］安文思、［意］利类思、［荷］许理和：《中国新史（外两种）》，第 84 页。

察物与想象：1688 年的《中国新志》

船只。"① 安文思对港口船舶的描述，再现了 17 世纪中国港口贸易的盛况。在皇家体系层面，安文思也细致地描述了"皇家船"体系，有艚船、粮船、龙衣船、兰舟四类："有的属于皇帝，有的属于曼达林，有的属于商人，有的是百姓的。属于皇帝的船中，有一种他们称作艚船（So Chuen），是用来送官吏上任及返乡用的。这类船像我们的加拉维（Caravels），但船高且绘彩，特别是曼达林住的船舱，好像是为公众仪式而修盖的房屋，不像一般货船（Hoy Chuen）船舱。还有一种粮船（Leam chuen），即是说，它们是派往各省把粮食运回朝廷的船，约有九千九百九十九艘。……这类粮船比前一种艚船要小，不过他们把前船楼、后甲板及中央的厅室造得极像曼达林的船。皇帝的第三种船叫作龙衣船（Lum y chuen），即运送衣裳、丝绸、纱缎到皇宫的船。船的数目和一年的日子一般多，即三百六十五。……最后还有一种叫作兰舟（Lam chuen），与别的船相比则很轻很小，它的长度和宽度差不多一样。这类船供文人及其他富人和有地位的人往返于京城时使用。它上面有一间漂亮的舱房，床、桌、椅都有，你可以在那里睡觉、吃饭、学习并接待来访者，其方便一如你在家中。船头属于水手、船夫，船主及他的妻儿住在船尾，他们还为租船的人做饭。这最后一类船，有几种不同的形状，私人的船只之多几乎难以计算。"② 可见，安文思对皇家的艚船、粮船、龙衣船、兰舟等船舶的样貌、陈设和功能的描述十分细致和详尽，给人以身临其境的感觉。相比较之下，马可·波罗和门多萨的描述是"意象性的"，马可·波罗这样描述："（永定河）河上舟楫往来，船帆如织。它们运载着大批的商品。"③ 又说："由于九江市濒临江边（长江），所以它的船舶非常之多。"④ 再譬如描述淮安港"所以过境的船舶舟楫，穿梭般地川流不息"⑤，描述沱江港"河中船舶舟楫如蚁，运载着大宗的商品，来往于这个城市"⑥，描述泉州港"以船舶往来如梭而出名。船舶装载商品后，运到蛮子省各地销售"⑦，等等。门多萨认为中华帝

---

① ［葡］安文思、［意］利类思、［荷］许理和：《中国新史（外两种）》，第 84 页。
② ［葡］安文思、［意］利类思、［荷］许理和：《中国新史（外两种）》，第 84—85 页。
③ ［意］马可·波罗口述，鲁思梯谦笔录：《马可·波罗游记》，第 130 页。
④ ［意］马可·波罗口述，鲁思梯谦笔录：《马可·波罗游记》，第 135 页。
⑤ ［意］马可·波罗口述，鲁思梯谦笔录：《马可·波罗游记》，第 166 页。
⑥ ［意］马可·波罗口述，鲁思梯谦笔录：《马可·波罗游记》，第 139 页。
⑦ ［意］马可·波罗口述，鲁思梯谦笔录：《马可·波罗游记》，第 170 页。

国的船只式样多得惊人,在《中华大帝国史》中记载:"有出海的船,也有行驶江河的船,很多很大。"① 可见,马可·波罗和门多萨对船舶的意象描述是"概述式"的,很难与安文思对中国船舶的体系性细致描述相比。

(二) 对诸物技术的惊叹

通览《中国新志》全篇,安文思对"中华技术物"的描述最为突出的是关于造纸术、印刷术、火药技术、扁担技术、制香技术和制炮技术。

第一,造纸、印刷和火药技术。安文思认为亚洲人富有大智慧,并肯定了中国人在发明创造方面是优于其他民族的。他在"中国人的智慧和他们的主要典籍"中写道:"古人告诉我们,亚洲人赋有大智。如果他们有关于中国的知识,他们就会更加坚持自己的看法。因为,如果说最快和最易做出最好发明的人,可以说中国人是比其他人更精明和聪慧的,中国人应当被视为优于其他民族,他们首先发明了文字、纸、印刷术、火药和精美的瓷器。"② 显然,安文思指出了中国的文字、纸、印刷术、火药和瓷器的发明是世界首创。关于印刷术,其他传教士的著述也有所提及。利玛窦认为:"中国使用印刷术的日期比人们规定的欧洲印刷术开始的时期,即大约1405年,要略早一些。"③ 曾德昭也介绍了中国的印刷术:"就印刷术来说,看来中国的发明比其他国家早,因为按他们史书的记载,他们使用印刷术已有1600年,但(如我在前面所说)它不像我们欧洲的。"④ 曾德昭在此明确指出中国使用印刷术已有1600年。实际上,中国宋代毕昇发明的泥活字印刷术,要比德国人古腾堡发明金属活字印刷术要早400多年。

第二,中国扁担及挑夫技术。安文思对中国扁担及其挑夫技术发明表现出极大的兴趣,他这样描述道:"他们搬运东西的发明也很奇特,因为他们不像我们那样费大气力搬运物品,而是用技术。例如:他们把要搬运的东西挂在绳或钩上或放在篮筐内,然后把它挂在为此制作的一根扁平的木棒的两端,用肩平衡地挑着走,重量就分别落在两边。这一发明十分方

---

① [西]门多萨:《中华大帝国史》,何高济译,中华书局1998年版,第135页。
② [葡]安文思、[意]利类思、[荷]许理和:《中国新史(外两种)》,第64页。
③ [意]利玛窦、[比]金尼阁:《利玛窦中国札记》,第21页。
④ [葡]曾德昭:《大中国志》,第55—56页。

便，两边重量相当，搬运就更轻松。"① 可见，当时的西方货物搬运不比中国的省力与方便。在安文思以前的传教士著述中，未发现描述中国扁担技术。尽管扁担技术在搬运货物的时候更加轻松，但因人们的使用习惯不同，技术的传播或被他人接受的过程是缓慢的。德国人利普斯（Julius E. Lips）在《事物的起源》中指出："扁担有非常古老的渊源。它是一根长的硬木，担在颈上，两端悬以重担使之平衡。由于两端重量必须相等，故使用两个形状大小一样的水桶或两捆一样的重担，最为合适。典型的扁担起源地是在亚洲，但南美的发现者在这个大陆有些地方土著居民之中也曾发现此物。诺登舍尔德告诉我们，当西班牙人强迫印第安人背负重担时，印第安人非常痛苦，他们习惯于以颈来担。"② 可见，来自亚洲的扁担技术经过西班牙人传播给南美，进而当地的印第安人才学会使用扁担技术。

第三，制香技术。安文思对中国香文化与技术作了详细描述，主要包括线香工艺、熏香、郊庙焚香、香烛制作、焚香计时等。《中国新志》记载："他们把一种树木刮去皮，捣成粉，制成一种糊，揉成线和各种形状的线香。有的用贵重木料制作，如檀香、沉香及其他香木，约一指长，富贵人家及文人在他们的寝室里焚烧。还有其他价值低廉的，有数腕尺长，粗如鹅毛笔管，他们用来在浮屠或偶像前焚香。他们也把这种香当作蜡烛，为他们在夜间行走时照明。他们用特制的模子，把这些木粉线做成一样大小的圆周线，然后在底部盘绕，减少底部的圈，直到它成为圆锥形，每圈本身增加直径两三掌宽，有时更多。而这种香，根据制作的大小，可烧一至三天，甚至我们发现在他们的一些庙里可持续烧数十天。"③ 在此，安文思详细介绍了中国线香的制作材料、工艺流程、品类品种、使用群体、价格类别、长短粗细、使用场所等。另外，安文思对中国的"更香计时器"的技术十分惊叹，并称它是"中华民族惊人的创作"。在比较的视野，他说这种计时器要比西方的"劳鲁钟"简单实用。他这样描述："中国人为了调准和区分夜间的时辰，还发明一种方法，成为该民族惊人的创作。……这些香像渔网，或像绕在锥体上的线，他们从中间悬挂，点燃下

---

① ［葡］安文思、［意］利类思、［荷］许理和：《中国新史（外两种）》，第80页。
② ［德］利普斯：《事物的起源》，汪宁生译，四川民族出版社1982年版，第176页。
③ ［葡］安文思、［意］利类思、［荷］许理和：《中国新史（外两种）》，第82页。

面的香头，火从那里缓慢地沿着盘绕的木粉线燃烧，一般来说有五个标志区别夜间的五个时辰。用这种方法测定时间，稳妥可靠，不致发生大错。文人、旅行者及因事要准时起床的人，在标记上挂一样小东西，指示他们要起床的时刻，当香火燃到这一点时，它就落在下面的铜盘中，坠落声把人惊醒。这个发明弥补了我们的劳鲁钟（Larum Watches）的缺点，它不但简单实用而且很便宜，一个这样的东西，可以用四到二十个钟头，价值不过三便士。然而装有许多齿轮和其他机械的钟表，价钱很贵，只有有钱人才买得起。"① 安文思所描述的"惊人的创作"，即为"更香计时器"，或为中国古代的"龙舟香漏"。香上有时辰标志，每烧到一个标志，标记上挂的"铜球"（"小东西"）落入铜盘中，即报鸣闹时（"坠落声把人惊醒"）。利玛窦在《基督教远征中国史》中也有对"更香计时器"的描述："这个国家只有少数几种测时的仪器，他们所有的这几种都是用水或火来进行测量的。用水的仪器，样子像是个巨大的水罐。用火操作的仪器则是用香灰来测时的，有点像仿制我们用以滤灰的可以翻转的炉格子。有几种仪器用轮子制成，用一种戽斗轮来操作，里面用砂代替水。"② 这里的"用水或火来进行测量的"测时器，即"沙漏计时器"和"更香计时器"，都是中国古代的"计时钟"，它们不同于西方的机械摆钟。据《明史·天文志》记载，李天经曾上书曰："辅臣光启言定时之法：古有壶漏，近有轮钟，二者皆由人力迁就，不如求端于日星。"③ 可见，壶漏、轮钟之计时钟是中国古代的发明，沙漏钟④比欧洲的机械摆钟早200多年。

第四，制炮技术。安文思在考察澳门之后发现中国制炮工艺技术发达，并认为中国铜锡资源丰富，匠作器皿昂贵。《中国新志》记载："中国有大量的铜、铁、锡及其他各种金属，特别是铜和锡，它们被用来制造大炮、无数的偶像、各种不同形状的盘碟，其价值甚高。这些器皿中，有些因古老、在某个王朝生产或由某个匠人制作而身价倍增，尽管很普通而且粗糙，但仍价值几百克朗，有时甚至上千克朗。澳门城确实为我们提供了这些丰富金属的证明。因为就在这个城里，铸造有许多大炮。这些大炮以其

---

① ［葡］安文思、［意］利类思、［荷］许理和：《中国新史（外两种）》，第82页。
② ［意］利玛窦、［比］金尼阁：《利玛窦中国札记》，第24页。
③ （清）张廷玉选，王天有标点：《明史》（1卷1—38），吉林人民出版社1995年版，第221页。
④ 万迪棣：《中国机械科技之发展》，中央文物供应社1983年版，第209页。

质量、庞大及工艺而备受称羡,它们不仅用来保卫该城,也供应印度,甚至葡萄牙。而且,从全国大量通行的铜和锡钱币可以判断中国铜、锡之丰富。"① 在此,安文思肯定了中国的合金技术,并认为中国的制炮技术"备受称羡",不仅保卫澳门城市,还出口印度与葡萄牙。曾德昭在《大中国志》中也介绍了中国"火器":"至于武器,我首先要说,中国很早就已使用火药,他们擅长制造烟火,1年消耗的火药,比现在5年用于军火的还要多。看起来在古代他们更多地把火药用于战争。因为甚至到今天,在南京城门及城的两侧,还看得见铜制大臼炮,即大炮。虽然炮身短,但制作却很精良……但现在,中国官员找葡萄牙人在澳门制造了许多火器,滑膛枪开始进入中国,不过他们使用的一般武器是弓箭、矛和弯刀。1621年,澳门城送给皇帝三尊大炮做礼物,还有随行的炮手,向他介绍使用的方法,在北京进行表演,使许多到场参观发射的曼达林大为惊恐。"② 从这里可以看出,中国发明了火药,并把这样的技术传给了欧洲。尽管曾经使用过大炮,但技术不如欧洲。因此,中国官员"找葡萄牙人在澳门制造了许多火器"。通过安文思和曾德昭关于"火器"的描述可以看出,1688年左右的澳门制炮技术已经明显不同于早年了,从原来的"中国官员找葡萄牙人在澳门制造",到了"这些大炮以其质量、庞大及工艺而备受称羡"而供应印度和葡萄牙了。

概言之,安文思对"中华诸物"的细致描述以及对中华技术物的称羡,展现了一个"中国无遗物"的帝国想象,再现了一个"非凡勤勉的民族"帝国形象。《中国新志》不仅彰显出中华工匠的勤勉、智慧与精神,还反映了安文思对"中华诸物"及其技术的称赞,也反映了17世纪西方人眼中的中华帝国形象。

三 想象路径:"证实"与"跨文化敏感"

"中华帝国"是欧洲文明体系中的"中国想象"。门多萨在1585年的《中华大帝国史》中建构的"中华帝国",标志着"中华帝国"的话语想

---

① [葡]安文思、[意]利类思、[荷]许理和:《中国新史(外两种)》,第72页。
② [葡]曾德昭:《大中国志》,第144页。

象"第一次在西方的文本与文化中获得了历史化的清晰完整的形象"①。与门多萨的描述与想象不同的是,安文思在1688年的《中国新志》中用他身临其境的"实录风格"忠实地建构了一个全新的"帝国形象":一个"古老的国家""良好的政体"和"非凡勤勉的民族"的帝国形象在欧洲民众心中诞生,该形象得益于安文思的证实性和敏感性的想象。

(一)"证实"的想象

尽管17世纪中西方的对话与交流缺乏必要的"理解基础",但安文思在《中国新志》中却充分发挥"证实想象"的价值,旨在客观忠实地对中华诸物及其文化展开接近想象、对比想象与因果想象。

第一,接近想象。安文思对"龙文化"的理解与想象,近乎肤浅,但也接近事实。《中国新志》记载:"考虑到皇帝称为天子,与他有关的一切,中国人都跟天上的事物联系起来,如天、日、月、行星等。如龙衣,表示龙的衣裳。因为中国皇帝的标记是龙,有五个爪,所以他的衣服及家具,无论用绘画还是刺绣,都必须用龙做装饰。所以,当你说龙眼——龙的眼睛,或龙衣——龙的衣裳,中国人都明白你说的是皇帝的眼睛和皇帝的服装。"② 这里安文思对中国皇帝被称为"真龙天子"的解释,他并没有从图腾、信仰等层面展开想象,而是通过"第三人称"的接近想象的方式描述的,即主要是基于"龙"与"皇帝"之间的"龙装饰"的接近维度展开。但对于跨文化想象而言,这种想象相对是忠实的,并没有带有"否定"或"负面"的想象情绪。相比较之下,利玛窦在《基督教远征中国史》中对中华诸物的想象是一种过滤性想象。譬如在"关于中国人的机械工艺"(Ⅰ—4)中指出:"他们对油画艺术以及在画上利用透视的原理一无所知,结果他们的作品更像是死的,而不像是活的。"③ 显然,利玛窦对"中国绘画"想象完全是一种基于"西方油画"立场的过滤性批判。

第二,对比想象。对比想象是安文思想象中华诸物的常用方法,他在比较艾福特钟和北京的钟之大小后发现,北京的钟是世界上最大的种。他

---

① 周宁:《西方的中国形象史:问题与领域》,《东南学术》2005年第1期。
② [葡]安文思、[意]利类思、[荷]许理和:《中国新史(外两种)》,第85页。
③ [意]利玛窦、[比]金尼阁:《利玛窦中国札记》,第23页。

说:"吉克尔神父在他的第十六卷《乐理》即《谐音和非谐音艺术》的第二章中,向我们肯定说,艾福特城(Erfort)迈耶斯(Mayence)的选帝侯(Elector)下面的那口钟不仅是欧洲最大的,也是全世界最大的。然而据我们亲眼所见及在1667年我们所做的观测,它比汤若望和南怀仁神父利用机械装置安放在我们上述钟楼上的钟要小,当时震惊全朝。……这口钟是北京城夜间用来警卫和报时的。我有把握断言,欧洲没有类似的钟,它完全可能是世界上最大的。"① 实际上,这种"对比思维"是证实的,安文思基于实证的"比较"想象方法,或客观反映出中华帝国形象。再譬如他说:"(在北京的皇宫内)宫廷钟的大小如我在葡萄牙所见到的一样,但声音非常响亮、清脆和悦耳,与其说它是钟,还不如说它是一种乐器。"② 可见,安文思在"对比想象"中生成较为真实的他者形象。尽管对比想象能发现他者,但也可能产生对他者的误读与偏见。譬如利玛窦在《基督教远征中国史》之"关于中国人的机械工艺"(Ⅰ—4)中如是想象:"看起来他们在制造塑像方面并不很成功,他们塑像仅仅遵循由眼睛所确定的对称规则。这当然常常造成错觉,使他们比例较大的作品出现显明的缺点。但是这并没有妨碍他们用大理石和黄铜和黏土制造巨大丑恶的怪物。"③ 很显然,利玛窦用西方的"雕塑"艺术与中国的"塑像"艺术作了一番"比较性想象",简单地认为中国塑像工"制造塑像方面并不很成功"以及"比例较大的作品出现显明的缺点"。或者说,利玛窦全然不知中国的铸像、彩像、塑像主要采用的是一种表现主义技术,重在"表意",追求一种"形神兼备"的美学境界,并非如欧洲雕塑采用的写实主义技巧,追求科学和理性的逼真效果。在中国乐器层面,利玛窦这样想象:"中国音乐的全部艺术似乎只在于产生一种单调的节拍,因为他们一点不懂把不同的音符组合起来可以产生变奏与和声。然而他们自己非常夸耀他们的音乐,但对于外国人来说,它却只是嘈杂刺耳而已。"④ 很明显,利玛窦对中国乐器及其文化的批判是基于西洋乐器体系的想象,并没有领略中国乐器悠久的历史及其文化。

---

① [葡]安文思、[意]利类思、[荷]许理和:《中国新史(外两种)》,第81页。
② [葡]安文思、[意]利类思、[荷]许理和:《中国新史(外两种)》,第80—81页。
③ [意]利玛窦、[比]金尼阁:《利玛窦中国札记》,第22—23页。
④ [意]利玛窦、[比]金尼阁:《利玛窦中国札记》,第23页。

第三，因果想象。安文思在"中国人的船舶"（第9章）中以实地考察的情况来说明"世界上肯定没有一个国家像中国那样辽阔和交通便利"这一看法："1642年5月4日，我离开浙江省省城杭州，同年8月28日到达四川省省会成都。在这四个月的旅程中，我航行了四百里格的水路，把河流转弯抹角都算上了，其中有整整一个月我在两条不同的河上航行，另三个月我一直航行在那条大江即所谓的扬子江上。在这乏味的水路旅行期间，我每天都遇到大量的编扎在一起的各类木材，如果全部捆在一起可以造一座足可以让人走几天的桥。乘这种用木材编扎的木排随水漂流到岸边，要用一个多时辰，有时半天。原来中国最富有的商人是盐商和木材商，别的商品都没有这么大的利润。这种木材在四川省砍伐，他们把木头运到大江的岸上，再运往全国各地。"① 在此，安文思因为看到了扬子江上的漂流"大量的编扎在一起的各类木材"，所以想象出中国最富有的商人是木材商等。这种"因果想象"在《中国新志》是较多的，也是安文思描述中国的有效书写方法。再譬如安文思说："在山区发现大量金子，不仅拿来铸币及购买东西，而且它本身也是商品。因此在澳门流行一句中国的谚语：'钱是血，金是货。'说到钱，现今这个国家已延续了四千五百年，他们对钱的贪求，为得到钱所做的努力，一点儿不比古人少。所以中国人积累的钱财，其数量之巨大，令人难以置信。"② 这里安文思指出，因中国的"航行便利和物产丰富"，所以想象性认为"中国人积累的钱财，其数量之巨大，令人难以置信"。

（二）"跨文化敏感"的想象

尽管安文思对中国的想象是基于考察和证实的路径完成的，体现出17世纪西方理性精神在著述中的转移，但他和其他传教士一样无法避免的是基于欧洲文明体系下的中国想象，展示出一种他者想象的"跨文化敏感"（Intercultural sensitivity）。③

第一，优越与傲慢的想象。安文思对中国"异教徒"的立场是矛盾

---

① ［葡］安文思、［意］利类思、［荷］许理和：《中国新史（外两种）》，第85页。
② ［葡］安文思、［意］利类思、［荷］许理和：《中国新史（外两种）》，第87页。
③ Guo-Ming Chen, and William J. Starosta. "A Review of the Concept of Intercultural Sensitivity", *Human Communication*, Vol. 1, 1997, pp. 1–16.

的,他既承认中国"特别宏伟和优越",也表示怜悯又值得原谅,但又指出他们的愚蠢的幻觉和无比的傲慢。他在"中国的古代及中国人对此的高见"(第3章)中说道:"当我和有知识之人谈论基督教及欧洲的科学时,他们问我,我们有无他们的书籍,我回答说没有。他们都惊异地挥动着手表示反感,称:'如果你们欧洲没有我们的书籍和著作,你们能有什么学识和科学呢?'不管怎样,这些异教徒既值得怜悯又值得原谅,因为,难以想象的是,不管是大贤人和有学识的人,还是平民百姓,都抱有这个帝国所持有的偏见。的确,除了我们的天性一直使我们重视我们自己及一切属于我们的东西,这个国家的特别宏伟和优越,也大大促使中国人思想中充满愚蠢的幻觉和无比的傲慢。"① 在安文思笔下,他的描述与想象是无法脱离基督教文明的,以至于他认为"异教徒既值得怜悯又值得原谅",想象出中华帝国民众的偏见,并认为"中国人思想中充满愚蠢的幻觉和无比的傲慢"是来自中国"国家的特别宏伟和优越"。

第二,勒索财礼与盘剥腐败的想象。安文思基于罗马俗语"万物均可出售",想象中国官场之腐败,对清廷六部阁老大臣的丑恶嘴脸予以抨击,并对饱受官员层层盘剥的百姓表示同情。他说:"你很少在欧洲听说送五百或一千克朗(Crowns)的礼物,但在中国,送一千甚至送一万至四万克朗的礼,都是寻常之事。的确,在全国,特别是在京城,礼物和宴乐要花上几百万克朗。每天都看得见古代有关罗马的说法:万物均可出售。一城或一镇的官职,想得到的人,无不花几千克朗,有时甚至两三万克朗,按比例给予大小官员。一省的总督即州长,在得到正式任命前,得付出两三万甚至六七万克朗。而这种钱,皇帝一丁点儿都没收到,他根本不知道这种丑行——这些往往都是国家的大臣、阁老,即国之参议、朝廷的六部官员干的。他们私下把官职卖给总督和各省的大曼达林。相应地,各省的总督为补偿自己的损失,又向地方和城市的长官勒索财礼,后者再从村镇的官吏那里得到报偿。"② 在这段文字中,安文思对清朝官场的腐败予关注,对"买官卖官"的腐败现象展开想象,指责清廷长官勒索财礼之现象。对中国官员的勒索盘剥的想象,利玛窦在《基督教远征中国史》中也有这样

---

① [葡]安文思、[意]利类思、[荷]许理和:《中国新史(外两种)》,第51页。
② [葡]安文思、[意]利类思、[荷]许理和:《中国新史(外两种)》,第87页。

想象:"这在他们为官员们做活时似乎特别看得明显,因为官员们根本不管所买物件的实际价值而只凭一时好恶向工匠付钱。"① 实际上,明代的工匠制度和工匠生产是很复杂的,也是利玛窦所不能想象的。对于皇家"轮班匠"而言,工匠的劳作基本上由皇家决定,皇家具有严格的质量监管制度。对于"雇佣工"来说,享有"月粮"或"月奉",也绝非"只凭一时好恶向工匠付钱"。

第三,虚荣与气派的想象。安文思对"万"和"九"的中国"数字哲学"的理解,尽管在"走访实证"中得到"经验知识",但对"皇家气派"的理解指向中国人的"虚荣心和傲气",显然是"他者想象"的臆测。他说:"它们(粮船)是派往各省把粮食运回朝廷的船,约有九千九百九十九艘。我经常打听,想知道为什么不再加一艘凑足一万之数,但我的询问始终没有结果。直到几年以后,当我进一步了解这个民族的风俗习惯,方做出对其原因的有趣推测:'一万'仅有两个中国字'一(y)'和'万(van)',它丝毫不表示雄伟壮丽,既不表现在书写上,也不表现在读音上,其结果不足以用来体现皇船之多。因此他们从'一万'中减去'一',变成一个堂皇气派的数字,更宜于迎合他们的虚荣心和傲气,称之为九千九百九十九,与他们喜欢的数字'九'一致。"② 从这段文字的描述中可见,安文思无法理解"九象征天"的文化寓意,以至于他认为"九"是堂皇气派的数字,是当时的中国人虚荣心和傲气的体现。

第四,科学无知与道德哲学的想象。安文思尽管站在 17 世纪欧洲工业革命之科学发展的立场批评中国对科学的无知,但他十分肯定中国的道德哲学。他说:"尽管他们因缺乏与其他人民的交流而对许多科学无知,但他们擅长道德哲学,在极大程度上他们独立致力于此项研究。他们才思敏捷,所以在阅读我神父撰写的书籍时容易理解,尽管这些书涉及数学、哲学及神学方面最微妙和最困难的问题。或许有人不愿相信我的话,但我敢向他们保证,最明确不过的是,我知道有些信仰基督教的文人,还有异教徒,他们曾读过利类思神父翻译的《圣托马斯》的第一部分,在没有任何指导的情况下,我们发现他们在谈话中已懂得有关神和三

---

① [意]利玛窦、[比]金尼阁:《利玛窦中国札记》,第 20 页。
② [葡]安文思、[意]利类思、[荷]许理和:《中国新史(外两种)》,第 84 页。

位一体的问题。"① 显然,在安文思看来,中国的道德哲学对于理解基督教神学是有益处的。不过,安文思之前的利玛窦在《基督教远征中国史》中并不这样认为:"中国所熟习的唯一较高深的哲理科学就是道德哲学,但在这方面他们由于引入了错误似乎非但没有把事情弄明白,反倒弄糊涂了。"② 实际上,无论是安文思对中国道德哲学的部分肯定,还是利玛窦对中国道德哲学的"负面建构",都是一种肤浅的想象,或无法理解中国道德哲学。

简言之,上述安文思的中国想象既有惊讶、惊叹的赞赏,又有敏感、臆测的想象。欧洲文明映照下的"中华帝国",被带入全新的跨文化视角的"他者想象",既充分显示出欧洲传教士与中国文化达成的"表面共识"③,也隐含着中西双方交流与对话因"缺乏共同基础"而出现的跨文化敏感想象的困境。

四 结语

安文思的《中国新志》对"中华诸物"的描述以及"中华帝国"的想象,成为17世纪中国文化对欧洲影响的重要因素之一。因为《中国新志》为当时欧洲"中国风"的形成提供了最为权威的实物参照系之一。早期欧洲民众往往通过来华传教士的书信、札记、游记和著述来获取中国知识,《中国新志》因"中国新史,包含对那个东方王国最精细的特别描述"(1688版英译名)而名冠欧洲汉学界。英国学者高度评价了《中国新志》的价值:"纽霍夫(Nieuhof)和安文思的著作以其对事物报道的精确性和忠实性是值得将其视为'中国观察'之荣耀的。纽霍夫是从巴达维亚派往北京的使团的一个秘书,安文思则是一位在中国许多省份生活了30多年的传教士,他更正了以前(耶稣会士汉学)作品中的许多错误,弥补了其中的不足。……可算是原创的经典之作。"④ 当欧洲人从分享门多萨《中华大

---

① [葡] 安文思、[意] 利类思、[荷] 许理和:《中国新史(外两种)》,第64页。
② 参见 [意] 利玛窦、[比] 金尼阁《利玛窦中国札记》,第31页。
③ 参见 [法] 谢和耐《中国与基督教——中西文化的首次撞击》,耿昇译,商务印书馆2013年版,第ii—iii页。
④ Louis Le Compte. *Memoirs and Observations*:*Topgraphical*,*Phisical*,*Mathematical*,*Mechanical*,*Natural*,*Civil*,*and Eccle-siastical*,*Made in a Late Journey Trough the Empire of China*,London,1697,"The Introduction".

帝国史》到安文思《中国新志》的中华知识的时候，欧洲人对中国的直觉认知与跨文化想象进一步地从"诗意想象"转型到"精确想象"，以至于中国的生活情调、审美志趣与物质消费被这种精确的想象"移植"到欧洲民众的生活世界，进而最终促成了欧洲的"中国风格"的诞生。在欧洲国家谈论"中国风格"时，没有人会忘记门多萨和安文思的著述，他们的著述为欧洲"中国风格"的流行起到了"中华诸物"知识准备的作用。另外，《中国新志》在促进中西技术文化交流与对话方面也具有重要作用。全球技术文化的交流方式是多样的，实物交流与著述交流都能促进世界技术的互动与交流。安文思在《中国新志》中介绍中国技术物，给欧洲民众了解中国技术文化提供了窗口；同时，他从葡萄牙带来的望远镜等西洋奇器对西方技术在中国的传播也作出了贡献。安文思去世后，康熙帝在悼文说道："谕今闻安文思病故，念彼当日在世祖章皇帝时，营造器具，有孚上意，其后管理所造之物，无不竭力，况彼从海外而来，历年甚久，其人质朴夙著，虽负病在身，本期愈治痊可，不意长逝，朕心伤悯，特赐银二百两、大缎十匹，以示朕不忘远臣之意。特谕！"① 这也反映了安文思在中西造物文化或技术文化上的贡献。

《中国新志》对中华诸物的忠实描写为欧洲民众提供了了解中国知识的参照系之一，对"中华帝国"描述与敏感想象既确证了17世纪欧洲文明的现状以及对中华知识的渴求，又展示了欧洲人对"中华帝国"形象的建构立场与想象路径。然而，《中国新志》对"中华诸物"的想象是建立在欧洲文明体系中的"他者想象"，并实现了从"中华诸物想象"到"中华帝国想象"的蜕变，不仅创生了"中华帝国"的他者话语体系，还在跨文化视角的"他者想象"中服务于建构与发展自身的欧洲文明。

（潘天波，陕西师范大学人文社会科学高等研究院特聘研究员，教授）

---

① 计翔翔：《十七世纪中期汉学著作研究——以曾德昭〈大中国志〉和安文思〈中国新志〉为中心》，上海古籍出版社2002年版，第236页。

明清时期丝绸之路上农作物传播及对中国的影响[*]

崔思朋

摘要 丝绸之路是古代中国沟通世界的重要桥梁，也是中国与世界各地农作物传播的主要渠道。在中国学术界的农史研究中，对古代域外作物向中国的传播有"三次引种高潮"的提法，其中明清时期是外来作物传入中国的第三次高潮期，尤以美洲作物的传入最为普遍，并在中国广泛传播。与此同时，明清时期也是中国本土作物传向世界尤其是传入欧美地区的关键时期。因而农作物的传播也成为明清时期中国与世界往来的重要媒介，极大地促进了中西方之间的交流，通过农作物的传播也为重新审视这一时期中国与世界之间的往来提供了新的视角。此外，美洲作物的传入及广泛传播引种也对明清时期中国农业文明发展产生了重要影响。

关键词 明清时期 丝绸之路 农作物传播 交流互动 农业发展

古代中国与世界交往的主要通道即"丝绸之路"，这一名称由德国地理学家李希霍芬于1877年在《中国——亲身旅行和研究成果》一书中首次提出，他在书中将汉代中国与中亚南部、西部以及印度之间以丝绸贸易为主的交通线路称作丝绸之路。其后，德国历史学家赫尔曼在1910年出版了《中国和叙利亚之间的古代丝绸之路》一书，他在书中将丝绸之路延伸

---

[*] 本文系国家社科基金重大项目"中国历史农业地理研究与地图绘制（批准号：13&ZD082）"的阶段性研究成果。

到地中海西岸和小亚细亚地区，并最终确定了丝绸之路的基本内涵，即它是中国古代经由中亚通往南亚、西亚以及欧洲、北非的陆上贸易交通通道。1915 年，赫尔曼在《中国到罗马帝国的丝绸之路》一文中将丝绸之路终点延伸到叙利亚（罗马）。① 至此，陆上丝绸之路的主要线路及途径的重要地区被基本勾勒出来。除此陆上丝绸之路外，海上丝绸之路同样重要，一般认为，海上丝绸之路最早由法国汉学家沙畹于 1903 年提出，沙畹在《西突厥史料》一书中提道："中国之丝绢贸易，昔为亚洲之一重要商业。其商道有二，其一最古，为出康居（Sogdiane）之一道；其一为通印度诸港之海道，而以婆庐羯泚为要港。当时之顾客，要为罗马人与波斯人。而居间贩卖者，乃中亚之游牧与印度洋之舟航也。"② 海上丝绸之路在唐代以后渐趋繁荣，尤其是到了明清时期，海上丝绸之路更加昌盛，这一时期大部分农作物都是通过海上丝绸之路传入中国的，同时中国本土作物及生产的农产品也是通过海上丝绸之路传向世界。

目前学界对丝绸之路的研究多集中在汉唐时期的陆上丝绸之路，存在重汉唐、轻明清，重海路、轻陆路的研究倾向。但通过对中国第一历史档案馆馆藏明清时期丝绸之路相关档案的整理可以发现，明清时期（1840 年以前）以中国为中心的世界贸易网络，可分为陆路与海路若干条贸易路线，成为东、西方包括南亚、东南亚、美洲地区最为活跃而稳定的商贸区域，是前近代最为持久、广泛的世界贸易秩序。③ 除经济上的往来外，农作物传播也是丝绸之路上中西交往的重要内容。李荣华等根据域外作物的引入路径，以唐代为界划分为汉唐与宋清两个阶段，即"汉唐时期，域外农作物的引进主要通过丝绸之路，为东西向的传播。宋清时期，域外农作物的引进为海交之路，现在通常称之为海上丝绸之路，在中国的传播路径

---

① 参见韩茂莉《中国历史地理十五讲》，北京大学出版社 2015 年版，第 257 页；刘进宝《"丝绸之路"概念的形成及在中国的传播》，《中国社会科学》2018 年第 11 期；吴浩《从丝绸之路到"一带一路"——对中国丝绸之路研究思想史意义的考察》，《学术界》2019 年第 3 期；唐晓峰《李希霍芬的"丝绸之路"》，《读书》2018 年第 3 期等。

② ［法］沙畹：《西突厥史料》，冯承钧译，上海社会科学院出版社 2016 年版，第 166 页。

③ 鱼宏亮：《明清丝绸之路与世界贸易网络——重视明清时代的中国与世界》，《历史档案》2019 年第 1 期。

为南北向"①。与此同时，原产于中国的"水稻""大豆"及"茶叶"等农作物或农产品也由丝绸之路传向世界各地，尤其是传入欧美地区，并逐渐融入当地农业生产体系中。

丝绸之路上农作物的广泛传播既表明明清时期中国与世界存在广泛交往，同时也对中国对外交往及农业生产等产生了深远影响，部分学者对此作了一些探索，并形成了系列研究成果，尤为侧重于对明清时期外来作物在中国的传播以及产生影响的研究。②但通过对明清时期丝绸之路上农作物传播的考察，也为重新认识这一时期中国与世界之间的关系提供了新的视角，并为了解明清时期中国农业文明发展状况提供了参照。

一 明清时期丝绸之路上的农作物传播

以往学界对丝绸之路的研究多集中在汉唐时期，对于以后各朝尤其是明清时期丝绸之路的研究相对薄弱。但目前中国第一历史档案馆与中国社会科学院古代史研究所（原"历史研究所"）共同开展的"明清时期丝绸之路档案编研出版工程"所整理的档案及相关研究成果显示，明清时期的丝绸之路并没有中断，而是一直在延续和伸展，陆上丝绸之路分为四条线路：东面过江之路、南面高山之路、西面沙漠之路、北面草原之路，海上丝绸之路同样分为四个方向：东洋之路、南洋之路、西洋之路、美洲之

---

① 李荣华、樊志民:《"植之秦中，渐及东土"：丝绸之路纬度同质性与域外农作物的引进》，《中国农史》2017年第6期。

② 国内学界相关研究著作包括王思明等《美洲作物在中国的传播及其影响研究》，中国三峡出版社2010年版；张箭《新大陆农作物的传播与意义》，科学出版社2014年版；陈翰笙《帝国主义工业资本与中国农民》，复旦大学出版社1983年版；杨虎《20世纪中国玉米种业科技发展研究》，中国农业科学技术出版社2013年版；许道夫《中国近代农业生产及贸易统计资料》，上海人民出版社1982年版等。国外学者的相关研究也同样值得关注，且大部分著作已被翻译成中文本，如［美］艾尔弗雷德·W. 克罗斯比《哥伦布大交换——1492年以后的生物影响与文化冲击》，郑明萱译，中国环境科学出版社2010年版；［美］查尔斯·C. 曼恩《1493：从哥伦布大航海到全球化时代》，朱岩岩等译，新华出版社2016年版；［墨］阿图洛·阿尔曼《玉米与资本主义——一个实现了全球霸权的植物杂种的故事》，谷晓静译，华东师范大学出版社2015年版；［美］德怀特·希尔德·铂金斯《中国农业的发展（1368—1968）》，宋海文等译，上海译文出版社1984年版；［日］篠田统《中国食物史研究》，高桂林等译，中国商务出版社1987年版等。相关研究文章较为丰富，在此不做具体罗列。需要注意到，有关中国本土作物在明清时期向域外传播的研究多见于学术文章，目前尚无专门或较具代表性的研究著作。

路,因而这一时期的丝绸之路并不局限于传统的两条经典之路,而是形成了纵横交错的八条线路。① 这些线路不仅仅是中外交流互动的重要通道,同时也是农作物传入与输出的主要途径。

(一) 美洲作物在中国的传播

明清时期通过海上丝绸之路传入中国的农作物大多原产于美洲,这些农作物能够传入中国也得益于地理大发现与新航路的开辟。1492 年,哥伦布横渡大西洋抵达美洲,由此拉开了新旧大陆之间交往的帷幕,将美洲这一长久游离于欧亚大陆之外的土地带入人们的视线,并将欧洲与撒哈拉沙漠以南的非洲、亚洲、美洲、大洋洲等都联系在了一起,那些新大陆的全新作物也随着新航路传向世界各地。16 世纪后期,西班牙人在东南亚的菲律宾建立起了殖民地,一些美洲作物由此开始传入菲律宾,再由菲律宾传至南洋各地,并进一步传到中国。② 可见,农业是地理大发现之后一段时期内国际交往的重要媒介,周红冰也指出:"地理大发现之后,新旧大陆之间的交流互动变得频繁而密切,当时工业革命尚未起步,农业因素成为大洲之间相互交往的主要动力。"③ 此外,也有一些农作物直接通过丝绸之路传入中国,如玉米,哥伦布发现美洲大陆后将玉米带回西班牙,并由西班牙经东南海路(源于东南亚地区)、西南陆路(来自缅甸等国)、西北陆路(古丝绸之路)传入我国,并在全国范围内被广泛传播种植。④ 再如甘薯,通过海上丝绸之路由东路传入我国东南沿海诸地区,并以此为源地,向全国各地进行传播和扩散。⑤

美洲作物在传入中国后迅速找到了适宜自身的生存土壤,并被广泛传播引种。就玉米而言,明代玉米引入中国后便被迅速在全国推广,经过五百余年的传播发展,至 20 世纪 50 年代在全国形成了"北方春玉米区""黄淮海平原套、复种玉米区""西南山地丘陵玉米区""南方丘陵玉米

---

① 李国荣:《明清国家记忆:15—19 世纪丝绸之路的八条线路》,《历史档案》2019 年第 1 期。
② 王思明等:《美洲作物在中国的传播及其影响研究》,中国三峡出版社 2010 年版,第 1 页。
③ 周红冰、沈志忠:《20 世纪前全球化进程中的农业因素——从地理大发现到工业革命》,《中国农史》2018 年第 3 期。
④ 韩茂莉:《中国历史农业地理》,北京大学出版社 2012 年版,第 512—515 页。
⑤ 韩茂莉:《中国历史农业地理》,第 561 页。

区""西北内陆灌溉玉米区""青藏高原玉米区"六个大的玉米种植分布区。① 玉米俨然成为明清以来中国的大宗农产品之一。彭慕兰也指出:"有数百年时间,这种玉米都未催出生大规模耕种的新经营模式,但它非常耐寒,营养价值又高,因而即使没有大投资者的推广,仍很快就成为全球各地小农栽种的作物。"② 再如马铃薯,彭慕兰将其视为比玉米更卑贱的农作物,他指出:"1550年代由西班牙军人在秘鲁安第斯山区'发现'。即使在原产地,马铃薯都被视为二流食物,栽种地从未廓及到北方的哥伦比亚,且绝大部分栽种于山坡上的贫瘠农地。没有伦敦商人为了马铃薯贸易而成立新公司;它受到欧洲老百姓极度的冷落,待遇远不如营养成分较低甚至有毒的其他美洲作物。但天灾人祸的危机,反倒为马铃薯缔造良机,马铃薯的特性正符合危机时人类的需求;如今,马铃薯是全世界第二大的粮食作物。"③ 如今中国已成为世界上的一个重要的马铃薯生产与消费国家。事实上,玉米、马铃薯等使全球暴增的人口不致挨饿的美洲作物,"最初其实是颇低贱的食物,根本不受大投资者青睐"④。但由于这些曾被视为卑贱作物的环境适应性更强、产量更高,在战争频仍、饥馑横行、人口激增的时代,使人们更为依赖,也成为乡村社会生产与生活的新内容。据统计,清末时,美洲作物在我国粮食生产中的比重已超过了20%。⑤

(二) 中国本土作物的域外传播

明清时期中国本土作物及农产品的世界传播也是此时期丝绸之路上中西方之间交流互动的主要内容。历史上,原产于中国的几类主要农作物在不同时期也经由丝绸之路传向世界各地。到了明清时期,中国本土作物的世界传播则是以海上丝绸之路为主要通道,并以向欧美地区的传播及产生的历史影响最为深远。不仅极大地丰富了世界农业生产中的农作物种类与

---

① 韩茂莉:《中国历史农业地理》,第556页。
② [美]彭慕兰、皮托克:《贸易打造的世界:1400年至今的社会、文化与世界经济》,黄中宪等译,上海人民出版社2018年版,第250页。
③ [美]彭慕兰、皮托克:《贸易打造的世界:1400年至今的社会、文化与世界经济》,第250—251页。
④ [美]彭慕兰、皮托克:《贸易打造的世界:1400年至今的社会、文化与世界经济》,第250页。
⑤ 李昕升:《中国南瓜史》,中国农业科学技术出版社2017年版,第247页。

农业生产结构，同时也为养活众多世界人口产生了深远影响，其历史意义不容忽视。我们选取"水稻"与"大豆"的域外传播为个案，对此加以分析理解。

个案之一：水稻。水稻是由中国人最早驯化的粮食作物，根据目前考古发现的"江西万年仙人洞""湖南道县玉蟾岩"等遗址揭示出中国的水稻栽种历史距今已有一万余年。王思明根据日本学者星川清亲的研究梳理指出，水稻在公元前就先后传入了南亚的印度，东南亚的印尼、泰国、菲律宾，朝鲜半岛，大洋洲的波利尼西亚群岛，近东地区及罗马帝国，日本，埃及等地。伴随着新航路的开辟，水稻于15世纪末以哥伦布第二次航海为契机开始在美洲广泛传播，16世纪后传到美国的佛罗里达州并向西迅速扩展，19世纪传入加利福尼亚州，拉美的哥伦比亚于1580年始有稻作栽培，巴西于1761年开始种植水稻。① 水稻传入美洲之后迅速融入当地农业生产体系之中，虽然西方人不以稻米为主食，但水稻作为一种重要的粮食作物，同时又可以被用作是出口的经济作物，刺激了当地人们的普遍种植，在1740年前后，水稻业已成为英属北美殖民地继烟草、小麦之后的第三大农作物。②

个案之二：大豆。大豆的栽培起源中心是中国③，大豆在中国的种植历史已有五千余年，是由中国最早驯化且富含植物蛋白的农作物。根据茹考夫斯基的考察，"栽培大豆初生基因中心从古代就与中国发源地有关"④。大豆自汉代开始便沿着丝绸之路传入域外，根据王思明的梳理，大豆在汉代传入波斯和印度、向东传入朝鲜和日本，1300年前传入印支国家，约在13世纪传入东南亚地区，18世纪40年代开始传入欧洲并先后在法国、意大利、德国、英国等地广泛传播。1765年曾受雇于东印度公司的水手塞缪

---

① 参见［日］星川清亲《栽培植物的起源与传播》，段传德等译，河南科学技术出版社1981年版，第19页。转引自王思明《丝绸之路农业交流对世界农业文明发展的影响》，第2页。

② John De Witt, *Early Globalization and the Economic Development of the United States and Brazil*, New York: Praeger Publishers Inc, 2002, p. 43.

③ ［苏联］Н. И. 瓦维洛夫：《主要栽培植物的世界起源中心》，董玉琛译，许运天校，农业出版社1982年版，第16页。

④ ［苏联］П. М. 茹考夫斯基：《育种的世界植物基因资源（大基因中心和小基因中心）》，载［苏联］П. М. 杜比宁主编，赵世绪等译校：《植物育种的遗传学原理》，科学出版社1974年版，第27页。

尔·鲍温（Samuel Bowen）将大豆带入美国，1855年在加拿大种植，1882年阿根廷开始种植并开启了在南美的传播进程。1898年在俄国中部和北部推广种植，1857年传入埃及，1877年在墨西哥等中美洲地区开始栽培，1879年被引入澳大利亚。如今，全世界已有50多个国家和地区种植大豆。①

综上可见，美洲作物成为明清时期通过丝绸之路传入我国农作物的一个显著特点。根据王思明等的统计，传入中国的美洲作物计有玉米、番薯、马铃薯、南瓜、番茄……陆地棉、烟草等近30种。② 因此，"'地理大发现'最重要的意义之一就是发现美洲，美洲作物开始向世界传播"③。这些作物都是名不见经传的小事物，新航路的开辟也并非为了寻求这些作物，然而这些小事物有时却能成为影响人类历史发展进程的关键所在。与此同时，水稻、大豆等毫无疑问可被视为明清时期中国本土作物经由丝绸之路传向世界的重要之一种，其在世界范围内产生的深远影响不容小觑，现实的历史发展也证明了明清时期丝绸之路的农作物传播也成为沟通各大洲之间交流互动的重要媒介。

二 农作物的传入与输出：明清时期中国沟通世界的重要媒介

《全球通史》的作者斯塔夫里阿诺斯认为，在哥伦布发现美洲大陆之前，人类文明"只有各民族的相对平行的历史，而没有一部统一的人类历史"④。但随着美洲大陆的发现及新航路的开辟，全球各大洲之间的联系逐渐加强。马克思在《德意志意识形态》中指出："各个相互影响的活动范围在这个发展进程中越是扩大，各民族的原始封闭状态由于日益完善的生产方式、交往以及因交往而自然形成的不同民族之间的分工消灭得越是彻

---

① 王思明：《丝绸之路农业交流对世界农业文明发展的影响》，《内蒙古社会科学》（汉文版）2017年第3期。
② 王思明等：《美洲作物在中国的传播及其影响研究》，第1—2页。
③ 李昕升：《中国南瓜史》，第369页。
④ [美] 斯塔夫里阿诺斯：《全球通史——1500年以后的世界》，吴象婴等译，上海科学院出版社1999年版，第3页。

底，历史也就越是成为全世界历史。"① 因此，在地理大发现之前，全球联系尚未实现，存在的多是以某一地区性大国为核心的区域联系。马立博指出："14 世纪的世界是多中心的。它包括几个地区性体系，其中每个体系都有人口密集而富裕的'核心'，周围是给核心地区提供农业和工业原料的边缘地带，大多数体系之间通过贸易网络松散地联系着。"②

中国无疑是东亚及周边地区各国家之间的核心，丝绸之路也成为中国联系周边地区的交流通道。就此时期的中国而言，通过"宗藩关系"维系着以中国为中心的东亚区域性世界秩序，以"华夷身份"处理中国与外界的关系。但中国所主导的这一东亚宗藩秩序在明清时期却面临着新的挑战，置身于全球联系逐渐加强的新时代背景下，随着西方世界大航海和地理大发现的完成，美洲、非洲、欧洲与亚洲等各地区之间不再是彼此隔离的区域，跨越大西洋、太平洋的远洋航线将新、旧大陆连接为一个整体。全球交往的实现也为区域间物质文化交流提供了重要途径，就中国而言，农作物也成为活跃于明清时期中国沟通世界的丝绸之路上的重要媒介。劳费尔对此指出："外国植物的输入从公元前第二世纪下半叶开始。两种最早来到汉土的异国植物是伊朗的苜蓿葡萄树。其后接踵而来的有其他伊朗和亚洲中部的植物。这输入运动延续至十四世纪的元朝。"③ 到了明清时期，"棉花、番瓜、番芋、落花生，同时入中国。棉花遍种于南北，番瓜亦然。乾隆初，陈榕门抚豫，募闽人种红薯，江淮间，食之者将信将疑。此予少时所亲见者，今闻遍种于江乡矣。粤海之滨，以种落花生为生涯，彼名地豆，榨油，皆供给于数省。其生最易，其利甚大"④。可见，到了明清两朝以后，通过海上丝绸之路传入中国的农作物种类更加丰富，这对中国与世界的交往以及中国农业文明发展都产生了重要影响。

我们选取"花生"作为个案，对农作物沟通明清时期中国与世界之间的关系加以分析。花生原产于南美洲，哥伦布发现美洲大陆后将其传播其

---

① 《马克思恩格斯文集》第 1 卷，人民出版社 2009 年版，第 540—541 页。
② [美] 马立博：《现代世界的起源：全球的、环境的述说，15—21 世纪》第三版，夏继果译，商务印书馆 2017 年版，第 38 页。
③ [美] 劳费尔：《中国伊朗编》，林筠因译，商务印书馆 1964 年版，序言，第 9 页。
④ （清）檀萃：《滇海虞衡志》卷 11，嘉庆四年（1799）版，云南大学历史系民族历史研究室 1979 年油印本，第 13 页。

他大洲,并于 15 世纪末传入南洋群岛,又经南洋传入我国东南沿海(当时传入我国的花生分大、小两种),并以此为中心继续向北方传播,到 19 世纪后期,大花生以山东半岛为中心呈扇形向西、南、北方传播。① 可见,花生传入中国之后迅速在全国适宜耕种的地区传播开来,对我国的经济社会生活及农业生产都产生了重要影响。同时花生也成为中国出口的重要农作物之一种,成为中国与世界沟通的一个媒介。如民国《重修莒志》中就曾记载:花生"易生多获,近为出口大宗"②。根据王思明等的统计,19 世纪 80 年代中国花生开始进入国际市场,并向日本,以及中国香港等地大量出口。至 1908 年,中国的花生开始直接输入欧洲市场,而且出口量直线上升,三年之间,"马塞为主要目的地的花生输出已经从九万五千担上升到 1911 年七十九万七千担",由于当时花生在国际市场上的价格上涨,农民种植花生获利颇丰。宣统二年(1911),"青岛一处出口已将及一万四千余吨,价值约在一千五百万元,其台儿庄运往津沽及零星运销各处者上不在此数,其利益之厚概可想见"③。可见,花生作为一种社会需求量极大的油料作物,在传入中国之后被迅速传播引种,同时又被出口到世界其他地区,不仅成为明清时期丝绸之路上中外交流的农作物,同时也促进了中国与世界之间的交流互动。

除外来农作物传入中国并沟通中国与世界的交往外,许多原产于中国的农作物也在此时期广泛传向世界各地,前文提到的水稻、大豆就是较好的案例。此时期的茶叶输出也十分值得关注,饮茶之习始于中国,茶在中国历史悠久且深远。今天,世界五大洲已经有 60 个国家生产茶叶,超过 20 亿人有饮茶习惯。作为世界三大饮料之一,茶叶也是中国以农业为手段影响世界的重要方式之一。17 世纪以前,欧洲多酗酒之徒,1662 年,酷爱饮茶的葡萄牙公主凯瑟琳嫁给了英国国王查尔斯二世,将饮茶的习惯带到了英国,在英国掀起了饮茶的风尚。④ 茶叶不仅改变了英国人的饮食习惯,也改变了应该以往酒徒遍地的情况,同时也改变了中英两个帝国的命

---

① 王思明等:《美洲作物在中国的传播及其影响研究》,第 153—155 页。
② 民国《重修莒志》卷 23《物产》,载《中国地方志集成·山东府县志辑》第 62 册,凤凰出版社 2004 年版,第 189 页。
③ 王思明等:《美洲作物在中国的传播及其影响研究》,第 159—160 页。
④ 梁碧莹:《龙与鹰:中美交往的历史考察》,广东人民出版社 2004 年版,第 50 页。

运。万历三十五年（1607），荷兰船队在澳门装载绿茶回欧洲贩卖，这是有史以来第一次明确记载的欧洲与中国的茶叶贸易。① 到了17、18世纪，茶叶成为欧洲各国从中国购买的最为重要的商品之一，"一般都占这些国家进口货值的百分之六七十以上"②。茶叶也成为东印度公司进口的第一位商品。③ 据统计，在整个18世纪，欧洲为中国茶叶所征服。欧洲与中国的茶叶贸易额由1700年的9万磅，激增到1800年的4500万磅，增长了500倍。④ 大量的中国茶叶销往英国，造成了英国对华的巨大贸易逆差，大量白银流入中国。

农作物的进出口贸易也影响到清朝的海关税收，如浙海关（位于浙江宁波），嘉庆元年（1796）出现了税收减少，究其根源，"实缘上年闽省漳泉一带烟糖歉收，兼之洋面未靖，闽广商船往来稀少，以致盈余短绌"⑤。再如闽海关（位于福建省厦门府），雍正时期税收一直呈明显上升趋势，在乾隆后期有所下滑，究其根源也在于农业产出及出口量的减少，如乾隆六十年（1795）税收下降一方面就是由于"漳泉一带被潮被旱，收成歉薄，物产无多"⑥。又如天津海关，嘉庆二十年（1815），海关税收减少甚多，其原因则"实因盛京将军奏准将高粱粟米禁止出口，商民不能往运，仅有装运豆麦杂粮等项进口，为数无几"⑦。此外，灾荒年份里，清政府也通过官方鼓励将域外粮食运至国内以应对灾荒，如道光年间的天津海关，由于夏季缺少雨水，米价昂增，清朝特别批准将客贩海运米粮进口，赴灾地售卖者照例免其纳税。⑧ 由以上所述可以发现，农业仍是工业革命以前

---

① 陈椽：《茶业通史》，中国农业出版社2008年版，第478—479页。
② 仲伟民：《茶叶与鸦片：十九世纪经济全球化中的中国》，生活·读书·新知三联书店2010年版，第45页。
③ 姚国坤：《惠及世界的一片树叶：茶文化通史》，中国农业出版社2015年版，第269页。
④ 龚高健：《略述垄断政策下的东印度公司对华茶叶贸易》，《福建论坛》（人文社会科学版）2005年第S1期。
⑤ 中国第一历史档案馆藏：《宫中档朱批奏折·嘉庆朝·财政类·关税项》，嘉庆元年七月二十一日，浙江巡抚吉庆折，档案号：03—1766—022。
⑥ 台北"故宫"博物院藏：《宫中档嘉庆朝奏折》，嘉庆元年二月十五日，福州将军魁伦折，档案号000165。
⑦ 中国第一历史档案馆藏：《宫中档朱批奏折·财政类·关税》，嘉庆二十年十二月十七日，直隶总督那彦成折，档案号：04—01—35—0368—023。
⑧ 中国第一历史档案馆藏：《宫中档朱批奏折·财政类·关税》，道光十二年十二月十一日，直隶总督琦善折，档案号：04—01—35—0377—022。

及工业革命之后一段时期内全球交流与经济贸易的重要内容，倪玉平也将此时期中国的财政概括为"农业型财政"①，不仅仅是因为地丁钱粮等与农业相关的税收占到全部税收的一半以上，也与此时期中国与世界之间贸易中农作物占有较大比重相关。美国学者施莱贝克尔也指出："直到17世纪农业一直是带来商业利润并且给其他行业提供生计。"②

因此，15世纪以来地理大发现不仅促进了新旧大陆之间农作物的传播，同时也推动了"以农业为基础的洲际商业贸易的发展"，诸如"烟草、甘蔗、茶叶等农业商品作物的贸易以及畜牧业的发展，共同支撑起地理大发现时代之后的全球贸易体系"③。彭慕兰对于发现美洲后的作物价值研究指出："有时，历史的重大转折，隐藏在不易察觉的小事物上。西班牙人征服美洲大部地区时，欧洲人所为之雀跃的东西是美洲的金、银。随着其他欧洲人跟进来到美洲，焦点转向烟草、咖啡豆、可可、糖这些珍奇农产品的出口。这些产品全是美洲作物，或者可以在美洲以前所未见之规模栽种的作物。它们没有一样对人很有好处，但欧洲人很快就爱上这每样东西，且把它们栽种在欧洲以外的地方"。④可见，中国通过农作物与世界之间的交往较为普遍且具有深刻历史意义，不仅对中国农业文明发展产生了重要影响，同时也表明这一时期的中国与世界之间仍存在广泛且深远的交流。

三 对明清中国农业文明的影响

农业是人类利用并改造自然环境的杰出成就，是人类文明产生的必要前提。农业也是人类社会生活的一大转机，它为人类生存延续提供了充足稳定的食物来源。恩格斯在《家庭、私有制和国家的起源》中也指出：

---

① 倪玉平：《从国家财政到财政国家——清朝咸同年间的财政与社会》，科学出版社2017年版，第1页。
② [美]施莱贝克尔：《美国农业史（1607—1972）——我们是怎样兴旺起来的》，高田等译，农业出版社1981年版，第335页。
③ 周红冰、沈志忠：《20世纪前全球化进程中的农业因素——从地理大发现到工业革命》，《中国农史》2018年第3期。
④ [美]彭慕兰、皮托克：《贸易打造的世界：1400年至今的社会、文化与世界经济》，第250页。

"农业是整个古代世界的决定性的生产部门,现在它更是这样了。"① 中国的农业文明历久弥新、源远流长,在世界范围内也独树一帜。中国是世界农业发源地之一,也是世界上培育农作物种类最多的地区之一,世界上最重要的 640 种农作物中,有 136 种起源于中国,约占 1/5。苏联植物育种与遗传学家瓦维洛夫指出:"第一个最大的独立的世界农业发源地和栽培植物起源地是中国的中部和西部山区及其毗邻的低地。"② 辉煌灿烂的中华文明也离不开农业的滋养,"农耕文化的悠久和深远,使中国成为世界四大文明古国之一,而传统农业的先进和丰富,则使中国成为四大文明古国中唯一一个没有中断自己文明的国度"③。除本国培育的农作物外,中国尚有三百余种属外来作物。引种外来作物,并将它们融入中国农业生产体系之中,是古代中国农业社会的一大创举,也是为中国农业文明发展繁荣不断注入新要素的体现。美国学者劳费尔也对此评价道:"中国人的经济政策有远大眼光,采纳许多有用的外国植物以为己用,并把它们并入自己完整的农业系统中去,这是值得我们钦佩的。"④ 随着外来作物的不断引入并融入中国农业生产系统之中,明清时期中国农业文明的发展较之历史时期而言又有了新的特征,概括而言可包括以下四个方面。

(一) 满足生存所需作物在农业生产体系中受到普遍重视

恩格斯在《在马克思墓前的讲话》中提道:"人们首先必须吃、喝、住、穿,然后才能从事政治、科学、艺术、宗教等等。"⑤ 可见,温饱问题始终是困扰民众生存的最大难题,布罗代尔也指出:"无论何时何地,不限于 15 至 18 世纪那个时期,每当人口增长超过一定的水平,人们就势必更加地依赖植物。吃粮食或吃肉,问题取决于人口的多少。"⑥ 这段话表明,没有足够的食物,人类的生存延续与人类文明的发展都无从谈起。因

---

① 《马克思恩格斯选集》第 4 卷,人民出版社 2012 年版,第 165 页。
② [苏联] H. И. 瓦维洛夫:《主要栽培植物的世界起源中心》,董玉琛译,许运天校,农业出版社 1982 年版,第 15 页。
③ 吴存浩:《中国农业史》,警官教育出版社 1996 年版,郑佩鑫序,第 1 页。
④ [美] 劳费尔:《中国伊朗编》,第 9 页。
⑤ 《马克思恩格斯文集》第 3 卷,人民出版社 2009 年版,第 601 页。
⑥ [法] 费尔南·布罗代尔:《十五至十八世纪的物质文明、经济和资本主义》第一卷《日常生活的结构:可能和不可能》,第 108 页。

而"我们的祖先选择粮食作物时首先考虑的还是高产作物,这种不得不忽视质量而将产量放在首位的状况延续到解放以后相当长一段时间。正是在这一规律的支配下,玉米、番薯、马铃薯这三种高产作物在我国推广种植成为重要的粮食作物"①。

明清时期是中国人口飞速增加的关键时期,明清以前的中国人口数量极难突破1亿大关,但到了明朝中后期,中国人口超过1亿,清代更是人口显著增长期,清末人口已突破4亿。② 究其原因,有学者认为,明清以来人口的激增也增加了基层社会的粮食危机,除了通过传统扩大耕地面积以获得更多粮食的途径外,引种环境适应性强且高产的美洲农作物也成为一条新途径。贡德·弗兰克也指出,哥伦布大交换所带来的重大意义之一就是新的粮食作物使人类发展在一定程度上突破马尔萨斯人口框架的局限。③ 此外,明清时期是中国自然灾害的多发期,特别是15—17世纪,灾害又呈现出多发、群发的趋势,是中国历史上的第三次大的灾害群发期(也被称为"明清宇宙期")。④ 灾与荒多相伴而生,大多数情况下有灾必有荒。这些外来作物尤其是马铃薯、番薯及玉米等高产、耐寒、耐旱及生长周期较短的美洲作物也能广泛用于救荒,对于保障灾民生存意义重大。但李昕升提出了不同的观点,即美洲作物对于人口增长有巨大作用,但不应将人口数量的增长归因于美洲作物的引入。实际上,美洲作物价值的凸显出现在19世纪中叶以后,也主要是在山区缓解了人口压力,且传统社会美洲作物的产量并没有想象中的那么高。即便是存在优势,也只是作为糊口的作物,是农业商品化粮食不足的补充,因而学界有些过分夸大美洲作物。⑤ 因此,我们不能过分夸大美洲作物对于明清以来中国人口增长的作用,但要充分认识到美洲作物在开发农业生产条件欠佳地区的土地及提高农业生产方面发挥的重要意义。

---

① 王思明等:《美洲作物在中国的传播及其影响研究》,第55页。
② 葛剑雄:《中国人口发展史》,福建人民出版社1991年版。
③ [美]艾尔弗雷德·W.克罗斯比:《哥伦布大交换——1492年以后的生物影响和文化冲击》,郑明萱译,中国环境科学出版社2010年版,第95—96页。
④ 赫治清主编:《中国古代灾害史研究》,中国社会科学出版社2007年版,第9页。
⑤ 李昕升:《美洲作物与人口增长——兼论"美洲作物决定论"的来龙去脉》,《中国经济史研究》2020年第3期。

如番薯①，徐光启指出：番薯"无患不熟，闽广人赖以救饥"②。如万历二十二年（1594），"台使者金公抚闽，得长邑庠生陈经纶所献吕宋外番薯种……夫闽僻处南服，土瘠民稠，火耨水耕，仅资糊口，若逢旱潦，凶歉相仍。乃今三十年来，宾海相沿而不闻灾害者，是金公大造之功"③。到了明朝末年，"闽中多种番薯，迩来栽种尤盛，闽地糇粮，半资于此"④。清代以来，官方劝民种植红薯以增加民食极为普遍，如在直隶地区，乾隆年间，"红薯一种，奉制府方饬各属劝民种植，以佐食用。其栽培之法，灌溉之事，明白晓易，凡山麓河坡，墙阴陇畔，一切间隙之地，俱可依法而行"；且"一亩种数十石，胜种谷二十倍"。⑤陈宏谋在《劝民领种甘薯谕》中也指出："此物之佳，一在可以常食养人，功与米麦相等；一在易种多结，一亩之地可收十余石，不虞旱潦……此物产于外番，盛于闽广，即浙豫各省，近年始从闽粤种，今已遍地皆是，有资民食不少。此时倡始破费营，而种成遍布之后，易种而多收，不虞水旱，秦中当有受其利者，切毋视为迂泛不急之务也"⑥。可见，番薯自明代传入中国，经过二百余年的推广，至乾隆时期种植范围更为广泛。

再如南瓜，由于南瓜环境适应性较强，在中国大部分地区都可种植，故而迅速融入中国各地的农业生产系统中。南瓜自16世纪传入中国之后，在明代就基本上完成了在大部分省份的引种，入清以来南瓜引种在各省迅速普及，以华北地区为南瓜主要产区，民国以来进一步发展。⑦根据李昕升的研究："救荒，是南瓜在中国引种和本土化的最重要的因素或根本因素。南瓜救荒、备荒价值颇高，是最重要的菜粮兼用作物之一，在美洲作

---

① 需要注意到，满足生存所需的除粮食作物外，还有一些能够代替粮食的作物，如番薯、南瓜、马铃薯等，这些作物属于"粮菜兼用型作物"。
② （明）徐光启：《农政全书》，中华书局1956年版，第112页。
③ （明）叶向高：《金薯歌引》，载陈世元编《金薯传习录》卷下，福建图书馆抄本，第22页。
④ （清）陈云程编：《闽中摭闻》卷1，吴藻汀标点，乾隆五十二年刻本，美大书店1937年版，第45—46页。
⑤ 乾隆《正定府志》卷13《惠政上·仓储种植》，载《中国地方志集成·河北府县志辑》第1辑，上海书店出版社2006年版，第322页。
⑥ （清）陈宏谋：《劝民领种甘薯谕》，载《培远堂偶存稿》卷22，第38—40页；见陈树平主编《明清农业史资料（1368—1911）》第一册，社会科学文献出版社2013年版，第321页。
⑦ 李昕升：《中国南瓜史》，第86页。

物中的救荒价值仅次于玉米和番薯。明代后期以来人口激增,粮食供应紧张,民生问题突出,在这样背景下,加速了南瓜的引种和本土化";且在"人地矛盾越突出的省份,南瓜救荒作用就发挥的越早,如浙江人口密度长期以来在全国领先,因此在明末南瓜就用于救荒"①。

(二) 经济作物的种植比重在临海沿江地区逐渐扩大

种植经济作物所需投入的成本比种植粮食作物要多,但投放到市场可以换取的经济收益却高于粮食作物,这也是促进经济类作物推广种植的重要社会因素。因此,任何作物的推广都离不开经济因素的作用,"天下熙熙,皆为利来;天下攘攘,皆为利往",自古如此。外来作物在中国的传播与本土化,也受到经济利益的驱动。在清代,成规模种植的经济类作物主要是"棉、麻、桑、茶、甘蔗、烟草等";此外,如"花生、大豆等油料作物,竹、杉等造纸原料,红花、蓝靛等染料,以及药材、花草、瓜果等蔬菜、花卉等,也都有一定的生产规模"②。如在清代福建漳州地区,由于当地滨海的便利地理区位优势,"舟楫通焉,商得其利,而农渐弛,俗多种甘蔗、烟草,获利尤多,然亦未食,而非本计也"③。以上所列清代种植的经济作物中,有超过半数都是由域外传入中国,且以美洲作物居多。

除传入大量的经济作物外,一些高产粮食或粮菜兼具作物的传入也为节省更多土地种植经济作物提供了可能,如南瓜,"明清时期,随着商品经济的发展,作物的栽培,更多是出于经济目的,为南瓜的迅速引种和本土化创造了条件"④。由于古代中国乡间风气,"以能俭省粮米为第一要义,但除粮米之外又无可食之物,南瓜面质极多,糖质也不少,可以代米面而饱人"⑤。因此,"食用南瓜可以少食甚至不食五谷,在荒年是不得不如此,在丰年可以俭省粮米";对于农民而言,"南瓜作蔬抑或作粮,都可节省消

---

① 李昕升:《中国南瓜史》,第 246、258 页。
② 史志宏:《清代农业的发展和不发展 (1661—1911 年)》,社会科学文献出版社 2017 年版,第 99 页。
③ 光绪《漳州府志》卷 38《民俗》,载《中国地方志集成·福建府县志辑》第 29 辑,上海书店出版社 2000 年版,第 914 页。
④ 李昕升:《中国南瓜史》,第 276 页。
⑤ 齐如山:《华北的农村》,辽宁教育出版社 2007 年版,第 237 页。

费、增加收入"①。此外，在人口日益增多、人地之间矛盾日益严峻的情况下，种植经济类作物可以获取更多的经济效益以换取生存所需物资。如烟草传入中国后，农民很快发现，种植烟草比种植粮食作物更有利可图，于是乡间便出现了"种烟市利可三倍，种稻或负催租钱"②的生产模式，这也体现出烟草种植的较高收益。根据史志宏的统计，自顺治十八年（1661）至嘉庆十七年（1812）间，中国经济类作物种植面积及所占比重的阶段性变化如下表所统计：

表1　1661—1812 年间清朝各时期经济作物总产值和增加值估计

年份	全国耕地（亿亩）	经济作物种植面积		亩产值（两/亩）	总产值（亿两）	成本（亿两）	增加值（亿两）
		占全国耕地面积（%）	种植面积（亿亩）				
顺治十八年（1661）	7.78	8	0.62	4.36	2.70	0.41	2.29
康熙二十四年（1685）	8.93	8	0.71	4.36	3.10	0.47	2.63
雍正二年（1724）	10.82	8	0.87	4.36	3.79	0.57	3.22
乾隆三十一年（1766）	11.62	10	1.16	4.36	5.06	0.76	4.30
嘉庆十七年（1812）	12.78	13	1.66	4.36	7.24	1.09	6.15

资料来源：史志宏：《清代农业的发展和不发展（1661—1911 年）》，社会科学文献出版社2017 年版，第 115 页。

由表1 所统计数据可以发现，清代以来经济类作物的种植面积及所占耕地总面积的比重逐渐增加，至 19 世纪初期，这一比重已达到13%。这也体现出近三百年来，中国社会出现了新旧转换的剧烈变革，尤其是随着19 世纪中叶鸦片战争以来西方列强入侵与西学东渐的影响，中国社会面临

① 李昕升：《中国南瓜史》，第 279 页。
② 闵宗殿、纪曙春主编：《中国农业文明史话》，中国广播电视出版社1991 年版，第 61 页。

着巨大冲击，临海沿江地区的乡村社会出现了较大变化，具体表现在乡村土地利用模式与农作物种植结构上，也即经济类作物种植比重显著提高。①如宣统三年（1911），经济类作物种植面积达到237.3百万亩，占全国总耕地面积的15%，亩产值达到4.5两/亩，总产值约1067.85百万两。②因而明清时期中国农业文明发展过程中，经济类作物逐渐占据重要的一席之地，在整个中国农业生产体系中的重要性日渐凸显。

（三）丰富了农作物的种类与人们的食材选择

目前，中国所出产的农作物中大约有300种是外来作物，如果不是做了相应的调查研究，或许连我们自己都不清楚日常生活中那些习以为常的农产品是本土还是外来？但这些外来作物对于丰富中国农业生产中的农作物种类与增加人们选择种植何种农作物与食用哪种食材发挥的作用无疑是巨大的。

首先，对农业生产结构调整的影响。如玉米，在传入中国之后在各不同区域内同当地其他作物相互组合并形成了新的种植结构。如北方一年一熟制春玉米区的范围比较大，几乎从松花江流域延伸到黄淮地区，这一区域以春玉米与一年一熟形式与其他农作物轮作。在北方两年三熟制地区，玉米与其他农作物轮作表现为两种形式：一种为冬小麦收获后以夏玉米为后作；另一种形式为春玉米，这时春玉米或为冬小麦的前作，或以一年一熟形式与其他旱地作物轮作。南方丘陵山区是玉米的重要产地之一，虽然明清时期南方各地平原河谷等自然条件优越地方已为水稻、小麦等作物占用，玉米不但无法取代这些传统农作物，且在旱地作物轮作中占据的份额也不高，尽管这样，玉米并没有因此而失去南方这片种植空间，原因在于南方的自然环境比较复杂，平原、河谷之外，丘陵山区所占面积很大，玉米成为这些农业生产条件欠佳地区的首选作物。③可见，玉米对于明清中国农业生产结构与种植制度调整的影响至为深远。史志宏在论述清代农业时指出，清代是中国传统农业发展的最高峰，体现在两个方面：一是"传统农耕区土地的更充分开发和农耕地域向山区及边地的扩张，其结果是大

---

① 崔思朋：《中国乡村社会地理研究的探索》，《中国史研究动态》2019年第3期。
② 史志宏：《清代农业的发展和不发展（1661—1911年）》，第115页。
③ 韩茂莉：《近300年来玉米种植制度的形成与地域差异》，《地理研究》2006年第6期。

大增加了中国的耕地总量";二是"原来只在部分地区应用的诸如轮作、间作、套作、复种多熟等充分利用耕地的先进农作制度以及与中国传统的精耕细作农业相联系的包括土壤耕作、选种育种、田间管理、施肥、灌溉等都在内的精细农艺技术的普遍推广,这一方面,进一步提高了粮食的平均亩产量"[1]。史志宏所述清代中国传统农业取得的发展,是与美洲作物在中国传播与广泛引种离不开的,诸如玉米等美洲作物在中国被广泛传播引种及对农业生产发挥的积极影响就是较好的例子。

其次,饮食生活中食材种类的增多。如油料作物的变化,"汉代以前,我国主要食用动物脂。芝麻传入中国后因其含油量高,被用来榨油,从而开始了我国植物油生产的历史。到了宋代,油菜和大豆作为油料的价值得到重视,油料作物的生产有了进一步的发展。明清时期美洲花生和向日葵的传入,为我国油料生产又增添了新的原料,进一步丰富了我国的食用油品种,成为我国 5 大油料作物中的 2 种"[2]。再如南瓜,作为一种典型蔬菜,一定程度上也可代替粮食,其价格又低于五谷,可为农家节省消费、增加收入,生产、储存及加工利用又较为方便,增加了人们农业生产的收益。[3] 可见,这些外来作物的传入,淡化了人们对本土作物的单纯依赖,同时也丰富了中国农作物的种类,让人们有更多的选择机会。此外,大量外来作物的传入也提高了中国人的生活水平,如蔬菜的引入,丁晓蕾等根据《氾胜之书》和《四民月令》记载统计指出汉代栽培的蔬菜约有 21 种,魏晋时期《齐民要术》中记载的蔬菜增加到 35 种,到了清代,《植物名实图考》中记载的蔬菜品种则增加到 176 种,清代蔬菜品种大量增加的一个重要原因正是由于中国人对来自美洲、地中海沿岸、非洲、亚洲热带等世界各地原产蔬菜作物的文化认同与接受。[4]《植物名实图考》中虽然没有具体就所收录各个蔬菜的来源作出具体说明,但自汉代至清代中国蔬菜种类的逐渐丰富也离不开域外蔬菜作物的传入。清代以前,中国就已通过丝绸之路引入了大量域外蔬菜作物,如汉至魏晋时期由陆上丝绸之路传入的胡

---

[1] 史志宏:《清代农业的发展和不发展(1661—1911 年)》,第 128 页。
[2] 王思明等:《美洲作物在中国的传播及其影响研究》,第 18 页。
[3] 李昕升:《中国南瓜史》,第 276—286 页。
[4] 丁晓蕾、王思明:《美洲原产蔬菜作物在中国的传播及其本土化发展》,《中国农史》2013 年第 5 期。

麻（芝麻）、胡荽、胡瓜（黄瓜）、胡豆（蚕豆、豌豆）等，隋唐及宋元明时期由海上丝绸之路传入的菠菜、海芋、番薯、番豆（花生）、番椒等，清代以来由海上丝绸之路传入中国的美洲蔬菜作物有番茄、辣椒、南瓜、马铃薯、豆薯、菜豆、洋芋、洋葱、洋白菜、洋槐、洋姜、菜用土圞儿、莱豆、多花菜豆、洋刀豆、菊芋、竹芋、蕉芋等，这些域外蔬菜作物的传入不仅完善了中国的农业生产结构，更增加了中国人的食材选择。

蔬菜和粮食在中国的农业生产体系中至为重要，是构成农业生产的两大基本组成部分。但粮和菜具有不同的食用价值，粮食对于温饱问题的解决至为关键，蔬菜虽然在填饱肚子方面远不如粮食，但蔬菜更多姿多味，且"越开化的民族，越文明的民族，吃水菜越多"①。古代中国常以"饥馑"来形容农业生产的歉收，具体言之则是"谷不熟为饥，蔬不熟为馑"，可见，蔬菜虽然不是构成农业生产中农作物的主要组成部分，但却是与谷类作物并列且是同等重要的。此外，古代中国人曾把食用蔬菜与人的德行的修炼联系起来，如《食物本草》载："人若咬得菜根，则百事可做，故食菜既足以养身，又有以养德也。"② 因此，外来作物不仅丰富了中国的农作物种类，同时也为中国人提供了更多的农业生产与农产品消费选择，而那些由域外输入的蔬菜作物也丰富了中国农业生产中的农作物与中国人的饮食选择。

（四）农业生产区的水平与垂直分布范围持续扩大

明清时期全球范围内气候普遍转寒已是学界公认的事实，不同学科也通过不同手段揭示出了此时期气候转寒波动的具体表现及历史影响。根据竺可桢先生的研究，元代就已开始进入小冰期（方志时期），在小冰期（1400—1900）内，"最冷的是17世纪，此时期内，我国的热带地区也频繁出现雪冰"③。通过同位素、花粉及树木年轮的测定可知，自1600年开始至明朝覆灭及清朝建立的半个世纪里，中国大部分地区年平均气温比现在低1.5℃—2℃。④ 明清时期虽处于气候波动期内，但中国农业生产范围却处于快速扩展

---

① 参见李昕升《中国南瓜史》，第277页；齐如山《华北的农村》，第189页。
② （金）李杲编辑，（明）李时珍参订，（明）姚可成补辑，郑金生等校点：《食物本草》，中国医药科技出版社1990年版，第2页。
③ 竺可桢：《中国近五千年来气候变迁的初步研究》，《考古学报》1972年第1期。
④ 鞠明库：《灾害与明代政治》，华中师范大学，博士论文，2008年，第43页。

的关键时期,德国学者贡德·弗兰克也指出:"红薯、南瓜、蚕豆,尤其是马铃薯和玉米,在欧洲和中国极大地增加了农业收获量和生存可能性。"① 因此,中国在此气候波动期内出现农业生产范围扩大也与外来农作物的传入直接相关。我们选取玉米与马铃薯作为个案对此加以分析。

个案之一:玉米。前文已指出,玉米的环境适应性强,耐寒亦耐旱,产量高,且能够充分利用山地、丘陵等边际土地,玉米正是凭借产量及其对环境适应性较强等优势,迅速在全国各地广泛种植,推动了近500年来中国人口的增殖与土地开垦。哥伦布发现美洲大陆后首先将玉米带回西班牙,并由西班牙经多条线路于明代传入中国。② 玉米最初传入中国时,"种者亦罕"③。但是到了清道光年间,玉米在全国范围内被广泛种植,据《植物名实图考》的记载:"……又如玉蜀黍一种,于古无征,今遍种矣。《留青日札》谓为御麦;《平凉县志》谓为番麦,一曰西天麦;《云南志》曰玉麦;陕、蜀、黔曰包谷,山氓恃以为命。大河南北皆曰玉露秫秫,其种绝非蜀黍类。"④ 可见,玉米的传播引种不仅拓展了中国农业分布空间,也充分开发利用了原来荒置的边际土地。

个案之二:马铃薯。相比于玉米而言,马铃薯更易种植,且更耐寒、耐瘠,那些连玉米都不易生长的土壤贫瘠、气温较低的高寒山区,只能种植耐"地气苦寒"的马铃薯了。⑤ 马铃薯的传播引种将中国境内农作物整体分布高度提升了1000米左右,进入20世纪,随着马铃薯品种改良与种植技术的进步,在后藏的热隆一带海拔高度已经提升至4300米。⑥ 至20世纪80年代,我国基本形成了"北方一季作区""中原二季作区""南方三季作区""西南一二季混作区"四个产区;种植面积自1936年的540万亩,至2000年已增加到7085.1万亩。⑦ 因此,明清中国农业生产分布范

---

① [德]贡德·弗兰克:《白银资本:重视经济全球化中的东方》,刘北成译,中央编译出版社2008年版,第99页。
② 韩茂莉:《中国历史农业地理》,北京大学出版社2012年版,第512—515页。
③ (明)李时珍:《本草纲目》卷23《谷部》,人民卫生出版社1978年版,第1478页。
④ (清)吴其濬:《植物名实图考》卷1《谷类》,商务印书馆1957年版,第26页。
⑤ 郑南:《美洲原产作物的传入及其对中国社会影响问题的研究》,浙江大学,博士论文,2010年,第142页。
⑥ 参见韩茂莉《中国历史农业地理》,第669页;叶常丰《马铃薯》,科学出版社1957年版,第13—16页。
⑦ 王思明等:《美洲作物在中国的传播及其影响研究》,第86—89页。

围扩大与耐寒耐旱及生长周期较短的美洲作物的传入直接相关。尤其是马铃薯的引种对于清代以来中国北部边疆地区农业生产范围拓展的影响至为重要。何炳棣也指出:"因为它(马铃薯)能适应玉米和甘薯都无适合的气候和土壤条件……19世纪晚期和20世纪前期,洋芋在黄土高原更贫瘠的地区、甘肃、内蒙和东北普遍种植。"① 在内蒙古地区,马铃薯"为最适本省气候之农作物,故各县普遍种之"②。马铃薯在内蒙古地区种植区域的分布规律是"大致上山地种植得多,平地比较少"③。根据档案记载:清代大青山地区业已出现农业,乾隆七年(1742),"惟此种之地已成熟田,台吉等人之牲畜,在农耕之时牧放于山后,策呼齐三村等之牲畜不多,皆赖田亩而生"④。在大青山地区,"大麻是主要作物,然后就是燕麦和芥末,其他便是小米、荞麦、土豆和大豆等"⑤。在大青山及毗邻地区,直到海拔2000米至2100米之间仍有人从事农耕。如丰镇,山谷约1500米高,农田遍布,到处是村子。⑥ 而马铃薯则是这些地区种植的重要农作物。

四 余论

工业革命以前乃至工业革命后相当长一段时期内,虽然英、法、美、德等几个较早进行工业革命的国家出现了工业的崛起与快速发展,但在更广阔的世界范围内却仍是以农业为主,农业仍然是整个世界的基础性经济。布罗代尔对此也指出:"在15至18世纪期间,世界只是农民的广阔天地,80%至90%的人口依靠土地为生,而且仅仅依靠土地。收成的丰歉决

---

① 何炳棣:《明初已降人口及其相关问题(1368—1953)》,葛剑雄译,生活·读书·新知三联书店2000年版,第221页。
② 民国《绥远通志稿》第三册卷20《农业·绥远农业现状·蔬类》,民国二十六年(1937)成稿,内蒙古人民出版社2007年版,第102页。
③ [日]中村信:《蒙疆经济:资源开发的现状和前景》第二篇《农业》第十四章《主要农作物的名称及其用途》,徐同功译,载内蒙古地方志编纂委员会总编室编印:《内蒙古史志资料选编》(第九辑),内部刊印,1986年版,第73页。
④ 土默特左旗档案馆馆藏:《户司翼长三扎布等为查明惩治违禁另开荒田耕种之蒙民一事呈告》(满文),第77卷,第172号,赵志强译,吴元丰校,乾隆二十六年(1761)四月十五日。
⑤ [德]费迪南德·冯·李希霍芬著,E. 蒂森选编:《李希霍芬中国旅行日记》(下册),李岩、王彦会译,华林甫、于景涛审校,商务印书馆2016年版,第551页。
⑥ [德]费迪南德·冯·李希霍芬著,E. 蒂森选编:《李希霍芬中国旅行日记》(下册),第553页。

定着物质生活的优劣。"① 由此可见，农业在近代以来相当长一段时期内仍是世界各地区主要的或者说是基础型经济。

就中国而言，农业也同样是历史时期中国经济生活的基本内容，根据珀金斯的研究，"二十世纪以前，实际上整个中国经济全部都是农业部门。其他部门不是为农业部门服务，就是从它那里取得原料。直到二十世纪四十年代和五十年代，中国的工业主要是一些棉花、粮食和其他农产品加工工业。商业主要是食品和衣着的分配。只有很小的矿业部门、政府部门，也许还有建筑业，才是不依赖农业原料的（工作人员所需的食物除外）"②。虽然农业仍然是明清时期中国的基础经济，但这一时期中国农业文明发展也因美洲作物的传入而发生了新的变化并进入了新的历史发展阶段。史志宏认为清代迎来了中国封建社会传统农业发展的最高峰，虽然在农业生产工具改良与生产技术上较之前代没有明显进步，但在土地资源的开发利用和先进的耕作制度与农艺技术的普遍推广上却取得了空前的成就。③ 但我们也应该认识到，此时期中国这一农业发展成就的取得，也与美洲作物的传入及普遍推广种植直接相关。

此外，这些农作物在丝绸之路上的传播也成为明清时期中外交往的重要媒介，并为我们重新审视这一时期中国与世界之间的关系提供了新的视角，即此时期的中国并非以往学界形成的"闭关锁国"的形象，与世界之间仍存在广泛的联系。仅就粤海关一处而言，雍正五年（1800）来华夷船有59只，共征银1201200余两；嘉庆六年（1801）来华夷船64只，比上一年多收银133900余两，核溢收银480671余两。④ 此时期的美洲作物主要也是通过这些贸易船只进入中国，同时这些农作物经过种植与加工而成为中国与世界贸易往来的重要商品，成为明清时期中国沟通世界的媒介。

（崔思朋，清华大学人文学院历史系博士研究生）

---

① ［法］费尔南·布罗代尔：《十五至十八世纪的物质文明、经济和资本主义》第一卷《日常生活的结构：可能和不可能》，第36页。
② ［美］德怀特·希尔德·珀金斯：《中国农业的发展（1368—1968年）》，宋海文等译，伍丹戈校，上海译文出版社1984年版，第1页。
③ 史志宏：《清代农业的发展和不发展（1661—1911）》，第128页。
④ 中国第一历史档案馆藏：《宫中档朱批奏折·财政类·关税》，嘉庆六年六月二十二日，粤海关监督佶山折，档案号：04—01—35—0360—043。

中韩近世财产分割文书的比较

朱 玫

摘要 经过长期的历史演变,中韩民间都各自形成了一套较为通用的财产分割习惯。朝鲜时代的"分财记"和明清时代的"分家书"作为民间析分家产的原始记录,是民间针对财产分割这一活动订立的一种合同。通过文书比较可知中韩近世的财产均具有可分割性,多子或多子女家庭由诸子或子女共同继承财产,这不同于日本的长子单独继承制。朝鲜时期实行嫡子女均分制,女儿也是正式的家产受分人,在财产分割之际拥有固定的份额;明清徽州地区的分家书中,往往不包括女儿的固定财产。朝鲜的财产分割以"衿"为分割单位,"衿"代表个人,不分男女;明清徽州地区的分家以"房"为分割单位。

关键词 财产分割 朝鲜时代 分财记 分家书 比较研究

一 引言

经过长期的历史演变,中韩民间都各自形成了一套较为通用的财产分割习惯。①民间的财产分割习惯,受到了社会经济变动、思想礼俗等诸多方面的影响,并得到了法律的承认。代际传递之际实行的财产分割与继承,对东亚传统社会的家庭意义非同寻常,它不仅关系到家庭社会经济地

---

① 本文所谓的财产分割,是指传统社会处理家产的代际传递之际而实行的财产分割。中国史的论述中,与此相关的文书通常称为"分家文书"或"分家书"。不过,分家或分家文书一词在形容朝鲜的财产分割和继承习惯时,并不十分确切。朝鲜史的论述中,对应的用语一般使用"财产相续""财产相续文书"。本文用"财产分割文书"来指称相关文书。

位的继承，还和家系延续、祭祀等有紧密联系。财产的代际传递，又往往和家庭人口、社会流动、财富积累等社会经济议题联系到一起。

韩国作为儒教文化圈的重要国家，包括财产分割习惯在内的家族制度在长期的历史发展中既受到了中国的影响，也形成了自己的特点。过去关于财产分割问题的研究主要被置于一国史的范围，东亚各国之间的内在联系和不同特征没有引起足够的关注。即使论及中韩近世财产分割习惯的比较，也主要从法制史的层面出发，对民间实际的财产分割习惯及文书缺少关注。① 财产分割文书是民间析分家产的原始记录，能否充分利用此类文书，成为制约比较研究向深层次展开的重要因素。20 世纪 80 年代以后中韩两国古文书的广泛收集、整理和刊行，为展开包括财产分割习惯在内社会经济各层面的比较研究创造了条件。②

那么，韩国民间到底实行怎样的财产分割习惯呢？依据高丽（918—1392）、朝鲜时期（1392—1910）现存的文书，韩国社会在高丽时期至 17 世纪中叶实行的是子女（嫡子女）均分制，17 世纪中叶左右开始，开始出现实行长子优待、子女差别的家庭，18 世纪中叶以后这一倾向尤为明显。长子承受分的逐渐增加尤其体现在用于祭祀祖先的奉祀条上。奉祀条的财产比例在 17 世纪中叶以前基本上是固定的，但之后出现增加的倾向。③ 也就是说，朝鲜时期的财产分割习惯，其基本前提与中国近世一样，也是均分制。有所不同的是，朝鲜实行的是子女（嫡子女）均分制，在此基础上设置奉祀条。到了 17 世纪中叶左右，部分家庭的长子继承分和奉祀条份额

---

① 法制史方面的比较研究主要有以下研究。[日] 牧野巽：《東亞米作民族における財產相續制の比較》，《社會科學論評》1—1，日本社會學會，1950 年；[日] 仁井田陞：《高麗および朝鮮財產相續法と中國法》，《中國法制史研究——法と慣習・法と道德》，東京大學出版會 1964 年版；朴秉濠：《韩国子女均分相续的法惯习和南方系文化》，《近世の法与法思想》，真源社 1996 年版。

② 韩国学者文淑子《朝鲜时代分财文记和明代分家文书——近世韩国和中国的财产分割惯习及文书比较》（《古文书研究》第 29 辑，2006 年）一文，最初对中韩近世财产分割文书进行了对比研究。文淑子先生的研究对此文的撰写有诸多启发，特此感谢！

③ [韩] 崔在锡：《朝鲜时代的相续制研究——根据分财记的分析》，《历史学报》53·54 合辑，1972 年；[韩] 李光奎：《朝鲜王朝时代的财产相续》，《韩国学报》第 3 辑，1976 年；[韩] 李容晚：《朝鲜时代均分相续制的研究——以变化要因的历史性质为中心》，《大丘史学》第 23 辑，1983 年；[韩] 李树健：《朝鲜前期的社会变动和相续制度》，《历史学报》第 129 辑，1991 年。[韩] 文淑子：《朝鲜前期的财产相续》，韩国学中央研究院博士论文，2001 年；[韩] 裴尚勋（音译）：《关于朝鲜后期分割相续惯行持续的小考》，《韩国民族文化》第 34 辑，2008 年。关于朝鲜时代的财产相续文书及其相关成果，可参见 [韩] 文淑子《朝鲜时代财产相续文书的研究现况和课题——为促进家族史研究发展的提案》，《岭南学》第 10 号，2006 年。

才出现增长趋势。在比较中韩近世财产分割习惯时，诸如财产可分割原则、不被分割的策略性家产的设置等共性，还有女性财产权、嫡庶出生主义等朝鲜财产分割习惯的独特性，在过去很少为研究者所关注。① 对于这些具体问题的阐释，都需要利用文书，并结合当时的社会变动作历时性和综合性的考察。本文从上述问题意识出发，选取中国古文书群的代表徽州文书作为与韩国古文书比较对象，以朝鲜"分财记"和明清"分家书"为中心展开财产分割文书的梳理和形制比较，在此基础上略论中韩近世财产分割习惯的异同。

二 关于"分财记"和"分家书"

中韩传统社会财产分割之际所立的文书，有相当数量保存至今，但遗存情况稍有不同。韩国的财产分割文书主要分布于高丽后期以后，其中高丽后期的财产分割文书现存稀少，朝鲜时期则多集中于16—17世纪，14—15世纪也有所保存，18—19世纪反而逐渐减少。② 中国明代以前的财产分割文书主要有唐宋之际的敦煌文书，南宋、元代的相关文书罕见，大多集中于明清以降，清以后的数量多于明代。从地区分布看，各地都不同程度地保存了财产分割文书，其中韩国东南部的庆尚道和西南部的全罗道地区、中国的徽州地区所保存的财产分割文书数量相对庞大。

就规模而言，韩国的财产分割文书现存究竟有多少，没有确切的统计。朝鲜时期的两班士族家门不同程度地都会保存此类文书。已经出版的各类古文书资料集也都收录这类文书。以韩国规模最大的一套有关私藏古文书的资料集《古文书集成》为例，1—98辑所收录的分家文书（财产相续与赠与文书）总数691件。③《古文书集成》只收录了韩国部分门中（宗族）

---

① 在谈及中韩的财产分割习惯时，中国研究者多认为韩国的财产分割习惯和中国是十分不同的，中国历代实行的是诸子均分制，而韩国与日本一样，实行的是长子继承制。用"长子继承制"来概括韩国社会的财产分割习惯是到底否确切，民间保存的私文书为我们提供了重要的线索。

② ［韩］文淑子：《朝鲜时代财产相续与家族》，景仁文化社2004年版，第32页。朝鲜时期现存古文书的时间分布呈金字塔形，但为何分家文书反而到18世纪以后逐渐减少，其原因目前尚未有可信的阐释。

③《古文书集成》至今（2017.12）已陆续刊行120辑，内容包括收藏于各宗族、书院、乡校等的古文书，本文主要参考了其中的第1—98辑。韩国学中央研究院藏书阁（原韩国精神文化研究院资料调查室）编：《古文书集成》1—120辑，韩国学中央研究院，1986—2017年。

的文书，考虑到诸多没有收到这套资料集中的门中，以及其他各公私机构、民间收藏或刊行的分家文书，其总数远多于此。

中国现存财产分割文书的规模，也未曾有统计。以徽州文书为例，曾有研究者对国内主要馆藏单位所藏且名称确切的徽州财产分割文书做了粗略的估算，其总数约在600件以上。① 如果加上不同地域文书中所见的同类文书，其实际数量肯定远超过此数。徽州文书中的部分财产分割文书已经刊行，如中国社会科学院历史所所藏的此类文书多收录于《徽州千年契约文书》②，另外中国社会科学院经济所所藏的财产分割文书也有部分被选辑公开。③ 2017年出版的《徽州合同文书汇编》收录了大量徽州地区的财产分割文书。④ 可见，中韩两国现存的财产分割文书规模都是十分充分的，许多已经得到整理并出版，具备了比较研究的条件。

（一）朝鲜"分财记"的名称与分类

朝鲜财产分割、继承的相关文书一般通称为"分财记"或"分财文记"。韩国古文书的分类体系大致可以分为三种，即按照发给者—受取者⑤、文书形态⑥、文书内容⑦进行分类的体系。按照不同分类标准，分财记分别被归入私人对私人文书，明文·文记类⑧中的分财记类，或者经济类文书的相续·赠予相关文书。通过韩国的古文书体系，也可以了解到分财记的基本属性。分财记首先是私文书，其内容通常与财产的相续、

---

① 刘道胜、凌桂萍：《明清徽州分家阄书与民间继承关系》，《安徽师范大学学报》（人文社会科学版）2010年第2期。
② 王钰欣、周绍泉主编：《徽州千年契约文书》，花山文艺出版社1991年版。
③ 章有义《徽州地主分家书选辑》一文发表于1987年，后收于《明清及近代农业史论集》，中国农业出版社1997年版。
④ 俞江：《徽州合同文书汇编》，广西师范大学出版社2017年版。
⑤ ［韩］崔承熙：《韩国古文书研究》（增补版），知识产业社1989年版。
⑥ ［韩］尹炳泰等：《韩国古文书整理法》，韩国精神文化研究院1994年版。
⑦ 参考韩国学中央研究院藏书阁（原韩国精神文化研究院 资料调查室）编《古文书集成》的分类。
⑧ 在韩国古文书的分类体系下，明文或文记通常被认为具有类似的含义，是指用于土地、奴婢、家屋或权利等的买卖、让渡、相续等的文书。但也有研究者对此分类提出质疑，认为两者是有所区别的，文记是朝鲜时期对现代用语"私文书"的通称，明文则相当于现代用语"契约书"，参见［韩］任相爀《古文书中的"明文"和"成文"用例研究——兼对古文书分类体系的一角展开检讨》，《古文书研究》第45辑，2014年。

赠予有关。

表 1　　　　　　　　　　韩国古文书分类体系下的分财记

分类 1：发给者—受取者	分类 2：文书形态	分类 3：文书内容
1. 国王文书	1. 教令类	1. 国王·王室
2. 王室文书	2. 疏·简·启·状类	2. 政治·行政
3. 官府文书	3. 牒·关·通报类	3. 法制
4. 私人文书	4. 证凭类	4. 经济
3）对私人文书	5. 明文·文记类	7）相续·赠予
5. 社寺文书	510. 分财记	5. 社会
6. 书院（乡校）文书	6. 书简·通告类	6. 教育·文化
7. 道观文书	7. 置簿·记录类	7. 宗教·风俗
8. 结社文书	8. 诗文类	8. 其他
9. 奉神佛文书	9. 外交文书类	

文书上出现的关于分财记的实际称呼十分多样，笔者考察了《古文书集成》1—98 辑所收录的 691 件分财记（包括 674 件分财记，5 件记上文记，12 件献纳文记），发现最常用的有分衿（分给）文记、许与分记、和会文记、别给文记等。诸多文书的称呼中体现文书形态的用语主要有记、文、文记、成文、明文、遗书、遗言等。体现财产分割、继承或赠予的用语，分财记有分财、分衿①、分给、衿给、区处、许给、许与、许上、还给、赐给、传系、传给、传后、付托、别给、分执、和会等；记上文记有记上、纳上；献纳文记有献纳、原纳、入纳、上纳、寄附。

分衿、分给、衿给、许与、许给等这些用语在语义上稍有差异，但作为分财记的名称使用时，其意义基本相同，都是在财主直接给受分人分配财产时所使用的名称。"许与"作为代表性用语，这类文书也常使用许与文记。别给与一般的分财行为不同，是财主对特定人赠予一部分财产。别给的分财类型下，受分人（韩国一般称受取者、受与者或分衿者）范围广泛，事由也多种多样。有时也会出现一些其他用语，如还给（女婿→妻娌）、付托（叔母→侄子），都属于别给类型。许与、别给通

---

① "衿"的一般性解释是份额的意思。参见［韩］张世慜编《吏读资料阅读辞典》，首尔：汉阳大学出版部 2001 年版，第 38 页。也有一种主张认为"衿"有遗产、遗物的意思。参见［韩］朴秉濠《韩国法制史》，民俗院 2012 年版，第 274—275 页。

常用于财主主导的分财行为，而和会则通常不是由财主主导的，而用于财主死后子女通过和会①分割财产，有时也会使用"分衿"等其他用语。财产赠予类文记中出现的用语，有记上（妾→丈夫、奴婢→上典）、纳上（妻→娘家侄女）、献纳（洛川社→佛）、原纳（族人→先祖祠堂）、入纳（族人→门中书院）、上纳（族人→宗家）、寄附（辅仁契）等，大多情况比较特殊。

文书的用语体现了财产分割的不同方式。学界较为通用的分类法主要有两种。一种是依据财主的生没和分财范围，将分财记分成许与分记、和会文记、别给文记三类。② 另一种分类法注意到文书的样式和用语上的细微差异，将分财记类文书分成分衿（分给）文记、和会文记、衿付文记、别给文记、许与（许给）文记、遗书（遗言）六类。③ 历史研究者在探讨具体问题时，更侧重于分财的内容和历史意义，因此较多地参照前一种分类法。

第一，许与文记是财主在世时将财产分给子女所立的文书。这类文书有时又称分衿文记。

第二，和会文记是财主在生前没有分衿的情况下，死后由受分人或代理人，主要是同腹兄弟姐妹聚集在一起，通过和会对财产进行分执时所立的文书。和会分执通常在财主三年丧结束后进行。有时会出现父亲死后，母亲与子女一同和会的情形。财主如果留下遗书或遗言，将依此编立；没有遗书、遗言，则由具有财产继承权的人进行商议，并对达成的结果表示同意，依此对财产进行分执。和会文记又称"分执记"。和会文记不需要

---

① 和会的一般性解释是主体之间的合议、会同，不过也有研究者认为是均等、公平的意思。参见［韩］李钟书《朝鲜前期"和会"的语义和均分的实现方式"执筹"》，《韩国史研究》第110辑，2000年。

② 李树健编：《庆北地方古文书集成》，岭南大学出版社1981年版。

③ 这一分类法将分衿（分给）文记看成财主在世时将财产分给子女所立的文书，而把许与文记从分衿文记（分给）中分离出来，其原因在于许与文记中的财主可以是直系尊属，也可以是旁系或姻戚。因此这类文书既不同于分衿（分给）、和会文记这样的正式财产分割文书，也不同于因特别事由所立的别给文记，在事后容易引起财产纠纷。在高丽末、朝鲜前期的这类文书上，往往附有官府的立案。衿付文记虽然与分衿（分给）文记十分相似，将其单独出来的原因在于兄弟姐妹的分衿内容不书于同一文书上，而是将每人所得的份额别书一份。遗书是将遗言书写成文书形式，内容主要涉及死后家内各种事务的处理。朝鲜时期两班的遗书有不少与祖先奉祀问题和财产分配有关，所以一般遗书也具有分财文书的性质。参见崔承熙《韩国古文书研究》（增补版）。

官署（官府的公证），就可以构成一件完整的分财文书。① 和会文记原则上需要参与分执的受分人（嫡子女）共同署名。② 许与及和会文记都按照受分人（嫡子女）一式数份，受分人各执分一份。

第三，别给文记是财主在世时对子孙中特定的人（不限于直系尊属，包括姻戚或原先没有财产继承资格的近亲者）赠予一定的财产，或除了原先指定的财产份额外另外追加财产时所立的文书。通常是对受分人的能力、资质所做的经济补偿，具体事由十分多样，主要有科举及第、婚姻、病愈、祭祀、得子、孝行、救济、私人情谊等。此类文书的落款处通常需要财主、证人、笔执的手诀，有时也会出现财主兼任笔执、证人不在的情形。

根据研究需要，遗书也可以单独划分为一类。遗书是将遗言写成文书形式，内容主要涉及死后家内各种事务的处理。朝鲜时期两班的遗书内容中关于祖先奉祀问题和财产分配是主要内容，所以一般遗书也具有分财记的性质。作为分财记的遗书含有父母（财主）的特别嘱咐，尤其是围绕财产家族内部易产生纠纷时，常常使用遗书的形式。遗书作为父亲留给子女的文书，通常由父亲自笔（亲笔）作成。

（二）明清"分家书"的名称与分类：基于徽州文书的考察

徽州的财产分割文书一般称作"分家书""分家文书"等。徽州文书也存在多种分类基准，目前见到较为通用的分类体系主要按照内容对文书进行分类。③ 在这些分类体系中，分家书被纳入宗族文书类下。④ 可见，徽州分家书的基本属性也是私文书。

分类：文书内容

1. 土地关系与财产文书

---

① "父母、祖父母、外祖父母、妻父母、夫、妻、妾及同生和会分执外，用官署文记。"崔恒等编：《经国大典》卷五《户典·私贱》，朝鲜显宗二年（1661）木版本。

② "父母奴婢和会文记，一人未着名则勿施。"金在鲁等编：《续大典》卷五《刑典、文记条》，朝鲜英祖二十二（1746）年刊本。

③ 周绍泉：《徽州文书的分类》，《徽州社会科学》1992年第2期；严桂夫主编：《徽州历史档案总目提要》，黄山书社1996年版；王钰欣等编：《徽州文书类目》，黄山书社2000年版。

④ 前注所引《徽州文书的分类》与《徽州文书类目》中，分家书均纳入宗族文书的类别下。分家书放到宗族文书之下具有怎样的背景和意义，这一问题有必要结合文书内容另作探讨。

2. 赋役文书

3. 商业文书

4. 宗族文书

   4.5 分家书

5. 官府文书

6. 教育与科举文书

7. 会社文书

8. 社会关系文书

9. 民间文化文书

10. 其他文书

    徽州民间实际分家之时，称呼繁多，最常用的是"阄书""分书""分关"等。① 梳理《徽州文书类目》及《徽州千年契约文书》等收录的分家文书目录，并参考以往的研究，② 可以知道关于徽州分家书的诸多称呼中，体现文书形态的用语主要有账、书、单、簿、文簿、合同、文约、遗嘱、墨据、议墨、笔据、批文等，与财产分割、继承的用语包括分、析、摽、阄、勾、关、分产、分析、析产、分拨、分关、分授、分清、清白、分界、分业、分家、分房、分扒、衿分、分遗产、批阄等。

    关于徽州的分家书，目前没有见到通用的分类法。徽州地区的财产分割方式也存在诸多类型，这一点是毫无疑问的。例如，臼井佐知子曾对徽州分家书专门作了考察和归纳，将其分成五类：除共同保有部分外，对家产全体进行分割，且家计独立时所立的文书；家产分割进行后，对共有部分和其他部分再次进行分割时所立的文书；对家产的一部分进行分割时所立的文书；在已分割家产中，分割内容出现问题而再次进行分割时所立的

---

    ① 研究者认为分家书是一种俗称。［日］臼井佐知子：《第八章 徽州における家产分割》，《徽州商人の研究》，汲古書院2005年版（原载《近代中國》第25卷，1995年），第468页。

    ② 关于中国分家书的名称，以下研究均有所论及。栾成显：《中国封建社会诸子均分制述论》，周绍泉、赵华富主编：《'98 国际徽学学术讨论会论文集》，安徽大学出版社2000年版，第243—245页；［日］臼井佐知子：《第八章 徽州における家产分割》，《徽州商人の研究》，第463—513页；张妍：《对清代徽州分家文书书写程式的考察与分析》，《清史研究》2001年第4期；王振忠：《清代一个徽州小农家庭的生活状况——对〈天字号阄书〉的考察》，《上海师范大学学报》（哲学社会科学版）2006年第1期。

文书；祖产以外，对同族共同出资购入资产进行分割时所立的文书等。①

（三）文书名称的语义差异及其背景

通过对分财记和分家书名称和类别的梳理，可以看到朝鲜时代分财记和明清时代徽州分家书都是私文书的重要组成部分，某种意义上是民间针对财产分割这一活动订立的一种合同。民间对这类文书的称呼多种多样，这些名称均不同程度体现了当时财产分割、继承的方式。朝鲜的分、衿，徽州的分、析、摽、阄、关、勾等字均体现了财产受分人并非只有一人，这与单独继承制显然是不同的。但同时也可以初步发现几处明显的不同。

例如，徽州分家书名称中最常用"阄"字，还有很多文书名称使用了某某字号，这样的名称直接暗示了家产均分分割的基本原则，体现了分家时编字号、拈阄分定财产的具体过程。拈阄是分家的阶段之一，民间诸子分家时，通常将分家书一式数份，用"天地人和""仁义礼智"等予以编号，每字号一本，受分人以所拈之阄为定，各收一本。这样的名称本身，昭示了分家程序的公平。

在朝鲜分财记的诸名称中，均没有直接体现财产分割的基本原则和具体过程。分衿、衿付、许与、别给等文记多由财主主导，属于财主单方面的财产授予。分衿、分给、衿给等用语主要体现了财主对财产分配的一般方式。许、别、还、传、区处、付托、记、纳等字凸显了财主对财产的特别处分。和会文记是财主死后由具有财产继承权的人通过商议后达成的财产分割，落款处需要有受分人，即兄弟姐妹的共同署名画押，以示对分财结果的同意。但即便是这一方式，也通常按照父母的遗书、生前的遗愿或法律进行。可见，朝鲜分财记的名称更多地体现了财主的个人意志。

再如，关于财产分割文书的称呼，朝鲜称其为"分财记"，徽州则俗称为"分家书"。为什么财产分割的文书要使用"家"字呢？这里的"家"，狭义的可以理解为"家产"的略语。但"家产"一词在朝鲜时期很少使用，通常使用"财产"或者"祖业""田民"等财产的具体名称。

---

① ［日］臼井佐知子：《第八章 徽州における家産分割》，《徽州商人の研究》，第464页。

这一差异有待结合家族制度做进一步考证,不过可以联想到的一点是,直至朝鲜中期,家庭财产的管理实行夫妻别产制,即夫妇之间的财产分成了夫边、妻边,各自对其进行管理和处分,夫妻一方无法对另一方的财产进行处分。① 朝鲜分财记上的财产,通常标明其由来,如"父边""母边""妻边"等。前面提到朝鲜分财记的名称体现了财主的个人意志,也与此有关。与此相比,中国近世对家庭财产的管理实行家产制,"家产"一词反映了对财产的家庭(家族)共财意识。这与朝鲜时期强调财主对财产的个人所有意识有所不同。

"分家书"广义上还可以理解为"分家"之际所立的文书。而中国近世的"分家"是个模糊暧昧的词汇,既可以包括居住空间的独立和家产的分割,或者只有家产的分割、异爨。② 无论是何种含义,对财产分割、继承的文书用"分家书"予以命名,说明中国近世的分财行为不只限于财产的分割,而含有更为丰富的含义。这与朝鲜的"分财记"可谓一大差异。

三 财产分割文书的形制与特点

朝鲜和徽州民间不同时期、不同家族的财产分割文书样式和内容虽然略有差异,但大体上都形成了固定的记载样式,包含了基本的登载内容。以下分别选取朝鲜时代安东地区金缘兄妹立的和会文记和明代徽州地区程本和等立的阄书,对中韩近世财产分割文书的样式和内容展开比较考察。

(一) 分财记的记载样式:以朝鲜安东《金缘兄妹和会文记》为例

金缘(1487—1544)是光山金氏礼安派的后代。礼安派在朝鲜初期落乡安东,世代居住礼安乌川。安东位于今天朝鲜半岛的东南部,是朝鲜时期地方两班聚居、新儒学发展的中心之一。光山金氏礼安派以安东为中

---

① [韩]朴秉濠:《韩国法制史》,第239—241页。
② 白井佐知子也注意到了"分家"一词的独特性,参见[日]白井佐知子《第八章 徽州における家产分割》,《徽州商人の研究》,第468—469页。

心，与岭南地方的士族交游、通婚等，成为延续数百年的两班家门。该族的古文书传存于安东光山金氏礼安派宗家金俊植氏宅，其中大部分收录于《古文书集成》第 1 辑。①

资料集共收录该族保存的文书计 1375 件，其中包括 48 件分财记。② 这些分财记经"金务、金崇之、金淮、金孝卢、金缘、金富弼、金垓、金光继、金磏、金纯义、金岱"，共 11 代所订立。最早的有《1429 年金务分给文记》，最晚的是《1731 年金岱别给文记》，涵盖了该家族 300 余年的财产继承与分割，世系、家统和奉祀的继承，婚姻关系以及婚姻关系所带来的财产出入等丰富内容。

金缘曾历任江原道观察使和庆州府尹，是该族唯一仕宦的子孙。其父金孝卢有子女四人，长子金缘，次子金绥（后出继为叔父金孝源的养子），两个女儿分别嫁给金雨、琴梓。书中收录的 48 件分财记中，与金缘兄妹直接有关的分财记共 16 件，主要为金缘（金缘死后其妻）受分或衿得财产的文书。③ 只有第 9 件是金缘在世时作为财主将财产分给儿子的文书。16 件文书涵盖了许与文记、别给文记、和会文记等不同类型的分财记。朝鲜时期婚姻关系是带来财产的流动与增减的重要途径。金缘通过亲家（父边、母边、养父边、叔父、叔母父边）、外家、妻家、妻外家获得了大量的奴婢和土地。

下面以 1550 年（明宗五年，嘉靖二十九年）所立的《金缘男妹奴婢和会文记》④ 和《金缘男妹田畓和会文记》⑤ 为例，对分财记的记载样式稍作介绍。这两件文书是金缘母亲三年丧结束后，金缘兄妹对父母财产，即奴婢和田畓⑥分别和会分执的文记。

---

① 韩国精神文化研究院资料调查室：《古文书集成 1：光山金氏乌川古文书》，韩国学中央研究院 1982 年版。
② 以下是利用这一家族分财记的代表性研究。［韩］李树健：《光山金氏礼安派的世系和社会经济基础——金缘家门的古文书分析》，《国史教育论集》第 1 辑，1980 年；［韩］郑求福：《金务的分财记（1429）研究》，《古文书研究》第 1 辑，1991 年；［韩］金映那：《15—16 世纪光山金氏礼安派分财记所见的奴婢存在样相》，《朝鲜史研究》第 17 辑，2008 年。
③ 金缘死后，其子女对其财产进行和会分执的文书不划入其中。
④ 韩国精神文化研究院资料调查室：《古文书集成 1：光山金氏乌川古文书》，第 163 页。
⑤ 韩国精神文化研究院资料调查室：《古文书集成 1：光山金氏乌川古文书》，第 168 页。
⑥ "田"指旱田，"畓"指水田。

表2　　　　分财记的格式与内容：1550年《金缘兄妹和会文记》

区分	《金缘男妹奴婢和会文记》 （单页，42.5×452.8厘米）	《金缘男妹田畓和会文记》 （单页，33.5×164厘米）
序言	（缺）庚戌四月十五日同生（缺）	嘉靖二十九年庚戌（缺）成文为卧乎事叱段
	（残损） 1）同腹等佥议开见封藏的草文记 2）遗漏奴婢先告逃亡奴婢者，二口择赏，后长幼次序平均分执	（残损） 1）父主遗言
本文	奉祀位	奉祀位 知礼斋寺位
	长子观察使缘衿（父边、母边） 　　新奴婢秩（父边、母边） 次子生员绥衿（父边、母边） 　　新奴婢秩（父边、母边） 长女前龙宫县监金雨妻衿（父边、母边） 　　新奴婢秩（父边、母边） 次女前训导琴梓妻衿（父边、母边） 　　新奴婢秩（父边、母边） 外孙子富春衿	长子观察使缘衿 次子生员绥衿 长女前龙宫县监金雨妻衿 次女前训导琴梓妻衿
	附记：远居奴婢等未分财 前物故时，充数为遗漏奴婢	
落款	卒观察使缘妻贞夫人曹氏 ［金缘妻贞夫人曹氏印］ 成均生员金［着名］［署押］ 前龙宫县监金［着名］［署押］ 前训导琴［着名］［署押］ 笔执生员金［着名］［署押］	卒观察使缘妻贞夫人曹氏 ［金缘妻贞夫人曹氏印］ 成均生员金［着名］［署押］ 前龙宫县监金［着名］［署押］ 前训导琴［着名］［署押］ （缺）

如上表所示，朝鲜时期的分财记通常可以分为序言、本文（财产分割、继承的内容）和落款。序言开始前，一般都记载日期（某年某月某日）、题目，后接吏读①语尾"为卧乎事叱段"等，表示以上（分财）事。接着介绍分财的原因，分财之际家门所处的情况等，还有分财记的原则、法规

---

① "吏读"是借用汉字的音和训来记录朝鲜语的标记法。

或特殊分财方式实行时的理由和内容，祭祀奉行的方式，遗漏奴婢的处理方式，对子孙的遗教等。如和会文记一般叙述财主（父母）去世前来不及分财，受分人和会分执的内容。1550年金缘兄妹的和会文记就提到财产分割依据财主留下的草文记或遗言，对遗漏奴婢的处理方式等。

本文是实际财产分割、继承的内容。本文按照子女的出生顺序依次罗列其分得的财产，用"长子某某衿""长女某某妻衿"等表示，"衿"表示份额。女儿的受分份额一般记载女婿的名字，儿子已故由其妻代受，既有在本文写"长子故某某妻某氏衿"，或者如这件文书，只在落款处用某某体现妻的代理人身份。《金缘男妹奴婢和会文记》最后出现了"外孙子某某衿"，分财时，除了嫡子女，有时会有孽子女或孙子女等的份额。朝鲜时期嫡子女间的财产分割，是在去除奉祀条后，进行均分的。① 奉祀条的财产单独罗列，这两件文书的奉祀条均位于长子衿之后。《金缘男妹田畓和会文记》的"奉祀条"下没有罗列财产，次女衿后面的"知礼斋寺位"相当于奉祀条。

财产分割的对象主要有奴婢、田畓，极少数情况也会出现家舍、牛马、器物等。分财时，奴婢和田畓既可以写于一件文书上，有时也会分立在不同文书上。奴婢分成新奴婢秩、衿得秩等不同种类。新奴婢秩是指婚姻之际，从父母那里分得的奴婢；衿得秩是除新奴婢以外此次分财所分得的奴婢，有时又称执筹（秩），是指通过执筹获得。然后对奴婢的来源，如矣边、父边、母边、夫边、妻边传来等，或者是祖业还是买得财产进行区别。奴婢的类型标记十分详细，而对田畓的标记则多数相对单一，只有少数作祖上或买得的来源标记。1550年金缘男妹和会文记也同样，只对奴婢标注了父边或母边。

最后是落款部分。落款是分财参与者的署名画押，韩语统称为手决。署名时，庶子女一般情况下不署名，嫡子女则嫡子由自己，女儿由女婿代为署

---

① "未分奴婢，勿论子女存没，分给（小注：身没无子孙者，不在此限）。未满分数者，均给嫡子女。若有余数，先给承重子。又有余则以长幼次序给之。嫡无子女，则良妾子女，则贱妾子女同（小注：田地同）。○父母奴婢，【承重子】加五分之一（小注：如众子女各给五口，承重子给六口之类），【众子女】平分，【良妾子女】七分之一（小注：如嫡子女各给六口，良妾子女给一口之类，下同。○嫡母奴婢则否，贱妾子女同），【贱妾子女】十分之一。"崔恒等编：《经国大典》卷五《户典·私贱》。

名。嫡子或女婿死亡时,由妻代,妻亡由孙代。两班官僚层,女性一般用印,男性用手决。除了财主和受分人,落款处还常常包括证人、笔执等的手决。笔执是指文书的执笔者,可以是受分人中的一名,但通常由他人担当。朝鲜的财产分割,法律上并不要求公证的程序。① 为了使分财之际所订立的文书具备法律效应,财产分割时,往往有证人在场,文书上经常可以看到证人的手决。参与者、证人的手决等要素就是为了防范日后诉讼等纠纷发生的措施之一。许与或别给文记等,有时还会使用另一安全机制,即取得官府的立案。金缘兄妹的分财记中有若干件都黏附了缄答、招辞、立案等。

(二) 分家书的记载样式:以明代徽州《程本和等立阄书》为例

徽州地区的分家书多分散在各大收藏机构。限于笔者的能力,难以对某一家族的分家书进行整理和归纳。考虑到前文选取的朝鲜分财记个案属于父母去世后子女共同订立的和会文记,本节选取了一件类型相应的分家书,即明代徽州分家书中由子孙共同订立 1618 年(万历四十六年)《程本和等立阄书》作为个案,考察同时期徽州分家书的记载样式。文书现藏于中国历史研究院古代史研究所(原中国社会科学院历史研究所),并刊载于《徽州千年契约文书》。② 这件文书是程本和等三兄弟和侄子共四人所立的程氏家分家书。

表3　　　　　分家书的格式和内容:1618 年《程本和等立阄书》

区分	《程本和等立阄书》(簿册,27.5×25.5 厘米)
序言	1) 立合同簿人……先季承祖资产,四房已有天地人和阄书分析 一所存祀产并祖母吴氏太孺人奉养口食租分及余产业 一自祖母……弃世,后嗣四房……季来恪守无异,近因……坏乱散失……不可缺者。 2) 将祖墓前后田地产业立簿 一众存分租四房轮收,以备…… 一余产四分,肥瘠均搭阄分,照阄管业 3) 其所存祠产,枝下子孙毫不得私于售人,如……家法……官法……取赎…… 4) 今恐无凭,立此合同,一样四本,各执一本,永远为照

---

① "父母、祖父母、外祖父母、妻父母、夫、妻、妾及同生和会分执外,用官署文记(小注:子之于亲亦不需官署)。"崔恒等编:《经国大典》卷五《户典·私贱》。
② 王钰欣、周绍泉主编:《徽州千年契约文书》(宋元明编)第 8 卷,第 170—188 页。

续表

区分	《程本和等立阄书》（簿册，27.5×25.5厘米）	
落款	万历四十六季正月十六日立合同人	
	天房 程本和等 ［着名］［署押］ 和房 程本初等 ［着名］［署押］ 人房 程本良等 ［着名］［署押］ 地房 程君瑞等 ［着名］［署押］	
本文	合同内众存山塘田租园 众支季规例	
	阄分天房 阄分和房 阄分地房 阄分人房	其先季分扒园分未有合同今附载于后

　　如表所示，明代的分家书通常也分为序言、落款和本文（财产分割的内容）三部分。序言除了会叙及与此次分家有关的内容，如分家原因、分家原则和拈阄结果、分割后应遵守事项及对违约者的处罚条款等，往往还会追述父辈们创业史或家世情况；家产的总体情况及家产、祭祀的运营；分家人对子孙的叮嘱、希望等。[①]《程本和等立阄书》的序言中主要强调了以下几点：第一，分家原因。前次三兄弟和侄已有天地人和阄书分析，当时保留的众存，即存祠产和奉养祖母吴氏的产业在祖母弃世后，四房虽然轮流经营，但祭祀和修葺等逐渐坏乱散失。第二，分家原则。将祖墓前后的田地产业立簿，众存分租四房轮收；其余部分则肥瘠均搭，阄分成四份，照阄管业。第三，分家后应遵守事项：告诫子孙祠产不得私下出售，对违反者要以家法、官法处罚，财产取赎。第四，文书保管。一样四本，受分人各执一本。

　　《程本和等立阄书》落款位置紧接序言。落款处有受分人的署名，四位受分人按照长幼顺序（长子、次子、末子、侄子）依次署名，受分人程本和的署名是"天房程本和等"，即由其所阄得的房名、本人姓名等构成，

---

① 关于徽州分家书的书式，以下研究有专门研究。张妍：《对清代徽州分家文书书写程式的考察与分析》，《清史研究》2002年第4期；艾芳：《徽州分家文书研究》，安徽师范大学，硕士学位论文，2014年。

后面是画押。

　　本文是财产分割的具体内容,开列于落款之后。首先是存众,这一部分属于共同保有的家产,可以包括祠产、房屋、店铺资本、赋税徭役、生产工具、家具器皿等各种类型。《程本和等立阄书》中所列的存众主要有山、塘、田、园地,还有一些未列入的众存。众存后开列了众存支出的规例。然后是分割部分,依次开列各房分得的财产清单。《程本和等立阄书》中各房分得的财产均为土地,罗列完各房土地后,最后有"其先季分扒园分未有合同今附载于后"的题目,又罗列了一些土地。表示这些土地是前次分割,但因当时未载于合同,此次附载于此。

(三) 文书形制的若干差异

　　朝鲜时代分财记和明代(徽州)分家书在外形上很明显的一个差异是分财记无论财产多寡,均开列于单张纸上。① 根据家势不同,分财的规模也不同,需要开列的财产越多,纸的横幅自然越长。如《1429 年金务分给文记》纵 52.5 厘米,横 552 厘米。像这样横幅达数米长的分财记十分常见,从侧面反映了家庭的社会经济地位。不仅分家文书如此,民间所藏的户口单子、准户口②等朝鲜时期大部分古文书都书于单张纸上,长则成卷,很少成册。与此相比,徽州的清册供单、分家书等文书常呈现簿册状。徽州分家书中有许多成簿册状的文书,如《徽州千年契约文书》所收录的 340 件徽州分家文书中,散件有 199 件,簿册达 141 件。

　　文书只有具备了常理上所承认的格式和基本要素,在遇到财产纠纷时,才可以确保财产的正当性并获得法律的保护。朝鲜和徽州的财产分割文书无论类型,其书写样式一般分成序言、本文(分割内容)、落款三大部分。朝鲜的分财记,落款位于最后,而徽州的分家书则位于序言之后,顺序为序言、落款、分割内容。两国的财产分割文书都通常包括财产分割日期、财产分割原因或对情况说明、财产分割原则、分割内容、参与人的署名等基本要素。

---

　　① 外形上的另一大异同点是两国古文书均用汉字书写(韩国古文书也存在一部分韩文古文书),但韩国汉字书写的古文书上常常有韩国固有的吏读标记。

　　② 户口单子和准户口是朝鲜时期单件户籍文书的主要类型。关于朝鲜时期户籍文书的介绍,参见朱玫《朝鲜王朝的户籍攒造及其遗存文书研究》,《史林》2017 年第 5 期。

文书订立的时期既可以是财产分割当时,也可以是实际分财实行以后订立。如朝鲜时期的民间分财,不一定都订立分财记。很多分财记是日后担心发生异议和纠纷时重新补订的文书。① 分财的时间大体可分为财主(父母)生前,主要是年老之时;财主(父母)故去。朝鲜时期的财产分割,财主的死亡是重要的时点,此外有时会发生于长子早死或长孙早夭等家族成员发生重大变动之时。和会文记一般会在父母三年丧举行以后进行。徽州的财产分割一般发生于父母年老,尤其强调诸子是否已经成家立业。②

财产分割的具体原因多种多样,尤其是朝鲜的别给文记往往源于值得祝贺、感谢、奖赏等事,徽州财产分割的诸原因中家族内产生不和等都属于比较独特的分家原因。财产分割既有一次性完成的,也有通过多次完成的。此处所举的这两件文书都属于多次分割中,某次所立的文书。金缘兄妹于1550年立了和会文记后,1566年针对未分尽的奴婢又立了一份和会文记。程氏兄弟和侄子在1618年立阄书以前,也已经立过阄书分析。文书原则上采用一式数本,受分人各执一本。在析产内容的最后,两件文书还对遗漏财产或之前未载入文书财产的处理进行了附记。

朝鲜和徽州的财产分割都不是彻底的财产分割,财产中都存在未分割的保有财产。上述文书中的"奉祀条"与"众存",都属于典型的未分割财产。保有部分以外的财产实行均分制,朝鲜实行的嫡子女均分制,徽州则是诸子均分制,财产受分的对象只限于男性,主要是儿子。这是两国分家习惯的一大差异,后文将再做叙述。

朝鲜和徽州财产分割文书中所记载的财产类型也有所不同,朝鲜分财记上出现的财产以奴婢、田畓为主,少数会出现房屋等其他类型。其中17世纪以前奴婢在财产中的地位是绝对的或至少与田畓相当③,奴婢通常会

---

① 崔在锡:《朝鲜时代的相续制研究——根据分财记的分析》。
② 张妍等曾利用清代徽州分家文书,将清代的分家时机归纳为家长年老,且诸子均已成家立业;家长故去两种。张妍、毛立平:《19世纪中期中国家庭的社会经济透视》,中国人民大学出版社2003年版,第22—28页。另外,俞江在对近代中国分家习惯的考察中,也提到儿子成婚是分家的条件之一。有子未婚而分家的,其分受财产暂由父母保管或只将已婚儿子分出去,剩余家产待幼子婚娶后再逐次分出。俞江:《继承领域内冲突格局的形成——近代中国的分家习惯与继承法移植》,《中国社会科学》2005年第5期。
③ 李容晚:《朝鲜时代均分相续制的一研究——以变化要因的历史性质为中心》。

标注其财产来源。明代以田地为主，但如店铺、家畜、家具器皿、贵金属、现银、经营资本、借贷资金、会股、徭役税粮、债务等其他财产类型也常有出现，种类繁多。① 对于财产的分割，文书都强调均等公平原则。朝鲜分财记中出现了考虑奴婢"老壮弱""老迷弱、壮实"②、土地"膏瘠"的文句，明代分家书中则有"肥瘠均搭"等字样，一般又称"品搭分割"，这些语句中所体现的财产分割方式都旨在确保财产的质、量均分。订立分家文书时，除了确保财产质、量上的公正，程序上也要公正。朝鲜分财记中出现的"执筹"③ "称给"④ 等，明代订立分家书时的"拈阄"，都是实现均等分割的机制。⑤ 在文书订立时，财主（父母）的许可、受分人对财产分割结果的同意是前提，此外还往往邀请见证人、代书人等见证财产分割过程，并在落款处署名画押。

四　结语

本文仅对中韩近世财产分割文书作了形制的梳理和初步的比较，中韩近世财产分割习惯比较研究的全面展开，仍存在许多课题有待解决，诸如财产分割的具体阶段、财产的内容、女性的财产权、析产与分户关系、分家与承继的关系等问题都有必要单独展开深入分析。财产分割文书不仅是理解财产分割习惯的基础资料，对于社会经济史研究的其他议题也具有重要的史料价值。厘清中韩近世财产分割文书的基本情况和性质，对于理解近世中国与周边国家财产分割习惯的变迁路径，乃至理解整个东亚社会家

---

① ［日］臼井佐知子：《第八章 徽州における家产分割》，《徽州商人の研究》，第486—489页。

② 分财记中的"老"指60岁以上的奴婢，"弱"指16岁以下的奴婢，"壮"指16—59岁的奴婢，"迷"指头脑低能的奴婢。

③ 执筹的一般性解释是手执算盘，对物目的量、质等方面一一进行计算。也有研究者认为，执筹还有抽签的意思；这一用语主要记载于朝鲜前期的分财记，17世纪中期以后几乎难以看到。参见［韩］李钟书《朝鲜前期"和会"的语义和均分的实现方式"执筹"》；《朝鲜前期均分意识和"执筹"》，《古文书研究》第25辑，2004年。

④ 称给的一般性解释是在秤杆上过秤。和执筹一样，是指考虑质、量的侧面进行彻底计算的意思。

⑤ "拈阄"的具体过程是十分明了的；但关于执筹的研究，主要是对语义的考证和推测，尚缺少材料可以直接证明执筹实现均分的具体过程。

族制度的历史演变都具有重要意义,同时也是深入展开东亚各地区家庭人口、亲属关系及社会经济构造比较研究的基础和前提。

本文从微观的视角比较中韩近世财产分割文书及习惯,其特征主要体现在以下几方面。第一,关于财产分割原则。中韩近世的财产均具有可分割性,多子或多子女家庭由诸子或子女共同继承财产,这不同于日本的长子单独继承制。朝鲜时期实行嫡子女均分制,直到朝鲜时代中期,嫡子女之间在财产分割中的地位是均等的,女儿也是正式的家产受分人,在财产分割之际拥有固定的份额。17世纪中叶以后,长子优待、子女差别的趋势逐渐明显,长子的优待主要体现在奉祀条份额的增加。换言之,奉祀条以外的财产仍旧进行分割,因此用"长子继承制"来形容朝鲜时代的财产分割习惯并不确切。明清徽州实行诸子均分制,成文法和习惯显示庶子也有参与平分。① 明清徽州的分家书中,往往不包括女儿的固定财产,女儿的妆奁通过"批产为奁"的方式获得,相关文书称作"批契"。这一财产获得方式与按照习俗、惯例进行的分家是相区别的。②

第二,关于不被分割的财产。中韩近世的财产分割都不是彻底的分割,设有不被分割的部分。朝鲜以"奉祀条"、徽州以"众存"为代表。徽州的众存部分除了祭祀之用的祀产,其性质和功能似乎更为复杂,而且往往体现了家户之间的共业(共股)、共族关系,以及家产与族产的分合关系,这从侧面反映了中国近世"家"的特性。即中国近世的"家"既可以指具有同居共财关系的家,也可以延伸至具有系谱关系的宗族,具有柔软的伸展性。

第三,关于财产分割的单位。朝鲜的财产分割以"衿"为分割单位。"衿"代表个人,不分男女。个人为财产的所有主体,财主可以实际支配其财产。分财很大程度上体现了财主的意志,多属于单方面的财产分割、继承、赠予等,只有在财主死后才实行兄弟姐妹间的和会分执。徽州的分家以"房"为分割单位。本文所引的《程本和等立阄书》,四位受分人构成了四房。以天房为例,落款处署名阄得的房名"天房",该房的代表署

---

① 刘道胜、凌桂萍:《明清徽州分家阄书与民间继承关系》;张妍:《对清代徽州分家文书书写程式的考察与分析》。

② 阿风:《明清时代妇女的地位与权利:以明清契约文书、诉讼档案为中心》,社会科学文献出版社2009年版,第29—45页。

名"程本和等"。这意味着分家后,房为家产所有的主体,房内成员对所分财产均有使用和受益权,诸子作为房的代表签署了分家合同。因此,分家的语义与分财相比,实则更为丰富。考虑到以上差异,前述中韩古文书分类体系下,朝鲜的分财记被归入"私人对私人文书"类目下,徽州的分家文书被归入"宗族文书"类目之下的分法,是具有一定合理性的。

中韩近世财产分割习惯产生上述差异的原因比较复杂,亲属构造的不同可以视为重要背景。高丽社会以降,朝鲜半岛的亲属制度一直具有双侧构造的特征。[①] 直至朝鲜时期,女系(母系)仍然发挥着重要作用。而中国近世汉人的家族制度发展出"房"的概念。房是涉及亲属制度的系谱理念,房实行男系(父系)原则,男子才称房,女儿不包括其中。[②] 中国近世汉人的家及其延伸房、族等单位都以男系(父系)主义为中心。

中国以外东亚地区的民间习惯与中国的联系与变迁,尤其是儒学化话语下不同地域的个案为我们重新审思儒学的地方化问题提供了端绪。本文所举的韩国安东地区与中国徽州地区历史上都深受儒家文化渗透,不少古村落、宗族、书院,以及大量的典籍文献和民间文书保存至今。[③] 朝鲜社会虽然深受新儒学(朱子学)的影响,但儒学在地方化过程中同时经历了本土化的过程。因此在考察韩国近世的民间习惯或社会经济制度时,既要看到其变化,也要关注其延续性。

(朱玫,中山大学历史学系副教授)

[①] 卢明镐:《高丽社会的两侧亲属组织研究》,博士学位论文,国立首尔大学,1988年。
[②] 陈其南:《房与传统中国家族制度》,《汉学研究》(台北)第3卷第1期,1985年。
[③] 关于安东和徽州地区的历史文化比较,研究者做了一些尝试性的工作。参见韩国国学振兴院国学研究室编《安东与徽州文化比较研究》,韩国国学振兴院2005年版。

小斯当东与英使访华"礼仪之争"

赵连城

摘要 清代乾嘉时期,英国马戛尔尼和阿美士德使团访华时,中英双方争论的焦点在于英使是否当行中国的"三跪九叩"之礼,也即所谓"礼仪之争"。小斯当东在两个使团中均发挥重要作用,尤其是在阿美士德使团,面对当时使团内部对于行礼的意义和限度的分歧,他坚持己见,最终成功说服阿美士德拒绝行礼。通过细读小斯当东不同时期的文本,并与其他阿美士德使团成员的文本横向对比,可以发现小斯当东对叩头礼的态度关涉诸多因素,他标榜的"个人经验"和"国家荣誉"有其潜文本,而他在东印度公司的职位、贵族身份和事业规划亦是重要影响因素。

关键词 小斯当东 阿美士德使团 礼仪之争 叩头

谈及早期中英文化交流史,则不得不提清代乾嘉之际的两个访华使团:1792年马戛尔尼使团和1816年阿美士德使团。前者作为第一支英国访华使团而闻名,后者则更多的因其使命未达而为人知晓。将两个使团联系在一起、并在两个使团中均发挥重要作用的,是一个名字:乔治·托马斯·斯当东(George Thomas Staunton,1781—1859,习称小斯当东)。马戛尔尼使团中,因其父老斯当东(Sir George Leonard Staunton,1737—1801)在团中任书记一职,他也得以作为随行侍童(page)参与觐见,并且由于他会说汉语,颇受乾隆帝喜爱,甚至得到皇帝亲自解下的荷包的赏赐。这也成为一段佳话,以至于直到小斯当东晚年写作《回忆录》时,仍津津乐道。① 及至阿美士德使团出使,小斯当东凭借其多年在东印度公司任职经验,成为使团左使(第一副使),并在使团决策中发挥至关重要的作用。两个使团访华时,中英双方诉讼纷争的焦点是英使是否当行中国的"三跪九叩"之礼,也即所谓的"礼仪之争"。马戛尔尼使团当时是否行此大礼,至今仍是未解之谜,使团成员亦对此语焉不详;而阿美士德使团中,正是由于小斯当东据理坚持使团拒行三跪九叩之礼,导致嘉庆帝龙颜大怒,使团甚至连嘉庆帝都没有见到就被早早遣返。

就目前学界的研究而言,学者或以后现代理论构建框架,以求纵深地理解"礼仪之争",并将其置于当时的社会、文化语境中解读,如何伟亚的专著《怀柔远人》,或爬梳史料以窥"历史真相",如黄一农的《印象与真相——清朝中英两国的"礼仪之争"》,或以中英国力差异、欧洲对中国的评论转向、英国了解中国的途径等角度来解释两次使团的不同策略,如张顺洪的《乾嘉之际英人评华分歧的原因:1790—1820》。这些研究为我们进一步探究英使访华"礼仪之争"提供了坚实的基础。然而,虽有学者意识到阿美士德使团成员内部的差异性,避免对使团过度简单化的解读,但还未有学者专注于小斯当东本人的态度与作用,细究他作为参加两次使团,且几乎凭一己之力说服阿美士德使团拒行叩头礼的重要人物,做出如此重大决策的原因。目前学界关于"礼仪之争"的研究倾向于引用小斯当东的只言片语作为佐证,或者直接将小斯当东自己标举的"国家荣誉"视为主要原因。须知,小斯当东身份多重、经历丰富,结合其不同时期发表的文本,并与其他使团成员的回忆相比对,可以发现使团内部其实有不同声音,而小斯当东极力建议使团拒行叩头礼的原因恐怕也不只"国家荣誉"。本文将梳理小斯当东本人发表的文本中对于"礼仪之争"的记录,再通过与其他阿美士德成员的文本进行横向对比,管窥其他使团成员对于"叩头礼"的态度以及对小斯当东决定的看法,在比较阅读中厘清当时的种种影响因素,最后结合当时的社会语境和小斯当东的个人经历,探究小斯当东力主拒行叩头礼的原因。

---

① [美]何伟亚:《怀柔远人:马嘎尔尼使华的中英礼仪冲突》,邓常春译,社会科学文献出版社2002年版,第29页。

一　小斯当东对于叩拜礼的态度

马戛尔尼使团是否对乾隆帝行跪拜礼，至今仍是未解之谜。使团成员对此或缄口不言或一笔带过，然而研究者在小斯当东当时的日记中发现了蛛丝马迹。据黄一农辨认，小斯当东曾记载当时使团单膝跪地并俯首，但是由于这一话题过于敏感，因此在日记中有明显删改痕迹。① 可能由于使团内的氛围，或是当时任使团秘书的父亲以及随行的家庭教师的强调，小斯当东虽仅有十二岁，但已隐隐意识到行礼的意义。然而除日记之外，小斯当东后期的其他作品中极少提到马戛尔尼使团如何行礼。由于阿美士德使团遵循马戛尔尼使团先例，且小斯当东是唯一参与两次使团的人物，他不可避免地被问到当时的情况。他一方面向中国官员推脱当时年幼，记不清具体情况，而同时又在《1816年英使团北京纪行》（以下简称《纪行》）中声明，"我清楚地记得，也一直明白，当时（指马戛尔尼使团时期）没有叩头"②。可见，小斯当东深知行礼一事重要且敏感，因此选择避而不谈，甚至可能为了达到不行礼的目的而扭曲事实，使我们难以探知他在马戛尔尼使团时期对于行礼的态度。

与马戛尔尼使团不同，阿美士德使团中，小斯当东与多位使团成员均发表极为详尽的日记或回忆，对当时的礼仪之争可谓不惜笔墨，我们也得以追踪小斯当东本人历时的态度变化。《纪行》记录了从1816年7月7日小斯当东登上东印度公司"发现号"（Discovery），直到1817年1月20日一行人从黄埔乘阿尔塞斯特号（Aleseste）离港的行程。其中，对中国礼仪的探讨从登陆前一周左右开始（8月4日首次提及），并随着使团不断深入腹地而日益激烈。小斯当东非常清楚礼仪问题是一个非常重要的问题。尽管当时英国政府给阿美士德的训令明示，"当遵循马戛尔尼使团旧例"，并稍后做出解释"只要特使认为对使团完成使命有益，可自行决定行叩头礼"，他仍于8日（登陆前一天）写信给阿美士德，以书面形式反对行叩

---

① 黄一农：《印象与真相：清朝中英两国的觐礼之争》，《"中央研究院"历史语言研究所集刊》第七十八本（2007年3月），第51页。

② George Thomas Staunton, *Notes of Proceedings and Occurrences during the British Embassy to Pekin in 1816*, H. Skelton, 1824, p. 65.

头礼:"由于行礼对英国国格以及广东利益的影响,我非常不建议如此行礼。"① 初期,小斯当东似乎抱持乐观的心态,认为清廷会主动废除这一礼节;然而,随着使团北行,中英双方相持不下。英国方面,阿美士德据理力争,称马戛尔尼使团并未如此行礼;小斯当东推脱当时年幼,不肯作证。中国方面,嘉庆帝不断下谕,甚至派理藩院尚书和世泰、礼部尚书穆克登额与之谈判,坚决要求使团行"三跪九叩"之礼。重压之下,阿美士德由最初表示要按英式礼仪鞠一躬,到同意按照中国行礼的次数鞠躬,再到单膝跪地深鞠躬九次,最后到提出两个折中方案——一个是与马戛尔尼当时的提议相同,在使团行礼的同时,中国派等级相同的官员向英王画像行礼;另一个是要求中国官员访问英国时,在英王面前行叩头礼。如上种种,小斯当东只是记录而未发表个人观点,可以理解为他支持并认可使团的态度。

随着礼仪之争日益白热化,小斯当东表示他一度犹豫是否应坚持自己的观点。8月27日,由于使团提出的种种方案都不被清廷接受,使团内部展开讨论,团中三位重要人物中的两位——阿美士德特使与第二副使伊利斯(Henry Ellis, 1777—1855)——都打算行礼。小斯当东写道:"倘若我反对行礼,那么我显然要为此负主要责任,这将决定使团的命运,我既是反对了特使的意见,也是反对了团中大多数主要成员的意见";"我本可以不提任何意见,但是从我登陆阿尔塞斯特号起,我便将之视为自己的责任";"我对于自己反对两位同事的观点感到有些不自信"。② 基于这样的理由,小斯当东要求征询与自己同为东印度公司职员的五人。其中,使团翻译马礼逊认为,行三跪九叩之礼在整体上是不明智的,然而考虑到这与东印度公司的利益密切相关,他对此持保留意见。③ 除马礼逊外,其他四人都赞成小斯当东,最终使团统一意见,决定不行叩拜礼。从小斯当东说服使团的过程来看,他本人是使团中最坚定地反对叩头的,而所谓"不自

---

① George Thomas Staunton, *Notes of Proceedings and Occurrences during the British Embassy to Pekin in 1816*, p. 32.

② George Thomas Staunton, *Notes of Proceedings and Occurrences during the British Embassy to Pekin in 1816*, pp. 101–102.

③ George Thomas Staunton, *Notes of Proceedings and Occurrences during the British Embassy to Pekin in 1816*, p. 103; Henry Ellis, *Journal of the Proceedings of the Late Embassy to China*, T. Davison, 1817, p. 171.

信","本可以不提任何意见",很可能只是谦辞,为了不使反对两位同事的自己显得过分强势。

二 小斯当东引文与伊利斯、马礼逊 原文本的比较阅读

除小斯当东 1824 年发表的《纪行》外,在后来发表的种种文本中,他依旧不断提及这次"礼仪之争":一方面大量引用支持者的评论;另一方面还特别纳入马礼逊和伊利斯的言论,以示自己当初的决定准确无误。然而细读之下,两人的言论却揭示了使团内部或隐或现的分歧,而这种分歧似乎在使团回国后仍未消解。

距离使团回国四十余年后,小斯当东发表的《回忆录》中,不仅收录阿美士德的宽慰信,东印度公司同行表示支持的证明函,还专门收录伊利斯发表日记中的一段话:

> 放弃最初的观点而遵从乔治·斯当东爵士的经验,我并不感到自责。人们很难仅仅根据一般原理,就推断特定情境下的具体结果,因为这种情境可能是他们根本不熟悉的,或没有给予足够重视的。这种情况下,唯一安全的做法就是听从当地经验。①

从小斯当东所引这一段来看,似乎伊利斯十分支持小斯当东的决定。然而,与伊利斯原文比对,可以发现小斯当东可谓"断章取义",甚至扭曲伊利斯原义。引文在原文中并不是相连的一段话,其中第二句话与第一句话相隔近 400 字,而第一句话所在的上下文如下:

> 我自一开始就对叩头礼本身及其导致的结果持不同观点,而且考虑到与之相关的使团的其他境况不能说是不理想,拒绝行礼对于维护国家尊严绝非必要,对于继续拒绝遵行中国礼导致使团不被接见这样

---

① George Thomas Staunton, *Memoirs of the Chief Incidents of the Public Life of Sir George Thomas Staunton*, Bart. L. Booth, 1856, p. 69.

的结果，我自然感到深深的遗憾，但是放弃最初的观点而遵从乔治·斯当东爵士的经验，我并不感到自责。我已做好准备，当被要求行动时，将放弃最初的想法而顺从有经验之人的观点，但如果将这一问题视为一个可以探讨的问题，那么我的观点仍未更改。①

从伊利斯的原文来看，他的态度非常明确：是否行叩头礼并非与国家荣誉密切相关（他甚至认为单膝下跪并深鞠躬与双膝下跪并叩头并无很大差别②），而不行礼导致不被接见则令人遗憾。其字里行间透露的是，作为使团的三号人物，如果特使和小斯当东做出决定，他服从安排；但就问题本质而言，他仍坚持自己的看法。

伊利斯这样的态度在小斯当东《纪行》中亦有迹可循：当使团讨论是否行礼时，伊利斯极力支持阿美士德，二人均同意按照清廷要求行礼，而小斯当东对此颇有微词，认为二人更多地相信了中国官员敷衍搪塞之语，甚至超过相信他的个人经验。最终结果是，小斯当东坚持己见，说服了阿美士德，使团才统一意见，拒行叩拜礼。③ 其实通读伊利斯《日记》的读者，自然会意识到伊利斯一以贯之的态度是：叩头只是一种形式，是中国朝廷惯例，与政治含义并无关涉。当时的读者态度，在小斯当东的《回忆录》中也有蛛丝马迹，小斯当东写到有评论家在看过伊利斯日记后，质疑他拒行叩拜礼的合理性。由此可见，当时英国至少有一部分读者和评论家并不赞成小斯当东的做法，否则他也不必避重就轻，省略伊利斯不利于他的观点，以证其行为的正当性。

除了引用当时持反对意见的伊利斯外，在《中国札记》中，小斯当东还引用马礼逊的文字为自己辩护，认为对三跪九叩最为合适的描述来自马礼逊1820年出版的《1816年英使团访华回忆》（以下简称《回忆》）。④ 据小斯当东所言，他引用的目的不仅在于其出自"权威之口"，而且因为马

---

① Henry Ellis, *Journal of the Proceedings of the Late Embassy to China*, pp. 152–153.
② Henry Ellis, *Journal of the Proceedings of the Late Embassy to China*, p. 153.
③ George Thomas Staunton, *Notes of Proceedings and Occurrences during the British Embassy to Pekin in 1816*, p. 99.
④ Robert Morrison, *A Memoir of the Principal Occurrences during an Embassy from the British Government to the Court of China in the Year 1816*, London: James Nicholas Printer, 1820.

礼逊"曾非常错误地建议大使行礼"。以下为小斯当东所选的引文,为了方便讨论,整段翻译如下:

> 所谓"礼仪",有时会极大地影响对于平等的理解。礼仪不单单只是形式而已,而是如同文字一般明白易懂的语言;无疑,"无论使用何种文字,文字不过是一阵风";无论使用何种仪式,仪式不过是一种形式。有些仪式是无关紧要的,无论致敬的仪式为何,脱帽或是鞠躬,还是戴帽、深鞠躬、双手胸前交叠,这些对于在中国人和英国人来说,都一样的得体。然而,身体的不同姿势有时表现了不同程度的臣服和忠诚;有些国家几乎天然地抗拒更加臣服的表现。比如,站立低头,在臣服的程度上低于单膝跪地,单膝跪地又低于双膝跪地,而双膝跪地又低于双膝跪地并叩首;在中国人的理解中,单行一次又不及行三次、六次、九次更为尊敬。至于一方是否应当向另一方表现这种强烈的臣服:即使是最强烈的形式,只要是双方都这样行礼,那也与平等的观点或者双方的独立自主无妨;当并非双方互相行礼,那么便展现一方对另一方的臣服效忠之情。现中国在位的鞑靼皇室将其仪式称为"三跪九叩",即三次跪拜,九次叩首。欧洲国家中,认为自己是其附属国并愿意效忠中国的,应当行三跪九叩之礼;而不认为是附属国的,则不应当如此行礼。①

小斯当东引用这段文字是为说明当时自己建议使团拒行叩拜礼的必要性,然而这段话却展示了马礼逊对礼仪颇为灵活的观点。"文字不过是一阵风"(words are but wind,或译"言如风")出自莎士比亚《错误的喜剧》,这一习语意在表示语言并不一定含有固定的意义,往往随着人的理解而改变。他以之类比行礼,说明在他的理解中,礼仪的意义也随境而变,需要考虑到种种条件,比如行礼的方式,以及双方是否彼此行礼等。可见,马礼逊在1820年《回忆》中表达的礼仪观与他当时的观点并无太

---

① George Thomas Staunton, *Miscellaneous Notices Relating to China: And Our Commercial Intercourse with that Country*, J. Murray, 1850, pp. 122-123. 小斯当东的引文中,段内无引号,笔者根据马礼逊原文第8页添加。

大出入。

从引文中亦可发现，小斯当东与马礼逊在对礼仪限度的界分上有微妙的区别。小斯当东引述马礼逊最主要的目的或在于文中最后一句话："欧洲国家中，认为自己是其附属国并愿意效忠中国的，应当行三跪九叩之礼；而不认为是附属国的，则不应当如此行礼。"表面上来看，这反映马礼逊的观点与小斯当东一直宣扬的"国格"或"国家荣誉"一脉相承，但事实上马礼逊将礼仪按程度做出界分，将"三跪九叩"作为最强烈的臣服，并且在论及欧洲使团是否应当行礼时，也只提到了"三跪九叩"应当是避免的。换言之，我们或可认为马礼逊对"三跪九叩"以外的礼仪形式的态度较为灵活。这与小斯当东的界分有微妙的不同。小斯当东在其《纪行》中与中国官员不断协商中表现的态度是：单膝跪地并鞠躬是使团的底线，次数无关紧要，然而如果超过单膝或鞠躬，则除非双方行礼，否则不予接受。这一底线的来源，一是英国人向国王行礼的方式：单膝跪地并吻手（当时在小斯当东的建议下，由阿美士德的儿子向阿美士德行礼以演示给中国官员）；二是在小斯当东"记忆"中的，马戛尔尼使团的行礼标准。① 简言之，小斯当东本人的底线在于叩头，与马礼逊相比，更加明晰和坚定。可见，尽管小斯当东成功说服使团拒行跪拜礼，但是当时的使团内部除了在是否行礼上有明显分歧外，在行礼的意义、行礼的界限上亦有歧见。

三 小斯当东拒绝行礼的原因探析

顶着反对特使、导致使团使命失败的压力，面对使团内部和英国当时存在的对于中国礼仪的种种分歧，小斯当东自始至终都坚定地反对使团行礼。原因只是他在不同文本中反复提及的"个人经验"和"国家荣誉"吗？笔者认为，这两个原因可以视为"显在的"原因，而且值得深入考察；此外，还有小斯当东不愿明示的、"隐藏的"因素：东印度公司利益与他的回国打算。

---

① George Thomas Staunton, *Notes of Proceedings and Occurrences during the British Embassy to Pekin in 1816*, p. 50.

（一）个人经验

小斯当东表示，建议特使拒行三跪九叩主要是基于他的经验，而且从伊利斯的日记中可以看出，他确实也是主要凭着丰富的"当地经验"说服使团。有研究者提出质疑，认为除了十二岁随马戛尔尼使团出使北京，小斯当东本人的活动范围和经验都局限于广东，而广东与北京相距甚远，习俗也不尽相同。[①] 我们不应当忽视的是，首先，虽然小斯当东在随马戛尔尼使团出使时只有十二岁，但是他的日记最为详细地记载了当时的"礼仪之争"，而且他一直与当时任使团秘书的父亲老斯当东和同样在使团的家庭教师惠纳（Johann Hüttner，1765—1847）、约翰·巴罗（John Barrow，1764—1848）保持紧密联系，有大量机会了解当时的情况；其次，出使前小斯当东已经广泛阅读并且翻译部分中国典籍，比如《大清律例》和《异域录》，对于中国的内政和外交有相当的了解，而他在广东工作时接触的中国人、处理的种种纠纷也使得他更透彻地理解中国人的性格；最后，他的交际圈还包括很多与他年龄相仿、对中国十分熟悉的汉学家和传教士，他的好友马礼逊，同为东印度公司职员的德庇时（John Davis，1795—1890），也都大量翻译中国的作品并对中国极为了解。倘若我们承认经验的积累不仅可以源于直接接触，还可以从阅读和交流中获得，那么小斯当东显然有理由夸耀自己的"当地经验"。

从《纪行》来看，小斯当东对中国人性格的把握颇为准确，而清廷的反应也几乎在他意料之中。比如，他认为中国人不会无故动用暴力手段，或者在看不到好处时走极端，而且当皇帝从"礼仪之争"导致的愤怒冷静下来后，也不会给使团造成太大的损失。[②] 而事实上，尽管嘉庆帝没有接见使团一行人，但是确实在冷静后收下使团部分礼物并回赠厚礼，以示包容大度。从这一点来看，小斯当东对中国人"中庸"的处事原则，以及皇帝的行事方式都极为熟悉，因此敢于建议使团不行跪拜礼。

---

① Gao Hao. "The 'Inner Kowtow Controversy' during the Amherst Embassy to China, 1816–1817," *Diplomacy & Statecraft*, 27.4, 2016, p. 612.

② George Thomas Staunton, *Notes of Proceedings and Occurrences during the British Embassy to Pekin in* 1816, p. 100.

（二）国家荣誉

小斯当东从给阿美士德写信就一直强调的"国家荣誉"或者"国格"也值得分析。诚然，随着 19 世纪英国日益加剧的社会阶层差异，下跪与服从更紧密地联系在一起，① 因此叩头礼表现向中国皇帝的臣服，也因此才成为争论的原因。然而，如前文所示，并非所有的使团成员都认为三跪九叩直接地有损国家形象。而且，据黄一农的考证和推论，马戛尔尼使团至少是单膝跪地并深鞠躬九次。② 为何那时国家荣誉没有直接地与三跪九叩联系在一起呢？

笔者认为，小斯当东所说的"国家荣誉"，其实潜台词是"国家实力"。马戛尔尼时期，中国尚可算作与英国力量均衡的国家；而阿美士德访华时期，中国内有白莲教动乱、外有英国军舰不断侵扰，而英国则刚刚击败法国成为欧洲霸主——有趣的是，阿美士德本人击败拿破仑有功，而且使团访华乘的又是从法国收缴的军舰阿尔塞斯特号，似乎正是英国政府有意无意地展示其军事实力的表现。阿美士德和伊利斯或许因为不熟悉中国而不确定中国真实的实力，而一直在东印度工作的小斯当东应当对此再清楚不过，故而可以底气十足的以"有损国家荣誉"为由，拒绝向中国皇帝表示任何意义的臣服。此外，从"潜在读者"角度来看，《纪行》是打算发表的，而小斯当东显然希望向当时的普通读者和各种书评人展现自己较为正面的形象，因此鼓吹"国家荣誉"美化其形象。

（三）东印度公司利益与小斯当东事业规划

小斯当东在《纪行》中甚少提及礼仪之争与东印度公司的关系，也未提及阿美士德和伊利斯二人为何如此干脆地放弃自己的观点。而根据伊利斯的记录，当时的情况是：特使综合考量行礼导致的个人尊严和国格受损、马戛尔尼使团先例，以及政府训令等因素，认为可以行礼，而他唯一需要征求意见的便是行礼对东印度公司的损益。小斯当东单独征求广东同事的意见，除马礼逊同意行礼外，其他职员都相信同意行礼会颠覆东印度

---

① ［美］何伟亚：《怀柔远人：马嘎尔尼使华的中英礼仪冲突》，第 238 页。
② 黄一农：《印象与真相：清朝中英两国的觐礼之争》，第 55 页。

公司在中国塑造的坚决果断的形象，因此严重损害东印度公司利益以及未来的办事效率。提交了公司职员的意见后，小斯当东表示这也一直是他的顾虑。① 可见，当时东印度公司的利益或是左右使团是否行礼最重要的一个因素，也是让阿美士德和伊利斯迅速放弃自己观点的原因。事实上，考虑到正是东印度公司出资赞助此次使团行动，而小斯当东时任商馆主席，他的话语权或是其中最大的。高昊认为，当时征询东印度公司职员的意见是小斯当东的一种权宜之计，他巧妙地使拒行叩拜礼成为当时使团中占大多数的意见。② 表面上的大多数，或许正是东印度公司的权力，或曰小斯当东的权力可以左右使团行动的表现。

为何小斯当东对东印度公司利益这一重要因素一笔带过？笔者认为，这或与他的贵族身份有关。一方面英国贵族一般从政，故而反复谈及商业利益或显粗鄙；另一方面从等级来看，阿美士德是勋爵（Lord），小斯当东只是贵族中最低的"准男爵"（Baronet）。阿美士德是特使，表面上更有发言权，而小斯当东因为其商馆主席的身份更掌握了实权，但是为了维持表面的现象，小斯当东还是需要呈现自己谦虚、服从的形象，避免僭越。从更广阔的社会语境来看，显然当时社会的转型也反映在阿美士德和小斯当东二人的权力话语关系（power dynamics）上：随着英国工业革命不断发展，贵族地位式微，以往贵族不屑一顾的资产阶级逐渐发展壮大，甚至于1832年引发议会改革。而在使团中，头衔更大的阿美士德需要"听从"实际掌握更大东印度公司权力的小斯当东，可以看作当时社会转型的体现。除此之外，小斯当东对东印度公司利益避而不谈的原因还可能与其回国后的打算有关。他在东印度公司工作的最初就是为了积蓄财产，而随阿美士德使团出使中国前后，正是他打算回国从政的时期。因此他频繁鼓吹"国家荣誉"或许也是为将来踏入政坛做出准备。

综上所述，小斯当东坚持拒行叩拜礼的动因颇为复杂，与他在马戛尔尼使团时期形成的对叩头礼的初始印象有关，并随着与父亲、家庭教师、朋友等的交流而深化，及至阿美士德使团时期，他以其丰富的中国经验、

---

① Henry Ellis, *Journal of the Proceedings of the Late Embassy to China*, p. 171.
② Gao Hao. "The 'Inner Kowtow Controversy' during the Amherst Embassy to China, 1816 – 1817," *Diplomacy & Statecraft*, 27.4, 2016, p. 603.

对中英实力的评估,以及掌握的实际话语权,成功地统一使团的意见,也为他日后进入议会铺平道路。然而,当时使团内部对于叩头礼的歧见并未就此消除,伊利斯和马礼逊的观点某种程度上也反映了当时英国社会对于叩头礼,乃至对中国的矛盾态度。而随着阿美士德使团失败,中英双方交流进一步被阻隔,逐渐陷入对彼此的丑化中,启蒙时期的"中国热"演变为鸦片战争前夕的剑拔弩张。这种变化在"叩头"(kowtow,ko-tou)一词的发展上,也可见一斑:阿美士德使团成员频繁使用的"叩头",彼时只是指代中国的礼仪形式的中性名词,后来逐渐变为动词,通常含有贬义,尤见于媒体中批判某一方向中国过分示好。[①] 可见当时中西因为"礼仪之争"留下的影响颇为深远。

(赵连城,上海师范大学人文学院博士研究生)

---

① 韦氏词典,https://www.merriam-webster.com/dictionary/kowtow#note-1,2019-08-26.

林则徐与伯驾的"交往"：
跨文化互动视角的思考

李 杨

摘要 林则徐和美国医学传教士伯驾在1839年有过几次"交往"：林则徐派人会见伯驾了解"夷情"，就自己的疾病问询伯驾并为禁烟而问询西医戒烟方法，请伯驾协助翻译国际法和致英国女王的照会。如果我们将林则徐和伯驾看作19世纪上半叶代表了中西两种异质文明的个体，那么他们之间是否直接见面并不重要，重要的是对其"交往"的微观互动方式的考察，有助于从跨文化互动视角来理解中西文明早期接触中的存在问题，并理解这种文明互动过程中背后观念文化的重要性。

关键词 林则徐 伯驾 交往 跨文化互动

林则徐于1839年担任钦差大臣使粤禁烟，与正在广州开办眼科医院的美国医学传教士彼得·伯驾（Peter Parker）有过几次"交往"：林则徐派人会见伯驾了解"夷情"；林则徐就自己的疾病问询伯驾并寻求治疗，以及为禁烟而寻求西医戒烟方法；林则徐请伯驾协助翻译国际法和致英国女王的照会。对于这种"交往"是直接还是间接的，他们之间是否见面，史学界存在争议。而且，关于二人"交往"的研究，目前史学界也主要聚焦于林则徐找伯驾看病、伯驾参与国际法的译介等问题。因此，本文试图从整体观出发来考察二人的"交往"，并将其"交往"放在跨文化互动的情境下来理解，由此对中西两大文明直接接触的早期所体现出来的观念差异提出一点思考。

一 林则徐与伯驾的"交往"

从现有史料来看，1839 年 6 月到年底，林则徐与伯驾有过几次"交往"。

第一次是在 1839 年 6 月 10 日。这一天，林则徐派了三个密使去见伯驾，双方的会谈包括许多主题，其中之一是地理学，因为一个密使对地理非常感兴趣。① 会谈中，伯驾提议赠送林则徐一本地图集、一部地理书及一个地球仪。但是，来访的密使却对此提出了一些礼仪方面的要求：要求伯驾写一封申请书，连同赠品一起呈递。伯驾认为这是荒唐的，他觉得自己没有这样的义务，而且提出申请的不应该是他。② 当然，密使觉得提出这种礼仪要求是合理的，因为他们代表"天朝"的钦差大臣。关于这次与林则徐所派密使的接触，伯驾在其日记和给"美部会"（美国公理宗海外传道部，American Board of Commissioners for Foreign Missions，简称"美部会"）的报告中都有述及。伯驾当月致函林则徐，称自己是"中国人的朋友"，信的末尾向林则徐表示，"愿意并将竭尽全力通过任何途径来为您效劳"③。这表明，他很重视钦差密使的来访，因为这是他第一次接触中国高级官员，受到中国官方的注意和重视是他可以向基督教差会展现的工作成绩。

此时正值中英关系持续恶化，林则徐正在虎门销毁鸦片。钦差大臣及其他的密使直接、间接接触的"夷人"不在少数，林则徐派人秘访伯驾，可以理解为这是钦差"悉夷"的一个渠道。最终，密使接受了地球仪等赠品，而且向伯驾承诺：钦差大人将会为他发放一张通行证，以便可以前往虎门去面见钦差本人。伯驾与林则徐密使的会面很快引起了广州"十三行"大商人伍浩官的注意。伍浩官即伍秉鉴，曾支持伯驾建立广州的眼科医院，与伯驾有着很深的友谊。伍浩官恳请伯驾，如果他将来拜见钦差大

---

① Peter Parker, *Yale Journal 8*, June 10, 1839.
② Peter Parker, *Yale Journal 8*, June 11, 1839.
③ George B. Stevens, W. Fisher Markwick, *The Life, Letters, and Journal of the Rev. and Hon. Peter Parker M. D. Missionary, Physician, and Diplomatist. The Father of Medical Missions and Founder of the Ophthalmic Hospital in Canton*. Boston and Chicago, Reprint edition published, 1972. pp. 169 – 172.

人，应将其谈论的话题限制在医学或者西方风俗习惯之类的对政治无害的方面，因为"贸易你不懂，鸦片船你也不懂"①。然而，从后来的事实看，林则徐并未发给伯驾通行证，以便伯驾公开、直接去见他。②

林则徐与伯驾的另一次重要"交往"，是他派人向伯驾咨询有关治疗疝气的问题。伯驾于1835年在广州新豆栏街开设了眼科医院"新豆栏医局"，颇有影响。伯驾曾在1839年一封向家乡友人报平安的信中提到，"林钦差曾派人来，就他自己的健康状况向我咨询，并向我寻求救助鸦片吸食者的计划。我还根据他的要求，将一篇很长的文件翻译成中文，内容是关于国际法的，尤其是关于国家间战争与交往的"③。伯驾针对林则徐提出的几个要求，应该都逐一做了书面答复。至于疝气问题，伯驾回答说，他有一种器具或许对疝气患者有帮助，但他必须亲自将该器具给患者戴上。④ 对此，林则徐并没有立即做出回应，而是派了两个人去看病，一个求治疝气；另一个求治面部的皮肤病。伯驾的仆人认为他们是装病，以便前来偷学治疗方法。但伯驾拿他们当真正的病人治疗，给患疝气的人佩戴了一条托带。接着，林则徐让人向伯驾提出要求：钦差大臣要一副托带。但伯驾坚持托带必须由医生亲自给患者佩戴，因此拒绝了这一要求。遭到拒绝的林则徐让人第二天早晨给眼科医局送来名片和礼物，并捎来口信说，头天看病的人今天还要来复诊。可来复诊的人里，除了头天佩戴了托带的"病人"和翻译，还有一人——此人"自称是一位需要托带而又不愿透露姓名的人的兄弟"，伯驾把他称为"钦差大臣的弟弟"。这位"弟弟"不仅是疝气患者，而且身材、体态、病情严重程度跟都"钦差大臣"完全一样。这人还说，如果一条托带适合他，也应该适合他的哥哥。可当伯驾对他们说"用不着隐瞒真相，几个月前，这个病案的一切细目都已用书面送来，医生早已知道"时，"这位钦差大臣的弟弟便滔滔不绝地和伯驾谈论起来"，他还"问了许多关于我的祖国（即美国）以及我在其他国家旅

---

① Peter Parker, *Yale Journal* 8, July 29, 1839.

② Peter Parker, *Yale Journal* 8, July 29, 1839.

③ George B. Stevens, W. Fisher Markwick, *The Life, Letters, and Journal of the Rev. and Hon. Peter Parker M. D. Missionary, Physician, and Diplomatist. The Father of Medical Missions and Founder of the Ophthalmic Hospital in Canton.* p. 175.

④ Peter Parker, *Yale Journal* 8, July 29, 1839.

行的见闻"。"为了确保疝带适合林则徐,其弟将医局的六条疝带都拿去了,而且一条也没还回来。"①

1839年7月,林则徐让伍浩官给伯驾送去滑达尔《各国律例》的某些段落,请伯驾帮助翻译。一般认为,林则徐的高级翻译和重要幕僚袁德辉首先注意到了滑达尔的著作,然后将此书推荐给林则徐。因此魏源在《海国图志》中说,滑达尔的《各国律例》是由"米利坚医生伯驾"和袁德辉两人具体翻译的。②袁德辉从滑达尔的著作中选择了三个短篇,以作翻译之用。但他在翻译过程中意识到,汉语中缺乏与国际法中的西方概念相对应的专门术语,于是请求伯驾翻译其中较难的部分,随后袁德辉又参照伯驾译文对自己原先的译文进行了修改,以使文句更加通畅。③伯驾和袁德辉的译文均可见于魏源在1847年出版的《海国图志》60卷本与1852年出版的100卷本中。

1839年8月,林则徐和他的幕僚为应对中英冲突,起草了给英国维多利亚女王的檄文,陈述清政府禁烟运动的理由,并要求女王停止鸦片贸易。道光帝批准了林则徐等人的《拟谕英吉利国王檄》④后,林则徐命袁德辉将之译成英文,后又让袁德辉在马六甲英华书院的同窗、美国商人亨特回译成汉语,以核实袁德辉的译文是否准确。但是,林则徐对给英王信件的译文仍不放心,于是在1839年11月又通过伍浩官请伯驾把正式颁发后的《檄谕英吉利国王书》翻译成英文,以便再次比较核实袁德辉英译的准确性。然而,伯驾对这一托请帮忙,似乎是并没有应允。因为此后的史料以及学者,再无对伯驾翻译《檄谕英吉利国王书》的译文做过任何引用与讨论,而《中国丛报》上刊登的当时广为流传的《檄谕英吉利国王书》

---

① Peter Parker, "Hospital Reports of the Medical Missionary Society in China, for the Year 1839", *The Chinese Repository*, Kuang-Chou, 01 Apr. 1840.
② (清)魏源撰,陈华等点校注释:《海国图志》(下),岳麓书社1998年版,第1992—1994页。
③ 鲁纳:《万民法在中国——国际法的最初汉译兼及〈海国图志〉的编纂》,《中外法学》2000年第3期。
④ 林则徐在道光十九年(1839)六月二十四日上奏道光皇帝时所拟文书名称为《拟谕英吉利国王檄》(载《鸦片战争档案史料》第一册,第644—666页)。正式颁发时,名称改为《檄谕英吉利国王书》。

均为他人所译。①

以上是林则徐和伯驾几次"交往"的历史。那么，他们二人是否直接见过面？这已成为一个历史谜团，历史学者们就此提出了截然不同的看法。一般认为，林则徐没有和伯驾直接见面的依据，是伯驾在《中国丛报》上公开发表的《一八三九年医院工作报告》。在谈到林则徐这个"病例"时，伯驾在报告中写道："病案6565，疝气，钦差大臣林则徐，前两湖总督，现任两广总督。从医学专业看，该病案没有值得引起兴趣的地方，而且事实上该病人从未到诊。但我想与这样著名的人物的交往，记录其中若干经过，也许会让人感兴趣。他的行为构成了英国和中国这样两个大国争执的近因。"② 据此，多数学者得出"伯驾和林则徐从未见过面"这一论断。王维俭在《林则徐翻译西方国际法著作考略》中认为："伯驾和林则徐从未见过面"，"他们之间的交往，不论是翻译滑达尔著作和林则徐致英王信件，还是替林则徐治病都是间接安排的"。③

然而，陈胜粦在《林则徐会见伯驾之谜》中却做出了林伯直接见面的推测，声称"毕生以化装私访、微服出行著称的林则徐"，最终还是和伯驾直接见面了。④ 陈胜粦对林则徐的弟弟做了一番考证，提出林则徐只有一个弟弟，名濡霖，字雨人，1796年生。林则徐使粤禁烟与伯驾交往时，这个唯一的弟弟在福州老家病入膏肓，并于当年（1839）年底病逝。次年，林则徐在致姻亲叶小庚的书信中说："亡弟之变，忽亦将及期年，其病体久入膏肓，思之尚有余勃！"据此，陈胜粦做出推论：这样一位"久入膏肓"、濒亡于乡的弟弟，不可能在广州"滔滔不绝"地与伯驾谈论美国国情。这位向伯驾要托带治疗疝气的"弟弟"，很可能就是林则徐本人。

不管二人是否真正见过面，或许此番求治于西医的经历都令林则徐印象深刻。林则徐晚年奉咸丰帝特诏，带兵赶赴广西剿办太平军。此时66岁的林则徐此时已经病重到了"行坐亦不能自适"的地步。林则徐行至潮州

---

① 邓联健：《传教士英译〈檄谕英吉利国王书〉及其假捏本史实钩沉》，《外语教学与研究》2015年第3期。

② Peter Parker, "Hospital Reports of the Medical Missionary Society in China, for the Year 1839", *The Chinese Repository*, Kuang-Chou, 01 Apr. 1840.

③ 王维俭：《林则徐翻译西方国际法著作考略》，《中山大学学报》1985年第1期。

④ 陈胜粦：《林则徐会见伯驾之谜》，《广州研究》1985年第6期。

时，"旧疾疝气大作"，但他仍"力疾前往"，"十月十九日"林则徐勉强来到普宁，暂住于洪阳镇北面的"文昌阁"。在这里，林则徐病危，临终时"以指向天"大呼"星斗南"三字而卒。① 此后清人笔记述及此事，对"星斗南"三字都"莫解所谓"。郭柏苍《林文忠公遗事》云："后刘孝廉述公弥留时，群见大星坠地，公举一指曰：星斗南。即逝。闻者不知所谓。"金安清《林文忠公传》、李元度《林文忠公事略》《福建通志·林则徐传》等书均有"星斗南"的记载，但均未释其意。② 后来朱维铮的解释似乎破解这三个字的含义。他说："其实并不难解，所谓'星斗南'，正是闽语'新豆栏'的对音。林则徐将死时仍盼有医道高手施治，因而念及十一年前曾经解除他宿疾的新豆栏医局，应说是在情理之中。"③

二 跨文化互动视角的思考

如果我们将林则徐和伯驾看作19世纪上半叶代表了中西两种异质文明的个体，那么他们之间是否直接见面并不重要，重要的是通过考察他们"交往"的微观互动方式，有助于我们从跨文化互动视角来理解中西文明早期接触过程中的存在问题，以及文明互动过程中背后观念文化的重要性。

在前述林则徐与伯驾的"交往"中，有两件事情值得注意。其一，无论咨询问题还是治病，为什么林则徐没有公开而直接地去找伯驾或者请伯驾上门？从当时的情势来说，林则徐是有这种需求的。就因公而言，林则徐在广州筹办夷务"必须时常探访夷情，知其虚实，始可定控制之方"④，而他了解夷情的重要途径，除了让人翻译广州的英文报刊和搜集外国书报资料外，也可以直接会见外国人询问有关情况，伯驾就是一个很好的对象。就因私而言，伯驾治疗疝气的办法似乎也颇见成效，林则徐也有这种治疗的需求。然而，所有文献记录都表明，林则徐没有公开前往伯驾处，而是"间接"问询

---

① 赖焕：《光绪普宁县志续志稿》，上海书店出版社2003年版，第39页。
② 张效霞：《林则徐：死时大喊"星斗南"》，2011全国中医药科普高层论坛，2011年10月1日。
③ 朱维铮：《基督教与近代文化》，上海人民出版社1994年版，第15页。
④ 中山大学历史系中国近代史教研组、研究室编：《林则徐集·奏稿》（下），中华书局1965年版，第765页。

和求医治病。其二,当伯驾受托摘译《滑达尔各国律例》时,不仅没有表现出丝毫的犹豫,而且尽其所能努力完成,但在一个月后,当林则徐请他翻译《檄谕英吉利国王书》时,他却犹豫了,没有史料证明他完成了这篇译文。伯驾为何对两次托请翻译表现出完全不同的态度?笔者认为,我们只有将这两件事情置于跨文化背景下才能得到更好的理解。

跨文化互动意味着具有不同文化背景的人在相互交往过程中,需要克服文化差异、跨越文化障碍,只有这样才能达到相互理解而形成良性互动,否则有可能发生误解甚至冲突。透过林则徐与伯驾之间的"交往",我们看到,正是由于他们之间的关系具有跨文化性,导致他们之间的互动表现出了一些令人难以理解的微妙之处。

首先,从微观层面来看,林则徐与伯驾的经历和所受教育,体现了两种完全不同的文化影响。林则徐于1811年中进士,入翰林院。散馆后以编修在国史馆、譒书馆、清秘堂充职,当过御史。1820年,嘉庆帝去世前两个月,发现这个人才,放为浙江杭嘉湖道。以后平步青云。尽管父母病故两次丁忧,但复官即补实缺,由按察使、布政使、河督、巡抚而于1837年授湖广总督。1838年12月31日,道光帝任命林则徐为钦差大臣,前往广东查禁鸦片。伯驾于1804年出生在美国马萨诸塞州弗来明汉姆城的一个基督教家庭,父母都是虔诚的加尔文教派基督徒,因此是在一个严格的清教徒环境中长大。1810年,美国第一个以海外传教为宗旨的基督教差会传教机构——美国公理宗海外传道部("美部会"),在马萨诸塞州成立。伯驾于1831年获得耶鲁大学学士学位后,继续在耶鲁神学院和费城接受神学和医学方面的训练。1831年9月底10月初,他给"美部会"写了一份申请书,介绍了他的教育背景、健康状况、虔诚程度和已获得的成绩,决心将自己的一生都投入为基督服务之中,申请成为美部会候选人。① 两年后,1833年10月,即将完成学业、取得学位的伯驾正式向美部会提出申请,申请去海外传教。② 1834年6月,"美部会"正式任命伯驾为海外传教士。同年10月伯驾到达广州,次年11月在广州开设眼科医院。这样,深受儒学影响的林则徐这个钦差大臣,与肩负着基督教会使命的伯驾这个传教士

---

① Peter Parker, *Yale Journal* 3, May 24, 1831.
② Peter Parker, *Yale Journal* 5, Oct. 22, 1833.

兼医生,在广州"相遇"了。这是两种文明的相遇。

因此,在上述第一个问题上,林则徐作为"天朝"的封疆大吏,也许出于中国文化中的夷夏之别和等级观念,或者碍于其钦差大臣的身份,在与伯驾的"交往"中不愿或不宜直接露面。中国自古就有华夷之辨。华夏是"我者",夷狄是"他者"。华夷之别,也是文明之别。许倬云曾论述说:"中国自以为"是"文明的首善之区,文明之所寄托"。"'天下'是一个无远弗届的同心圆,一层一层地开花,推向未开化,中国自诩为文明中心,遂建构了中国与四邻的朝贡制,以及与内部边区的赐封、羁縻、土司诸种制度。"[1] 因此在这种文化传统中,不仅作为士大夫的林则徐不愿屈尊前往伯驾处,就连那三个密使也因受这种文化的熏陶而让伯驾在赠送礼品时写"申请书",使伯驾感觉到这种要求的"荒唐"。

在上述第二个问题上,伯驾不愿意为林则徐翻译《檄谕英吉利国王书》,一个重要原因很可能是他对林则徐起草的这个照会中的语言表达方式十分反感,因为他曾在给友人的信中说,此信"充斥着很多废话和带有侮辱性质的语言"[2]。虽然,伯驾在给友人的信中没有具体指出哪些是令他反感的侮辱性语言,但我们可以从这封信的内容发现一些端倪。信中说道:"贵国王累世相传,皆称恭顺。观历次进贡表文云:'凡本国人到中国贸易,均蒙大皇帝一体公平恩待'等语。窃喜贵国王深明大义,感激天恩,是以天朝柔远绥怀,倍加优礼,贸易之利,垂二百年。""至夷商来至内地,饮食居住,无非天朝之恩膏,积聚丰盈,无非天朝之乐利。""我天朝君临万国,尽有不测神威,然不忍不教而诛,故特明宣定例。该国夷商欲图长久贸易,必当懔遵宪典,将鸦片永断来源,切勿以身试法。"[3] 从中国传统文化及"天朝"威仪的角度来看,这些话语都是符合逻辑的。夷商之利,自然是仰赖"天朝"所得,应该"感激天恩"。然而,对于伯驾而言,这些"天朝"优越心态积淀造就的话语,很可能就是他觉得"带有侮

---

[1] 许倬云:《我者与他者:中国历史上的内外分布》,生活·读书·新知三联书店2010年版,第20页。

[2] Parker to Anderson, Canton, July 24, 1839. American Board of Commissioners for Foreign Missions. *Papers*, *South China*, 1838–1844, vol. Ia. p. 123. Houghton Library, Harvard University. 转引自[美]爱德华·V. 吉利克《伯驾与中国的开放》,广西师范大学出版社2008年版,第84页。

[3] 中国第一历史档案馆:《鸦片战争档案史料》第一册,上海人民出版社1987年版,第644—666页。

辱性质的语言"。也许在他看来，国与国之间的"照会"，不应该写成"檄文"，因此对林则徐的翻译要求，采取了消极对待。

其次，从宏观层面来看，如果我们将林则徐与伯驾的"交往"放在一个更大的社会文化背景来理解，在很大程度上他们之间的"交往"可以说是两种国际体系的对话。19 世纪中叶，以英国为首的西方国家已确立起世界霸权，源于《威斯特伐里亚和约》的西方国际体系，也随着欧洲的扩张渗透到东亚。有学者指出："源于 17 世纪威斯特发里亚体系的欧洲国际法，最初仅是欧洲国家的公法。但是，当欧洲扩张到世界其他地区并在 19 世纪取得世界霸权时，与'野蛮'相对的'文明'观念大行其道，欧洲公法也就成了所谓'文明国家'的国际法，它所维系的'国际社会'便成了一个'文明国家的俱乐部'。"① 因此，西方国家所谓的国际法和国际体系，是一个以西方"文明"国家为中心、非西方国家作为边缘的不平等世界体系。林则徐请人翻译的《滑达尔各国律例》，这种观念也有所体现。当然，此时的中国朝廷官员和知识分子，对此尚一无所知，林则徐试图翻译欧洲的国际法著作，目的在于了解夷情和师夷长技，已经算是当时中国在这方面的先驱人物了。欧洲国际法体系下的国际关系规则及礼仪，自然不同于清朝主导的东亚朝贡体系中的规则礼仪。

以夷夏之辩观念为核心的朝贡体系，确立了林则徐处理涉外关系的基本原则。1839 年林则徐到广州禁烟，3 月 24 日决定中止一切中外贸易，封闭商馆，撤退仆役，断绝供应。25 日，英国在华商务总监义律在给两广总督邓廷桢的禀帖中据理力争，强调"两国彼此承平最紧要"。对此，林则徐给予严厉驳斥："'两国'二字，不知何解？我天朝臣服万邦。大皇帝如天之仁，无所不复。该国与美利坚等来广贸易多年，是于列服之中，沾恩尤厚，想是英吉利、美利坚合称两国，而文义殊属不明。"② 在林则徐看来，英国与"天朝"不是一个等级的概念，英国只是"天朝臣服万邦"中的一邦而已。因此林则徐是从传统朝贡体系的世界观出发，将西方国家置于华夷秩序之下来审视和处理的。

当然，伯驾对于国际关系有不同于林则徐的理解。1839 年 6 月，在林

---

① 刘文明：《19 世纪末欧洲国际法中的"文明"标准》，《世界历史》2014 年第 1 期。
② 林则徐全集编委会：《林则徐全集》，海峡文艺出版社 2002 年版，第 2047—2048 页。

则徐第一次派了三个密使去见伯驾之后，伯驾致函林则徐。在这封信中，伯驾除了自称"中国人的朋友"，也表达了对鸦片以及林则徐禁烟的态度。他认为鸦片是"罪恶的"，禁烟是"正确的"，并祈祷"上帝引导钦差大人通过危险的境地"。但他对中方的做法也表达了不同意见，他批评道光皇帝"由于不了解外国的法律，也不知道外国实力有多强大，就轻易地采取同友好国家的惯例相抵触的措施，触怒了英国"。他建议林则徐认真"了解外国的性格和情境"，以便"恢复与各国间的友好关系"。他从自己做医生的角度举例说："熟练的医生首先要查明病因。如能消除病因，治愈疾病就有了相当的把握。"他认为，"目前中外交恶的症结""在于各国对彼此的意图和性格存在误解"。[1] 林则徐和伯驾对于"国家"及国际关系的看法，反映了东西不同国际体系下国家观念的差异。这种观念差异，也是我们理解林则徐与伯驾"交往"的一个重要维度。

综上所述，通过对林则徐与伯驾"交往"的考察，把他们当作不同的文化符号从跨文化互动的角度来看，可以增加我们对中西文明早期接触中一些问题的理解。中西两大文明在相遇与互动的初期，都视自己为世界的"中心"，都把对方看成世界的"边缘"和"野蛮"之邦。中国有华夷之辩，视欧洲国家为夷；而西方有文明等级观念，把清朝视为"半文明"国家。何伟亚曾把大英帝国和清政府的对峙概括为"两大帝国构建之间的冲突"，他说："这两个帝国中的每一个，都怀有包举宇内的雄心和支撑这一雄心的复杂的玄奥的体系。"[2] 因此在早期的中西互动中，各自都处于自己的文化观念和价值体系中，林则徐以"华夷之防"来处理中西关系，而西方人则不断用各种方式试图打破中国上千年构筑起来的历史经验，由此在中国与西方一些具体的"交往"中，误解和摩擦难以避免。这不是单纯个体之间的交往，而是两种文化观念的互动。

(李杨，首都师范大学历史学院博士研究生)

---

[1] George B. Stevens, W. Fisher Markwick, *The Life, Letters, and Journal of the Rev. and Hon. Peter Parker M. D. Missionary, Physician, and Diplomatist. The Father of Medical Missions and Founder of the Ophthalmic Hospital in Canton.* pp. 169 – 172.

[2] [美]何伟亚：《怀柔远人：马嘎尔尼使华的中英礼仪冲突》，邓常春译，社会科学文献出版社2002年版，第27页。

时局下的个人：华工何广培出洋经历的跨国史考察

王延鑫

摘要 长期以来，国内外学术界缺乏对华工个案的跨国史研究，这既不利于人们了解华工的个人经历，也不利于人们展现宏大事件的深入影响。以华工何广培为例，伴随民众起义的兴衰，其父何思训由担任教职的官员变为粤东会馆出官，而何广培也由官宦子弟变为宾兴局书禀。之后在国内外局势及家庭矛盾的推动下，何广培丧失来自家庭、士绅及国家的保护，由清朝民众变为秘鲁华工，最终深陷秘鲁经济及社会结构中。随着中外交涉形势的变化，容闳前往秘鲁调查华工处境，何广培通过呈递禀词，最终由幸存华工变为清秘交涉的证据提供者。由此本文以时局为依托理解个人命运，又以个人经历为线索，串联起看似不相干的时局，展现历史的多重面相与魅力。

关键词 跨国史 微观史 秘鲁 容闳 天地会

19世纪中后期，随着西方强国在世界范围内的扩张，中国开始面临"数千年来未有之变局"。在这场时代大变局中，中国东南沿海国门洞开，上千万民众奔赴东南亚、美洲、大洋洲等地谋生。其中，秘鲁华工以其出洋人数之多，持续时间之长，影响范围之广，一度成为中外交涉的"重头戏"，相

---

* 本文系教育部人文社会科学重点研究基地重大项目"独立以来拉美主要国家的社会转型研究"（项目编号：19JJD770007）阶段性研究成果。

关研究成果也是层出不穷。①但限于资料及研究视角,上述成果基本上为宏观研究,涉及华工的个案研究可谓凤毛麟角。②尽管宏观研究有助于我们从整体上把握秘鲁华工史的全貌,但它却不利于我们深入了解某些华工的个人经历,揭示时局影响下的个人命运,进而丰富我们对华工史的认识。近年来全球史与跨国史逐渐兴起,并呈现出与微观史合流的趋势。③笔者以秘鲁华工何广培上诉清廷的禀词为中心,结合中外档案、府(县)志记载,从跨国史与微观史的视角出发,一方面揭示时局对何广培人生经历的影响;另一方面也借由何广培的人生经历,丰富我们对时局的认识。

1874年正值清政府与秘鲁谈判华工输出之际,为确切了解华工在秘鲁的生活境遇,不至于在中外交涉中陷入没有真凭实据的被动地位,受时任北洋大臣李鸿章委托,容闳由美国哈德福特(Hartford)启程,经由纽约港、巴拿马等地,进入秘鲁境内,调查华工境遇问题④,并于当年10月将调查所得的华工禀词和各华董事联名公禀上呈清廷,11月又将"各华工口供暨驻秘之美国公使面述各情,美公司之信件,逐一译录,开折呈送"⑤。这些资料对于清政府在后续谈判中,据理力争,维护华工权益,起到关键作用。虽然这批资料对于研究秘鲁华工史而言,具有"吉光片羽"般的价值,但限于资料公开力度及研究视角,学者们对包括何广培个人禀词在内的上述资料,并未给予足够重视,尚未开展深入研究。⑥

---

① 安梁:《秘鲁早期华人移民研究综述(1849—1930)》,南开大学世界近现代史研究中心(编):《世界近现代史研究》第十三辑,社会科学文献出版社2016年版,第259—274页。

② Arturo Ruiz Estrada, Wong-A-Kion: un culí de la Hacienda Humaya, Valle de Huaura; Álvaro Valencia Ortiz, Chinos en Pisco (Siglos XIX - XX): Aproximación a partir de una historia de vida, in Richard Chuhua, Li Jing Na, Antonio Coello (eds.), La Immigración China al Peru: Arqueología, Historia y Sociedad, Instituto Confucio Editorial Universitaria, Universidad Ricardo Palma, 2012, pp. 51 - 59, 235 - 243.

③ [美]欧阳泰:《一个中国农民、两个非洲男孩和一个将军——全球微观史的研究取向》,王玖玖译,《全球史评论》第七辑(2014年12月);[德]汉斯·梅迪克:《转向全球?微观史的扩展》,董欣洁译,《史学理论研究》2017年第2期;[美]娜塔莉·泽蒙·戴维斯:《行者诡道:一个16世纪文人的双重世界》,周兵译,北京大学出版社2018年版。

④ 《清季华工档案》第一册,全国图书馆文献缩微复制中心2008年版,第357—363页。

⑤ 陈翰笙主编:《华工出国史料汇编》第一辑第三册,《中国官文书选辑》,中华书局1985年版,第1043页。

⑥ 20世纪80年代,秘鲁调查华工报告首次得到较为系统的标点整理。但限于篇幅,该汇编对何广培的人生经历,大为删减,详见陈翰笙主编《华工出国史料汇编》第一辑第三册《中国官文书选辑》,第1043—1059页;此后,该报告以完整影印的方式编录在不同的档案文献中,见《国家图书馆藏清代孤本外交档案》第八册,全国图书馆文献缩微复制中心2003年版,第3306—3312页;又见《清季华工档案》第一册,第354—477页。两书影印的报告内容相同,皆为总署副档。为方便引用,涉及何广培禀词部分,取自《清季华工档案》第一册,标点为笔者所加。

一 从官员之子到宾兴局书禀

何广培是晚清广东肇庆府高明县石歧村人,其父何思训是名廪贡,官至候补训导,其职责在于辅助县级教谕,督促生员学习。① 按清代科举制规定,在地方官学每年考试优异者,官府给予一定的膳食补助,称为"廪膳生",简称"廪生"。廪生既可以通过恩赐、考试及举荐成为正途贡生,又可以通过捐纳成为例贡生,由此获得廪贡身份。清朝规定"教职除进士、举人、正途贡生外,其例贡生非由廪膳生员者不与"②,并且"岁优贡生及廪生之例贡生,咨吏部议叙,以复设训导选用"③。由此可知,何思训之所以能担任候补训导,实际是凭借廪贡身份,经铨选得来。随着清代中期大兴捐纳之风,导致官员候补现象增加,何思训正处其中,只能暂领候补训导之职。

而何广培的早年经历,则与父亲的官宦生涯密不可分。"晚(何广培谦称——引者注)小随父任往返于高、廉之间。家严(对父亲何思训尊称——引者注)于道光十八年(1838)在高州候委。次年(1839),署理电白县学。后凡该府候补人员云集,改委廉州。(道光)二十八年(1848),署理府学,即年兼理合浦县学。咸丰六年(1856),又复回,委高州蒙文府宪,委管高文书院监院。是年,委署电白县教谕。(咸丰)九年(1859),调署信宜县学。因信宜寇乱,告假回家,指办资斧。适过广西平靖,意欲加捐知县,分发广西,未果其事。"④ 结合当时的历史环境,上述经历可做进一步分析。其一,以何广培的禀词为基础,对照相关府县志,何思训的履历不仅更为精确,而且能有所补充。以他在电白县的履历

---

① 邹兆麟、蔡逢恩修,区为樑、梁廷栋纂:《高明县志》卷十二《选举》,《中国地方志集成·广东府县志辑》,上海书店出版社2013年版,第176页;《清季华工档案》第一册,第441页。清代掌管地方教育的官员,除有统管一省教育的学政外,省以下"各学教官,府设教授,州设学正,县设教谕,各一,皆设训导佐之"。《清史稿》卷一百六《选举一》,第十二册,中华书局1976年版,第3115页。就何思训来说,其仕宦经历主要在县一级。

② 《清会典》(光绪朝),卷七《吏部》,中华书局2013年版,第58页。

③ 《清会典》(光绪朝),卷七十六《国子监》,第691页。

④ 《清季华工档案》第一册,第441—442页。

为例,《电白县志》表明,何思训于道光十九年(1839)署理电白县训导,这使得禀词中的官职更为精确化,并且《高州府志》还指出,何思训曾于"咸丰元年(1851)兼理电白训导"①,这实际补充了禀词中未有的履历。其二,清代于顺治十二年(1655)题准"教职回避本府",这使得籍贯肇庆府的何思训并不能在本府任职,而是被督抚衙门先后派往高州及廉州候委。②其候补官员的身份,使他只能弥补府内临时性署缺,而其子何广培也得以随父往返"高、廉之间"。其三,地方候补文官本就收入不高,且不稳定③,而此起彼伏的民众起义,导致军需浩繁,难免影响他们的收入与生活。何思训于咸丰九年(1859)九月署理信宜训导,至迟于咸丰十年(1860)春二、三月间离任。④在他到任前,信宜县连年遭受民众起义与匪患,劳师糜饷不绝⑤;在他离任前夕,咸丰十年春二月,当天地会众首领范亚音率部攻打信宜县城时,"邑中仅有潮勇百名,连年剿匪,经费早已竭乏"⑥。虽有时任高廉巡道邱景湘鼎力相助,但缺饷问题仍不时困扰信宜官府,至十月战斗结束时"糜饷六七万",更因派捐导致"所负累累"⑦。

---

① 敖式櫆修,梁安甸等纂:《重修信宜县志》卷五《职官一》,第551页;孙铸修,绍祥龄等纂:《重修电白县志》卷十二《职官二》,第125页;(清)杨霁修,陈兰彬等纂:《高州府志》卷二十一《职官四》,第309页。上述三部府县志,出自《中国地方志集成·广东府县志辑》,上海书店出版社2013年版。

② "有署理以权其乏"下注:"同知以下印务,由督抚委署。"《清会典》(光绪朝),卷七《吏部》,第58页;黄恩彤修,宁立悌等纂:《粤东省例新纂》,道光丙午年(1846)刻,蕃署藏版,哈佛大学汉和图书馆藏,卷一《吏治》。

③ 肖宗志:《晚清地方候补官员的职事收入及其后果》,《华中师范大学学报》(人文社会科学版)2010年第49卷第2期。以何思训为例,自乾隆元年(1736)始,扣除军饷后,信宜训导每年薪俸实支40两,其中俸银34两,薪银6两。另据乾隆三十三年(1768)议准:"各省候补试用人员,委署无员之缺者,照例支食俸银;其暂行委署出差员缺者,额俸既原官支食,不得另行支给。"《清会典事例》(光绪朝),第3册,卷251《户部俸饷》,中华书局2013年版,第968页;敖式櫆修,梁安甸等纂:《重修信宜县志》,卷四《经政五赋役》,第529页。

④ 何思训于"咸丰九年九月署理"信宜训导,其下任张文鼎于咸丰十年春复任。在此期间,何广培禀词中的"信宜寇乱"当指"咸丰十年春二月",天地会众范亚音部攻打信宜县城(见本页注释⑤)。考虑到下任复任时间及"寇乱"时间,故此推断何思训至迟于咸丰十年二三月间"告假回家,指办资斧"。

⑤ 如大寮凌十八、天地会何明科皆率众反抗清朝,而在咸丰五年(1855)后,信宜匪患不绝。就饷银来讲,仅清军最后围困凌十八所部,一年耗银达80万两。敖式櫆修,梁安甸等纂:《重修信宜县志》,卷八《记述三兵事》,第662页。

⑥ 敖式櫆修,梁安甸等纂:《重修信宜县志》,卷八《记述三兵事》,第664页。

⑦ 敖式櫆修,梁安甸等纂:《重修信宜县志》,卷八《记述三兵事》,第664—665页。

面对如此紧张的军情,何思训的俸银恐怕深受影响,而其身家性命亦难确保,他可能在战斗初期,便以"指办资斧"为由,告假回家。其四,"信宜寇乱"成为何广培人生的转折点。在此之前,借助于清代的捐纳制度,在父亲的功名及官职的庇护下,何广培可称得上名副其实的"官员之子",并且从禀文的遣词造句来看,他曾受到比较好的传统文化教育;在此之后,其父虽然想趁"广西平靖"、朝廷缺银之际,"加捐知县",以此跳出20余年的候补生涯,却并未成功。由此看出,自"信宜寇乱"之后,何广培"官员之子"的身份名不副实。

同治三年（1864）,在清军持续打击下,太平天国运动已成强弩之末;两广境内主要的天地会政权,如"大成国""大洪国"等,受到严重打击,殆于覆灭。① 同年,何思训带领何广培及其他家属,到达广西梧州,并"由藤县沿江而上,直抵北流县城。幸得各乡梓之为商于该处者,极其欢侍,公举晚父为粤东会馆出官,办理东商事务。晚亦蒙该处绅士过爱,延入宾兴局,当为书禀之职"②。一直以来,藤县与北流县城之间以圭江相联。圭江发源于北流县,向北流经容县,于藤县处汇入浔江。③ 随着"大成国"及"大洪国"覆灭,圭江沿岸重归清军控制。趁此时机,何思训一家由藤县沿圭江逆流而上,直抵北流县城。城内的粤东会馆时为粤商联络生意及食宿休息之所,而宾兴局则为士绅资助、奖励士子科举的民间机构。咸丰七年（1857）春,前述天地会首领范亚音在"大成国"的支持下,率部由容县出发,攻占北流县城,城内包括粤东会馆、宾兴局在内的多处设施遭损毁。直到同治七年（1868）和五年（1866）,粤东会馆和宾兴局才重建完成。④ 咸丰八年（1858）,范亚音所部因军事失利败走北流县城,此后再没能返回。⑤ 最终在清军攻打、内部分裂的形势下,其部于同

---

① 陆宝千:《论晚清两广的天地会政权》,台北"中央研究院"近代史研究所1975年版,第16、26—27页。
② 《清季华工档案》第1册,第442页。
③ 谢启昆修,胡虔纂:《广西通志》,广西人民出版社1988年版,第3421—3422页。
④ 徐作梅修,李士琨纂:《北流县志》,卷十二《祠庙》,中国方志丛书,成文出版社1975年版,第450页;陈其中:《北流宾兴馆——清末至新中国成立前我县群众助学组织》,《北流文史资料》第5辑1989年版,第20—21页。
⑤ 徐作梅修,李士琨纂:《北流县志》,卷二十《纪事》,第1201—1202页。

治二年（1853）节节败退，而范本人也于当年十月遭擒，并被时任广西巡抚郭嵩焘下令诛杀。①

同治三年（1854），当何思训一家来到北流县城时，虽然粤东会馆和宾兴局尚未完成重建，但整个县城早已处于清军的控制之下，包括北流县在内的两广局势大为稳定。而何思训毕竟身有功名，曾为候补训导，其子何广培亦懂得识文断字，所以当时的粤东商人及当地士绅，才会将其父子分别安置于粤东会馆与宾兴局，担任出官与书禀。至此，在晚清两广地区的动荡时局下，何广培完成人生旅程的第一次转变，即从依托于清朝官制的"官员之子"变为士绅治下的"书禀"。而两广地区清军镇压太平天国及天地会众的行动，则为何广培一家举家迁徙及其本人担任书禀，创造了外部条件。

二 从大清子民到秘鲁华工

第二次鸦片战争后，清朝与英国、法国分别签订北京《续增条约》，致使华工出洋合法化。尽管条约规定负责各省华工出洋的"督抚大吏"，应适时与英法驻华领事官员，查照各口岸情形，共同制定相关章程，以维护出洋华工的合法权益②，但从条约的执行情况看，由于下层官吏处于朝廷、洋人及民众的利益交织中，因此他们对待华工出洋常采取一种"机会主义立场"③，并非完全致力于打击华工拐卖现象，由此导致国内拐匪活动日益猖獗。④ 而此时美国内战的爆发，也使秘鲁迎来棉花种植业发展的契机，但不巧的是，秘鲁因1854年废除奴隶制，以及1856年议会颁布禁运亚洲人法令，导致种植园出现荒芜。考虑到这一情况，以及因华工断流可

---

① 易绍惪修，封祝唐纂：《容县志》，卷二十七《旧闻志》，中国方志丛书，成文出版社1974年版，第1105—1109页；郭嵩焘：《解散难民擒获逆首范亚音片十一月十六日》，郭嵩焘撰，梁小进主编：《郭嵩焘全集》第四册，岳麓书社2012年版，第48页。

② 贾桢等纂：《筹办夷务始末》（咸丰朝）卷六十七，文海出版社1966年版，第5362、5372—5373页。

③ ［澳］颜清湟：《出国华工与清朝官员——晚清时期中国对海外华人的保护（一八五一——九一一年）》，粟明鲜、贺跃夫译，中国友谊出版公司1990年版，第82页。

④ 陈翰笙主编：《华工出国史料汇编》第一辑第一册，《中国官文书选辑》，中华书局1985年版，第49—55页。

能导致的生活消费品上涨等因素，1861 年秘鲁议会重新授权引入华工。①上述原因使得赴秘华工人数在 1860 年后逐渐迎来第一波高峰期，尤以 1864—1866 年为盛。这点从当时华工出洋的重要口岸澳门的统计数据中，便可反映出来，1864—1866 年间从澳门出洋的华工人数，占整个 19 世纪 60 年代华工出洋人数的一半以上。②

考察何广培的出洋时间，也恰在 1864—1866 年之间。据他自述道："斯时年少无知，因与庶母不睦，即私逃返广东省城，不料路遇棍徒，被他骗诱，卖至秘鲁国中。险阻艰难，备偿得试。今幸身离苦海，工期已满于八秋。"③ 联系上文，"斯时"当在担任"书禀"之后，换句话说，其出洋时间最早在同治三年（1864）。又因容闳是在同治十三年（1874）七月到达秘鲁，当时何广培已做完八年工，再考虑到航行时间约有半年，故此可知，他出洋时间最晚当在同治五年（1866）初。又考虑到何广培自"小随父任往返于高、廉之间"，而其父首次由高州入廉州做官，有明确记载的时间为"道光二十八年"（1848），故此可知，出洋时何广培年龄最小为 16 岁。何广培提及自己"年少无知"，据《礼记·曲礼上》记载："人生十年曰幼，学；二十曰弱，冠；三十曰壮，有室；四十曰强，而仕……百年曰期，颐。"④ 故此可知，"年少"应未到 30 岁壮年之时，那么，何广培出洋时当在 16—30 岁之间，这一时段的人年轻有力气，符合出洋做工的需要，同时社会经验不足，容易拐骗，并且从被清廷解救和调查的华工来看，属于这一年龄段的也最多。⑤ 结合时代背景及何广培自述，不难发现，何广培之所以被拐出洋，既有国内外局势推波助澜，也有家庭矛盾助力其中，还有自身层面防范不足，最终导致他由大清子民变为秘鲁华工。

---

① Watt Stewart, *Chinese Bondage in Peru: A History of the Chinese Coolie in Peru*, 1849 – 1872, Duke University Press, 1951, pp. 25 – 28; Humberto Rodríguez P., *Los Trabajadores Chinos Culies en el Peru: Articulos Historicos*, n. p., 1977, p. 4.

② 笔者统计，1857—1859 年从澳门出洋的华工人数为 1071 名；1860—1863 年计有 7884 名；1864—1866 年有 18347 名；1867—1869 年则有 9153 名。各年份数据参见沙丁、杨典求、焦震衡、孙贵荣：《中国和拉丁美洲关系简史》，河南人民出版社 1986 年版，第 146—147 页。

③ 《清季华工档案》第一册，第 442—443 页。

④ 孙希旦撰，沈啸寰、王星贤点校：《礼记集解》上册，中华书局 1989 年版，第 12 页。

⑤ 无论是从"玛也西"号事件中被解救的华工口供，还是陈兰彬调查的古巴华工口供，都能说明一点。《清季华工档案》第一册，第 148—312 页；吴国斌：《契约华工制》，江西人民出版社 1988 年版，第 49—51、63—65、246—247 页。

或是耻于言说,或是认为多言无益,或是认为自身遭遇与其他华工并无实质不同,何广培对于自身遭遇,仅用"险阻艰难,备偿得试"形容。但对于秘鲁国内的华工境遇,他却有较为全面而细致的观察:"追思我国自咸丰以来,蛮夷滑夏,非仅一秋。百姓之落在番郡,不可胜数,计秘鲁一国,十万有余,而凄凉苦楚者,居其大半。如落在埠中临近,尚可容身;若落在山里开耕,身无余地,鞭挞仗锁,任番人之意,而为桀纣之刑,未有过此。未晓宪台所见,亦如是乎?据晚之所见,虽尽如是,但不被其害者少,而被其害者多。"他进一步论述道:"夫不被其害者,捐躯竭力,昼夜辛勤,通达番言,方免于难;而被其害者,焦头烂额,衣履不全,日则耕锄,夜来监锁,更有惨刑难受,以至死于自尽者,或将尸而以火炙烧,或毁骨而弃诸道左,无辜受此生死不安。"①

何广培的上述论述,有如下问题值得探讨:其一,关于苦力贸易起始时间的问题。咸丰作为清朝皇帝爱新觉罗·奕詝的年号,起于1851年,终于1861年,但据现今有据可查的官方档案,1849年6月7号,首艘前往秘鲁的苦力船从广东香山县金星门(Cumsingmoon)出发,同年10月15日前到达秘鲁卡亚俄港,船上载有75名华工,全部到达。② 故此可知,何广培的认识并不准确。其二,关于华工抵秘人数问题。华工出洋人数到底有多少,各方估计不一。容闳在上呈清廷的报告中认为"自咸丰初年拐贩起,至今计存华工约十二万有奇"③。傅云龙估计"华工之侨秘鲁,自道光十八年始,计至光绪年间,无虑十一万有奇。今存者五万九千耳"④。美国学者瓦特·斯图尔特综合国外记载,分析认为从1849—1874年约有9万华工到达秘鲁。⑤ 中国有学者估计自1857—1873年,由澳门启程的华工人数有75267人。⑥ 吴国斌认为到达秘鲁的华工有20多万,并且他分析了中外

---

① 《清季华工档案》第一册,第443—445页。

② "Correspondence upon the Subject of Emigration from China(1855)", in *British Parliamentary Papers on Chinese Emigration* 1853 – 1858, Cleveland, 1916, p. 60; Humberto Rodríguez P., "El inicio de la trata de amarilla al Peru y sus actores", in Richard Chuhua, Li Jing Na, Antonio Coello(eds.), *La Immigración China al Peru*: Arqueología, Historia y Sociedad, pp. 74 – 75.

③ 陈翰笙主编:《华工出国史料汇编》第一辑第三册,《中国官文书选辑》,第1043页。

④ 傅云龙:《游历秘鲁图经》,光绪二十七年刊本,政事下杂事。

⑤ Watt Stewart, *Chinese Bondage in Peru*: A History of the Chinese Coolie in Peru, 1849 – 1872, p. 74.

⑥ 沙丁、杨典求、焦震衡、孙贵荣:《中国和拉丁美洲关系简史》,第146—147页。

文献统计数据出现差异的原因,"盖统计人数受有关资料限制,一般只计存留人数,不计死亡人数。有的只计到岸人数,不计出洋人数,或反之。计算不同结果不一"①。笔者认为统计年限不同,也是导致数据出现差异的原因之一。就到岸人数来说,何广培估算的"十万有余",介于傅云龙与美国学者的估算之间,可备一说。其三,关于深山内华工受虐一事,受限于自身痛苦经历与禀词的文辞体例,何广培难免有情绪化表达,但就基本事实来说,何广培的记述既与容闳调查报告中源自他人的口供、禀词及目击证据相符合,又与国外学者依据外文文献所作的描述相一致②,这足以说明,他的论述基本反映华工受虐的惨痛史实。

面对华工受虐,何广培还观察到传统的向官府申冤的方式难以行得通:"无知愚民,误信番人拐骗,入其圈套,纵插翅亦难高飞;釜里游鱼,存亡唯其所命。天涯无路,凭谁附诉冤词?"③尽管何广培在此处称华工为"釜里游鱼",但他本人何尝不是"诉冤无门"?在何广培看来,多数华工境遇悲惨,其一,"番人"虐待;其二,申冤无门。但受自身认识局限,何广培也并未揭示华工受虐的历史根源。实际上,早在殖民地时期,秘鲁各地便逐渐形成大庄园制经济结构,而独立运动在驱逐西班牙王室的同时,也为大庄园主争夺政治权力提供了历史契机,其进一步的结果便是经济权力主导甚至腐蚀国家政治权力。④ 实际上,华工受虐及有冤不得申正是这一历史结果的表现。正如1873年时任美国驻秘鲁公使弗朗西斯·托马斯(Francis Thomas)所指出的,阻止苦力贸易并非易事,对劳工有巨大需求的农业资产阶级和铁路承包商联合起来甚至可以操纵秘鲁国会。⑤ 由此看来,在当时的历史条件下,华工受虐问题若要从根本上破除,则必须变革秘鲁社会原有的经济社会结构。但吊诡之处恰在于,当时流行于秘鲁政治中的卡西克主义或考迪罗主义正是以大庄园制经济为基础的。正是这种结构性悖论,使得秘鲁的国家机构长期以来难以从根本上解决华工受虐问

---

① 吴国斌:《契约华工制》,第269—270页。
② Watt Stewart, *Chinese Bondage in Peru: A History of the Chinese Coolie in Peru, 1849 - 1872*, pp. 113 - 137.
③ 《清季华工档案》第一册,第445页。
④ Leslie Bethell (eds.), *The Cambridge History of Latin America, Volume III, From Independence to C.1870*, Cambridge University Press, 2002, pp. 547 - 548.
⑤ *Papers Relating to the Foreign Relations of the United States, 1873*, p. 796.

题，也正因如此，何广培在秘鲁八年，才会感到"险阻艰难，备尝得试"，而众多华工更是为此命丧异国他乡。

三 从幸存华工到上诉之人

华工出洋及其待遇问题，一直是晚清中外交涉的重要议题。早在1869年，清廷便收到经由美国驻秘鲁公使阿尔万·P. 霍维（Alvan P. Hovey）和驻华公使劳文洛斯（J. Ross Browne）转呈的华工禀词。由于当时清朝与秘鲁并未建交，所以清廷只好委托美国驻秘鲁大使代为交涉，以保护华工在秘鲁的合法权利。① 1872年"玛也西"号（Maria Luz）事件爆发，苦力贸易问题引发国际舆论的普遍关注，最终在英国、美国及日本的支持下，被拐华工得以回国。事件产生的影响不断发酵，最终迫使当时的葡属澳门政府表态，将于1874年3月明令禁绝苦力贸易，而秘鲁方面则因此面临华工断流的危险。② 面对此种情形，秘鲁政府于1872年12月派出以葛尔西耶（Aurelio García y García）为首的使团出使日本及中国，处理通商、移民及"玛也西"号事件，以期为秘鲁经济发展开拓更大市场，寻求更多劳动力。使团于1873年10月抵达天津，并与清政府的代表李鸿章进行初步谈判。③ 彼时，容闳因购买国外军事器械问题，也在李鸿章处汇报商议。④ 双方围绕着华工输出及其待遇问题，展开反复辩论，秘鲁使节坚称华工在秘鲁并未受虐，而李鸿章及容闳虽不相信，却也无真凭实据。⑤ 最终，在英、美等国调停下，清廷与秘鲁签订初步的通商条约，但并未换约。⑥ 正是在此背景下，李鸿章派容闳出使秘鲁，查访华工在秘情形，而何广培也得以呈递禀词，诉说冤情。

---

① 陈翰笙主编：《华工出国史料汇编》第一辑第三册，《中国官文书选辑》，第965—966页。
② 王士皓：《玛也西号船事件及其国际影响》，《史学月刊》2009年第5期。
③ 顾廷龙、戴逸主编：《李鸿章全集》，第五册奏议（五），安徽教育出版社2008年版，第463—464页；Memoria que el Ministro de Estado en el Despacho de Relaciones Exteriores Presenta al Congreso Ordinario de 1874, Imprenta del Estado, 1874, pp. 209–212.
④ 容闳：《容闳自传——我在中国和美国的生活》，石霓译注，百家出版社2003年版，第202—203页。
⑤ 顾廷龙、戴逸主编：《李鸿章全集》，第三十册信函（二），第590—591、606—608页。
⑥ 顾廷龙、戴逸主编：《李鸿章全集》，第六册奏议（六），第57—59页。

第一，在上诉禀词中，何广培将自己视作一名客居在外的清朝人。八年的华工生活，并未增加何广培对秘鲁社会的认同感，他对容闳表示，"即欲故国之还，奈其行囊困乏，迫得暂栖戎地，徐图后会之机。兹闻宪台到此，喜如雀跃，将谓涸鱼得水，不日定济西江矣"①。其中，"故国"意指"清朝"，"戎地"当指秘鲁，"涸鱼"比拟自身，而"西江"作为两广地区的重要河流用来代指家乡，再联系前文中的"蛮夷滑夏"等语，非但说明他不忘自己的清朝人身份，而且表明他头脑中"华夷之辨"的观念深厚。而前文中的"孽在自为，不能逃适"一语，则表明传统的佛教观念，早已深入何广培的内心。因此，正是在这种看似不经意间的表述中，何广培展现了自身作为清朝人的精神世界。其实，何广培并非个例，华工叶炳也向容闳表达归乡之意："现在廉嘛（指秘鲁首都利马——引者注）做小生意度日，想回中国无川资，不能回去。"②

第二，在禀词中，何广培十分微妙地处理容闳、自身及被拐民众之间的关系，他实际将自己置于容闳与被拐民众之间，以此拉近与容闳的距离。在来秘鲁之前，何广培曾是官员之子，也是受过传统文化教育的知识分子。从上诉禀词来看，他既不敢将自身与容闳并驾齐驱，也不愿自降身份，将自己等同于他口中的"无知愚民"。他将自己视作华工的代言人，向容闳详述秘鲁华工的遭遇，并献计道"虽曰孽在自为，不能逃适，而招工之所，此实致害根源"。并且，他一再强调要"去草连根"，不要"隔靴搔痒"，要以捣毁招工馆为本，不要仅行"巡查"之举③，以此站在容闳的立场上，为其出谋划策，助其铲除苦力贸易，解救自身及众多华工。

第三，何广培在禀词中，以"晚"自称，将容闳视作长辈、救星，尊称其为"宪台"，并不惜笔墨，多处吹捧容闳。当谈及华工在秘鲁遭遇时，尽管有切近观察，他仍旧以商量口吻提出"未晓宪台所见，亦如是乎？"当表达自身对容闳来此的内心感受时，他连用"喜如雀跃""涸鱼得水"两个词语，既表达出自己的兴奋之情，又体现出对故国的思念；既传递出自己对容闳的期许，又展现出自己的谦卑态度。临近禀词结尾处，何广培

---

① 《清季华工档案》，第一册，第443页。
② 陈翰笙主编：《华工出国史料汇编》第一辑第三册，《中国官文书选辑》，第1059页。
③ 《清季华工档案》第一册，第445—446页。

极尽笔墨,在吹捧容闳中表达自身期许:"愿宪台威振诸蛮,功居黄阁,挥七寸之管,遐迩咸钦;拯亿万之民,慈悲莫大。普天之下,望若甘霖;四海之遥,仰同再造。恳勿视民如草介,以失众士之心,专大禹下车之风著。"①

第四,值得注意的是,相比于容闳、自身及众多受苦华工,何广培对于雇主及拐匪的描述较少。但这并不妨碍我们从字里行间洞察何广培对他们的口诛笔伐。在禀词开头处,何广培便提出上禀缘由:"为狡凶害人,诉冤无路事。"在文中他用带有贬义色彩的"棍徒"称呼"拐匪",用"番人"称呼"雇主",将雇主对华工的虐待行为称作"桀纣之刑",以此表达自己对雇主与拐匪的不满乃至痛恨之情。实际上,何广培一直将自己及其余华工看作"受害者",无论是因"年少无知"遭拐出洋,还是因身处秘鲁,"艰难险阻,备尝得试",都体现出这一点。这种表述既在一定程度上体现出自身及受拐华工的处境,又从反面表达出他对雇主及拐匪的痛恨之情,更重要的是,他将自己出洋受苦之责,悉数推给拐匪及雇主,以达状告目的。

总之,就身份定位来说,何广培以一名流落在外的清朝人的身份,将自身看作受苦华工的代言人,视容闳为长辈与救星,积极出谋划策,希望能够乘此次清秘交涉之机,最终离开秘鲁,返回清朝;就情感倾向来说,他痛恨雇主,思念故国,同情同伴,悔不当初,喜容闳到来,盼清廷解救,不满当下,期许将来。从情感史的角度看,尽管情感体验与表达之间存在张力②,但考虑到他的实际处境,上述"亲疏有别"的情感倾向则是成立的,只是难以判定在他内心深处上述情感倾向的强烈程度。不过,单从表达技巧上来说,何广培在情感表达上越"泾渭分明",实际越有利于他拉近与容闳之间的乡谊,进而点燃清朝官员的爱民之情,从而助力自身离开。通过上述情感倾向,何广培实际传递出一种和清廷相一致的政治立场以及朴素的回乡愿望,再加上禀词中华工受虐的惨痛事实,所有这些都符合清廷营救华工的心态,从而有助于清廷采纳禀词中的说法,助他尽快脱离苦海。后续的历史进程表明,该禀词与其他人提供的证据一道,不仅

---

① 《清季华工档案》第一册,第446页。
② 孙一萍:《情感表达:情感史的主要研究面向》,《史学月刊》2018年第4期。

坚定了清朝官员维护华工权益的决心，而且成为清朝官员在换约时据理力争、迫使秘鲁使节承认华工受虐的关键证据，并进一步通过附加照会的形式保障华工在秘鲁的合法权益。① 而在这一过程中，何广培也由幸存华工变为清秘华工交涉的证据提供者、实际参与人。

结　语

正如伊格尔斯所说："假如我们希望把无名的人从备受漠视之下解救出来，就得号召有一种新的概念上的和方法论上的历史学研究途径，它不再把历史看作是吞没了许许多多个人的一个统一过程、一篇宏伟的叙述，而看作是有着许多个别中心的一股多面体的洪流。这时候作数的就不是一份历史而是许多份历史了，或者更应该说是许多份故事了。"② 在太平天国运动的冲击下，清朝两广地区的局势并不稳定，何思训因范亚音领导的天地会起义，导致自己20余年的官宦生涯中断，辗转至北流县，成为粤东会馆出官；与此相对应，其子何广培也由依托于清朝体制的官员之子变为士绅治下的书禀。在国内外局势、家庭矛盾等推动下，何广培的命运再次发生转变，由清朝民众变为秘鲁华工，失去源自家庭、士绅及国家的保护，深陷于秘鲁社会长期累积的经济及社会结构中，备受苦楚，却难以逃脱，直到做工八年期满后，才有幸离开。以"玛也西"号事件为契机，国际社会对苦力贸易的关注陡然升高，废除苦力贸易的压力超过以往。清政府利用与秘鲁政府谈判华工问题的间隙，派出容闳出访秘鲁，何广培因此以海外清朝人的身份，呈递禀词，陈述冤情。在后续换约过程中，何广培的禀词与其他人的证言，也为清政府据理力争，维护华工合法权益，提供了有力证据。尽管容闳和何广培等人，上下配合，积极努力，希望将海外华工重新纳入清政府的保护之中，但从后期看，由于一时难以改变秘鲁的经济社会结构，效果并不理想。③

---

①《清季华工档案》第二册，全国图书馆文献缩微复制中心2008年版，第655—660页。
②［德］格奥尔格·伊格尔斯：《二十世纪的历史学——从科学的客观性到后现代的挑战》，何兆武译，山东大学出版社2006年版，第106页。
③ 陈翰笙主编：《华工出国史料汇编》第一辑第三册，《中国官文书选辑》，第1080—1097页。

总之，从何广培的个人经历中，不难看出，在晚清"数千年来未有之变局"中，个体命运随着时局变化而上下沉浮，好似大海浮萍，又像迎风飞蓬，一直处于萍漂蓬转中；而原本看似不相干的重要事件，仿佛一座座孤立的山峰，它们借由何广培的人生经历，一一串联起来，由此展现出历史"横看成岭"的面相与魅力。正如威廉·麦克尼尔在评价其代表作《西方的兴起》时所言："仅仅通过跨越边界的审视，通过探究被分割开来的关于世界不同地区的历史知识，以前未意识到的各种关系和似是而非的联系就一下子展现了出来。由此，不同于文明史和地方性国别史的世界史开始出现。"[1] 又或者如吴于廑运用"整体史观"评价世界史学科时所言："实际上，世界历史绝非把中国历史排除在外的域外史，而中国历史也和所有其他国家历史一样，是人类历史发展为世界历史全过程的组成部分。"[2]

（王延鑫，南开大学历史学院博士研究生）

---

[1] [美]威廉·麦克尼尔：《追求真理：威廉·麦克尼尔回忆录》，高照晶译，浙江大学出版社2015年版，第78—79页。
[2] 吴于廑：《世界历史》，中国大百科全书出版社2014年版，第97—98页。

"丁戊奇荒"中的灾情信息传播与"洋赈"*

赵 莹

摘要 1876—1879年间，在山西、山东等北方五省爆发"丁戊奇荒"，在华西方人发起"洋赈"参与赈灾。受信息渠道所限，西方人掌握的来自沿海和内陆的受灾情报严重不对等，对中国灾情形成的"认知地图"与灾情实际分布不符："洋赈"初期主要围绕灾情消息较多的山东展开，而未涉及受灾最重的山西。此时，《京报》将国际社会的触觉从中国沿海开放地区延伸至饥荒的中心区域，上海英文报纸刊出的《京报》译文极大增强了灾情信息的影响力，其他国家和地区媒体纷纷跟进，使灾情全貌逐步呈现在国际社会眼前，"洋赈"重点及方式策略也随之发生转变。不同地区、群体的人们在传播灾情信息过程中获得了话语权，表达了多元诉求。"洋赈"由一种单纯的民间行为上升到了国家民族利益的层面。

关键词 丁戊奇荒 洋赈 《京报》 信息传播 话语权

1876—1879年间，中国北部多遭到旱灾的侵袭。旱灾在中国所造成的饥荒殃及陕西、山西、河南、直隶、山东五省，死难者人数超过千万，被当时的英文报纸称为"全世界人近半个世纪以来最恐怖的经历"[①]。后来的中国人将这场灾荒称为"丁戊奇荒"。在这场灾荒中，以在华英国人为首

---

* 本文系2018年度国家社科基金青年项目"中英关系视野下的《京报》英译、传播及其影响研究"（项目批准号：18CZS038）阶段性成果。

① "The Intelligencer", *The Wheeling Intelligencer*, May 8ᵗʰ, 1878, p. 1.

的西方人曾采取行动救助中国灾民，他们的赈济活动被称为"洋赈"。

以往学界对"丁戊奇荒"的研究主要集中在三个方面：一是从灾荒本身的形成机制、危害程度、预防和善后等问题进行研究；二是讨论"丁戊奇荒"对中国社会现代化的影响；三是探讨在华传教士的赈灾活动及其贡献。近年来，一些学者开始将"丁戊奇荒"置于全球化背景下，探讨国际社会对"丁戊奇荒"的认知和反应。① 这些研究多将"洋赈"作为静态的整体进行讨论，没有以动态的视角研究灾情信息的传播路径，以及其影响下的"洋赈"本身的转变。

在"丁戊奇荒"中，灾情的传播对国际社会对"丁戊奇荒"认识的形成具有决定性作用。特别是《京报》有关灾情消息的翻译传播，更使"洋赈"的组织结构、救济重心和国际影响都发生很大变化，开启了"洋赈"活动的新阶段。这些问题尚未引起研究者的注意。本文通过广泛搜集有关"丁戊奇荒"的中外文材料，以动态的视角勾勒饥荒消息从灾区到国际社会的传播路径，揭示"洋赈"活动的转变轨迹及前因后果。在此基础上，从国际合作的角度探讨晚清时期《京报》翻译传播对中外关系的影响。

一 《京报》英译引发的"洋赈"重心"西移"

无论是亲历者的记录还是已有研究都表明，在"丁戊奇荒"这场"中华帝国漫长的灾荒史上最致命的旱灾"② 中，山西南部是受灾最重的地区，但是由在华英国人发起并主导的"洋赈"活动起初却围绕山东地区展开，

---

① 夏明方：《清季"丁戊奇荒"的赈济及善后问题初探》，《近代史研究》1993年第2期；李文海：《晚清义赈的兴起与发展》，《清史研究》1993年第3期；满志敏：《光绪三年北方大旱的气候背景》，《复旦学报（社会科学版）》2000年第6期；Mike Davis, *Late Victorian Holocausts*: *El Niño Famines and the Making of the Third World*, Verso, 2002; Andrea Janku. *The North-China Famine of 1876–79-Performance and Impact of a Non-Event*, *Measuring Historical Heat*: *Event*, *Performance and Impact in China and the West*, Symposium in Honourof Rudolf G. Wagner on his 60th Birthday, Heidelberg, November 3th–4th, 2001；[美]艾志端：《铁泪图：19世纪中国对于饥馑的文化反应》，曹曦译，江苏人民出版社2011年版；郝平：《丁戊奇荒：光绪初年山西灾荒与救济研究》，北京大学出版社2012年版；王瓒玮：《"丁戊奇荒"期间日本对华赈济及其内在动因初探》，《清史研究》2014年第2期；刘亮：《近代西方人对"丁戊奇荒"的认识及其背景——〈纽约时报〉传达的信息》，《古今农业》2014年第3期，等等。

② [美]艾志端：《铁泪图：19世纪中国对于饥馑的文化反应》，第1页。

并未涉及山西。

当时在华英国人所利用的信息渠道导致了这种情况的出现。在19世纪70年代，对于在华英国人来说，获知中国各地近况的渠道一般有两条：一条是在各口岸活动的英国人的书信和报告；另一条是中文《京报》及其译稿。前者的消息提供者多为英国政府雇员或传教士，他们身兼各大报社通讯员的角色，定期为当时的英文报社提供有关中国的最新消息；《京报》在当时则是一种由清政府授权、民间报房每日出版的小册子，其内容源自《邸抄》。19世纪前期，《京报》曾被零星翻译并刊登在广州、香港等地的英文报刊上；19世纪中期开始，上海英文周刊《北华捷报》亦有揭载其译文；1871年以后，当时在远东最具影响力的英文日报《字林西报》中"京报摘要"成为最及时发布《京报》消息的平台，不通汉语的一般英国人也可以由此及时知悉有关清朝朝野的动态。

"丁戊奇荒"发生之初，沿海各口岸的通讯员借交通和通信之便，最早对当地及周边地区灾情进行报道。这些报道极少涉及山西等内陆地区的情况。《字林西报》对灾情的报道在当时的在华外国人群体中具有极高的影响力，也清晰地反映出当时灾情的消息来源状况和在华英国人对灾情的关注状况。1876年至1877年6月以前，《字林西报》刊出的大都是来自天津、芝罘等沿海开放口岸的通信员对当地灾情的报道，其中包括针对山东旱情的长篇专题报道；相比之下，该报只在1877年2月20日刊出过一条译自《京报》的上谕，对于山西官员恳请赈灾一事仅以"报闻"二字一语带过，这是此间该报对内陆省份灾情的唯一一次涉及。[①]

由于来自沿海和内陆受灾情报的严重不对等，在"丁戊奇荒"之初的1876年到1877年秋期间，"洋赈"主要围绕山东展开而并未涉及山西。"丁戊奇荒"爆发之初，在山东一带较为严峻的灾情、当地传教士的呼吁、各大英文报刊对于山东灾情的频繁报道三者的共同作用下，"洋赈"将重点集中在了山东一带。1877年3月，在华英国人在上海成立了山东赈灾委员会（Shangtung Famine Relief Committee），并特设基金为山东筹集善款（Shangtung Relief Fund）[②]，这是"丁戊奇荒"中较早成立的"洋赈"组

---

① "Decree", *The North-China Daily News*, February 20th, 1877, p. 3.
② "Local", *The North-China Daily News*, March 22nd, 1877, p. 3.

织。此外，在华英国人还在山东芝罘设立委员会负责接收并发放善款。①

上述状况发生转变的契机，源于1877年6月《京报》上刊出的一篇奏折译稿，它将山西的灾情首次呈现在英国人面前。正当在华英国人热烈关注和讨论山东旱情时，1877年6月2日，前任山西巡抚鲍源深有关山西灾情的奏折出现在《京报》上，该奏折的英译稿在16日的《字林西报》"京报摘要"栏目中被全文登载。鲍源深在奏折中写道："自冬及春，各该地方官倡捐抚恤，并全谕殷实，各就村邻互相振贷。原冀春雨依时，可接麦熟。讵意亢旱日久，官民捐赈力均不支。到处灾黎哀鸿遍野。始则卖儿鬻女以延活，继则挖草根，剥树皮以度餐。树皮既尽，亢久野草亦不复生，甚至研石成粉和土为丸。"②

鲍源深的奏折不仅将山西的灾情带入了在华英国人的视野，还对英国大众造成了巨大的冲击。《字林西报》编辑在同日的"本埠消息"栏目中写道："6月2日的《京报》刊出了山西巡抚的一封奏折，其所描述山西省百姓的困苦远比我们所知道的山东省的状况要糟"，并复述了山西灾民"卖儿鬻女""挖草剥树""研石成粉和土为丸以果腹"的境况。6月18日，该报编辑再次引用鲍源深有关灾民的描述并感叹道："中国官员知道以何种语言描述百姓疾苦最能引人怜悯。"③ 当时的英国驻华使馆官员梅辉立在给本国政府的报告中也附有该奏折的英文稿。④ 译稿对读者的影响在很长时间内没有褪去，以至于1878年初正式成立的中国赈灾委员刊登在《泰晤士报》的宣传语中，也借用刊登在《字林西报》上鲍源深奏折英译稿的表述方式，使用中国灾民"剥树皮、挖草根，甚至以石头充饥""丈夫将妻子变卖为奴、父母卖掉小孩"等宣传语，并将其置于醒目的位置⑤，可见奏折译稿所详细呈现出的山西受灾惨状，确能令闻者动容。就这样，

---

① Committee of the China Famine Relief Fund, "The Great Famine. Report of the Committee of the China Famine Relief Fund", Shanghai, 1879, p. 13; "Report of the Shantung Famine Relief Committee", The North-China Daily News, July 24th, p. 3.

② 朱寿朋：《十二朝东华录（光绪朝）》，文海出版社1963年版，第391页；"Abstract of Peking Gazettes", The North-China Daily News, June 16th, 1877, p. 3.

③ "Local", The North-China Daily News, June 16th, 1877, p. 3.

④ W. F. Mayers, "Report on the Famine in the Northern Provinces of China", Annex No. 7 – 10, China Papers, 1871 – 1886, 东洋文库馆馆藏，编号：iii-7-F-e 86.

⑤ "China Famine Relief Fund", The Times, March 2nd, 1878, p. 8.

山西受灾惨状几经辗转终于呈现在英国大众眼前。

1877年7—11月,在华英国人的目光开始由沿海灾区向内陆省份转移,《京报》上后续的有关中国北方内陆省份的一系列消息在这一转变中发挥了重要作用。自1877年7—11月间,《字林西报》频繁刊载有关山西灾情的消息,这些消息绝大多数都源于《京报》上刊载的相关上谕和奏折,详见下表:

表1　　1877年7—11月间《字林西报》有关山西灾情的消息汇总表

刊载时间	栏目	来源	简介
1877年7月13日	"京报摘要"	1877年6月30日《京报》	奏折:山西巡抚曾国荃报告山西灾情;当地政府赈灾举措
1877年7月30日	"京报摘要"	1877年7月14日《京报》	奏折:曾国荃的灾区见闻;请朝廷采取赈灾措施
1877年7月31日	"京报摘要"	1877年7月17日《京报》	上谕:应曾国荃之请调整山西的税收政策
1877年8月11日	"京报摘要"	1877年7月28日《京报》	奏折:曾国荃汇报为应对灾情,将缴税日期延后半年
1877年8月18日	"本埠消息""京报摘要"	《字林西报》编辑;1877年8月1日《京报》	评论:对8月1日《京报》有关赈灾的上谕进行评论,该上谕重点在于山西赈灾
1877年8月27日	"本埠消息"	《字林西报》编辑	评论:对《京报》消息中清廷和地方官员在山西赈灾活动中表现的评价
1877年8月30日	"京报摘要"	1877年8月15日《京报》	上谕:对曾国荃的回复
1877年9月13日	"京报摘要"	1877年8月30日《京报》	奏折:曾国荃报告山西灾情加重
1877年9月22日	"读者来信"	上海的外国人	对中国北方的饥荒的感想
1877年9月29日	"本埠消息"	《字林西报》编辑	评论:李鸿章对山西赈灾的贡献
1877年10月19日	"本埠消息"	《字林西报》编辑	《京报》上谕:清廷为山西和河南灾区拨款赈灾
1877年10月20日	"京报摘要"	1877年10月3日《京报》	上谕:李鸿章等人在山西和河南的赈灾活动

续表

刊载时间	栏目	来源	简介
1877年11月1日	"读者来信"	北京来信	为山西、陕西、河南、直隶等地的灾情请求捐助
1877年11月7日	"本埠消息"	《字林西报》编辑	评论:《京报》上有关拨款山西赈灾的上谕

上表显示,除《京报》消息外,《字林西报》先后于1877年9月和11月刊出的两封读者来信也对山西灾情进行了讨论,可见译自《京报》的消息已在在华英国人中引起了回响。李提摩太的记录印证了这些消息的公布所产生的效果,他在回忆录中写道:"1877年秋,关于山西省发生灾荒的消息传到了沿海地区,灾情比我们在山东见到的要严重得多。伦敦会的传教士慕维廉(Muirhead)博士应上海赈灾委员会的请求,写信给我说,他们对我在山东赈灾的工作方式深表满意,问我愿不愿意赶赴山西,在那儿开展救灾工作。"① 1877年秋,尚未有传教士发回有关山西当地灾情的报道,因此李提摩太所谓"关于山西省发生灾荒的消息"所指的应该就是源于《京报》的消息,可见这些消息确实在引起在华英国人对山西灾情的重视这一点上起到了关键作用。

1877年秋,在《京报》消息译稿的影响下,华英国人主导下的"洋赈"活动经历了重大转变。这次转变以1877年6月《字林西报》所刊鲍源深奏折译稿为契机,随后在华英国人报纸一系列对山西灾情的密集报道为催化剂,在数月间,在华英国人对中国北方灾情的关注焦点迅速从北方沿海地区转向内陆地区,而山西也最终代替山东成为"洋赈"的中心。换言之,在华英国人主导下的"洋赈"的进程并非与"中国灾情的实际近况"相对应,而是与他们所掌握的消息勾勒出的"中国灾情状况"相对应。

1877年11月到1878年初,在在华英国人的主导下,针对山西的赈灾组织相继成立,这标志着他们在聚焦山西灾情的同时也在实际行动上将"洋赈"的重心由"山东"转向了"山西"。"洋赈"重心的"西移"始于

---

① [英]李提摩太:《亲历晚清四十五年:李提摩太在华回忆录》,李宪堂、侯林莉译,天津人民出版社2005年版,第105页。

1877年11月7日,山东赈灾委员会在上海召开会议,负责人慕维廉(W. M. Muirhead)在会上宣布"考虑到山西等省的灾情",决定将在山东赈灾委员会基础上"建立中国赈灾委员会"(China Famine Relief Fund Committee)①;首个专为重灾区山西而设的"洋赈"组织——山西灾情申诉委员会(Shansi Famine Appeal Committee)则于一个月后在北京宣布告成②;1878年1月,中国赈灾委员会第一次会议正式召开。此外,在山东"洋赈"开展过程中贡献突出的李提摩太也在此间接受慕威廉的请求,前往山西开展救灾工作。③ 这表明,随着《京报》上有关灾情消息的逐步披露,西方人在慢慢修正和完善他们对灾情的认识,并进一步以之指导救灾行动。

二 "洋赈"策略主导的灾情国际传播

正如德国学者燕安黛所言,"丁戊奇荒"的影响不仅局限于中国,它还是一个国际性的事件。④ 所谓的"国际性"在地域上主要包括日本和东南亚、英国及其属地、美国三个部分,三地分别在不同的时间点上开始关注"丁戊奇荒"。地理位置并非导致这一状况出现的决定性因素,"洋赈"组织的赈灾策略才是其中关键。

得益于便利的地理位置以及发达的航运系统,日本和东南亚成为最早获得有关中国的灾情消息的海外地区。横滨、长崎等日本各主要口岸获得的有关中国的消息主要源于上海,当时在日本颇具影响力的英文报《日本公报》(The Japan Gazette)甚至以"上海消息"作为栏目标题,用以刊登与中国有关的各种消息,有关"丁戊奇荒"的消息也被包含其中;以新加坡以代表的东南亚主要口岸主要通过上海和香港获得有关中国的消息,其中有关中国北方的消息则大都来源于上海,"丁戊奇荒"在当时一般被外国人称为"中国北方的饥荒",相关消息也是从上海送往东南亚。因此早

---

① "The Famine in North China", *The North-China Daily News*, November 19th, p. 3.
② "Peking", *The North-China Daily News*, December 7th, 1877, p. 3.
③ [英]李提摩太:《亲历晚清四十五年:李提摩太在华回忆录》,第105页。
④ Andrea Janku. *The North-China Famine of 1876 – 79 – Performance and Impact of a Non-Event, Measuring Historical Heat: Event, Performance and Impact in China and the West*, Symposium in Honourof Rudolf G. Wagner on his 60th Birthday Heidelberg, November 3th – 4th, 2001, p. 128.

在 1877 年 4 月，日本和东南亚地区已经通过来自上海的消息获悉了中国的灾情，这点在当地英文报纸上有关中国北方饥荒的消息中得到证明。①

鉴于日本和东南亚与中国东部沿海的紧密联系，"洋赈"组织成立之初便开始面向这一地区筹措善款。对于当时的在华英国人来说，将消息从上海传递到日本和东南亚各口岸远比传递到中国内陆乃至南部沿海地要便利快捷，因此山东赈灾委员会在成立之初就面向这一区域展开了募款宣传。这一点通过山东赈灾委员会在 1877 年 4 月公布的日本各港捐款统计表以及新加坡《海峡时报》在 5 月刊登的募款消息得到了证明。② 山东赈灾委员会在同年 7 月公布的阶段性善款统计表显示，当时通过新加坡、横滨、兵库三个港口发至中国的捐款数额分别为 7344.22 两（Tls.）、2547.50 两和 1181.19 两，在中外各港捐款数额中仅次于上海（30361.65 两），高于香港（1000.00 两）③；在 1879 年中国赈灾委员会公布的最终统计报告中，日本和东南亚各港的捐款数额在海外总捐款数额中所占比重虽然下降，但仍然是海外善款的重要来源地。④

英国本土也与中国各港保持着密切的消息往来，包括"丁戊奇荒"在内的很大一部分中国新闻都是由各大英国本土报社派驻中国的通讯员发回的。英国当地人获悉中国北方灾情的时间稍晚于他们在日本和东南亚地区活动的同胞。从 1877 年 5 月开始，英国本土一些报纸上陆续出现有关中国灾情的报道，但是，这些报道的多是只言片语的信息传达，极少呼吁或组织在英国本土进行赈灾募捐。1877 年 5 月 3 日，《泰晤士报》应大英浸礼会司库约瑟夫（Joseph Tritton）的请求，刊登了《字林西报》通讯员有关山东灾情的报告，并呼吁通过向教会捐款以协助传教士在中国灾区的善行，但这则报道出发点在于为教会的海外传教事业宣传和筹款，而非直接为赈灾服务。

---

① "Shanghai", *Supplement to the Japan Gazette*, April 4th, 1877, p. 3; "China News", *Straits Times Overland Journal*, April 28th, 1877, p. 5, May 20th, 1877, p. 12.

② *The Straits Times*, May 12th, 1877; "The Shantung Famine Fund", *The North-China Daily News*, April 9th, 1877, p. 3.

③ "Report of the Shantung Famine Relief Committee", *The North-China Daily News*, July 24th, 1877, p. 3.

④ Committee of the China Famine Relief Fund, ed., *The Great Famine. Report of the Committee of the China Famine Relief Fund* (Shanghai, 1879), 30.

1877 年秋季以后，"洋赈"组织和策略的变化，使灾情在国际上的传播范围得到了极大扩展。在华英国人对"丁戊奇荒"的关注重点"西移"并不只意味着其赈灾活动在空间上的转移，还使"洋赈"组织发生了巨变。

一是组织者身份的多样化。"丁戊奇荒"早期，传教士不仅担负着奔赴灾区前线发放善款以及报告灾情的使命，还是"洋赈"最主要的组织者，上海山东赈灾委员会组织者都只限于慕维廉等"一些教会人士"；通过 1878 年 1 月在上海成立的中国赈灾委员会成员名单可见，除了教会人士外，如美国驻华外交官吉罗福（G. B. Glover）、英属印呵加剌银行上海分行经理马钱德（F. W. Lamarchand）、怡和洋行大班约翰逊（F. B. Johnson）等人也在委员会出任要职，同时还有专人负责法租界的募捐事宜。① 由此可见，在组织者身份多样化的同时，"洋赈"也完成了由"宗教界为主"向"政、教、商"等各界共同领导，由"在华英国人单独行动"向"在华欧美人"联合协作的组织形式上的转变，"丁戊奇荒"逐步成为国际社会共同关注的问题。

二是赈灾组织的迅速发展。首先，"洋赈"组织规模的扩大。以"中国赈灾委员会"为例，与其前身"山东赈灾委员会"相比，该会无论在组织的构成还是组织的职能上都有所扩展；其次，"洋赈"组织的数量和覆盖范围上的发展也很明显。1877 年秋季以前，外国人针对中国北方灾荒成立的赈灾组织只有位于上海的山东赈灾委员会以及位于芝罘的赈灾委员会，1877 年 11 月以后，随着中国赈灾委员会在上海的成立，天津、北京、香港等地也相继成立了赈灾组织。这些组织的成立，为传播和扩散灾情消息提供了便利。

"洋赈"组织的变化推动了赈灾策略的转变，突出表现为募捐策略的变化。早期的"洋赈"组织者身份较为单一，募捐多为传教士发起，带有浓重的基督教传道济世的色彩。在了解到山西等内陆地区受灾情况之前，

---

① "Famine in China", *The Straits Times*, December 22nd, 1877, p. 1; China Famine Relief Fund London Committee, ed., *The Famine in China Illustrations by a Native Artist With a Translation of the Chinese Text*, C. Kegan Paul & Co., Paternoster Square, 1878, p. 1; Committee of the China Famine Relief Fund, ed., *The Great Famine. Report of the Committee of the China Famine Relief Fund* (Shanghai, 1879), pp. 13 – 15.

"洋赈"组织者们并没有充分认识到中国北方灾情的严峻形势，因此尚未考虑在欧洲本土进行募捐宣传，而主要在日本和东南亚区域内展开。"洋赈"进入新阶段后，由于组织者身份的多元化，募捐宣传中非宗教的人道主义色彩开始凸显，考虑到救济区域的扩大和赈灾任务的艰巨，他们的宣传和募捐范围也扩大到欧美、澳洲等多地。

随着对山西、河南等地灾情了解的深入，"洋赈"组织认识到有必要寻求来自英美本土的支援。1877 年 8 月，《泰晤士报》驻上海通讯员在发回的报告中称："包括山东、山西等地在内的中国北方地区正在经受严重的旱灾"，并开始直接向公众募集善款。1878 年 1 月 26 日，中国赈灾委员会在其成立大会上决定将募捐范围扩展到英美本土。委员会为唤起英美本土对中国灾情的重视采取了两个措施：一方面"致电英格兰和美国请求援助"，电报内容如下："中国北方四省同时爆发饥荒，受灾者不计其数。为了果腹，连孩子也被出售。'洋赈'委员会（Foreign relief Committee）恳请英美支援。"从英国本土舆论的反应来看，电文引起了当地对中国灾情的关注，威妥玛甚至专门在报上澄清"电文中所谓'为了果腹，连孩子也被出售'并不是指饥饿的人们为了生存而吃掉小孩"，而是说父母将孩子卖作奴隶或者娼妓以赚钱求生；同时，中国赈灾委员会致信阿礼国等在伦敦颇有声望的人物以寻求帮助。这一措施同样收到了效果，阿礼国等人很快做出回应，在伦敦成立了中国赈灾委员会。①

英国本土对中国北方饥荒关注度的上升为灾区带来了大量的捐款，在其带动下，印度、澳大利亚、新西兰、加拿大等英国的海外属地也参与到了"洋赈"的宣传和捐助活动中。英国本土报纸曾经转载过印度当地英文报纸对中国饥荒的报道，可见英属殖民地也留意到了中国的灾情。② 此外，在 1879 年中国赈灾委员会公布的最终统计报告中，英国本土（包括伦敦、苏格兰、爱尔兰等地）的捐款额在海外各地捐款额中高居榜首，澳大利亚

---

① "Famine in North China", *The Times*, February 4th, 1878, p. 8; Committee of the China Famine Relief Fund, ed., *The Great Famine. Report of Committee of the China Famine Relief Fund*, Shanghai, 1879, pp. 14 – 15.

② "The Famine in China-From The Times of India", *The Morning Post*, July 3rd, 1877, p. 6.

的捐款额位居第二,新西兰、加拿大、印度等地也有少量捐赠。①

在关注中国灾情的几个区域中,美国是最晚做出反应的一个。美国报纸上有关中国的消息经常转载自英国或日本的英文报纸,因而在实效性上大打折扣。仅对"丁戊奇荒"的报道而言,英国本土报纸早在1877年就开始登载驻华通讯员发回的有关中国灾情的最新情报,而美国报纸上有关中国灾情的消息基本都出现在1878年2月以后,即中国赈灾委员会做出将善款的募集区域拓展到英美的决定之后,正如美国宾州一家报纸的编辑曾在同年4月这样写道:"尽管三年以来中国北方地区一直收到灾荒的侵袭,但这一现实却在最近才被外界所知。"②

从各地区的反应可以看到,在饥荒消息国际传播的过程中,上海始终扮演着"消息集散地"和"赈灾指挥中心"的重要角色。一方面,上海依靠其优越的地理位置和便利的交通环境集合了来自各方的有关中国北方灾情的消息并及时向外传送,无论是日本、东南亚还是英美的报纸上刊出的有关中国灾情的最新报道皆来源于上海英文报纸或是驻上海的通讯员;另一方面,"丁戊奇荒"期间最重要的"洋赈组织"——中国赈灾委员会及其前身山东赈灾委员会都设立在上海,"洋赈"活动最重要的决策都是在上海制定并通过上海向中国各地以及海外传达。可以说,"丁戊奇荒"虽然发生在中国北方,但在上海的外国人群体的一举一动却最终决定了国际社会对中国北方饥荒的反应。

三 多元诉求推动的国际赈灾舆论宣传

表面上看,在谈到"丁戊奇荒"时,灾区的受灾情况和善款的募集是国际社会共同关心的两大主题,实际上,各地舆论对"丁戊奇荒"的宣传和关注侧重点各有不同。

东南亚的英文刊物将大量篇幅用于描述灾情的发展以及募集善款,这与当地华人群体的心理诉求密不可分。东南亚地区长期是中国东南沿海一

---

① Committee of the China Famine Relief Fund, ed., *The Great Famine. Report of the Committee of the China Famine Relief Fund*(Shanghai, 1879), 30.

② "The Famine in China", *Clearfield & Republican*, April 3rd, 1878, p.1.

带百姓出洋谋生的目的地。他们的亲人多生活在国内,可能被饥荒殃及,因此他们非常关心灾情的发展。当时到东南亚谋生的华人有将收入用于支援国内亲眷生活的习惯,国内灾情的报道很容易激发他们的捐款热情。因此,在获知中国北方灾情之初,新加坡当地英文刊物就发出了呼吁:"在所有海外捐款中,新加坡的捐款可以最及时送达当地,新加坡在对于赈灾来说责任重大,(新加坡的)华人团体则理应为家乡做出贡献。"《海峡时报》(The Straits Times)等一些当地的主要英文报纸刊上有关中国北方灾情的报道也大都涉及募款事宜①,而且多以号召当地的华人群体"以赈灾为己任",积极捐款。这种舆论导向正迎合了东南亚华人普遍怀有的"衣锦还乡、回馈乡里"的情结。

与东南亚报纸不同,美国报纸在谈及"丁戊奇荒"时更注意其对国际贸易的影响。蒙大拿州的一家报纸曾以"中国饥荒的一个效应"为题分析美国粮食出口的刺激作用:"中国饥荒使得市场对美国西海岸的谷物的需求量猛增,(美国西海岸)农民因此受益。旧金山港口的所有轮船都满载着面粉准备起航,"② 此外还有其他文章谈到中国饥荒在英、美对华贸易的一些环节中造成的不利影响。③ 这种理性的利弊分析,与东南亚报纸努力以"乡愁"动员本地群众参与赈灾呈鲜明对比,反映出美国当地对中国的灾荒关注与宣传,相当程度上是出于商务上的实际需求。

与东南亚或美国当地人不同,在华英国人和英国本土人在论及"丁戊奇荒"时,特别关心中国人对"洋赈"活动的反馈。《字林西报》曾刊出过一段传教士与上海附近的逃荒者的对话:"当难民得知救助他们的是住在租界里的外国人时,他们说:'你可以向他们转达我们的谢意吗?''如果外国人来到你家,你会让你的孩子叫他们洋鬼子吗?''不!不!我们会叫他们洋先生'。"④ 一份来自北京的报告则特别提道:"一位颇具威望的中

---

① "China News", *Straits Times Overland Journal*, April 28th, 1877, p. 5, May 20th, 1877, p. 12; "Famine in China", *Straits Times Overland Journal*, May 26th, 1877, p. 12; "Famine in China", *Singapore Daily Time*, December 17th, 1877, p. 2; "Famine in China", *The Straits Times*, December 22nd, 1877, p. 1.

② "One Effect of the Chinese Famine", *Rocky Mountain Husbandman*, September 5th, 1878, p. 8.

③ "Commercial and Financial Matters", *The New Orleans Democrat*, June 27th, 1878, p. 3.

④ "Local", *The North-China Daily News*, May 9th, 1877, p. 3.

国人在目睹了山西的灾情之后问（英国人）：外国人为什么不为我们修铁路？他们可以捐款援助又饿又穷的中国人，为什么不建立廉价便捷的运粮通道，以此拯救更多人。"① 李提摩太在回忆录中也写道，在山西巡抚上报朝廷为赈灾者请求加官晋爵的奏章中没有提到外国人的贡献，"李鸿章却给我们请赐了爵位——上海赈灾委员会的人没跟我们当中的任何人协商，去跟李鸿章接触过——只是阶位上要低很多"②。可见，英国人不仅关心得到救助的灾民对"洋赈"的反馈，也同样关心中国的士绅阶层以及中国政府对"洋赈"的态度和反应。

中英两地的英国人对中国各方反馈的关心表明，他们领导下的"洋赈"活动除了是对"人道主义"的一次实践之外，还被赋予了"推动中英关系发展"的外交意涵。第二次鸦片战争以后，越来越多的英国人感到中国民众对英国人的敌意以及对英国人抱有的成见对他们进一步扩大在华利益形成了巨大阻碍，因此如何改变中国人对英国人的看法成为英国人对华行动的一个课题。中国赈灾委员会这样总结"洋赈"的成果："我们的赈灾工作收效卓著。赈灾工作不仅帮助灾民脱离困境，使无数人的生命得以延续，还使我们了解到人们对于赈灾者的看法已经发生了许多可喜的变化。他们不再被斥为洋人或是敌人，也不再受到怀疑和歧视，而是被当作中国人最好的朋友而受到欢迎……由此不仅可以使外国人和本地人互相抱有好感，还可以为他们（外国人）所投身的其他事务取得更大进展打下基础。"③ 一位驻华英国外交官福礼赐（R. J. Forrest）更加明确地指出了"洋赈"在中英关系中的作用："聪明果敢的传教士们已经将贵会（中国赈灾委员会）的善款送达（灾区），他们现在所从事的事业将使中国更加开放，其效果远胜于数次战争。连士绅这一中国最顽固的阶层也开始调整他们对外国人的看法。"④

一般来说，外交活动是一种政府间的行为，而此次"洋赈"活动则是另一种形式的外交尝试。此次"洋赈"在非政府团体的主导下，依靠民间

---

① "Peking", *The North-China Daily News*, March 15th, 1878, p. 3.
② ［英］李提摩太：《亲历晚清四十五年：李提摩太在华回忆录》，第122页。
③ Committee of the China Famine Relief Fund, ed., *The Great Famine. Report of the Committee of the China Famine Relief Fund*（Shanghai, 1879）, 13.
④ "The Famine in China", *Aberdeen Weekly Journal*, July 19th, 1878, p. 3.

的交流改变中国人对包括英国人在内的外国人的看法,以此为中英关系谋求新的发展。整个活动在传教士和在华英国商人的倡议和推动下拉开帷幕,中途不断吸引着各界人士的加入并获得了很多灾区中国官员的协助,甚至最终获得了双方外交最高代表的认同。当时的英国驻华公使威妥玛在伦敦赈灾委员会中身兼要职,而驻英大使郭嵩焘也向英国民众传达了中国政府在赈灾中所面临的困境,并号召英国民众为中国捐款。①

在"丁戊奇荒"中,在华英国人所处的多重立场是一个值得关注的问题。美国学者艾志端提出,"丁戊奇荒"期间,以《北华捷报》为代表的"西方观察者"对中国政府对待赈灾的态度非常不满,并以印度政府的赈灾活动为参照系,对中国政府的赈灾措施大加批评。② 她的论述并没有特别区分西方人、英国人和在华英国人,而在讨论"丁戊奇荒"中"西方观察者"对中国政府的态度时,将在华的英国人与英国本土人区别来看更有助于理清状况并分析其中原因。

将在华英文报纸与英国本土报纸上有关中国政府赈灾表现的评论进行对比可以发现,双方舆论倾向存在差异。以上海各大英文报纸为代表的在华英文舆论正如艾志端所言,大多是批评中国政府对灾情重视不够、赈灾不力;而英国本土报纸的报道则倾向于认为中国政府已经尽力救灾,只是灾情之重已经大大超出了政府力所能及的范围。双方言论倾向的差异在1878年后表现得尤为明显,《泰晤士报》在当年3月刊出上海通讯员的来信称"就中国政府这样的一个积贫积弱的政府而言,它无疑已经作出了巨大了努力来为灾区提供食物"③。同年4月,威妥玛也在伦敦的公开场合指出,"中国政府已经通过免税、提供物资等方式为赈灾作出了许多努力"④。

上述差异的出现主要是由在华英国人的立场变化导致的。在华英文报纸与英国本地报纸上有关"丁戊奇荒"的内容都来自在华英国人或是与在华英国人有密切联系的英国人。当面对中国时,在华英国人站在英国人一贯对华立场上寻找中国的问题,以此作为中国需要改变的凭证;当面对英国本土时,在华英国人则将自己与中国连为一体,首先考虑的是如何使中

---

① "The Famine in China", *Times*, February 13th, 1878, p. 8.
② [美] 艾志端:《铁泪图: 19 世纪中国对于饥馑的文化反应》,第 130—142 页。
③ "China", *The Times*, March 1st, 1878, p. 5.
④ "The Famine in China", *The Dundee Courier & Argus*, April 18th, 1878.

国的灾情引起本土的重视，同时推动募捐，因此更为强调灾情的严重和中国政府的力所难及。在华英国人眼中印度的角色变化很好地体现了他们的这种立场转换：在上海的英文报纸中，在华英国人将印度政府的救灾行动作为榜样来对中国政府提出建议；在面对英国本土时，他们面临的问题则是如何将公众的目光从印度的灾情转向中国灾情。威妥玛曾致信《泰晤士报》呼吁为印度捐款的英国公众也能为中国捐款。在华英国人在发往英国本土的报告中强调中国受灾人数之巨和受灾程度之深，某种程度上是在暗示中国与印度一样，甚至比印度更需要得到外援。① 此时的在华英国人的眼中，印度不再是榜样，而成为竞争对手。可见，在华英国人通过搜集和扩散灾情信息，也获得了政治上的话语权——他们在传播灾情信息的同时，向上传达了本群体在国际关系中的政治诉求，为进一步为本群体争取利益谋得了空间。

结　语

19世纪中后期，中国的大部分地区虽然尚未对外国人开放，由中国向国际社会辐射的信息传播网却已在悄然形成。这张信息传播网在西方人对诸多中国问题认识的形成中起到极为重要的作用，《京报》和上海的英文报纸是这一信息网络上的两个关键结点：《京报》及其译稿将国际社会的触觉延伸至中国的统治中心，而上海的英文报纸则将有关中国问题的信息扩散至全球各地。

这张信息传播网的影响力在"丁戊奇荒"中得到了充分印证。在"丁戊奇荒"中，《京报》使国际社会的触觉从中国沿海各开放口岸延伸至饥荒的中心区域，上海英文报纸所刊出的《京报》译文则使神秘而封闭的中

---

① "The Famine in the North of China", *The Times*, January 25th, 1878, p. 8; "The Famine in China", *The Leeds*, February 19th, 1878; "Terrible Famine in China", *Aberdeen Weekly Journal*, May 5th, 1877; "China", *The Times*, March 1st, 1878, p. 3; "The Famine in China", *The Times*, May 3rd, 1877, p. 8; "China Famine Relief Fund", *Times*, March 2nd, 1878, p. 8; "The Famine in China", *Daily News*, March 15th, 1878; "The Famine in China", *The Belfast News-Letter*, April 15th, 1878; "The Famine in China", *The Derby Mercury*, August 28th, 1878; "The Famine in China", *The Morning Post*, September 4th, 1877, p. 6; "The Famine in China", *The York Herald*, May 4th, 1877, p. 5.

国内地呈现在广大西方一般读者面前，极大地增强了源于《京报》的信息的影响力，透过这些信息，西方人对中国灾情的了解被逐渐修正，西方人有关中国灾情的"认知地图"也得到完善，最终使"洋赈"活动发生了重大变化。与此同时，通过这些英文报纸，中国内地重灾区的灾情陆续向世界各主要地区传播，参与灾情传播与宣传的各地区、各群体的人们，也在此过程中获得了话语权，表达了自身在文化、经济和政治上的诉求。

（赵莹，山西大学新闻学院副教授）

康有为的"新世"论：从欧美政治变革思考中国问题*

张 翔

摘要 本文分析了康有为的"新世"论，主要是他"本原于新世之所由，反覆于大变之将至"，综合考虑欧美政治变革经验与中国实际状况，提供中国变革方案。康有为对西欧"新世之所由"的解释，可以用"地形—列国封建—一国统合"来概括，西欧列国封建与长期竞争推动众多西欧国家强大和崛起，但只有那些保持了内部统一的国家才能拥有优势。他对西欧各国近代政治变迁的分析，讨论的主要是各国国内"封建"在政治变革中的位置与影响。他比较了英国的君主立宪道路与法国的共和革命道路，认为英国是无须不断的革命流血、也无须对君主制实行革命而实现"新世"的典范，认为法国革命造成的流血斗争变本加厉，此后一百多年不断动荡，使得法国被德国等国超越。针对20世纪初中国日益流行的共和革命主张，他发展出一套中国已经长期处于平等状态的历史论述，以此质询中国需要共和革命的主张。他区分共和王国与君主立宪，主张中国采用君主无实权的"共和王国"制。

关键词 康有为 新世 封建 共和王国

---

* 本文在笔者博士论文《质询革命与"跨区域知识"——康有为海外游记研究》（2011年）第4章"康有为的'共和王国'论：民主时代的君主与共和"一章基础上删改而成，初稿曾在"中国比较古典学学会"第三届年会（重庆大学，2015年11月）报告。

康有为1898年10月流亡日本,到1913年10月奔母丧归国,一直在海外流亡,如其印章所刻:"维新百日出亡十六年,三周大地,游遍四洲,经三十一国,行六十万里。"他在全球游历的过程中写下的两个系列论述,比较集中地呈现了他基于全球视野对世界政治与中国问题的思考:一是欧亚等洲多国游记;二是专题论述,综合分析全球各国政治,提出对中国发展问题或全球发展问题的主张,其中最为知名的是《大同书》,以及《官制议》《物质救国论》《金主币救国论》等长文。康有为在《物质救国论》(1904)中精炼地概括了这些著述的思考方法:"自戊戌至今,出游于外者八年,寝卧濅灌于欧美政俗之中,较量于欧亚之得失,推求于中西之异同,本原于新世之所由,反覆于大变之将至。"① "新世"与"大变"是需要重视的两个关键词,"新世"可以理解为全球的新世,西欧最早进入新世,是引领者,同时新世是中国和其他所有国家所处的基本状况;"大变"则主要指中国。当时康有为强烈预感中国将有大变,他试图通过对全球尤其是西欧"新世"的成因与状况的思考,提出中国变革的方向性主张。

康有为对西欧"新世"多有论述,如《日耳曼沿革考》所论,"新地日辟,新物日多,新识日增,新器日出;于是大推排旧法,尽去其谬误,而新理、新学假于新地、新器日出而不穷,至汽船、汽舟及诸电器出而世界一新"。"方今新世之绝出于旧,及欧人之凌吞大地,而欧美化之震靡万国者,岂非平等、共和之公,立宪、民权之变,汽电、新器之奇,美、澳太平洋之辟,政法之密,与其宫室、什器之精哉!"② 康有为所说的"新世"与今天所说的近代化基本重叠,从新理、新政、新教,到新律、新艺、新学,无所不包,物质层面有新技术新发明,制度层面有君主立宪制与共和制等,道德伦理层面有诸种新价值,等等。他特别强调"新地日辟",即西欧的全球殖民进程,这个问题与中国的命运关系非常密切。

本文首先以康有为对德意志问题的分析为重点,指出其"地形—列国封建——国统合"解释模式的国际向度与国内向度的区别与联系,再以康有为对英国君主立宪与法国大革命的比较分析为重点,指出其解释模式主张君主立宪而反对共和革命的主要理由,最后分析康有为以全球政治分析

---

① 《康有为全集》第八集,姜义华、张荣华编校,中国人民大学出版社2007年版,第63页。
② 《康有为全集》第八集,第239—240页。

为基础提出的中国道路构想，重点是当时中国不需要共和革命的主要理由，以及在民主时代保留君主的构想。虽然中国"新世"的发展没有沿着康有为的构想前进，但他的方案和思路的诸多要素，被共和革命者整合进了中国革命的道路与战略，发挥了重要的影响。

国家统一与列国竞争：康有为"新世之所由"解释模式的双重内涵

康有为在系列游记中提出了"新世之所由"的解释框架，认为欧洲"封建"之"争"是欧洲"新世"出现的主要原因，包括两个重点方面：一是欧洲"封建"与各国竞争之势的根本原因又在于地形；二是欧洲"封建"诸国长期竞争与中国一统治法有别，从长时段历史来看各有利弊。如《意大利游记》中所指出：

> 统全大地论之：他地野番之部落，会议盖多，但无从得文明以立国。亚洲之文明立国已久，则以大国众民，君权久尊而坚定，无从诞生国会。惟欧洲南北两海，山岭丛杂，港汊繁多。罗马昔者仅辟地中海之海边，未启欧北之地。至欧北既启，则无有能统一之者。以亚洲之大，过欧十倍，而蒙古一能之。而欧洲之小，反无英雄定于一，故至今小国林立，而意大利、日耳曼中自由之市，若斐呢士、汉堡之类，时时存焉。即无英国，此根不灭，必有大生广生者矣。况有怪者，英延条顿部落军议之旧俗，伏流千年而发于三岛，又以三岛之国会旧俗，伏流万里而起于美国，其反动力则刺触于法，而大播于欧，遂为地球独一无二之新政体。岂非欧洲凭据南北两海多岛港而分立国为耶？故曰地形使然也。非中国人智之不及，而地势实限之也，不能为中国先民责也。①

康有为解释西欧"新世之所由"的模式可以用"地形—列国封建——国统合"来概括，西欧列国封建与长期竞争导致众多西欧国家在竞争中强

---

① 《康有为全集》第七集，第 382—383 页。

大和崛起，但只有那些保持了内部统一的国家（如英国）才能拥有优势，走向分裂的国家（如法国）会丧失优势。这一解释模式排除了当时的分析比较重视的两个其他要素：一是中国人种低劣论；二是共和革命。康有为在其中隐含的主张是，按照欧洲的历史经验，中国创造"新世"的重点在于把握竞争之势，从中获得动力，不应该将可能导致国家分裂的革命作为"新世"的动力。① 康有为重视地理因素，并非简单援用地理环境决定论，而是要强调列国竞争的形势对于激发中国"新世"的极端重要性。

"地形—列国封建——国统合"的新世解释模式并不能在现实政治中真正排除共和革命的选项。事实上康有为在流寓海外初期，就遭遇了倾向共和革命主张的欧榘甲、梁启超等弟子的挑战。康有为关于西欧诸国长期竞争导致"新世"的论述，需要分别从国际与国内的不同层面来把握：西欧诸国的长期竞争，是就国家之间的竞争格局而言，并非指国内形成竞争分化的格局；恰恰相反，就一国之内而言，要致力于形成统一格局，避免分化斗争导致国家分裂。正是因为面临列国竞争之世，一国之内才需要保持强势的统一和充沛的内部活力。在康有为看来，共和革命与君主立宪的关键区别就在于这一问题，共和革命会导致一国之内的分裂，因此不可取；而君主制在民主时代的保留，有利于一国的统一，是更好的选择。

康有为重视地形差异对英国与欧洲大陆国家近代政治结构与发展路径的影响，他既用"地形—列国封建——国统合"模式解释中国和欧洲的区别，也用来解释欧洲内部的区别。他认为，近代欧洲大陆国家因为外争频繁，君主和世爵之间不得不团结一致对外，因而上下两院的议院民主制不会最早在欧洲大陆国家出现。② 而英国能够建立君主立宪制，领先欧洲，首先是因为其地利。他赞美英国政俗之美，国力之厚，认为英国"为大地万国师"。如果说德国是他在近三四十年来的国家中最为欣赏的，英国则是他在近两百余年来的国家中最为欣赏的。对于英国之所以能有诸多欧陆国家所不能比的成就，康有为给出的首要解释是其"岛国绝海为之"、但

---

① 参见拙文《列国竞争、乡邑自治与中央集权——康有为海外游记中的"封建—郡县"问题》，《开放时代》2011年11月号。
② 《康有为全集》第八集，第6—7页。

与欧洲大陆又只隔"一衣袖海"的地形。这一地形使得英国有相对安全的战略形势，君主和封建世爵少外战，便有余暇搞内斗。①

康有为认为，要考欧洲"新世"及政俗之由，日耳曼人的重要性仅次于古希腊和古罗马，"游欧者欲考政俗之由，上不能不本原于希腊、罗马，次不能不考日耳曼；考日耳曼者，不能不先考帝统之奥大利亚，而后晰矣。……近者以英、法、德之大强，学者多艳述之，而大遗忽于奥事；则不能详欧洲政化之本末，徒观其枝流，无当也。"② 在《日耳曼沿革考（奥大利匈牙利沿革附）》（1906）中，康有为认为英美的崛起都可以溯源到日耳曼人：

> 欧人之为罗日耳曼国之人种、国力、政化，实于欧洲中几为罗马代兴之一统主国也。方今欧美化之盛，披靡全球，吞云梦者八九矣。而所谓欧化者，合罗马、日耳曼熔冶而成之。然所以吞吐天下者，则新理、新政、新教、新律、新艺、新学为之，皆出于日耳曼人为多。而罗马自少许之法律、俗化留存欧土，无以披靡全球者也；其教俗亦留于西班牙、意大利为多，而不及于全欧也。英国创新为多，而英固条顿种也。英之出于日耳曼，犹美之出于英，故英、美皆谓之为日耳曼可也。③

他从"日耳曼沿革史"中看到的"新世"，是一个产生于"封建"、为"封建"所造就的"新世"。

这种以历史地理特点解释制度及文明变迁的地理环境决定论，不是康有为的发明。他在1880年代后期有关"地势"的讨论，可能受了西方思想的影响。郭双林指出，在晚清传入中国的西方近代地理学说中，以地理环境论最为集中。④ 康有为的一些看法在梁启超的《地理与文明之关系》（1902）一文中也可以找到呼应之处。例如，亚洲保守落后是因为地形原

---

① 《康有为全集》第八集，第1—2页。
② 《康有为全集》第八集，第236页。
③ 《康有为全集》第八集，第235页。
④ 郭双林：《西潮激荡下的晚清地理学》，北京大学出版社2000年版，第41页。

因导致"竞争不起"①。康有为可能读到了日本史学家浮田和民《史学通论》中关于"历史与地理"的论述，可能通过其他途径读到或者知悉黑格尔的《历史哲学》、孟德斯鸠《论法的精神》等书或其中的部分看法。黑格尔《历史哲学》和孟德斯鸠《论法的精神》等著作在 19 世纪末 20 世纪初已经成为西方知识界乃至日本知识界经常援引的"共有知识"。

  康有为对于地中海周边地形及其对文明的影响等论述，带有明显的黑格尔色彩。黑格尔在《历史哲学》中考虑的是"'精神'在有限存在中全部实现的形态——'国家'"②，他在"绪论"最后部分"世界历史的行程"中这样描述这一行程"最后的目的"："'民族精神'在一种必需的、继续的各阶段上的各种原则，只是唯一的、普遍的、精神的各种因素，要靠这些因素，普遍的'精神'才能够在历史上提高并完成它自己，使自己成为一个自己理解的总体。"③ 这一世界历史行程的终点所完成的"普遍的'精神'"并不是抽象的，它具体展现在黑格尔对"日耳曼的世界"的论述中。他在最后一章"启蒙运动和革命运动"分析了当时日耳曼的情形，即因为法兰西的压迫，日耳曼"帝国"完全被消灭了，已经分裂为若干主权国家，但是黑格尔又认为，一个伟大的国家的实力在于"赋有的'理性'"，所以国君的贤与不肖也就关系不大。④ 而日耳曼"赋有的'理性'"，是日耳曼历史形成的"民族精神"，而其中的一个重要节点是，它曾经"非常幸运地"遭遇"性格高尚的君主"腓特烈二世（1740—1786）。在腓特烈二世之前，法国名相黎塞留（1585—1642），这位被视为法国历史上最伟大、最具谋略、也最无情的政治家，清楚地知道德国的四分五裂才符合法国的利益，通过"三十年战争"，"保全了日耳曼的宗教自由"，以此"危害他们（日耳曼人）的那番制度"，用"武力强迫造成""各宗教党派共同生存"，"依照了公民权利或者私有权利的关系"，在日耳曼的土地上"形成了若干政治的国家"。而腓特烈二世通过"七年战争"的奋斗，曾经为普鲁士这个"独立的欧洲强国"的出现奠定基础。

---

  ① 梁启超：《饮冰室文集之十》，中华书局 1989 年版，第 110 页。这些论述也可以看作对此前康有为类似看法的发展。
  ② ［德］黑格尔：《历史哲学》，王造时译，上海世纪集团 2001 年版，第 17 页。
  ③ ［德］黑格尔：《历史哲学》，第 79—80 页。
  ④ ［德］黑格尔：《历史哲学》，第 449—450 页。

康有为对欧洲"新世之来由"的探索,以特别的方式揭示了黑格尔所论"日耳曼的世界"的"普遍性"的内涵:他既看到了欧洲"封建"造成的列国竞争形势对"新世"的激发(腓特烈二世正成就于这种激发),又看到了欧洲"新世"中涌动的追求建立统一、强大的国家的愿望(列国竞争越是激烈,越是需要强大统一的国家)。他说道:"它日德有一战胜英之日,或为并奥之日,即为诸北欧合大联邦之日,而德为欧洲霸国矣。德政俗之盛,事事第一,人主世有令闻,而人种最繁,地处欧中,又特有联邦之例,以阴纳各小国,天将兴之,以为欧洲一统之国,岂无地哉?"①

　　康有为以探索欧洲"新世"作为中心问题,在这一视野下呈现了"封建"和"一统"对于德国而言因"时势"而制宜的相对性,即"封建"对于激发德国的"民族精神"和创造力是非常重要的形势条件,但德国内部的"封建"和分裂却是其严重的桎梏,是其敌人法兰西最希望它沉溺的状态,因而"一统"是德国创造"新世"的最为重要的任务和条件。这些论述强调了"封建"与"一统"的辩证关系,指出了列国竞争之势与一国内部的统一和凝聚,是同一问题的两个方面:正因为有列国竞争的压力,一国之内更需要统一和凝聚。

民权与革命分为二者:比较英法近代道路与阐释统一国家建构的原理

　　在康有为阐释欧洲"新世之来由"的解释框架中,"封建"有着重要的位置,是主要动力之一。根据他在系列游记及其他文章中的分析,"封建"之于欧洲新世的意义,要从国际与国内两个不同角度来考察。国际角度的"封建",指的是西欧诸国长期处于分裂和战争状态,这种竞争格局刺激了西欧国家军事和科技等方面的大发展。一国之内的"封建",指的主要是封建世爵在王权—封建世爵—民众的政治经济博弈中的位置,及其在不同西欧国家内部变革乃至革命中的不同角色。康有为对西欧各国近代政治变迁(尤其是共和革命道路与君主立宪道路)的分析,讨论的主要是国内"封建"在政治变革中的位置与影响,尤其是他对英国道路与法国道

---

① 《康有为全集》第七集,第448页。

路的比较，体现了他对政治变革进程中建构统一国家的基本原理的阐释。

康有为在《英国游记》和《法兰西游记》中分析了封建世爵在英国和法兰西的"新世"巨变中的不同作用，认为封建世爵被过度削弱是法国革命愈演愈烈的关键。在康有为看来，这是英国道路和法国道路同种而殊途的主要原因。

康有为叙述了革命浪潮在英法之间互相传递的状况。首先是英国"新世"政治出现及克林威尔革命对法国的震撼性影响："即无英国，此根不灭，必有大生广生者矣。况有怪者，英延条顿部落军议之旧俗，伏流千年而发于三岛，又以三岛之国会旧俗，伏流万里而起于美国，其反动力则刺触于法，而大播于欧，遂为地球独一无二之新政体。"① 在《法兰西游记》中，康有为详细讨论了法兰西革命的缘由，指出当时法国人追求自由、平等其来有自："法革命之惨酷，古今无比。其造因由于压制过甚，固矣；而英、美立宪之风，激刺而来。适哲学大兴，政府焚书禁版，各士皆遁于英，益发舒其新异之论。福禄特尔创无神教以攻教，卢骚发民约论以攻君。诸名士一倡百合，倒入本国；举国男女，日读其书而心移俗易。巴黎集会，无人不谈自由平等，无人不攻教疑神；于是革命之种根，隐成于国民之人心矣。"② 接着是法国多次革命反过来影响英国，推动了英国1832年"虚君"制的最终确立："英克林威尔，非不革命，未几而王权旋复，则以英之大变，不根于学理而因于事势，与中国同也。英民权之永定，王权之永削，实在彼西千八百三十二年，亦承法余波所鼓动也。"③

康有为认为，"新世"政治在英国的产生关键在于封建世爵，与平民没有什么关系，英国革命领袖克林威尔就是一方诸侯：

……然则英之产此异义，天之生是，使独大地无一地势类之，而可有偶者也。然今君权之抑及今民主之前，则实世爵为之，与平民实无预焉。④

---

① 《康有为全集》第七集，第383页。
② 《康有为全集》第八集，第204页。
③ 《康有为全集》第八集，第179页。
④ 《康有为全集》第八集，第7页。

不过，康有为对英国近代民主兴起的分析，突破了"与平民实无预"的论断。他这样分析"新世"民主制的起源：

> 盖世爵各有治地部民，其权力能常与君主相抗。故君主有恶，诸世爵联合而废之，甚者弒之，众力相等，又不能以一人独篡。故复立君而誓之限之，此事势之自然，无中外而暗合者矣。君主既恨世爵之抗己，故日思废抑世爵，势不能不引平民以抗世爵而助己，于是议院分为二。故平民之渐有权者，亦世爵之反激力有以生之；若无世爵之反激，可断欧土千万年无上下议院之诞生也，而更安得有立宪民权之事出？①

其中的政治逻辑主要包括两个方面：其一，封建世爵有实力与君主进行对抗，或者说制约君主，而君主很难单凭一己之力控制、削弱、瓦解封建世爵甚至废除封建制，在世爵中拉一派、打一派，也无法从根本上削弱封建制。康有为强调封建世爵的重要性，主要体现在这一方面。其二，君主要更有效地制约和削弱封建制，必须从平民中寻找支持，通过远远超过世爵的"人头数"来反制世爵，因此有下议院的创设。在英国民主制度发展的这一关键一步中，平民显然有非常重要的作用，并非"无预"②。结合其前后文，康有为所论君主、封建世爵、平民与英国民主制度兴起之关系，更准确的表述应该是，封建世爵制约君主，提供了英国民主发展最初的基础；平民阶层的崛起是君主与世爵之间矛盾发展的一个后果，英国近代民主的发展与平民阶层的关系不可或缺。当时太平天国运动失败不到半个世纪，义和团运动刚刚过去，康有为在论述中偏向强调世爵的重要性，一方面，是为了更好地论证自己反对平民革命的政治主张；另一方面，这是意识到平民力量已经兴起，希望中国出现既能够强大到与君主之间形成平衡、又能明智地推动君主立宪制建构的世爵力量。

---

① 《康有为全集》第八集，第6页。
② 即使在今天，执政者与平民联合制约官僚阶层及财阀阶层，仍然是现代民主制的核心问题，即一个民主国家的执政者如果要保持国内政治的平衡，避免大资本势力掌控国家权力和资源、形成巨大社会分化的局面，基本思路同样是，依托基层民众各种形式的政治参与，来确立管控和约束大资本的政治机制。

康有为分析了法国议院民主制产生过程中封建世爵的微妙位置。① 法国大革命之前，路易十六恢复了中断近两百年的"三级会议"制度的运作，以平民为主的"第三等级"登上政治舞台，其中的基本政治逻辑是，路易十六要抑制封建世爵。康有为指出："法平民之有权，乃因路易抑世爵而引平民助己之故酿成之，故平民亦为世爵反生也，非平民直接而能取权也。"②"平民亦为世爵反生也"，是康有为所说的民主"实世爵为之"的一个表现，但不是"与平民实无预"。

同样是封建世爵与王权的抗衡促成平民议会的设置和运作，法国封建制经历路易十四时代之后，已经发生了巨大的变化。路易十四是法国历史上的一代雄主，他缔造了王权的高峰，大大削弱了封建世爵，使得贵族直到大革命发生仍然一蹶不振："意者路易十四为强干弱支之隐谋，收拾封建，为关内侯之虚爵，特盛饰宫苑，侈畋猎声色游娱，以大集诸侯于阙下，以隐销其据土抗令之雄心，是无异一举而灭十万之侯国矣。"③ 而贵族的被削弱，反过来造成了一个重要后果，即当平民势力扩大，走上政治舞台，并被激发起革命热情的时候，王权缺少封建世爵的拱卫，很容易被摧毁。康有为认为，这是共和革命在法国发生并取得成功的原因所在：

> 革命、共和之事，不始于他国而必出于法者，以欧洲各国侯权既大，群侯并强，民能小动其一二，不能全动之也。惟法国削侯权夺侯土久矣，自路易十四后百余年，诸侯未闻有称兵作乱者，皆奔走后宫以希王宠。其小侯食邑，不满千户，几致饥寒，故尔时惟一王独尊耳。巴黎乱民，一夫夜呼，乱者四应，围王宫，撤卫兵，而迁王于市。王权一失，诸侯无力以救之，只有遁逃，故罗伯卑尔等得恣行焉。假令法不尽收侯权，强侯四布，则一有内乱反兵，定之至易。故革命、共

---

① 1904年至1908年环球旅行期间，康有为多次考察法国。此后康有为对法国大革命最为详细的论述是《法国游记》（1905）。中间部分曾取名《法国革命史论》，以"明夷"的笔名，作为《欧洲十一国记》之一节，于1906年刊发于《新民丛报》第85、87期，发表日期分别为8月20日和9月18日。

② 《康有为全集》第八集，第7页。路易十六重开三级会议的原因要比康有为所说更为复杂，参见[法]托克维尔《旧制度与大革命》，冯棠译，商务印书馆1992年版；[法]米涅《法国革命史（从1789到1814年）》，北京编译社译，郑福熙校，商务印书馆1977年版。

③ 《康有为全集》第八集，第160页。

和所以独出于法者，即缘法尽收侯权之故也。①

这一论述与康有为对路易十六重开三级会议的解释有些矛盾。如果路易十六重开三级会议是要依靠平民的力量来制约、削弱和控制封建世爵，那么，封建世爵就还有一定实力，如果它们站在王权一边，未必没有能力抗衡革命的平民。按照康有为的解释框架，不如解释为，三级会议的重开，是王权、封建世爵和平民之间力量失衡的结果，平民相对于被削弱的贵族世爵力量快速增长，成为王权主要对抗者，但王权无法及时重新整合贵族世爵的力量来制衡平民。如米涅所说："三级会议只不过是将业已成熟的革命公布于世而已。"② 用康有为自己的论述，"若封建之隐权已收，而小民之疾苦未解，彼所忧者在收贵族。若夫民变之祸，则古未之见，彼心目所不及矣"③。自由民权兴起之后，民怨因压制盘剥已久而沸腾，但无论君主路易十六还是封建世爵中的变革者都没有能力有效控制沸腾的民气，导致变本加厉的不断革命。④ 这是大革命之前的法国与"新世"政治建立之前的英国的重要差异。

康有为对英法封建世爵制的比较，隐含了他对民主政治结构的理解。他的主要论断是，民权的状况决定于"君主—贵族—平民"的关系结构，民权的兴起可以通过这一结构的调整而达到，而无须完全颠覆这一结构，即无须革命。"革命与民权分为二者"是在这个意义上说的。康有为已经意识到平民力量兴起在欧美近代政治变革中的关键作用，如果平民力量成为主导力量，必然将推翻君主制，并使得革命不断推进。他试图通过两个条件的达成避免形成平民力量占据主导的格局。

一是君主与贵族之间形成相互制衡的均势，并由此建构君主立宪制。他认为英国式的民主结构是比较合理的，即保持贵族与平民之间的基本平衡，从而王权（或者最高权力者）会有统治和协调二者的政治空间。而法国式的民主政治结构打破了贵族与平民的力量平衡，人心之变不可遏制，

---

① 《康有为全集》第八集，第179页。
② ［法］米涅：《法国革命史》，第21页。
③ 《康有为全集》第八集，第160页。
④ 《康有为全集》第八集，第182—202页。

追求平等的愿望势必一浪高过一浪,"得陇望蜀,其求无止"①。他指出了法国革命对整个欧洲人心的冲击,认为其他国家世爵尚多,因此平民革命未能成事,其中包括俄罗斯,"今俄民变数十年矣,所以未成,以俄公爵尚多而强故也"②。

二是无论君主还是贵族,都不要对平民阶层过分盘剥和压制,通过给予平民以民权,建构君主立宪制的稳定基础。如果王权削弱了封建世爵,要想避免平民革命的发生,需要满足一个前提条件,那就是不能让被削弱的贵族等社会上层过于压迫平民。否则平民革命必然发生。康有为指出:"然民权共和,公理也,岂其使一人肆于民上?……近人以民权、革命、共和之事始于法,多美法人。岂知侯权既削,而贵族尚压,大僧占产,又承哲学开明之后,事势迫人致然,非法人之独能卓立慓悍而取民权也。"③他认为,法国大革命的根本原因还在于民怨太盛:"法国何为而起大革命也,法封建僧寺之贪横,税敛刑法之苛重,民困苦不聊生,其可骇可悲,实中国人所未梦想者也!……此平等所由起,自由之说所由倡,革命之变所由生也。"④

在这两个条件满足的情况下,"革命与民权"才能真正"分为二者"。要民权,不要革命,才能有助于一个国家在列国竞争的格局中巩固统一和走向强大。这是康有为分析英法两国近代政治变革得到的基本结论,是他对于民主时代建构统一国家的一个基本原理的总结。

康有为由此将英国道路与法国道路并置,分别作为好的典型与坏的典型,用于主张君主立宪制、反对共和革命主张的论辩。他对英国政治模式给予了很高评价,认为英国是无须不断的革命流血,也无须对君主制实行革命而实现"新世"的典范。

---

① 《康有为全集》第八集,第202页。
② 《康有为全集》第八集,第195页。
③ 《康有为全集》第八集,第195页。
④ 《康有为全集》第八集,第195页。康有为认为整个欧洲大陆都如此:"夫以欧洲万里原陆之地,英、德、奥、法四大国将二万万之人民,而有地农主只此四十余万人,其余将二万万人皆无立锥者矣。不平如是,怨毒已深,奴佃不甘,逼而怨起。此弥勒约翰自由之倡导,卢骚民约之起原,而贵族屠戮之惨因,路易断头之缘本也。加以旧教愚民之法,压制种种,皆为积怨之原因,而种民变之祸胎也。"(同上书,第164页)

> 其先起者莫如强英，自崇祯十五年争乱，至康熙二十七年始立议院、予民权，凡四十八年而后定，然尚未有选官之权。至道光十二年、二十八年，伦敦民党大变两次，大将军威灵顿调兵二十万，仅而获成。故英国之民权，二百年而后得。中间虽杀一君，流血无数，然不过求民权、定立宪，英君主之世守如故，未尝革命也。①

康有为以法国大革命对法国的影响作为反面案例，认为法国革命造成的流血斗争变本加厉，此后一百多年不断动荡，使得法国在欧洲被德国等国家超越。他试图以法国大革命案例警告主张中国的革命派，革命将会像在法国一样，带来中国国力的进一步衰退："今吾国人多好述法国革命自由之说，不以为谬，行陷泥淖而艳称，而欲师之。吾今特列法与英、德政治之比较，以见得失之实，吾国人亦可以知所择矣。"②

不过，康有为对法国大革命的批判方式是比较特别的，他没有全盘否定法国大革命的后果，也没有否定法国大革命追求的自由和平等价值。他将美国革命视为理想的革命，认为"……美国之验方，实天下之公理之至也。其要旨曰：人权平等也，主权在民也，普通选举也。此至公至平之理，圣者无以易之，实大同世之极则也。"③他批判法国大革命，但没有批评美国革命，认为美国革命是一个"例外"："若夫民主大国，惟美与法。美为新造之邦，当时人民仅四百万，与欧洲隔绝，风气皆新，无一切旧制旧俗之拘牵。其后渡海赴之者，皆厌故国，乐自由，故大更大变，事皆极易；故法革命而无效，美自立而见功。"④由于不否定革命目的本身，他对法国大革命的批判其实是比较复杂的。一方面，他的批评要点在于，推翻君主制的革命浪潮一旦兴起，不仅革命派没有有效的办法来控制民权自由的负面效应，保守派同样很难有办法控制局势，很难避免仇杀不已的局面。根据他对孔子"三世说"的解释，法国建立共和制走向太平世"未至

---

① 《康有为全集》第六集，第313页。这种赞美也是献给大英帝国的"日不落"规模的。参见《康有为全集》第八集，第1页。
② 《康有为全集》第八集，第167—168页。
③ 《康有为全集》第八集，第182页。个别字词依《康有为遗稿·列国游记》（上海市文物保管委员会编，上海人民出版社1995年版，第326页）校改。
④ 《康有为全集》第六集，第313页。

其时"①。康有为详细勾勒法国大革命之后"惨状",他对法国大革命的概括是,事事与愿望恰恰相反,"合数十百万革命军之流血,以成就一罗伯卑尔之专制民主;合数千万良人之流血,以复归于一拿破仑之专制君主"②。康有为在理论上论证君宪优于革命(共和),对法国大革命"惨状"的描述是一个重要论据。③ 另一方面,法国大革命虽然血流成河,仍然有其成果和收获。康有为这样评价:

> 当时虽极乱无理,而千年封建压制极恶之政,借此尽灭去之,国会议定,废藩权,凡人役税、隶农尽免,旧藩狩猎权、裁判权皆停止;罢寺僧十一税;停卖爵令;凡公民皆得为文武官;减死刑;去长子嗣产制;取寺产二十万万佛郎为国费;听民领其地,保护财产;听信教言论出版之自由;限制国王虐杀刑。于是旧日藩下之农工,皆脱压制而得自由,贵族、平民皆得平等,小民皆得有地,至今法国有三百五十万地主。国民议会开两年,扫陷廓清,等于新朝之更革,改定凡二千五百五十事,此其最大端,而大有益于国民者也。……此法人所日夜大呼,以无量英雄之血,购得之自由平等者也。④

总的来看,除美国之外,他对当时革命的评价都以负面为主。康有为对"革命在法国"的看法,也可以说是他对"革命在世界"的看法。

质询革命:康有为关于中国长期平等的历史论述

康有为从英国君主立宪问题和法国大革命问题回到中国问题,针对20世纪初日益流行的共和革命主张,发展出一套有关中国已经长期处于平等状态的历史论述,以此质询中国需要共和革命的主张。

---

① 参见拙文《康有为的经学思想调整刍议——以〈春秋董氏学〉与〈春秋笔削大义微言考〉的比较为例》,《中国哲学史》2014年第2期。
② 《康有为全集》第八集,第190页。
③ 康有为会怎样论证美国已至其时?目前未见他的美国游记,也未见他对为什么美国已至其时的解释。
④ 《康有为全集》第八集,第202—203页。

康有为的"新世"论：从欧美政治变革思考中国问题

康有为认为，就自由平等价值而言，中国秦汉以来就已经有经济平等，即使当下的状况也比大部分西方国家不差。他说："然试问法人所以无量血购得之自由平等，若以上诸事者，若废藩权，停旧藩之狩猎裁判，免隶农人役税，民得为文武官，则我国秦汉时已久去其弊，久得此平等自由二千年，在罗马未现之先。"① 他从孔子"讥世卿"的传统以及秦代及此后去封建、立郡县，解释了何以中国社会较为平等：

> 惟我国自秦灭封建，孔子讥世卿，汉后即无贵族专据土地之事，而任民有之，尚有限民名田之义。光武先林肯二千年而放奴，故吾国无有大地主，人民平等，人人皆可有地，人人皆听其自由为士农工商，无限定之级业，人人皆可起田间而为卿相公侯，政制宽大，简刑薄税，一切听民之自为，故人道自由。②

他认为，中国有王权，但缺少封建世爵，很少上层阶层压迫平民太甚的问题，因此中国在历史上没有发生对君主制的革命。其中的关键是中国土地制度较为平衡，小地主多，"中国之为小地主，听人民自有田地，盖自战国以至于今，乃在罗马未出现之前，不止日耳曼矣。孔子之道，以自然为教，绝无压制，又岂若天主教乎？故中国之人早得自由之福，已二千余年"③。如何解释中国的土地制度及其当代变迁，在此后的中国革命运动中，逐渐成为最为重要的议题之一。康有为甚至认为中国平等自由的传统为"大地之最先进者"："中国平等无级自由之乐，诚为大地之最先进者哉！"④ 又如，"吾中国二千年改郡县后，既无世诸侯大夫，人人平等，无封建之压制。民久自由，学业、宗教、士、农、工、商，皆听自为之。……平等自由，若今惟美国有一二少能比我，但异于一民主耳"⑤。康有为的这一历史叙述，在后来的历史研究界不断有回响。比如，梁启超在《欧游心影录》中延续了此一中国历史叙述模式。又如，钱穆在《中国政

---

① 《康有为全集》第八集，第202—203页。
② 《康有为全集》第七集，第438页。
③ 《康有为全集》第八集，第164页。类似表述亦见《康有为全集（八）》，第6页。
④ 《康有为全集》第八集，第404页。
⑤ 《康有为全集》第八集，第200页。

治之得失》中亦认为，孔子"讥世卿"使得中国社会较为平等。

根据此一历史叙述，康有为认为中国不需共和革命。其一，他认为，在中国以不平等为理由发起革命，是没有道理的。"以吾文明之本皆具，自由平等之实久得，但于物质、民权二者少缺耳；但知所缺在物质、民权，则急急补此二者可也。"① 其二，中国有长期平等的政治基础，虽然在物质和民权（民主）方面落后了一些，但历史负担小，追赶起来也会比较快："若我同治中兴时变之，比于诸国，未为晚也。今虽稍迟，然我数千年冠绝大地之文明，视彼数十年之精美，其何有焉？取其长技，择其政律，斟之酌之，损之益之，断之续之，去短取长，一反掌间，而欧美之新文明皆在我矣。……天下强治之易，未有若中国者也。"② 康有为担心中国剧变，陷入争乱而不止，耽搁了吸收欧美长处改良和追赶的时机。他认为要多些阅历，了解中国的长处，那种"愤于积弊，耻于国弱，发愤太过，张脉怒兴"更可能是因为阅历太浅，轻于言论。③ 康有为认为，深思明辨的关键是知道凡事有利亦有弊的"阴阳"辩证法。④

论证中国历史已经长期处于较为平等的状态，固然有利于康有为主张中国不需共和革命，但也会给他论述中国建立君主立宪制带来相应的困难，那就是，如果中国在孔子"讥世卿"和百世都行秦代郡县制的情况下已经长期平等，世家大族在政治上近乎消失，那么，中国建立君主立宪制的政治基础在哪里？

康有为讨论了为什么中国没有像英法等国那样形成议会制度。其一，他指出，中国春秋时期也有封建制，但产生不了议院民主制度，乃是因为，中国没有英国特别的地形所提供的条件，与人种无关："吾国在春秋时，既无一海岛国若英之近，而又能自立者，若皆在大陆，日事于兵，正与欧洲诸国同，故并力拒外而不暇从容争政，以欧陆诸国之不能产立宪民权，则我中国之不能产乃事势之自然。非吾有所不如也，又非条顿种之独能创义也，地势为之也。"⑤ 其二，法国虽然不是欧洲最早，但在

---

① 《康有为全集》第八集，第 201—202 页。
② 《康有为全集》第八集，第 201 页。
③ 《康有为全集》第八集，第 164 页。
④ 《康有为全集》第八集，第 8 页。
⑤ 《康有为全集》第八集，第 6—7 页。

其封建时代王权最盛的时期，毕竟也有了议院制度，那么，参照法国，中国为什么没产生议院制呢？康有为以六朝时期的世家为例，认为中国即使在世家尚有势力的时期，也没有法国和英国世爵那样的实力："或曰六朝时世家之地位权势亦重矣，何以不能产民权？则六朝世家并无治地，仅同欧土今日之世爵，迫君不甚，而国土太大，议院未成，君又不须引平民以敌之，此所以不能诞生也。故世爵封建虽不善，而至善之立宪议院乃赖以生。禾非粪不长，物固有极相反而相成者，岂不异哉？"① 这些分析都以英法为参照，将世爵与君主制衡作为建立君主立宪制的一项预设条件。

康有为以英法近代变革的不同经验为参照论述中国的道路选择，主要意图在于强调民权自由与革命"分为二者"，长期平等的中国不需革命，基本没有进一步讨论中国如何在没有足以制衡君主的世爵的情况下建立君主立宪制。参考康有为对英法等国近代政治变革经验的论述，可以推测他的分析框架：如果没有制衡君主的世家大族，平民阶层力量成长又可能引发持续的革命风暴，大致会有两种情况：一是，建立君主立宪制主要得依靠君主自身的主动调整；二是，如果大清朝廷不能主动调整，进行建立君主立宪制的改良，很有可能面临平民革命的风暴。康有为有关中国长期平等的历史叙述，事实上指出了中国与路易十四时期法国的部分相似之处，即君主制一旦面临平民革命的颠覆性冲击，缺少有可能支持君主制的世爵阶层。这是中国君主制的脆弱之处，在共和革命思潮兴起之后，中国君主制事实上面临着万劫不复的深渊。

康有为在1902年已经预见到了人心变动不可遏制地发生的趋势和革命展开的方式："盖向者人犹望复辟之自强，今则别谋革命自强矣；向者不过变自小民，今则变自士夫矣。此其大变，又洪秀全时所无也。"② 按康有为的分析思路，由于中国缺少世爵阶层，士大夫即是在政治功能上最接近于世爵的阶层，此一阶层的人心背离，意味着君主制的社会基础将荡然无存。康有为意识到，到这种巨变展开的时候，清朝是无能为力的，"至于

---

① 《康有为全集》第八集，第7页。
② 《康有为全集》第六集，第332页。

人心尽变,则有土崩瓦解之患"①。正是因为意识到这一深渊的前景业已浮现,他尤其重视法国大革命引发"不断革命"的历史及其政治逻辑,呼吁建立君主立宪制以避免"不断革命"的前景。

君主在"新世":康有为论民主时代的"共和王国"

康有为呼吁保留君主制,以避免法国式的"不断革命",主要有两种论证方式:一是以欧洲实行君主制的国家数量更多作为主要证据;二是正面论述君主制的价值与意义。后者要更为积极。

1899年遭遇欧榘甲、梁启超等倾向共和革命的弟子挑战之后,康有为反对在中国掀起共和革命的主要理由之一,在于他对革命在世界诸国的命运的分析,其中包括对共和革命在西方及中南美洲等区域的命运的分析。比如,在《答南北美洲诸华商论中国只可行君主立宪不可行革命书》(1902)中,他概括了革命在当时欧洲被冷落的状况。英国、奥地利、普鲁士、意大利、葡萄牙、琏国(丹麦)、荷兰、瑞典、日本等国"皆累经民变,皆得议政自由之权,而君主皆世守如故",实行的都是君主立宪制,"统计欧洲十六国,除法国一国为革命,实与俄之一国为专制者同,皆欧洲特别之情。其余十余国,无非定宪法者,无有行革命者。然法倡革命,大乱八十年,流血数百万……此则近百年来,欧洲言革命不革命之明效大验矣"②。

如果通过"革命在世界"是否受欢迎、被接受或者有效果来质疑革命,问题是,将中南美洲二十余个共和国纳入统计,则世界主流方向未必是君主立宪制。康有为在《共和政体论》中指出:"今共和政体之盛,莫若美洲,盖皆师法合众国政体之故;然除美国外,无一不大乱者,在中南美间,无岁不见告也。"③ 其实,即使将君主立宪视为西方主流方向,这一经验主义的理由与为创造新世界"虽千万人吾往矣"的革命意志相比,康

---

① 《康有为全集》第六集,第332页。
② 《康有为全集》第六集,第313页。
③ 《康有为全集》第九集,第242页。

康有为的"新世"论：从欧美政治变革思考中国问题

有为以国家数量做支撑的论证方式，气势也显得较弱。①

在辛亥革命前十年的革命辩论时期，康有为的论述重点是否定共和革命在当时的必要性和正当性，较少正面阐述君主制的价值和意义。例如《英国游记》（1904年）基本没有论及英国君主对于英国政治的功能和价值；1909年所作的《补英国游记》，对于英国君主制在英国政治结构中的功能和价值，仍然未有论及。

康有为较早从正面阐述君主在欧洲"新世"的政治功能，是在《比利时游记》（1904年）中：

> 盖欧洲君主立宪之国，比与英、意议院最有大权，与德、奥迥异。故国民极力经营议院，而王座乃屈在左右室，则各国无之，伸民权而抑王体，至此极矣。此座虽小，故而君民权力进退之间，亦立宪制中一大掌故矣。欧洲王者若英意比，不过有虚名荣礼，若其用人、行政，皆相臣决定，而奉行签名，又一切皆取王命，此极异之制度。在吾中土，则为汉献、晋恭；在各灭国，则为安南、高丽之王，皆大不祥之事。然在欧洲立此新制，可免革命争王之惨祸，亦无一相篡夺之变，于过渡之世，曲尽其宜。此真异想天开，为中国数千年思想、书籍之所无，而展齿未经者矣。②

他论证君主在"新世"（也就是民主时代）的价值的一个重点是，没有稳定的帝制，肯定会有很多人对皇位或者国家领袖的位置有窥视之心，导致激烈政争，从而使国家瓦解，陷入乱局。

武昌起义爆发、君主制瓦解之后，君主制问题成为康有为政论的中心

---

① 在革命辩论的最初阶段，章太炎强调革命的道德和意志，欧榘甲等人强调，革命自立有奋斗就有收获，即是对创造出一个新形势的革命意志的呼吁。参见拙文《20世纪初中国革命辩论中的"亚洲故事"》，《全球史评论》第十五辑（2018年12月）。

② 《康有为全集》第七集，第489页。他曾分析，在清帝失位的情况下，势必会有其他人来抢帝位："中国枭雄积于心脑者，人人有汉高、明太之心，吾见亦多矣。古今天下，安得遇尧、舜、华盛顿？……今所见革命之人，挟权任术，争锱铢小利而决裂者，不可胜数。如此之人，使其有天下而望其行尧、舜、华盛顿之事，是望盗跖之让国也。"（《康有为全集》第六集，第319页）这一讨论揭示了如何避免陷入帝位争夺的恶性循环的问题，但并未论及君主制的意义。这与当时君主制瓦解危机尚不明朗有关。

问题。他论述君主制的主要思路是，通过对欧洲君主制状况的叙述，阐明君主的设置对于欧洲"新世"（也是中国"新世"）的价值。就对中国"称雄于大地"路径的设想而言，他更倾向于俾斯麦时期所奠定的德国君主立宪制架构，即君主并非虚君，而是对相权有很强节制力、有远志雄图，并有集权能力。但根据辛亥革命之后的形势变化，康有为的君主制论述主要强调英国宪制。他发展出一套关于虚君共和制的论证和修辞性表述，提出"共和帝国"或者"共和王国"的论述，力图以"君主共和制"（或者称为"虚君共和制"）争夺"共和"的解释权。这一论述是基于他对英国宪制的了解而展开的。他在讨论英国政体时，经常会引述其认识的曾任英国驻美大使的政治学家布赖斯（康有为译为"勃拉斯"）的话。布赖斯曾经引用过白哲特将英国国体称为"共和王国"（"a crowned republic"）的说法，并指出，"当议会民主制作为共和国的代名词理解的时候，是可以用'共和王国'这个词的"①。白哲特在其名著《英国宪制》中将英国称为"伪装起来的共和国"：

> 在这里（英国——引者注），君主制的附属物被变成了共和国的基本要素；只有在这里才有必要保留古老的表演、同时我们悄悄地加入了新的现实，因为这里的政治人民数量更多、更为多样化。……当然，一旦我们看到英国是一个伪装起来的共和国，我们就一定会同时看到，那些必须用伪装来满足的阶层必须要受到怀柔的对待。②

康有为通过对英国宪政体制的叙述，来调和共和革命与君主制，表达寓君主制于共和制之中的主张。他在《拟中华民国宪法草案》中以英国为制宪的范例③，将英国视为"共和王国"（"共和爵国"）：

> 今共和王国，实多一虚衔王爵耳，其与俄、普、日之君主立宪远矣，不类甚矣。必不得已，谓为共和爵国宜也，谓为虚爵立宪宜也；

---

① 转引自 Graham Maddox: "James Bryce: Englishness and Federalism in America and Australia", see *Publius*, Winter 2004, p. 59.
② ［英］沃尔特·白哲特：《英国宪制》，第197、204页。
③ 《康有为全集》第十集，第40页。

谓为君主立宪，则名是而实非也，不切不实，名实淆乱，岂可哉？不可不辨也。今草吾国宪法授总统以大权，望其得以行政，过于英、比、意远矣。①

他曾刻意将英国全称翻译为"大不列颠共和王国"，嵌入"共和"二字。②

康有为对共和王国与君主立宪的区分，指出了分别以英、德为代表的两种不同类型的君主立宪制的区别，一种是君主无实权，一种是君主有较多实权。他主张中国采用君主无实权的"共和王国"制，关注的主要是君主之位的保留。这种区分有其策略性的考虑：如果君主不再有实权，也就没有必要再突出强调君主之名，不如承认共和制的主导地位，而将君主制作为补充性的要素，"今空名之君主者，只能编入共和制，而不能编入立宪君主制也"③。"共和王国"的命名，显示了康有为在君主制已经缺乏实际支撑力量的情况下调和"共和"与"君主"的努力，是对君主之位在清朝灭亡之后继续存留的一种论证，也包含了在共和制中注入君主制优点的苦心。

在他看来，在共和王国政体之下，虚君之下的权争是可以容忍的，但前提是权争参与者都对虚君抱有忠诚的态度。如《共和政体论》所说：

> 盖虚君之用，以门第不以人才，以迎立不以选举，以贵贵不以尊贤。夫两雄必不并立，才与才遇则必争，故立虚君者，不欲其有才也，不欲其有党也，然后冢宰总百官以行政，乃得专行其志，而无制肘之患一也。夫立宪之法，必以国会主之，以政党争之，若无虚君而立总统，则两党争总统时，其上无一极尊重之人以镇国人，则陷入无政府之祸，危恐孰甚。……君主者无用之用至大矣。……盖立一无权之君主，人不争之，于是驱其国人，只以心力财力，运动政党，只以笔墨

---

① 《康有为全集》第十集，第50页。
② 《康有为全集》第九集，第204页。他还曾在文章中说，"故日本人谓今之中国已变为共和帝国，今名之为虚君共和国"。见同书，第218页。
③ 《康有为全集》第九集，第247页。

口舌，争总理大臣，而一国可长治久安矣……①

他强调了君主在维系国家一统、凝聚民心方面的象征性功能：

> 尝譬论之，君主者如神乎，神者在若有若无之间，而人间皆奉之，不明鬼神则陋民不悟，故先圣以神道设教，美饰其庙宇，厚费其牲醴香火，率百姓万民拳跪以事之，而不肯稍惜其费、稍吝其恭焉。②

他对"君主者如神乎"的强调，即是对"尊荣"的强调。③

康有为对"虚君之用"的分析和强调，调整了辛亥革命前十年论战阶段的问题意识。此前，他主要强调中国应该避免出现法国大革命式的危机，建立英国式君主立宪制，但并没有系统性地正面讨论，中国在缺少世爵阶层的情况下如何建立君主立宪制。辛亥革命后，他对虚君作用的正面讨论，深化了对君主立宪制的政治进程的论述，实际上提出了虚君得以形成的条件问题，那就是政争各方都需要对虚君保持尊崇。难题在于政争各方对虚君的忠诚如何形成，康有为主要诉诸避免国家分裂的政治自觉与既有教俗（孔教）的支撑，这些方面的动员接近于靠天吃饭，这是民国建立之后他在政治上特别希望和需要立孔教为国教的原因。

结　语

康有为对西欧"新世之所由"的分析，从国际角度强调了欧洲封建分裂和列国竞争对近代西欧国家技术、军事、政治、经济、文化等方面的刺

---

① 《康有为全集》第九集，第245—246页。
② 《康有为全集》第九集，第246—247页；亦见于《康有为全集》第十集，第48页。
③ 同一时期章士钊经常引用的英国政治哲学家沃尔特·白哲特在《英国宪制》开头部分即指出，"制造一个王室就像收养一位父亲一样困难；属于前者的特殊感情同属于后者的特别亲情一样无法主动创造。如果英国宪制的实际部分只能通过对中世纪材料的神奇积累才能出现，那么它的重要性就有一半是历史性的，而它的可模仿性就是非常有限的。……在这种宪制中存在两个部分……：第一个部分是那些激发和保护人民的尊崇的制度，即尊荣的部分，如果我可以这样称呼的话；第二个部分是有效用的部分……每一个宪制都必须首先赢得权威，然后再利用权威；它必须首先取得人们的忠诚和信任，然后再利用这种效忠进行统治"。见氏著《英国宪制》，保罗·史密斯编，李国庆译，北京大学出版社2005年版，第2—3页。

激和推动作用，从一国之内的角度强调了维系国内统一对于一国强大的重要性，而维系统一需要保持君主、封建世爵与民众之间的力量平衡，较为强大的封建世爵阶层的存在是维持这种平衡的关键。将其国际层面论述与国内层面论述结合起来看，共同之处是都强调西欧封建制在"新世"到来的过程中的重要位置和作用；不同之处则在于，国际层面强调封建分裂的积极作用，而国内层面强调应避免封建分裂或者社会上下层的撕裂冲突。

康有为在国内层面强调国家统一的重要性，并非简单地主张君主专制，而是在承认封建及社会上中下层分化的基本现实基础上，讨论实现国家整合统一的途径。他在讨论德国近代政治变迁时，并不认为德国的封建制基础应当清除，而是认为可以通过联邦制的方式将众多分裂的小封国整合起来，这是威廉大帝和俾斯麦的丰功伟绩。在讨论英国近代政治变迁时，也不认为英国君主与封建世爵的矛盾、封建世爵与平民的矛盾、君主与平民的矛盾是需要消除的问题，而是认为需要用君主立宪制建立君主、封建世爵与平民之间的力量平衡，以此较为平稳地实现政治转型。

康有为事实上讨论了近代国家在封建制基础上实现君主立宪制转型的理想模式，这一模式以国内封建制为基础，利用封建制已有的君主—封建世爵—平民的制衡结构，同时通过君主之位的存留，避免封建制在有强敌在侧的情况下导致国家分裂，避免平民革命撕裂国家。也就是说，不同地域之间存在矛盾，不同社会阶层或社会集团之间存在矛盾，是一个国家内部的基本状况，问题是如何整合。康有为讨论西欧"新世之所由"，分析英、法、德、意等国的近代政治变迁，提出的是政治整合路径的开放性问题，但他的回答是单向的，视国内冲突（不论是封国之间的冲突，还是君主、封建世爵与平民等不同阶层之间的冲突）的爆发为畏途，认为只有能够同时协调既有的君主、封建世爵与平民等政治阶级和集团的关系，建立这些不同集团之间政治平衡，才能有效实现一国的政治整合。

康有为对于一国在政治分化基础上实现政治整合的单一路径设想，与他在国际层面重视和强调列国竞争和冲突的积极刺激作用，有着不一样的政治逻辑，也即存在紧张或自相矛盾之处。康有为有其协调一致的方面，例如，在国内政治层面，他强调联邦制对于美国和德国整合各州的重大作用，也认为联邦制是未来不同国家之间整合的路径。但在处理国内政治集团分化与冲突的问题上，他否定政治冲突提升新兴力量的政治整合能力的可能性。如果按照他肯定国际层面国家竞争的积极作用的思路，来分析国内的政治分化和竞争问题，可以看出另一种可能性，即新的政治力量在政治斗争过程中锻炼和成长，也有可能成为更具整合能力的政治力量，这是在革命进程中可以看到的故事。康有为重视国内严重政治冲突的国家瓦解效应，完全否定这一思路，基本没有思考这样的可能性，这是他分析西欧"新世之所由"的重要特点。与此相应，他在思考中国问题时，反对以共和革命推翻清朝，在共和制已经建立的情况下，主张保留君主之位，建立君主立宪制的"共和王国"，也就容易理解了。

（张翔，首都师范大学文化研究院研究员）

从"鬼子"词义及其指称变化看近代中国的外来侵略者

许龙波

摘要 "鬼子"一词在与近代中国政治及社会的互动中,由指代外国人的偏中性词,最终成为专指日本侵略者的纯贬义词。鸦片战争前,中国人以"鬼子"泛称外国人。随着外国侵华加剧,"鬼子"演变成"洋鬼子",并与鬼魅、妖邪等负面意义紧密贴合。"洋鬼子"的生成与广泛传播体现了中国人对侵略者的贬斥和憎恨,亦为启蒙者激励国民提供了重要的语言工具。20世纪20—30年代,日本侵略者的残虐行径促使"鬼子"逐渐附着在日本上。此时,"鬼子"强化了中国人的民族意识,为中国人自我认知和抗击侵略提供了有效的思想资源,也被日本侵略者用于混淆视听、打击异己。

关键词 鬼子 词义 指称 近代中国

"鬼子"在今天是一个不言自明的词汇,专指日本侵略者。值得注意的是,"鬼子"词义以及指称在近代中国经历了系列转变,它不仅是一个内涵丰富的词汇,更表现了中国人的民族情感和价值判断。因此,研究"鬼子"的渊源流变,不仅有助于我们思考该词汇的内涵与象征意义,更可丰富我们对于近代中国社会变迁和外来侵略者的认识。

学术界对近代"鬼子"词义及指代对象,有过一定的探讨。曹翔从语言学角度对"鬼子"的词义进行了梳理。[1] 谢丹和黄迎新从晚清中西文化

---

[1] 曹翔:《"鬼子"释义考辨》,《语言研究》2007年第4期。

交流的层面入手，探讨了"鬼子"称呼折射出的文化变异。① 王尔敏是从历史学层面探讨"鬼子"词义较为深入的学者。他详细考证了"鬼""鬼子""洋鬼子"和"假洋鬼子"这四个词出现的时间点以及词义②，颇有启发意义，只是研究时间段止于晚清，而且对"鬼子"词义的动态变化缺乏考察。总的来看，目前学界虽不乏研究成果，但对于"鬼子"在近代中国生成的历史过程和文化内涵，以及"鬼子"与社会互动等层面仍有拓展空间。故而，本文试图就"鬼子"概念在近代中国产生及传播的历史契机和当"鬼子"成为负面词汇后，中外围绕这一词语的认知与具体应用等问题，做进一步探讨。

一　"鬼子"的传统释义及近代指称

古代中国人以"鬼方"指代异域。朱熹在《诗集传》中说："鬼方，远夷之国也。"③ 清人马瑞辰在《毛诗传笺·通释》中称："经传中言鬼方，有泛指远方者……鬼方本远方之通称，故凡西方、北方之远国可通称鬼方。"④ 陈逢衡亦言："鬼者远也。"⑤ 由于地理阻隔，古人对遥远国度所知甚少，故而泛称其为"鬼方"，居住在"鬼方"的人也就自然称为"鬼"或者"鬼子"。"鬼子"由"鬼方"衍生，这里的"鬼"与目前通行释义的"鬼"渺不相涉。

明末清初，大量西方人来到中国，中国人对于远方来人，不知所以。故而采用固有"鬼子"称呼这些异族人。明人王临亨在澳门见到葡萄牙人和黑人后，这样描述到："番人有一种，名曰黑鬼，遍身如墨……有二夷舟至香山澳，通事亦不知何国人，人呼为红毛鬼。其人头发皆赤，目睛圆，长丈许。"⑥ 在他看来"黑鬼""红毛鬼"都属于番人，因为不知道具体的种类，只好以肤色和发色这样的特征名之。明人陈伦炯对红毛的认识

---

① 谢丹、黄迎新：《从"鬼子"称呼看晚清的中西文化交流》，《湖北社会科学》2006年第3期。
② 王尔敏：《中国近代思想史论续集》，社会科学文献出版社2005年版，第156—179页。
③ （宋）朱熹集注，赵长征点校：《诗集传》，中华书局2011年版，第272页。
④ （清）马瑞辰撰，陈金生点校：《毛诗传笺通释》，中华书局1989年版，943—944页。
⑤ （清）陈逢衡：《嘆咭唎纪略》，和泉屋善兵卫，嘉永六年（1853）刻本，第5b页。
⑥ （明）王临亨：《粤剑编》卷3《志外夷》，中华书局1989年版，第93页。

更深一层,其言:"红毛者,西北诸番之总名。净须发,带赭毛;带轻毡卷笠,短衣袖;紧袜而皮履,高厚底,略与俄罗斯至京师者相似,高准碧眸,间有与中国人相似者。身长,而心细巧;凡制作皆坚致巧思。精于火炮,究勘天文地理。俗无纳妾。各国语言各别,以摘帽为礼。"① 陈伦炯不仅描述了红毛的外貌,还对其文化、风俗、语言进行了细致的考察。这样的认识是很客观的,也足以看出当时中国人以"鬼子"称呼西人,感情色彩不甚浓厚。时人还猜测红毛鬼来自荷兰。李光缙于 1604 年撰写的《却西番记》这样写道:"大西洋之番,其种有红毛者,译以为和兰国,疑是也。"② 张燮在《东西洋考》中专门列有"红毛番"一节记述红毛:"红毛番自称和兰国,与佛郎机邻壤,自古不通中华。其人深目长鼻,毛发皆赤,故呼为红毛番云。"③ 当时中国人虽对外国了解不深,但也深知"红毛鬼"是来自域外的国家。大约在 18 世纪,"鬼子"成为对外国人的普遍指称。④ 随着时间的推移,居住在中国的外国人也逐渐认同了这种称呼。美国商人亨特在《广东番鬼录》(*The "Fan kwae" at Canton, Before Treaty Days 1825 – 1844*)一书中就以"番鬼"自我调侃。他在是书中这样写道:"中国人将所有的外国人都叫做'番鬼'或'外国鬼',但是具体到各国人还有很滑稽可笑的独特叫法。"如称英国人为"红毛鬼",美国人为"花旗鬼",丹麦人为"黄旗鬼"等。⑤

在当时熟悉外国的中国人看来,"鬼子"是对缺乏文明教化的外国人的一种称呼,有一定轻视、不屑的意味。正如亨特观察到的,中国人认为外国人"确实是一些'难以驾驭的番鬼'——好斗、野蛮、吵闹的人"⑥。在中国人眼里,"'番鬼'的一切,哪怕是出于良好的基本礼貌,都是野蛮的、不完善的。跟他们彬彬有礼的举止相比,'番鬼'的野蛮就显得更突

---

① (明)陈伦炯撰,李长傅校注:《〈海国闻见录〉校注》,中州古籍出版社 1984 年版,第 68—69 页。
② (明)沈有容辑,郑焕章点校:《闽海赠言》,商务印书馆 2017 年版,第 35 页。
③ (明)张燮著,谢方点校:《东西洋考》,中华书局 1981 年版,第 127 页。
④ 王尔敏:《中国近代思想史论续集》,社会科学文献出版社 2005 年版,第 168 页。
⑤ [美]亨特:《广州番鬼录;旧中国杂记》,冯铁树、沈正邦译,广东人民出版社 2009 年版,第 69 页。
⑥ [美]亨特:《广州番鬼录;旧中国杂记》,冯铁树、沈正邦译,第 115 页。

出了"①。当时中国人受"天朝上国"观念的影响,自认为居于世界中心,文教发达,有一种文化优越的心态,因此视外国人为蛮夷,视外国文化为低劣。有趣的是,鸦片战争以前,广州出现了大量中国人编写的英文教科书,诸如《红毛买卖通用鬼话》《红毛通用番话》《鬼话》等。这些书"常见于仆役、苦力和店铺主的手上"②。这提示我们在熟悉外情的广州,即使是底层也没有将"鬼子"与鬼神相联系。

古代中国人认为,人死后,魂灵可为神鬼两途,"神为人的灵魂的天上部分,它呈阳性:光明、磊落、神圣能进天堂,享有永恒的极乐生活;鬼则是人的灵魂的地下部分,呈阴性:脆弱、渺小或邪恶、害人,它只能沦落地域或在黑夜漂游于大地,受尽苦难折磨"③。复因鬼常出现在阴森恐怖的夜里,故而人们幻想中的"鬼"的形象,也是千奇百怪。大体而言,鬼在人们心目中的形象可以分为以下两类:一是异化的人,总体上类似于人的形态,但面目狰狞,容貌令人生怖;二是人类和兽的结合体,如冥界中的"牛头马面"。历代关于鬼的描写以第一类为多,成为鬼的主体形象。虽然在中国的神话传说中不乏"好鬼""报恩鬼",不过即使是"好鬼"亦不能与人久处,因为古代人认为,人鬼殊途,人和鬼注定阴阳两隔,长久相处必定会招致灾祸。故而,鬼在中国文化中是一个令人排斥、畏惧的形象。鬼的出现威胁着人们渴求的现世安稳。所以对于不了解外情的中国人而言,在听闻"鬼子"一词后,首先关注的是传统"鬼"词意层面。再者,洋人容貌与中国人有着较大的差异,所以不少人在称呼外国人为"番鬼""红毛鬼""鬼子"时,不免将外国人与鬼相比附。清人屈大均就说番人"眼皆碧绿,发黄而面黳……见之惊犹魑魅","红毛鬼者,长身赤发,深目蓝睛,势尤狰狞可畏"。④林则徐也称当时在广东的外国人"须本多髯,乃或薙其半而留一道卷毛。骤见能令人骇,粤人呼为鬼子,良非丑诋"⑤。即使是林则徐这类的开明士大夫也惊诧于外国人的容貌,更遑论

---

① [美]亨特:《广州番鬼录;旧中国杂记》,冯铁树、沈正邦译,第228页。
② [美]亨特:《广州番鬼录;旧中国杂记》,冯铁树、沈正邦译,第69页。
③ 尹飞舟:《中国古代鬼神大观》,百花洲文艺出版社1992年版,第90页。
④ (清)屈大均:《广东新语》,中华书局1985年版,第482页。
⑤ 林则徐全集编辑委员会编:《林则徐全集》第9册,日记卷,海峡文艺出版社2002年版,第4595—4596页。

其余。

总的来说，鸦片战争前，中国人已广泛用"鬼子"指代外国人，此时的"鬼子"虽带有一种轻视的倾向，但更多强调远方来人，且与鬼魂牵涉不深。不过由于"鬼"在中国文化中的特殊指代，加之，外国人奇异的容貌与鬼在中国传统文化中所具有的阴鸷形象有一定的契合度。随着中外冲突的加剧和彼此之间平等沟通的缺乏，外国人的神秘色彩渐浓，"鬼子"的内涵也进一步丰富。

二 "洋鬼子"的生成与固化

1840年鸦片战争爆发，在英国的坚船利炮之下，清政府接连战败，最后被迫签订城下之盟。震惊之余，中国人试图从传统中寻求思想资源，以解释英军缘何强大。"怪力乱神"成为国人首先想到的因素。

鸦片战争时期，一向以骁勇善战著称的杨芳，在镇守广州时，发现清军居于陆地而炮不能击中英国船，但在海面上的"夷炮恒中我……必有邪教善术者伏其内"，于是传令保甲收集附近"妇女溺器为压胜具，载以木筏，出御乌涌"①。他还命人"扎草人，建道场，祷鬼神"②。以今人的眼光视之，杨芳固然愚昧，迂腐，甚至有几分可笑。然而，这直接反映出，在以杨芳为代表的清朝权贵看来，英国人是邪恶的，故而种种御敌之术与打鬼、驱邪别无二致。当时的士人和下层民众对英国人也有类似的观感。陆嵩在《江州述感》中记录下了当地百姓眼中英国人："白者乃真鬼，语音类禽兽，胫长而多毛，眼绿疾顾瞭。"③ 举人汪仲洋在其诗歌的注解中这样写道：英国人"睛色碧，畏日光，卓午不敢睁视"④。日光为阳气的象征，英国人畏惧日光，可见在中国人看来，英国人纵然非鬼，但诸多特征与鬼相类，充满着妖邪气息。

---

① （清）梁廷枏著，邵循正校注：《夷氛纪闻》，中华书局1959年版，第59页。
② 佚名：《粤东纪事》，中国科学院历史研究第三所编：《近代史资料》第9号，科学出版社1956年版，第39页。
③ （清）陆嵩：《江州述感》，阿英编：《鸦片战争文学集》，古籍出版社1957年版，第143页。
④ （清）汪仲洋：《庚子六月闻舟山警》，阿英编：《鸦片战争文学集》，古籍出版社1957年版，第191页。

《南京条约》签订后，大量外国人来到中国，起初中国人尚抱着较为宽和的态度来看待他们。"他们都被'天下'的统治者和人民用一个总的字眼加以概括，称为'洋人'或'外国人'。"① 但因外国人不但以人上人自居，还在中国进行凶残毒辣的侵略行为，普通中国人对其憎意渐增，"鬼子"中"鬼"的意思进一步凸显，而且与"洋"字紧密结合。

19世纪60年代后，"洋鬼子"称呼逐渐风行。鲁迅小时候常常听见人们谈论洋鬼子挖人眼睛："曾有一个女人，原在洋鬼子家里佣工，后来出来了，据说她所以出来的原因，就因为亲见一坛盐渍的眼睛。"② 类似的传言在社会上广为传播，当时报刊上也大量充斥着洋人近于魔鬼的报道。1896年《申报》报道，当时苏州有传言，"洋人起筑马路，须将小孩活埋椿下，始得坚牢"③。至民初，此类传言仍然广布。何其芳回忆，他小时候听过洋人吃小孩的故事："有一天，一个中国女仆打开洋人灶上的蒸笼一看，天呀，里面原来蒸的中国的婴儿。"④ 曹聚仁的回忆更加诡异，他说，道光后，洋鬼子越来越多，"越来越厉害了，国人乃把洋鬼子当作有魔法的人。如说洋鬼子挖取中国人的眼睛……有的用于照相，每只眼睛都可摄人神魂"。洋鬼子还将中国人的心肝挖去熬油，"点了灯向地下各处去照；人心总是贪财的，所有照到埋着宝贝的地方，火头便弯下去了。他们当即掘开来，取了宝贝去"。⑤

义和团运动时期，"洋鬼子"的邪恶内涵达到了顶点。《义和团揭帖》明确指出，要依靠神仙的力量，驱逐洋鬼子，"仙出洞，神下山……要揿鬼子不费难"⑥。在义和团民看来，"洋鬼子治（制）造纸人、纸马，害中国庶民"⑦。他们还将进攻北京西什库教堂失利归咎为："此处与别处教堂不同，堂内墙壁，俱用人皮粘贴，人血涂抹，又有无数妇女赤身露体，手执秽物站于墙头，又以孕妇破腹钉于楼上，故团民请神上体，行至楼前，

---

① [美] 亨特：《广州番鬼录；旧中国杂记》，冯铁树、沈正邦译，第337页。
② 鲁迅：《坟》，《鲁迅全集》第1卷，人民文学出版社2005年版，第190—191页。
③ 《谣言宜禁》，《申报》1896年7月24日，第1版。
④ 何其芳：《星火集续编》，群益出版社1949年版，第44页。
⑤ 曹聚仁：《文思》，北新书局1937年版，第352页。
⑥ 《义和团揭帖》，龚书铎主编：《中国通史参考资料：近代部分》下册（修订本），中华书局1985年版，第163页。
⑦ 中国新史学研究会主编：《义和团》第4册，神州国光社1951年版，第152页。

被邪秽所冲，神即下法，不能前进，是以难以焚烧。"① 洋鬼子会邪术，不仅是义和团民的看法，就连清王朝上层的端郡王载漪也深以为然，为了压制"洋鬼子"，他在取名上是下足了功夫。载漪编练"虎神营"以破"洋鬼"，盖"虎神营者，取虎食羊而神治鬼，所以诅之也"，他还在"颐和园起渐台，高二十余丈，亦曰'鬼见愁'"。②

中国人加"洋"于"鬼子"之前，不仅突出了"洋鬼子"的外来属性，还增加了非中国化"鬼子"的邪恶意味。这表明，中国人已将"洋鬼子"归于中国文化体系之外，反映出国人对侵略者的排斥。当时有人意识到中外沟通和交流的不足，呼吁要正确认识外国人。庚子事变后，《京话报》有作者便称他在留洋时，颇受礼遇，"没有人管我们叫中国鬼子的"，我们称外国人为"洋鬼子"，"不是我们没有教化，也显得我们太小气了"。③ 早在1873英国商人创办的《申报》也表达了类似的意思。该报指出，中国人称外国人为番鬼、彝鬼、白鬼、黑鬼、红毛鬼，"其名虽异，其实则同"，"粤东人称之，天下人效之，虽穷乡僻坏妇人女子亦皆称为鬼子"实属荒谬。现今中外一家，泰西诸人遍布中国，"而且年深月久，凡中国之士音俗语无不深知，又况泰西皆称中国为华人，而中国诸人仍称泰西人为鬼子"，实在有违"宾主相称之道"④。两位作者要求中国人以平等待外国人，看似合乎情理，但是他们忽视了"洋鬼子"在中国的乖张行为和残忍的侵略行径。正是外人在华的荒唐举动造就了"洋鬼子"的憎恶之意。一味强调中国人该怎么做，却对外人来华的真实动机及具体行为避而不谈，有失偏颇。《国闻报》一针见血地指出"洋鬼子"就是侵略者："鬼子之来，无论其自呼何名，自执何业，来者皆于其国有所攫窃焉"；"我曹试平心而计其所受侮于欧人者积共几何，则知夷与鬼子名真非妄加徽号也"。⑤ 理固宜然，"洋鬼子"的称呼准确地诠释了外人在华行为。

外国人渐渐认识到"洋鬼子"是一种侮辱性的称呼，不过他们非但不

---

① 中国社会科学院近代史研究所《近代史资料》编译室主编：《庚子纪事》，知识产权出版社2013年版，第21页。
② 李希圣：《庚子国变记》，杨家骆编：《义和团文献汇编》第一册，鼎文书局1973年版，第16页。
③ 《论外国人当以礼节相待》，《京话报》1900年第2期。
④ 《书〈字林西报〉载香港事后》，《申报》1873年9月1日，第1版。
⑤ 《论德国藉案占夺胶澳事·录国闻报》，《湘报》1898年，第50号，第7—8版。

反思"洋鬼子"称呼的由来,还采用极端方式回应中国人。1891年江西九江税关"巡役某西人挈西妇出游,华童十数人围而观看,群呼曰:洋鬼子、洋鬼子"。西人闻之,怒不可遏,于是"手持白木棒向众乱殴,并举足踢,某姓幼孩,立时毙命"①。1896年,有洋人约同伴到苏州乡下游玩,路上被中国小孩围绕,其中一小孩指着他们骂道:"洋鬼子、洋鬼子。洋人忿怒之以目,出手枪恐吓之。"② 此类事件,不胜枚举,为了避免中外冲突的升级,清朝各级政府只好禁止中国人称呼外国人为"洋鬼子"。1872年山东官员下令:"称西人须以洋人,不准称为鬼子,犯者照例提办。"③ 1899年南昌府张贴告示:"嗣后见有洋人不准呼鬼子,即或有事交,总宜以礼称之,曰教士,曰洋人。"若有无知之徒"骂人肇衅,一经查获,在愚民即罚其本身,在幼童即罪坐家长,决不宽贷"④。称呼是固有观念的反应,岂能一禁了之。不从根源上疏通,而欲强堵,势必难收其效。以今人的后见之明视之,"洋鬼子"的传播力度未曾稍减。

20世纪初期,民族主义在中国激荡,"民族"和"国家"成为时代的主要命题。"洋鬼子"通俗易懂,成为启蒙者用于激励民族情绪,树立民族意识的重要工具。《新民丛报》说,中国人无爱国心,虽然"常骂外国人为洋鬼子,是不过人种憎恶之外情耳";若"他日洋鬼子苟用兵力大创之,中国人必废然改其旧观而靡然效忠焉"。因为中国人是"世界上最易驯伏之人种"⑤。《安徽俗话报》采用了同样的方式,该报引用一外国人的话称:中国人给外国人当通事、买办,"巴结外国人,欺负本国人",可见中国并非诚心爱国,"只要是有大势力的,他就帖然归顺"。如此,现在中国人虽然仇视洋人,但"日后洋人要用兵力压服他一阵,他就必定翻过脸来,尊重洋人,还自命为忠臣哩。你看今日的洋鬼子,便是异日的圣明君了"⑥。这种反讽的手法,是一剂猛药,对读者的刺激不可谓不大。在启蒙者看来,作为"他者"存在的"洋鬼子",一则可以刺激中国现代民族认

---

① 《各处闹教余闻》,《申报》1891年6月14日,第2版。
② 《谣言宜禁》,《申报》1896年7月24日,第1版。
③ 《译录山左道宪示》,《申报》1874年6月16日,第3版。
④ 《西江近事》,《申报》1899年6月21日,第1版。
⑤ 君武:《中国人无公共心》,《新民丛报》第27号。
⑥ 《今日洋鬼子异日圣明君》,《安徽俗话报》1904年第6期。

同意识，二则为凝聚民族力量抵御外国提供了恰当口号。

到了20世纪20年代，中国人对西方的认识与以往大为不同，且切实感受到中国与西方的差距，"洋"字逐渐与"文明""进步""现代"等意思相呼应。这影响了中国人对"洋鬼子"的看法，此时的"洋鬼子"，已基本不涉及妖邪，而直指其侵略者的本质。《向导》周报揭露外国资本家"一面用恩威并施的方法，劝告中国商人反对军阀；一面又用金钱助军阀，以至违反商人利益，真是好奸滑的洋鬼子"①。国民革命时期，随着"反帝""反封建"口号的广泛传播，"帝国主义"风头渐盛，甚至有取代"洋鬼子"的趋势。1928年包白石在河南发现两小孩吵闹，其中一人忽然大骂"你这个帝国主义"。他不由感慨：两年前在河南，中国人多呼外国人为洋鬼子，"不料二年后改变之速，可见帝国主义者之压迫中国，虽妇孺小子皆知其为可恨也"②。不过，"洋鬼子"并未退出历史舞台，对于普通民众而言，"洋鬼子"观念形成已久，而观念的变化是一个渐进的过程。而且"洋鬼子"带有的贬损意味，是其他词暂时无法代替的，更何况当时很多人还不知道"帝国主义者"。

清末以迄民国，中国人体认到了列强侵华所带来的切肤之痛，故而对列强充满了仇恨和恐惧。"洋鬼子"应时而生，这不仅是"鬼子"词义在中西冲突中的简单变异，更是中国人的一种不自觉文化抵抗。正如何其芳所指出的，中国的老百姓虽然粗疏了一些，但他们"还是很客观，很科学的。他们叫不出帝国主义者……他们的眼睛却清楚地看见了这些人，他们的心却痛楚地感觉到这些人，他们就给这些家伙取了个很通俗的名字：'洋鬼子'"③。

三 "鬼子"即日本侵略者

20世纪二三十年代，"鬼子"渐渐成为日本侵略者的专称，形成了"日本鬼子"。"日本鬼子"完全继承了"洋鬼子"中野蛮、残暴的意涵，

---

① 田诚：《狼狈为奸之中外资本》，《向导》周报1923年5月23日，第1卷第28期。
② 包白石：《豫中趣闻》，《申报》1928年10月14日，第21版。
③ 何其芳：《星火集续编》，群益出版社1949年版，第45页。

同时显示着一种更加鲜明的侵略者形象。

清末民初,"鬼子"一词与日本并无太多关联。甲午战后,当时有言日本为鬼子的声音出现。《国闻报》专门刊文予以驳斥:日本人与西方人不同,"何必骂他是鬼子,况且东洋日本人同居亚东,势更亲,相貌与我无异处,若说为鬼,尤不伦"①。1903年支持革命的一本小册子这样写道:"吾国乡曲之间,妇孺之口……见满人者无不呼为鞑子,与呼西洋人为鬼子者同。"② 在大多数时人看来"鬼子"主要指西方人,尚未涉及日本。

随着日本大力推行侵华政策,加紧侵华步伐,国人渐渐从醉心日本的迷梦中清醒过来。经过"二十一条"、五四运动等一系列事件的洗礼。中国人逐渐认识到,日本对中国素怀野心,其对华利益诉求丝毫不逊于欧美列强。对于日本侵略者,需要一个具有概括性且有力的词予以抨击和反映,而"洋鬼子"在中国已经得到广泛传播,于是人们开始将日本"嫁接"到"鬼子"上。国民革命期间,"日本鬼子""东洋鬼子"一类的称呼,开始大规模出现。英日两国在五卅运动中野蛮屠戮中国人民,引起国人的极大愤慨。国人编写了各式歌谣谴责英日两国的暴行,在沈阳流传着一首《伤心歌》,当小学生们唱到"可恨英国和日本,持刀杀人如疯癫……"这几句时,"听者皆互告这英日鬼子真可恨哪!"③ 此时日本鬼子是附着在英国鬼子的词义之下的,尚未具备独立性。在五卅惨案一周年之际,《中国青年》提醒国人注意日本:不要忘记1915年的5月7日,那时欧西各国忙于第一次世界大战,"日本鬼子却悄悄地拖着袁世凯,提出廿一条"④。这里很明显是用已经形成的观念,去解读前事。另有作者称,中国目前处于"黑奉"和"赤粤"之间的斗争,这是革命和反革命的较量,因为在"黑奉"后面是"日本矮鬼子"⑤。从现实推及过去,然后回归现实,中国人对日本认识愈益深刻,"日本鬼子"渐渐从英日的结合体中脱离出来,紧紧附着在日本侵略者上。

---

① 善化皮嘉佑:《醒世歌》,《湘报》第27号,1898年,第4版。
② 爱读革命军者:《读革命军》,载吴弱男选《二十世纪自由钟》,出版社不详,1903年,第30页。
③ 秋人:《五卅惨案中的学生运动》,《中国青年》1925年第4卷91期。
④ 求实:《红色的五月》,《中国青年》1926年第5卷第121期。
⑤ 子璋:《红黑分明的今日之中国》,《中国青年》1926年第6卷第144期。

从"鬼子"词义及其指称变化看近代中国的外来侵略者

"九一八事变"后,日本侵占东三省。"日本鬼子"更是逐渐深入普罗大众中。即使是不识字的国人也"可从报贩口中的'打日本鬼子!'里,知道一二"①。此时"东洋鬼子""倭鬼"与"日本鬼子"构成了一组同义词组。在《申报》的一篇抗敌小说中,作者就说,对日本要有长期抵抗的准备,"咱们下了这大决心,准把东洋鬼子吓退!"②孙少颖在"七七事变"前,常听到人们谈论"'东洋鬼子'如何残暴"。③日本侵华使中国人体认到日本曾经带给中国的种种苦痛。周木斋提醒国人注意,细心观察五月众多的纪念日便不难发现,"五三""五四""五五""五九""五卅"等纪念日,"无一不与日本有关系的,大概各纪念日的例行工作,是在打倒'东洋鬼子'或者'倭鬼'了"④。这意味着日本已然是中华民族迈向独立的绊脚石,此时,"东洋鬼子"与清末民初的"西洋鬼子"词义接近,渐趋成为侵略者的代名词。

不过在抗战全面爆发前,"鬼子"内涵尚未完全固定。孙少颖小时候曾长时间想象不出来"东洋鬼子"是什么模样。他后来想,既然大人们一说就是"小鬼子""日本鬼子",那么"鬼子一定是丑陋又滑稽的小鬼头"⑤。"七七事变"后,日本侵略者横行中国,激起了所有中国人的愤怒与仇恨,"鬼子""小鬼子""日本鬼子""小日本鬼子"一类的骂名迅速传遍中华大地。中国人将憎恨、愤怒与抗争倾注于"鬼子"一词。法村香音子观察到,围墙上、房壁上、电线杆上,到处都写着"打倒日本鬼子"的标语。⑥此时,"鬼子"内涵更为具体,凶残的词意进一步前置,类似于作恶多端的魔鬼。日本士兵水野靖夫被俘后,对于中国人怒斥他们为"东洋鬼子"很是沮丧:"什么叫'鬼子'?我们是日本兵呀!……怎么能把我们叫魔鬼的儿子呢?"⑦此亦可见"鬼子"妖魔化后所具有的人格杀伤力。

与清末民初的"洋鬼子"词义相比,此时的"东洋鬼子""日本鬼

---

① 施与基:《京市的一个角落》,《申报》1933年3月31日,第12版。
② 胡静屏:《新时代乐府》,《申报》1933年4月5日,第4张,第16版。
③ 孙少颖:《柽柳集》,陕西人民出版社2008年版,第75页。
④ 周木斋:《五月》,《申报》1933年5月6日,第17版。
⑤ 孙少颖:《柽柳集》,第75页。
⑥ [日]法村香音子:《小小"长征"——一个日本儿童眼中的中国内战》,李景秀、张世俊译,辽宁大学出版社1992年版,第118页。
⑦ [日]水野靖夫:《反战士兵手记》,巩长金译,解放军出版社2015年版,第47页。

子""鬼子"已经和鬼神没有直接关联,而是直接揭露日本的暴行,强调民族主义情绪。因为"鬼子"已经家喻户晓,不觉间成为激励种姓,激发国人的爱国情怀,调动群众反抗意识的"概念工具"。麦新在1937年7月创作的歌曲《大刀向鬼子们的头上砍去》促进了民族主义情绪高涨,一时之间广为传唱。美国人贝尔登,记述了新四军开群众动员大会时,人们齐唱这首歌时的盛况:"后方突发歌声,如巨浪之向前涌,遍集会众人而将余等卷入其中。"① "鬼子"还出现在百姓喜闻乐见的戏剧中,有的戏干脆直接以《打鬼子去》命名。② 此外在各类抗日演讲中"鬼子"也是频频出现。周恩来在一次演讲中勉励听众努力养"成一种刻苦耐劳的精神,预备将来替国家出力,把日本鬼子们赶走,建独立的,幸福的新中国!"③ 在全民族抵抗鬼子的氛围中,欠缺知识的农民,"说起日本鬼子,没有一个不切齿痛恨";天真活泼的儿童,在成年人的影响下,"也具了同仇敌忾的心,把打仗做游戏来练习,而且能唱许多救亡歌曲"④;乡野老人会提醒青年锻炼身体"和鬼子打仗"⑤;少数民族同胞更是怒吼,杀日本鬼子,"抗日救亡,义无反顾"⑥。如此一来,驱逐"日本鬼子"成为举国上下形成的共识,"鬼子"成为中华民族的对立面。

尤值一提的是,欧美国家援助中国抗日,其在华形象大为改观,亦逐渐与"鬼子"中的憎意脱离。中国人称呼外国人为"洋鬼子"渐渐变少,即使称呼"洋鬼子"也毫无恶意,甚至还带有亲昵的色彩。白求恩的随行护士琼·尤恩初次见到贺龙时,贺龙把她托付给女教师陶东,并嘱咐道:"这个洋鬼子是来看护我们的伤员的。你把她带走,需要什么就给她什么。"自此以后,琼·尤恩的"洋鬼子"名字就被叫开了,"老乡们和战士们都这样叫我,但并无恶意"⑦。西方国家援助中国,舒缓了中西冲突带来的紧张感。"洋鬼子"中的贬斥之意被剔除,中国人在价值判断做出了改

---

① 《新四军领导下群众大会之盛况》,《申报》1938年12月24日,第7版。
② 《各界纪念"一二八"》,《申报》1938年1月29日,第2版。
③ 《周恩来训词》,《申报》1938年5月2日,第2版。
④ 《救亡工作在农屯》,《申报》1938年1月27日,第2版。
⑤ 苏遗:《范老先生》,《申报》1938年11月3日,第14版。
⑥ 沙克都尔扎布:《抗战以来之蒙旗》,《申报》(香港版)1939年3月26日,第2版。
⑦ [加]琼·尤恩:《白求恩随行护士自述1932—1939》,朱雁芳译,北京出版社2015年版,第106—107页。

变。与此形成鲜明对比的是，日本侵略较以往西方国家有过之而无不及，这是"鬼子"能被日本"独享"的重要原因。

"鬼子"指称的变化引起了日本人的警觉，为了美化侵略，日伪媒体大肆移花接木，混淆视听。在汪伪的刊物中，纷纷以"鬼子"称呼英、法、美等国，力图转移矛盾，给沦陷区的中国人进行洗脑宣传。1943年汪伪《申报》以中国人的口吻发表评论称"咱们同胞……整天都钻在闲字中过生活，越过越精"，"掌握近代文明大纛旗的洋鬼子，也自叹不如"。① 这不仅巧妙地将自身塑造成沦陷区同胞的代言人，还将与中国合作抗日的外国人归类到"洋鬼子"，阴谋唤起中国人对外国人仇视。为了将美国人与"鬼子"画等号，汪伪《申报》在报道中极力刻画"美国鬼子"的残暴。在一篇报道中，作者多次提到，日本军人要"尽可能多杀美国鬼子"，"打得美国鬼子屁滚尿流"以维护东亚和平，因为美国鬼子"像魔鬼一样"轰炸平民、医院。② 该报还直接模糊中国与日本的界限，将"洋鬼子"塑造成中日共同的敌人。有文章在赞美日本哨兵时说："比敌方早发见目的物，乃是决定的要素。幸而我们日本人的眼睛，不论在天赋上或训练上，都胜过洋鬼子。"③ 日伪频频使用"鬼子"指称对立面，丑化反法西斯联盟国家，有力地证明了"鬼子"流传之广以及蕴含的强大负面意义，实质是抢夺话语权。

值得注意的是，中国人对"鬼子"的认识超越了狭隘的民族主义。当时有文艺工作者呼吁要"去打日本兵，倘若不先把日本打倒了，我们的中华啊，一定要被列强瓜分"。有人就专门指出，日本兵、日本和"日本帝国主义不是一样的东西"，"日本兵是在日本帝国主义的欺骗和压迫下被当做炮灰的机器"，也是我们中国人认识日本不应离开的"正确的立场"④。在抗战极为艰难的1938年，国人仍然提出"中日弟兄联合起来，打倒日本的军阀""和日本军阀拼命到底"⑤ 这类的口号，正确地将日本民众和日本军阀区分开来，展现了中华民族可贵的理性。抗战胜利后，中国人更是善待日侨。据法村香音子回忆，在安东等待归国的日本小孩"受到人们的

---

① 小读书者：《消闲哲学》，《申报》（汪伪版）1943年4月1日，第2张，第5版。
② 《两月来的菲岛战况》，《申报》（汪伪版）1945年4月8日，第1版。
③ 《东海封锁海上游击舰艇从军记》，《申报》（汪伪版）1944年1月31日，第1版。
④ 黎霍：《把枪瞄得准确一点》，《北斗》1932年7月20日，第2卷第304期。
⑤ 《凄凄秋雨话当年》，《申报》（香港版），1938年10月12日，第3版。

宠爱",虽然"人人都知道我们是日本人,但是他们都很喜欢我们,从不被人们蔑视为'日本鬼子',我们平等地生活着"①。

四 结语

　　话语符号与"社会环境不可分割地联系在一起。符号不会丧失自己的符号本性,它不可能脱离社会环境"②。从"鬼子"词义和指代对象在近代中国的变化,我们可以看到话语符号在与社会的互动中所发生的变异。鸦片战争前,中国人的言语中虽然普遍流行着"鬼子"的称呼,但不过是对外国人的泛称而已。鸦片战争后,中国门户洞开,列强的侵略加剧了民族危机,"鬼子"渐渐成为"洋鬼子"。"洋鬼子"一词极具贬损之意,并且包含了对外国人各种妖邪的想象,成为中国人对一切外来侵略者的普遍憎称,亦是民族自觉的重要表征。"鬼子"一词最终在抗战时期,成为日本侵略者的专称,一时之间妇孺皆知,成为有时代共识的共同语言,亦是日本着力争夺,用于打击异己的语言武器。从"鬼子"词义的演变轨迹来看,《现代汉语词典》对"鬼子"的释义为"对侵略我国的外国人的憎称"③显得太单薄。

　　"鬼子"的广泛传播,为激扬民族情绪提供了有效的思想资源和概念工具。在晚清,启蒙者运用该词帮助国人体认何为"中国"。抗战时期,"鬼子"明确了中国人的斗争对象,有效地整合了个人怨憎和民族情感,成为由个人推及国家,构建命运共同体的有机纽带,有效地助益了全民族抗战。"鬼子"词义及指代对象在近代中国的变化,体现了中国人的价值判断,为社会变迁提供了文化动力,提升了中华民族凝聚力,亦是中华民族觉醒、抗争和理性的写照。

(许龙波,北京师范大学历史学院博士研究生)

---

　　① [日]法村香音子:《小小"长征"——一个日本儿童眼中的中国内战》,李景秀、张世俊译,辽宁大学出版社1992年版,第116—119页。
　　② [苏联]巴赫金:《马克思主义与语言哲学》,《巴赫金全集》第二卷,钱中文译,河北教育出版社2009年版,第374页。
　　③ 中国社会科学院语言研究所词典编辑室:《现代汉语词典》第7版,商务印书馆2016年版,第493页。

基督教传教士对日本侵华的观察和言说
——以《教务杂志》的书评为中心（1928—1941）*

王 皓

摘要 在近代中国，基督教传教士是一个重要的外人群体。他们经历和见证了中国近现代历史上的诸多重大事件。由于事关自身，传教士对日本侵华的观察由来已久而且密切关注。但是限于身份和国别，传教士群体的立场与直接冲突的中日两方皆不相同。本文以《教务杂志》的大量书评为基本史料，探讨基督教传教士对日本侵华的观察和言说。大体而言，传教士将这一影响世界局势的重大冲突置于全球互动的背景中审视，分析了当时中日两国之间深刻的结构性矛盾。此外，他们重视从历史和文化的角度理解中日两国，这为审视当时的中日关系提供了有纵深维度的知识基础。作为一种反向的观察，本文尝试深化对基督教传教士群体的多角度和深层次理解，并且通过他们自己的言论来展现这一群体的学者面相。

关键词 《教务杂志》 传教士 书评 日本侵华

基督教传教士是晚清民国时期在华外国人中的一个重要群体。据统计，1924年，在华的美国基督教传教机构有68个，传教士4182人。1927年1月，外籍基督教传教士的总数达到峰值，计8250人。1930年，这一数字

---

* 本文为国家社科基金重大项目"徐家汇藏书楼珍稀文献整理与研究"（18ZDA179）的阶段性研究成果。

是 6436 人，减少了约 22%。① 这种情形主要是受国民革命军北伐战争的影响，在华基督教传教事业受到了较大的冲击。② 尽管如此，1928 年 3—4 月的统计表明，至少仍有 94 个传教机构、4313 名传教士驻留在中国，并且广泛分布在各个省份的 313 个城市③，这一群体的规模由此可见一斑。作为长期在华活动的外人群体，传教士的工作和事业与中国的大局有着密切关联，显著的事例，如庚子年（1900）义和团运动和持续达六年之久（1922—1927）的非基督教运动。本文以基督教的喉舌刊物《教务杂志》（*The Chinese Recorder*）为基本史料，着重分析刊物中的"书评"（Our Book Table）这一常设栏目，拟通过对较长时段的梳理来展现基督教传教士对日本侵华的认知。日本侵华是一个牵动世界局势的重大事件，对于具有明显国际流动特征并且身在跨文化处境的在华传教士来说，他们在立场上与中日对立双方皆不相同，然而他们又深受这一事件的影响，因此他们的观察可以称为"密切相关的旁观者言"。对这一言说进行梳理和探讨，可以丰富对日本侵华这一重大事件的认识维度，同时也能更深入的了解基督教传教士这一与近代中国关系密切的重要群体。

《教务杂志》"书评"栏目每期都登载欧美等地新近抵沪的书籍评论，这些书籍的种类十分丰富，涉及各个方面，书评的篇幅长短不一，主要是对该书内容的综述以及介绍者的评论。书评的作者基本都是传教士，他们同时也是刊物的编辑和主要作者群体。这类书评有三个明显特征。一是视野开阔。1931 年的"九一八事变"可以被视为日本侵华的标志，但是中日冲突的产生和战争的酝酿要久远得多，传教士对此早有关注。二是学术性强。对应这一点的则是时效性和针对性较弱。传教士评论的多是学术性的著作，这些著作构成了他们认知的来源，同时书评也反映了他们的批判性观点。但是与针对时事的社论相比，它们在时效性和立场鲜明度方面有显著的区别。三是中立特征较为明显。这主要是由传教士的身份决定，作为

---

① F. R., "Foreign Investments in China," *The Chinese Recorder*（以下简写为 *CR*），Vol. LXIV, No. 9 (September, 1933), pp. 595 – 596. （为简洁起见，注解中书评的标题仅标出所评书籍的名称，正文中仅标示该书名的中文翻译，以下同。）
② 参见诚静怡《全国教会概观》，《中华基督教会年鉴》1928 年第 10 期。
③ 鲍引登：《在华西宣教师分区统计》，《中华基督教会年鉴》1928 年第 10 期，"附载"第 129—131 页。

宣传普世宗教的职业人物，传教士在具体的历史处境中同样摆脱不了民族身份的制约，因此他们的言说常常依据时势而表现出立场的延展性，这一点是值得留意的。下文将从不同的角度来展现基督教传教士对日本侵华的观察和论述。①

一 在国际局势联动的背景下观察中日冲突

钱锺书先生在为《走向世界》一书所写的序中说："中国'走向世界'，也可以说是'世界走向中国'：咱们开门走出去，正由于外面有人推门，敲门，撞门，甚至破门跳窗进来。"② 这话通俗易懂，同时也十分深刻。在"世界走向中国"的过程中，基督教传教士是一个不容忽视的群体。这一群体带有明显的"世界"特征，他们在观察中国的事务时，往往跳出中国看中国，并且将中国问题纳入世界各国联动的背景中进行考察。本文不拟对基督教传教士的这一特征作详细论述，但是却有必要指出他们的这一重要特征可谓源远流长。翻览基督教传教士在19—20世纪出版的几种重要中、英文刊物，如《印中搜闻》（*The Indo-Chinese Gleaner*）、《中日丛报》（*The Chinese And Japanese Repository*）、《中西闻见录》和《万国公报》等，可以对基督教传教士的世界眼光有较为直观的印象。

从传教士的阅读和评论中，可以发现他们常常将中日间的冲突置于太平洋以及远东国际关系的视野下进行分析。例如，1927年7月太平洋国际学会（the Institute of Pacific Relations）第二届会议讨论了环太平洋地区的各种国际问题，涉及政治、种族、外交和移民等多个方面。书评者在评论会议文集时，大致同意文集中的说法：在接下来的数十年中，太平洋地区会成为世界大事件产生的中心；环太平洋国家和地区的人民应

---

① 已有的研究中，与本论题较为相关的论著包括王森《卢沟桥事变后中外基督教会舆论》，《历史教学问题》2015年第2期；杜贺《中国天主教会对日本侵华的态度（1931—1945年）》，《抗战史料研究》2015年第1辑，团结出版社2015年版，第85—96页。这两篇论著都侧重于从民族主义的视角来梳理和展现基督教会内部不同势力的分歧和立场，很有参考价值。不过，本文的问题意识和研究取向与上述两文皆有较为明显的差异。

② 钟叔河：《走向世界：近代中国知识分子考察西方的历史》，中华书局1985年版，"钱锺书序"第2页。

该理性和坦诚地交换彼此的观点,并在此基础上和平共处;倡议形成一种太平洋意识(a Pacific mind),为各国在政治上达成谅解提供一个重要的基础。不过,在书评者看来,这次会议在一些问题上明显地避重就轻。例如,日本的粮食供给和人口压力已经传导给太平洋地区乃至世界上的其他民族,这已经成为紧迫的问题。但是在讨论移民问题时,会议却把话题集中在澳大利亚和新西兰,而对于日本开发满洲的举动避而不谈。书评者希望该学会能够更为实际一些,在力所能及的范围内提出一些有可能被当政者采纳的政策意见,而不是仅仅作一些理想层面的论述。①

1928年12月,《教务杂志》的书评设置一个题为"太平洋地区的战争"(War in the Pacific)的子栏目,介绍了《对太平洋地区的前瞻》一书。这本书想要预测"如果太平洋地区成了'世界强权的终极区域'(the ultimate area of power),澳大利亚成了'世界的中心'(world-center),那么将会发生什么?"该书作者认为,在环太平洋地区,最有可能引发争端的国家是日本。"目前澳大利亚的面积是日本的十一倍,而人口只是日本的十五分之一",相比澳大利亚这样一个"空荡荡的"(empty)的国家,位于北太平洋的日本正在为自己的过剩人口发愁,因此它对于"帮助"澳大利亚解决移民问题具有浓厚的兴趣。此外,作者还论述了各个强权对中国市场的觊觎,中国庞大的市场容量和日益增长的购买力让很多国家垂涎。有意思的是,作者认为最有可能引发冲突的因素,是日本和美国两国对华政策的矛盾。尽管如此,考虑到强权之间的相互制衡,作者难以断言战争是否会最终发生。"不过,日本的举动难以预测,它只有在友善和互相尊重的基础上才能真正解决与中国之间的争端,而这恰是此时的日本极为欠缺的。"②

《教务杂志》上评介的一些著作涉及多种国际关系,而这些构成了中日冲突以及中国局势发展走向的重要背景。一位作者在环球航行13个月之后,写了一本《世界五大问题》,该书于1928年在纽约出版,作者论述了印度、菲律宾、中国、日本和夏威夷五个国家或地区与西方帝国主义之间的关系。这些地方民族自决精神的发展与西方帝国主义的冲击关系密切。作者引用英国诗人马修·阿诺德(Mathew Arnold,1822—1888)的诗句来形容当时的中

---

① "Problems of the Pacific", *CR*, Vol. LIX, No. 8 (August, 1928), pp. 511 – 512.
② "The Pacific: A Forecast", *CR*, Vol. LIX, No. 12 (December, 1928), pp. 792 – 793.

国:"在两个世界之间徘徊,一个已经僵死,另一个还无力催生。"作者还认为,"中国希望成为一个现代的共和国,但是自身却无能为力"。书评者包克私(Ernest Box,1862—1940)在阅读此书时①,不时质疑作者的说法,但是他颇为赞同作者的如下观点,"中国的问题是中国人民的问题,如果外国对华没有任何作为,这一问题将会继续存在"②。另一位作者论述了青岛问题。青岛在19世纪末至20世纪20年代先后被德国、日本和中国控制。华盛顿会议时期,各国曾协定在青岛成立一个外国人可以参与的市政府,但是由于中国人的拖延以及各国在利益方面的冲突,这一协定并未得到执行。该作者也论述了青岛在移交给中国当局之后的行政管理和社会生活,这些情况不是完全令人满意,但是这并不能完全归咎于中国当局。表面上看,青岛在原则上已经由中国控制,但是原先殖民国的各种利益仍然残留下来,它们可以阻止各种提议的实施,经济利益的冲突使得青岛在归还中国之后依然是一个国际问题。书评者认为,这一历史显示,尽管中国在力争赢回自己应有的权利,但事实上,她还缺乏充分的军事力量来为自己的要求做后盾。③

1935年9月,乐灵生(Frank Joseph Rawlinson,1871—1937)在《教务杂志》上评介了《我们必须要在亚洲作战吗?》一书。④ 乐灵生说,该书作者认为美国可能会不可避免地在亚洲打一仗,这不仅有政治方面的原因,它更是工业发展的结果,而竞争性的帝国主义更是难辞其咎。美国将中国视为将来工业利益的潜在市场,不管在中国发生冲突的是日本和苏联,抑或是日本和美国,美国都不可能置身事外。作者还认为当时的中国虽然无助,而且军事力量薄弱,但是不可忽视她重建自身的潜力。⑤

---

① 包克私,英国人,伦敦会传教士,1890年来华,在上海传教,曾任上海麦伦书院(London Missionary Society Medhust College)院长,1930年退休回国。参见中国社会科学院近代史研究所翻译室编《近代来华外国人名辞典》,中国社会科学出版社1981年版,第51页。
② E. B. , "Five World Problems", CR, Vol. LIX, No. 7 (July, 1928), pp. 453 – 454.
③ "Tsingtau Under Three Flags", CR, Vol. LXI, No. 5 (May, 1930), p. 312.
④ 乐灵生,1902年来华,为美国南浸信会传教士,1921年加入美国公理会。1912年任《教务杂志》副总编辑,1915年以后任总编辑。1937年8月14日,日军空袭上海,乐灵生在上海公共租界被炸身亡。参见中国社会科学院近代史研究所翻译室编《近代来华外国人名辞典》,第398—399页。
⑤ F. R. , "Must We Fight in Asia?" CR, Vol. LXVI, No. 9 (September, 1935), p. 559.

二　日本侵华与日本国内矛盾的溢出

1928 年，著名的美国长老会传教士阿瑟·贾德森·布朗（Arthur Judson Brown，1856—1963）出版了《今日世界上的日本》①，他用坦率而又同情的态度讲述了日本人的生活和日本面临的各种问题。在谈到日本的社会和工业问题时，布朗称："每年有 200000 个女孩进入工厂工作，其中有 120000 人不再返回家庭，她们或者因为工厂倒闭而转投另一家工厂，或者沦为妓女和暗娼。那些返回家庭的 80000 名少女中，有 13000 人已经患病在身。"书评者高伯兰（A. R. Kepler，1879—1942）②在评述该书时称："针对当前的中日间局势，日本外相币原喜重郎于 1927 年 1 月 17 日在日本国会的演讲值得引述。"高伯兰的话实际上是针对当年 6 月发生的"皇姑屯事件"来评述的。③

1932 年 5 月，《教务杂志》的一篇书评介绍了《日本的经济状况》一书。此书作者依据 1926—1928 年的详尽调查资料，分析了日本现代工业的兴起、其传统工艺的现状、劳工问题、劳工运动的起源、对外贸易以及日本现在的工业状况，这对于了解日本对华政策是很好的参考。17 世纪以来，日本的出生率一直很低。但是当日本向西方开放以后，该国的领导人认为"大量的人口——或说是人力——对于防御和进攻来说至关重要"。他们建立了工业制度，并将其作为抵御西方侵略的方式。这两者的发展成为日本对中国具有侵略性的因素，日本将战争视为解决社会、工业和政治问题的手段。曾经被认为是抵抗侵略所必需的大量人口，现在则成了具有侵略性的借口。作者以棉纺织业为例，分析了日本在经济、人口和社会方面的困境。日本的棉纺织厂之所以建立在中国，是因为他们认为在中国可以获得廉价的劳动力，并且离原材料产地和消费市场较近。如果这些工厂

---

① 关于布朗，可参范国平《"集多种崇高美德于一身的伟人"——美国传教士阿瑟·布朗眼中的孙中山与辛亥革命》，《南方都市报》2016 年 8 月 2 日，GB07 版。
② 高伯兰，美国北长老会教士，1901 年来华，在南京、宁波、湘潭、北京等地传教，曾任中华基督教会（Church of Christ in China）执行干事。参见中国社会科学院近代史研究所翻译室编《近代来华外国人名辞典》，第 251 页。
③ A. R. Kepler, "Japan in the World of To-Day", *CR*, Vol. LIX, No. 9（September, 1928），pp. 588–589.

相较于日本国内的棉纺织出口企业拥有上述优势,那么中国的任何同类企业也都有同样的优势。就像英国在华纺织企业或者中国纺织企业一样,日本在华棉纺织工业对于日本国内的纺织业也同样是一个威胁。书评者称:"顺着这种逻辑,日本进攻上海,宣称部分原因是为了保护日本工厂,而这些工厂本身对于日本问题的解决竟是一种'威胁'!不过,又有多少日本领导人意识到这种吊诡的推论?"①

作者谈了很多日本的基本问题,但是这些问题中哪一个又是更为基本的,则很难断定。作者称人口压力是最基本的问题。然而,他又说"原材料和能源的匮乏是日本工业最根本的缺陷"。另一个重要问题是日本严重的贸易逆差。"自1895年以来的33年中,只有6年日本取得了贸易顺差;而在这6年中,却有4年是处在世界大战时期(1915—1918),那时日本向欧洲和美国出口了大量物品。"作者在论述日本的自养问题时,充分体现了他游移不定的态度。他说"现在日本只有不超过10%的粮食是进口的,而且它可以轻而易举地实现完全的自养";他又说日本的领导人"知道该国的土地不能支撑不断增长的人口,而且他们也害怕涌向城市的移民数量无限增长"。②

在谈到日本侵占满洲的问题时,《日本的经济状况》一书的作者称,尽管满洲的确向日本提供了很多原材料,像煤矿、铁矿和粮食,除了一处是例外,满洲的铁矿品位都很低,若要提炼钢铁需要花费巨额的冶炼成本。另外,尽管满洲富含煤矿,但是日本却有很多待开发的优质水力资源。简而言之,日本并不能证明它在控制满洲方面的合理性。然而,书评者说:"读毕此书,我们只能希望中日两国能够开始寻求适合其本国发展的工业道路,并且摒除掉杯葛运动和军事行动,实现经济上的互补。这两个国家都需要对方,相较而言,日本对华贸易的需求要大于中国的对日贸易需求。"③

三 对日本侵华和中国抗日的叙述

1933年,上海文汇印书馆(Shanghai Mercury Press)出版了李炳瑞

---

① "Japan's Economic Position", *CR*, Vol. LXIII, No. 5 (May, 1932), pp. 311-313.
② "Japan's Economic Position", *CR*, Vol. LXIII, No. 5 (May, 1932), pp. 311-313.
③ "Japan's Economic Position", *CR*, Vol. LXIII, No. 5 (May, 1932), pp. 311-313.

(1907—1956)的《日中不宣而战以来的一年》，同年 5 月的《教务杂志》刊出了胡保罗（Paul G. Hayes）的长篇书评。① 李炳瑞原为《北京导报》(*The Peking Leader*）的主编，这一报社在日本军队的威胁下已经关闭。胡保罗似乎较为同意作者的说法，"当不宣而战时，战争就不是战争！"这一说法是影射日本的外交政策。孙科（1891—1973）为该书作序时也称："正式的宣战将会违反那些为保卫世界和平而签署的协定、条约和公约，而日本希望在不背负法律责任的情况下获取战争的果实。"这本书犹如一部日本侵华的编年，详细记载了在满洲、上海和中国其他地区所发生的系列事件。作者首先讨论日俄战争，接着论述了万宝山事件、韩民骚乱和中村事件，这些被日本的侵略者用来挑起本国人民对中国的仇恨。然后，"在没有发出警告的情况下出现了令举世震惊的一幕，日本军队从其松散的军笼中逃脱，然后像恶虎一般迅速地占领了满洲"。李炳瑞费了很大的气力来描述"九一八事变"后一年多所发生的事实：日本人设计了一个周详的计划，而中国军队在遭遇侵略时却毫无抵抗；在天津骚乱发生的二十四小时之内，李炳瑞正身在现场，能够作证骚乱是在日本租界中策划的；"满洲国"的建立是在日本军队压力之下的结果，它由日本官员——包括文官和武官——一手策划；当吴铁城（1888—1953）市长接受了日本的所有条件之后，日军还是对上海发动了攻击；日军对日侨及其本国利益的保护竟然包含"野蛮行为和蓄意破坏"等难以用语言恰当描述的行径；在日本人的外交欺骗下，停战谈判被延迟了数周，其代价则是平民为此遭受巨大的苦难；中国向国联的诉求、国联委员会的撤军决议、随后的调查委员会与十九人委员会（Committee of Nineteen）的任命，以及对李顿报告（Lytton Report）的讨论等，构成了这一年的主要事件。

胡保罗认为，李炳瑞努力对各个事件做出不偏不倚的评论，但是他身处冲突之中，难以做到完全客观。但相比于一些日本刊物的说法，李炳瑞的作品可以说在客观性和公正性方面要优胜得多。胡保罗说："我们甚至愿意相信，诚如作者所说，日本的说法与他们的行径完全不符，这些说法与日本的侵略和轰炸行为是一样的卑劣……日本的官方发言人愈是为自己

---

① 胡保罗，生卒年不详，1921 年来华，美国美以美会传教士。参见黄光域编《近代中国专名翻译词典》，四川人民出版社 2001 年版，第 514 页。

辩护,他们的行径就愈显得卑鄙。"①

胡保罗也提出了一些批评意见,他认为受身份的限制,作者的态度必然是亲华的,所以公平的读者在阅读此书时应该参考一些其他的同类著作。例如,在谈到中国抵制日货运动中出现的一些不当和违法行为,李炳瑞对此感到遗憾,胡保罗认为这种说法是不充分的;针对南京政府在处理中日问题上所采取的行动,作者也降低了批判语调;此外,作者在言之凿凿地论述"田中奏折"时,并未对这一文件的真伪进行判断,这在胡保罗看来也不够坦诚。②

1933年9月,《教务杂志》评论了顾维钧(1888—1985)三卷本巨著《提交李顿调查团之备忘录》。该备忘录的结构如下:前两卷包含了提交李顿调查团的29份公文,第三卷共190页,内容是对李顿调查团的专家就东三省问题所提质询的一些答复。每一份公文和每一个问题都涉及一个特定而具体的主题。如第一份公文是关于中日争端的一般备忘录,第十六份公文论述的是所谓的中国排外教科书问题,第二十九份公文讲到了日本公民和公司在中国从事的毒品买卖和走私,第十四份公文是关于抵制日货问题的,第十一份公文驳斥了日本基于所谓"53个未决案件"所提出的要求。答复部分,第一号文件回答了东三省一些特别地区的管理问题,第五号文件讲到了"中国本部"每年从东三省的进口总量;第二号文件论述了移民问题等。从这些材料,可以看出李顿调查团和评审员所考察内容的多样性。该书的内容涵盖了过去50年东亚史的相当一部分,在很多方面,它可谓关于中国重要事件的资料库,也会成为未来历史学家的重要参考。

国际联盟派遣李顿调查团到远东调查日本占领满洲的事件,顾维钧是中方辩护者。书评者称,陈述者在辩护中需要对事实进行陈述,并且要使读者对他的辩护给予最大的同情,同时还要相信陈述者是秉持一种公正的精神。夸大其词会损害评审员对己方的公正判断,在法庭辩护中,修辞技巧也许有助于说服法官,但是在书面文件中,对事件作直白叙述也许是最有效的方法。顾维钧的陈述令人满意,他朴素地叙述了种种相关事实。

---

① Paul G. Hayes, "One Year of the Japan-China Undeclared War", *CR*, Vol. LXIV, No. 5 (May, 1933), pp. 319–320.

② Paul G. Hayes, "One Year of the Japan-China Undeclared War", *CR*, Vol. LXIV, No. 5 (May, 1933), pp. 319–320.

日本在为它攻击满洲的辩护中声称，它这样做的一个主要原因是因为受到了中国的刺激，中日间有53个未决案件。该书先是给出了日方对这些案件的说法，然后根据实际情况予以澄清。这53个未决案件多是关于铁路和矿山的。书评者认为，一个公正的读者在读了这些内容后必能得出如下结论：中国对于目前恶化的局势并未犯有过失，没有任何充分的理由能够证明日本对满洲广大地区的控制是合理的，尽管日本在名义上扶植了一个新的政权。

日本声称它是东三省及其邻近地区的所有者，不断实施将所谓"满洲国"的领土逐步纳入囊中的政策。对此书评者认为，日本有很多理由来维护它在这些地区的巨大利益，如果它能采取更温和、更合法的方式，而非军事方式，那么它所受到的道德指责也不会如此激烈。此外，日本在为其军事行为辩护时，称它这样做是为了使东三省摆脱无政府和受压迫的状态，这些行动可以支持这些地区的"独立运动""种族自我意识"以及"自决精神"的发展。书评者说："这些冠冕堂皇的名词在威尔逊总统的嘴里很有效力，但是出自日本人之口时，则让人唏嘘不已。奇怪的是，像日本这么聪明的民族竟然认为他们可以用这种方式来愚弄世界，这是一种奇特而又不可思议的心理上的自我欺骗。"[①]

1937年，别发洋行（Kelly and Walsh Ltd.）出版了徐淑希（1892—1982）的《华北问题》。徐淑希在写作此书时，"卢沟桥事变"尚未发生。同年9月，《教务杂志》刊出此书的评介。书评者称，该书概述了自1932年底以来华北发生的一系列错综复杂的事件，华北的局势可能会扩大，甚至会引发一次大规模的武装冲突。该书展示了在中国人的眼中，华北的事态是如何在日本人的侵略和挑衅之下逐步扩大的。"即使如此，我们还是能够看到中国方面从地方到中央在寻求解决方案时的克制，避免把这些争端推到宣战的边缘。不管日本人的观点到底如何，我们很难认为，他们口头上常说的对中国国家统一的关切，与他们试图在华北五省扶植'冀东防共自治政府'这一傀儡政权的行为相一致。根据中日间的协定和谅解备忘录，日本军队在这一土地上的多次武装行动没有任何

---

① E. M., "Memoranda Presented to the Lytton Commission", *CR*, Vol. LXIV, No. 9 (September, 1933), pp. 591–592.

正当性。对于耳熟能详的《何梅协定》，中日两国的解释各说各话。尽管如此，日本的驻军行为也许可以在一些协定或者《辛丑条约》中找到依据，不过，我们要记住他们所有的军事行动都发生在中国的土地上。"① 书评者指出，中国国民政府的怀柔政策实际上是对日本侵略中国领土的行为作了屈服。针对日本在1934年4月17日发布的"天羽声明"，尽管世界上几大强权都表达了它们的不满，但是在叫停日本军队在华北的挑衅性举动方面，它们却固守克制态度，不发表意见或观点。"人们不禁要问这些犹豫不决的列强们，如果在它们的领土上也发生了中国华北所遭遇的情况，它们还会追随中国的怀柔政策到何时？"② 最后，书评者称：如果可以避免战争，中国不会希望以战争的方式来解决中日间的争端。但是通过对华北形势的分析可知，在日本军队的持续压力下，和平解决的可能性变得微乎其微。

结　语

以上大致勾勒了《教务杂志》书评栏目中基督教传教士对日本侵华的观察和言说。不过，有必要作几点补充说明。首先，传教士对中日之间冲突的观察并不始于1928年，这一点不必赘言。本文将研究时段的起点定为1928年，毋宁说是一种不得已的选择。即使在界定的时段范围内（1928—1941年），限于篇幅，本文也只能就大量的史料择要论述。换言之，在这一时段的《教务杂志》"书目"中，有关中日问题的著作数量极多，远远超出本文的介绍。以1941年作为研究时段的终点，是因为这一年太平洋战争爆发，日军侵占上海租界，《教务杂志》随即停刊，结束了它在近代中国长达74年的发行历史。不过，1928年在中日关系史上也有一定的象征性。1928年5月3日，日军制造"济南惨案"。6月4日，日本关东军制造"皇姑屯事件"。同年年底，东北易帜，南京国民政府实现全国名义上的统一。此后的"九一八事变""一·二八事变""华北事变"以及"卢沟桥事变"等皆是中日矛盾的延续和发展。通过

---

① "The North China Problem", *CR*, Vol. LXVIII, No. 9 (September, 1937), pp. 586–587.
② "The North China Problem", *CR*, Vol. LXVIII, No. 9 (September, 1937), pp. 586–587.

对 1928—1941 年《教务杂志》的分析，能够看出传教士对日本侵华这一重大事件的大致看法。

其次，笔者无意将基督教传教士类型化或者同一化。在华基督教传教士的背景非常复杂，不同国家、不同派别的传教士思想差异极大，甚至同一差会中的传教士也难免会在认识上产生分歧，因此他们的声音是多元的。但是对于日本侵华这一论题来说，很难就个别人物进行探讨，而只能采取群体式的、略显模糊的概观式研究，庶几可以看出这一群体对这一重大事件的基本认识和基本立场，进而得出一些较为普遍性的结论。书评栏目在《教务杂志》中长期稳定存在，它的作者是一个传教士集合体，他们在写作时大多将评论视为例行公事，因此带有一定的无意识色彩，这为后来的研究提供了很好的分析素材。这一点与传教士针对中日之间的具体冲突而作的专门社论可能有些微妙的区别，后者属于"就时事而论事"，这难免会有现实的顾虑和用词的斟酌。书评则可以"借他人酒杯浇自己块垒"，借学术性的评论来表达自己的真实立场和观点。

最后，本文希望通过分析基督教传教士的言说，尝试深化对中国近代史上这一重要群体的认识和理解。基督教在华传教持续了一个多世纪。在这一百多年中，随着时代的前进，这一群体内部也存在代际更新和不同派别间的势力消长，这是一个动态的演进过程。章开沅先生称，欧战以后来华的传教士有很多是传教士教育家（missionary educator），他们基本属于学者型传教士群体。[①] 不过，正如陶飞亚先生所说，如果考虑到传教运动的跨国性特点，那么中国学者对这个运动中有关西方人的了解，和美国学者对中国人的了解相比，是不对等的。《教务杂志》的作者和读者群体中，最主要的还是关心教务的欧美传教士和平信徒，它的主要言论对象不是中日两国的民众，甚至也不是中日两国的普通基督徒，因此更能反映传教士的真实想法。[②] 本文希望通过一个特定的视角，分析传教运动的"圈内"声音，来展现这一群体的学者面相。

基督教传教士常常强调，西方人应该多读读中国人的著作，这会有助

[①] 章开沅：《"南京帮"的故事：传教士在中西文化交流中的角色》，载氏著《贝德士文献研究》，广西师范大学出版社 2011 年版，第 34 页。

[②] 陶飞亚：《传教运动的圈内"声音"：The Chinese Recorder（1867—1941）初论》，载张先清编《史料与视界——中文文献与中国基督教史研究》，上海人民出版社 2007 年版，第 243—244 页。

于他们了解中国人是如何处理自己的事务的,也有助于他们更好地理解在中国人看来哪些才是他们真正关心的问题。① 本文尝试采用相反的视角,初步探讨基督教传教士在面对日本侵华这一重大事件时的观察和认知。综合而言,传教士的看法有四个主要特征,分别是世界眼光、历史眼光、关注时事以及立场独立。传教士将中日冲突放在世界形势的背景下来审视,并且从历史和文化的角度来观察事态的演化,看起来与日本侵华并不直接相关,实际上却为分析这一事件提供了有纵深维度的知识基础,体现了这一群体的独特眼光和宽阔视野。传教士以欧美等地出版的最新书籍为评论对象,这些书籍的内容一方面是他们批判的对象,另一方面也是他们获取信息的来源;在这种阅读和评论的过程中,传教士也得到了知识和思想上的更新。这意味着在华基督教传教士通过"出版—阅读—评论"的流程实现了和其母国知识界以及舆论界的联系和互动,充分体现了传教士的"世界性"特征。事实上,在20世纪二三十年代的一次国际会议上,一位与会中国教授便说道:"现代世界是由外国战舰、传教士和商人带到中国的。"② 这恰好呼应了钱锺书先生"世界走向中国"的说法。如果摒除感情色彩,我们应当承认这句话具有一定的事实基础。

一般来说,基督教传教士是国际主义者和和平主义者,他们主张国家之间、民族之间、地区之间的和睦共处,提倡教内各宗派乃至各个宗教之间的沟通与和解。③ 但是,基督教传教士也是对现实极为敏锐和重视的务实主义者。一位传教士在评论列强对华政策时甚至说道:"即使是美国,在对华外交上也没有利他主义这一说。利己才是规则。掠夺性的相互排挤是列强们的主导性动机。"④ 曾在杭州、武昌和汉口等地担任教会要职的美国传教士葛德基(Earl Herbert Cressy, 1883—1979)在评论美国的种族主义时称,种族冲突的根本原因在于双方对经济和政治利益的角逐,种族主义是一种新的异端(new paganism),它与基督教的各民族皆兄弟的观念存

---

① "The Manchurian Dilemma: Force or Pacific Settlement...", CR, Vol. LXII, No. 12 (December, 1931), p. 786.
② "Proceedings of the Institute of International Relations", CR, Vol. LXII, No. 5 (May, 1931), pp. 318 – 319.
③ 章开沅:《让事实说话:贝德士眼中的南京大屠杀》,载氏著《贝德士文献研究》,第149页。
④ "Foreign Diplomacy in China—1894 – 1900", CR, Vol. LX, No. 4 (April, 1929), p. 258.

在冲突。了解这一问题，可以为判断中国情势提供一个世界性冲突的大背景。① 一位传教士在评论汤因比（Arnold J. Toynbee，1889—1975）的《中国之旅》时，称汤因比是一位富有哲思的历史学家，他将中国当时所面对的问题视为"暂时的"（temporal）。在汤因比看来，世上没有什么新鲜事物，任何事物在过去或现在的某个时空中都有它的对照物（counterpart），人们可以据此推演出一定的结论。② 我们可以根据这些论述管窥传教士在观察日本侵华问题时的思考维度。

在观察中日关系问题时，基督教传教士比较重视理性的分析和对事实的陈述。高伯兰曾说："我们应当对中国所面临的问题以及她的抱负有一种同情的理解，这首先需要理性地分析造成这些问题的事实有哪些，只有这样，才有望在太平洋地区构建一种和平和友善的国际关系。"③ 不过，也应当注意到，针对中日冲突，基督教传教士有其独立的立场，他们并不在中日间作左右袒。如果说他们在对待中日的态度上有偏向，那么这种态度的偏向也大多是建立在事实的基础上。就满洲问题来说，基督教传教士一方面认为日本是引起事端的挑衅者；另一方面也不否认日本在这一地区拥有特殊利益的既成事实。对那些为日本侵华辩护的著作，传教士常常进行或直接或隐讳的反驳。曾担任《远东时报》（*The Far Eastern Review*）主编的索克思（George E. Sokolsky，1893—1962）在1932年出版了《亚洲的取火匣》。乐灵生在评论中指出，作者的论述有些偏向日本，"在中日冲突中，他过于强调日本所作所为的必要性，而对中国的权利和行为的正当性言之甚少。他说日本犯了几次外交性的错误，但是却丝毫没有谈到日本的这些举动在道德方面的错误……当他说日本在上海的行动（笔者按：应指'一·二八事变'）'失策'（blundered）时，我们认为这过于轻描淡写了！"④ 还有一个传教士在书评中皮里春秋的讽刺一位日本女基督徒领袖。这位日本女基督徒曾见证了上海"一·二八事变"，她认为日本军队的行为是由于"被善意唆使"（instigated by "kindness"）。评论者称："某些士兵或许会对

---

① Earl Herbert Cressy, "The Clash of Color. A Review Article", *CR*, Vol. LXVIII, No. 1 (January, 1937), p. 50.

② E. M. H. , "A Journey to China; or Things Which Are Seen", *CR*, Vol. LXII, No. 4 (April, 1931), p. 249.

③ A. R. K. , "'The Problem of the Pacific, 1929' Records of the Proceedings of the Third Conference of the Institute of Pacific Relations, Kyoto, 1929", *CR*, Vol. LXI, No. 10 (October, 1930), p. 661.

④ F. R. , "The Tinder Box of Asia", *CR*, Vol. LXIV, No. 7 (July, 1933), p. 459.

被入侵国的民众展现'仁慈'(kind),但是侵略军(occupying troops)本身是不能被称为'仁慈'的,她搞错了。我们的和平观应当嵌入现实层面,而非嵌入冥想层面,作者呼吁要对和平有种灵性的理解,只是这种呼吁本身应当与全球其他地区的女性基督徒产生心灵上的共鸣才行。"① 传教士有时甚至不为其祖国回护。有本书的作者写到,美国人不应自以为是,更不能将美国描绘为"近代外交中狼窝里的一只正直羔羊",正是美国通过实物教学教会了日本炮舰政策,让它待机而动,在欧洲列强彼此大打出手之际攫取亚洲的利益,佩里(Matthew Calbraith Perry,1794—1858)正是传播"命定扩张论"(manifest destiny)的始作俑者,美国在古巴的所作所为恰好为日本在满洲的政策提供了前例。② 这些言论颇有自我反省的精神。

  总之,通过数量众多的书评可以看出基督教传教士对日本侵华和中日冲突的多角度的观察。传教士身在中国,日本侵华这一重大事件与他们的身家和事业本来就密切相关。同时,作为在华的外国人,他们也肩负着向其母国提供真实可靠的信息乃至政策建议的职责。不过,书评作为表达观点的文体形式,也有其自身的局限,它不能像新闻和通讯那样及时和有针对性。当然,我们也不必为此而苛求传教士。《教务杂志》的书评栏目,以往受到的关注并不太多③,事实上,它所包含的丰富信息值得深入发掘。基督教传教士的一些倡议,如建立世界共同体,尽管带有浓厚的基督教色彩,但仍不失为他们针对全球性问题所作的努力回应。高伯兰在1939年的一篇书评中称:"在中国、日本、印度、非洲乃至世界各地,我们都能发现民族和人员的流动,他们在不停地分离和重新整合。人们不仅需要一种凝聚力来整合各自的民族,更需要一种凝聚力来形成一种世界共同体(World Community)。"④

(王皓,上海大学历史系副研究员)

---

① G. B. S.,"Japanese Women Speak", *CR*, Vol. LXVI, No. 3 (March, 1935), pp. 177 – 178.
② M. C.,"Asia's Good Neighbor", *CR*, Vol. LXVIII, No. 9 (September, 1937), p. 589.
③ 有必要说明,陶飞亚先生可能是最早指出《教务杂志》书评栏目的史料价值的中国学者,本文的写作即是受陶先生的指教而进行的初步尝试。
④ A. R. K.,"World Community", *CR*, Vol. LXX, No. 1 (January, 1939), p. 41.

Review Articles
评论

航海图绘制的世界史
——评宫崎正胜著《从航海图到世界史》*

张小敏

摘要 航海图作为史学研究的重要史料来源之一,在海洋史研究热潮的推动下,逐渐成为学者们关注的研究对象。宫崎正胜著《从航海图到世界史——海上道路改变历史》旨在通过对航海冒险的回顾,讲述从"海图"到"世界地图"的变迁,以及"海上交通网"的形成过程,并以此揭示海上航线扩展与世界一体化进程的关系。该书的研究特色体现为从长时段运用宏大的俯瞰视角考察海上道路网三分世界的形成过程,研究方法上注重跨学科研究,并体现了全球史的研究理念。尽管存在对航海图的文化意义和制图学变迁关注不够等问题,但其不同于以往世界史的研究视角,为海洋史的宏大叙事提供了参考。

关键词 航海图 海洋史 世界史 航线

航海图是海洋史研究的重要组成部分,而且在世界历史演变过程中起到了非常重要的作用。国内外海洋史研究均起步较早,但与传统史学研究主题相比,海洋史研究后续并没有形成强劲的发展势头。许光秋指出,由于得到历史学界、大学、政府的支持和推动,海洋史研究在20世纪90年代又兴起了,历史学家称之为"新海洋史"[①]。然而,无论是传统海洋史的

---

* 本文系国家社会科学基金青年项目"北太平洋航路及其构建的历史空间研究(18世纪末—19世纪末)"(19CSS034)的阶段性成果。

① 许光秋:《国外海洋史研究状况》,《海洋史研究(第五辑)》2013年12月,第341页。

研究范围，抑或是新海洋史拓展的研究主题，对于海上航线、航海图等领域的史学研究专著并不多。国内亦有学者关注海图，除了较为熟悉的"郑和航海图"及其解析之外①，钱江、陈佳荣、林梅村、龚缨晏等学者主要考证了《雪尔登中国地图》②，并对卜正民有关雪尔登中国地图的论著进行研究等。③ 除此之外，也有少数学者关注了西方古地图、哥伦布航海图等。④ 然而，并未见世界范围内的航海图的史学专著。而国外相关论著陆续出版，主要表现在航海地图史、航海图与探险以及制图学等方面。⑤

日本学者宫崎正胜所著《从航海图到世界史——海上道路改变历史》⑥（以下简称宫著，初版于2012年）一书，在前人研究成果的基础上，主要探讨了描绘航线的航海图与世界史的关系。宫崎正胜是日本历史学家，致力于海洋史研究，已出版海洋史多部著作。笔者试图从史料运用、研究内容及研究创新与不足等几个方面评述宫著，从而探究航海地图中的世界史演变，以及图像化的海洋史和世界史的研究意义。

---

① 沈福伟：《十四至十五世纪中国帆船的非洲航程》，《历史研究》2005年第6期。石岚：《从15—16世纪的两幅地图看明代中西方对世界的探索与认识》，《福建文博》2012年第4期。朱鉴秋：《解密〈郑和航海图〉》，《地图》2012年第5期。

② 钱江：《一幅新近发现的明朝中叶彩绘航海图》，《海交史研究》2011年第1期。陈佳荣：《〈明末疆里及漳泉航海通交图〉编绘时间、特色及海外交通地名析》，《海交史研究》2011年第2期。龚缨晏：《国外新近发现的一幅明代航海图》，《历史研究》2012年第3期。林梅村：《〈郑芝龙航海图〉考——牛津大学博德利图书馆藏〈雪尔登中国地图〉名实辩》，《文物》2013年第9期。龚缨晏、许俊琳：《〈雪尔登中国地图〉的发现与研究》，《史学理论研究》2015年第3期。

③ Stephen Davies, *Mr. Selden's Map of China*: *Decoding the Secrets of a Vanished Cartograoher*, London: Bloomsbury Publishing Press, 2013. 吕俊昌：《卜正民〈塞尔登的中国地图：重返东方大航海时代〉读解及相关问题辨析》，《南海学刊》2018年第2期。

④ 龚缨晏、邬银兰：《〈1513年皮里·雷斯地图〉解密》，《地图》2005年第6期。龚缨晏：《"哥伦布航海图"之谜》，《地图》2007年第11期。易思昱：《航海图中的"文明"——西欧航画图的技术进步及其历史影响》，《才智》2018年第4期。

⑤ G. R. Crone, *Maps and Their Makers*: *An Introduction to the History of Cartography*, Hutchinson's University Library, Hutchinson House, London, 1953. Peter Whiefield, *The Charting of the Oceans*, The British Library, 1996. Susanna Fisher, *The Makers of the Blueback Charts*, Imray Lorie & Wilson, 2001. Mark Monmonier, *How to lie with Maps*, University of Chicago Press, 1991. Ralph Ehrenberg, *Mapping the World*, National Geographic, 2005. Mercedes Maroto Camino, *Producing the Pacific*: *Maps and Narratives of Spanish Exploration* (1567–1606), Rodopi, Amsterdam, New York, 2005. 国外航海图的史学研究成果主要表现在上述相关方面，在此不予赘述。

⑥ ［日］宫崎正胜：《从航海图到世界史——海上道路改变历史》，朱悦玮译，中信出版社2019年版。2014年已有中信出版社的中译本《航海图的世界史——海上道路改变历史》。本文采用2019年版。

航海图绘制的世界史

一

航海图作为一种图像史料，是世界历史发展的形象化表达形式。但这种直观的历史记录在航海初期并不受欢迎。航海者更偏爱于传统文字的航海指南。这些指南所囊括的一些重要信息，如海流、风况、潜在的危险、界标、水深、停靠点、港口设施以及海床的特点，在现存的同一时期的航海图上很少见到，或者从来就没有过。① 但是，要将航海日志（中国史书中为"针路簿"）中所记载的海岸线、港口、航线、陆地标志物、距离等具体信息图像化，也并不容易。并且在科学化制图技术出现之前，即使绘制成图也存在偏差。因此，从这个意义上而言，笔者试图通过比较说明宫著所运用的航海图史料。法国学者奥利维耶·勒·卡雷尔的著作《纸上海洋：航海地图中的世界史》②（法文版于2017年出版）与宫著均以航海地图为主题。卡雷尔是法国的作家和航海者，曾任《航海》杂志编辑，著有多本航船历史和航海艺术方面的书籍。笔者将二者进行比较，以此为宫著中所引用的航海图史料及其解读提供佐证和制图学史方面的参考。

首先，两本专著比较的基础在于都对航海图的缘起、发展及其最终演变为世界地图的大致过程达成了共识。二者针对世界地图、航海图以及地图的界定做出了说明。宫著对世界地图有明确的定义，即概括地、客观地将地球上的诸多地区和诸多事物之间的关系，用俯瞰的视角进行图像化的一种特殊地图。③ 宫著极为强调俯瞰视角，不仅揭示了制图师绘制航海图的科学视角，而且突出了宫著在海洋史研究中的宏观视野。古代绝大多数地图都是基于想象的宗教性世界地图，而且早期的航海地图和其他类型的地图混在一起出现，直到13世纪才逐渐成为一个独立的种类。自始至终，它都是人类探索、发现世界的首要工具。④ 而真正的地图学则到19世纪才

---

① ［美］菲利普·费尔南德兹-阿迈斯托：《探路者：世界探险史》，刘娜译，黄润华审译，学苑出版社2016年版，第286页。

② ［法］奥利维耶·勒·卡雷尔：《纸上海洋：航海地图中的世界史》，刘且依译，华中科技大学出版社2019年版。另外，华中科技大学出版社于2019年出版了包括本书在内的三位法国学者的海洋史译著。

③ ［日］宫崎正胜：《从航海图到世界史——海上道路改变历史》，第1—2页。

④ ［法］奥利维耶·勒·卡雷尔：《纸上海洋：航海地图中的世界史》，第7页。

出现。从这个意义而言，地图最初的功能是宗教性的，随着陆地探险和航海实践的不断开展，实用性为主的道路地图成为地图的主流。航海图职能从服务于宗教和用于装饰的作用转变为实用性功能，这也间接证明了人类历史从局部向世界扩展的需求。总之，为探索未知世界而进行的海上航线的开拓，促使一片片航海图的拼图不断完善，也最终拼凑成完整的世界地图。卡雷尔的世界地图拼图说法与宫崎正胜的多个"world"联系起来为一个扩大了的"生活舞台"①的观点相契合。

二者对世界地图和世界历史的拼图过程的关注，不仅反映了航海图演变的延续性，就像上将沃顿先生（Admiral Sir W. J. L. Wharton）指出，库克的许多地图仍然是19世纪末，或库克去世一百多年后，海军部使用的地图的基础。②而且也表明了逐渐科学化和精准化的航海图引领航海者开启未知世界的实践意义。因此，航海图的变迁积累下来的图像化史料，成为海洋史和世界史的研究基础。两本专著在此认识的基础上对航海图史料的运用和解析既有共同点，亦有差异性。

一方面，二者都善于运用海图史料，认可其在世界史研究中的重要性。因此，书中都附有大量航海图，包括早期刻画在羊皮、牛皮、薄板、羊皮纸或其他媒介上的粗略手绘草图，16世纪的木版海图和铜版海图，以及客观准确的现代地图。宫著一书中附有22幅地图，其中"旧世界"与"三个世界"的概念图③，应是作者在世界地图的基础上描绘而成。因此，笔者在此指出，宫著中少数几幅地图并未标注出处和作者等详细信息，略显遗憾。书中最早的海图为公元前5世纪小亚细亚米利都的商人赫卡泰奥斯所著《周游世界》的插图。此外，囊括了从托勒密的世界地图到现存最古老的波特兰海图"比萨图"，再到14世纪"加泰罗尼亚地图"，哥伦布航线图和麦哲伦环球航行图，最后至18世纪末库克的三次航行图等20余幅航海图。宫著选取的航海图反映了由于航海技术的进步，海上道路网的形成过程。人们在探险未知海洋、绘制海图的过程中也将陌生的陆地轮廓勾

---

① 详见［日］宫崎正胜《从航海图到世界史——海上道路改变历史》，第2页。
② A. Grenfeli Price, ed., *The Explorations of Captain James Cook, in the Pacific as Told by Selections of His Own Journals*, 1768–1779, C. M. G., M. A, (Oxon), D. Litt (Adel), F. R. G. S, Illustrated by Geoffrey C. Ingleton, Dover Publications, Inc. New York, 1971, p. 6.
③ ［日］宫崎正胜：《从航海图到世界史——海上道路改变历史》，第8页。

航海图绘制的世界史

画完整,通过讲述这些航海图背后的冒险故事,揭示了从"海图"到"世界地图"的变迁,以及从"单一世界"到由"海上航线"连接的复合世界的转变。

相较而言,《纸上海洋》的海图史料更为丰富,这是一大亮点。书中航海地图共82幅,除4幅现代地图外,其他地图都出自法国国家图书馆馆藏的珍贵地图。从史前时代到埃拉托斯特尼,从托勒密到波斯地图,从《加泰罗尼亚地图》到麦哲伦环球航行,直至现在的全球定位系统,卡雷尔对每幅地图都做出了说明和解读。因《纸上海洋》全书共128页,所以从航海图所占篇幅比例而言,此书在一定程度上或可被视为一本航海地图集或海图史料集。当然,卡雷尔不只是纯粹介绍这些航海图,他还讲述了与之密切相关的船只、航线、航海者、航海技术、制图学等方面的信息。并在书中附有地图绘制方法的图示说明①,使非地图制作者也能很容易理解前人制图的技术和方法。因此,这也是笔者选取《纸上海洋》与宫著进行比较的原因,以此为宫著的史料引证提供详细且准确的参考。

另一方面,《纸上海洋》与宫著对航海图的解读略有不同。前者注重航海图是如何绘制而成,后者则更为强调航海图的世界历史语境。因此,《纸上海洋》一书中提到了早于托勒密世界地图之前的地图,包括古代中国《书经》中较早的地图、著名的阿喀琉斯之盾上的平坦圆盘等。笔者仅举两个例子予以比较说明。其一,埃拉托斯特尼对地球周长的测量。《纸上海洋》通过图例重点介绍了埃拉托斯特尼是如何推算地球周长的,即以亚历山大城方尖碑和赛伊尼(阿斯旺)的矿井底部之间的距离和太阳高度角的差别进行推算,最终推算出地球周长约合39000千米。这与今日公认的数据40000千米相差无几。② 宫著则突出了埃拉托斯特尼用经线和纬线作为地图框架的想法及其背景。③ 因为经纬线的测量与航线开辟有着密切关系。在此,笔者需要指出宫著关于埃拉托斯特尼的两处常识性错误:第一,宫著所写的埃拉托斯特尼的生卒年,公元前275—前194年是错误的,正确的应为《纸上海洋》中的说法:"埃拉托斯特尼于公元前276年生于

---

① 参见[法]奥利维耶·勒·卡雷尔《纸上海洋:航海地图中的世界史》,第22、30—31页。
② 详见[法]奥利维耶·勒·卡雷尔《纸上海洋:航海地图中的世界史》,第22—23页。
③ 参见[日]宫崎正胜《从航海图到世界史——海上道路改变历史》,第16—17页。

利比亚西部的昔兰尼加省"①；第二，宫著指出埃拉托斯特尼推算的地球周长为46250千米，这与《纸上海洋》中地球周长约合39000千米的说明也存有谬误。

其二，以托勒密的世界地图为例。两位学者都肯定了托勒密的圆锥投影绘图法及其著作《地理学》的重要贡献。《纸上海洋》更多地论述了托勒密的绘图技术、方法以及在技术层面上的不足，并肯定了托勒密将缺乏确凿信息的区域标注为"未知地带"的诚实科学态度。相比较，宫著描述了托勒密世界地图中的海域以及地图诞生的社会史背景，认为由于亚历山大港商圈的繁荣发展，与印度交易频繁。亚历山大港积累了地中海的航海信息、厄立特里亚海的航海日志、海图以及旅行日记，最终为"托勒密的世界地图"提供了丰富的地理信息。② 但是，宫著局限于托勒密世界地图得以绘制的历史背景，忽视了这一时期制图学发展受限的历史原因。《纸上海洋》认为这一时期人们沉浸在古希腊文明中，满足于发展理论，导致制图学发展并不突出。而且罗马帝国富裕阶层更倾向于消费和保护他们的特权，而不是探索世界的本质。这种情形也导致了科学的这次"船难"③。可见，在一定程度上，宫著对航海图的解读不太全面。

总之，航海图是研究海洋史的重要史料，但在运用的过程中也仅能作为参考，需要与其他史料互相佐证。正如2002年，英国海军军官加文·孟席斯（Gavin Menzies）依据一个私人收藏的地图，就片面地认为中国人很早就进行了环球航行，是不恰当的。因为那幅地图据称为一份公元1418年的文献在1763年的复制品。但大部分历史学家认为，其中大量不精确之处和可疑标示可以证实，这份所谓的文献实际上只是对一幅古地图的当代剪辑。④ 因此，航海图作为史料的前提是考证其真实和准确性，并在此基础上进行全面恰当地解读，避免宫著中出现的个别解读片面性的问题。

---

① ［法］奥利维耶·勒·卡雷尔：《纸上海洋：航海地图中的世界史》，第22页。
② ［日］宫崎正胜：《从航海图到世界史——海上道路改变历史》，第20页。
③ ［法］奥利维耶·勒·卡雷尔：《纸上海洋：航海地图中的世界史》，第38页。
④ ［法］弗朗索瓦·舍瓦利耶：《航线与航船演绎的世界史》，刘且依译，华中科技大学出版社2019年版，第105页。

二

  航海图如何演变成世界地图是全书的主旨。如何演变成世界地图看似是单纯的制图学的发展，实际上是世界历史发展语境下不同空间的政治、经济、科学和文化等一系列错综复杂的因素交互作用的结果，是世界历史与航海图互相影响的产物。描绘"海上交通网"的海图是如何诞生的？世界地图又是如何出现的？世界一体化究竟带来了怎样的变化以及未来会有怎样的发展？循着以上问题，全书七章可分为三个层次：第一章点明了航海图的相关定义和"三个世界"的具体划分问题；第二章到第六章考察了描绘航线的世界地图是如何逐步绘制而成，以及三个世界是如何被确定下来的；第七章论述了世界地图形成带来的一体化结果及影响。

  第一章，构成地球的三个"世界"。欧亚大陆必须与其他五大洲和三大洋联合起来才是一个完整的世界，这有赖于"海上航线"的开辟和世界轮廓的掌握。因此，我们需要俯瞰世界的地图，将多个"world"联系起来。但前提是必须有与"生活的舞台"密切联系的以微观视角制作的地图，其中之一就是在海上航行时使用的海图。① 与俯瞰地图不同的是综合实用和想象的古代宗教世界地图。另外，将地球上的陆地和海洋放在一起进行俯瞰，可将世界分为三个部分："第一世界"＝欧亚大陆、北非与印度洋；"第二世界"＝哥伦布探险后发现的南北美洲大陆与大西洋；"第三世界"＝麦哲伦航海以后至18世纪之间发现的大洋洲与太平洋。这三个世界在很长的一段时间里，都依靠海图中所记载的"海上航线"相互连接，最终逐渐形成现在的人类社会。从东到西的三个世界被海洋所连接在一起的过程，是世界史最重要的组成部分。②

  第二章，俯瞰"第一世界"的"托勒密的世界地图"。古希腊人对世界充满热情和好奇心，赫卡泰奥斯和希罗多德根据自己丰富的旅行经历，在著作中描绘了当时的世界地图。埃拉托斯特尼肯定地球是球形的，并尝试用经线和纬线作为地图框架。在亚历山大港大商圈的支撑下，托勒密创

---

① ［日］宫崎正胜：《从航海图到世界史——海上道路改变历史》，第3页。
② ［日］宫崎正胜：《从航海图到世界史——海上道路改变历史》，第8页。

作了《地理学》，用经纬线和圆锥投影绘图法描绘成世界地图，包括地中海、厄立特里亚海、大西洋等。到了中世纪，托勒密世界地图被翻译成阿拉伯语，在伊斯兰大商圈中复苏。该地的商人和学者的航海实践丰富了伊斯兰绘制的地图，其中亚细亚海域逐渐明确下来，东亚地区得到详细描述，印度洋更加广阔。同样，修改后的托勒密世界地图也进入蒙古帝国商圈，影响到了中国的世界地图绘制，尤其是郑和航海图。由此，第一世界已呈现于托勒密世界地图中。

第三章，支撑大航海时代的波特兰海图。十字军东征时期欧洲复兴，意大利城邦夺回伊斯兰教徒控制下的地中海周边岛屿，重获交易主动权。之后，意大利城邦的交易遍及欧亚大陆，伊斯兰文化和中国文化涌入地中海。① 中国传入的指南针应用于地中海地区，催生了标有"指南玫瑰"的波特兰海图。远洋航海由此兴盛起来，从而形成了标准的波特兰海图。到了文艺复兴，作为装饰用的波特兰海图成为王侯贵族们展示自己财富的象征。中国印刷术的传入，使在中世纪被遗忘的托勒密地图以及地球球体学说复活了，地球仪出现。亚洲新信息，包括祭司王约翰、马可·波罗关于秦海和日本的传说等，使欧洲觉醒，重燃对亚洲的兴趣。至于波特兰海图的航海实践，主要表现在葡萄牙对大西洋和印度洋的探险。迪亚士发现好望角促使"马提勒斯世界地图"的绘制，达·伽马横贯大西洋并抵达印度，推动了卡布拉尔的印度洋航海，从而确定了葡萄牙到印度航线的雏形。

第四章，"第二世界"的形成。为了获得"黄金岛日本"的黄金以及垄断秦海的贸易权，哥伦布在加那利群岛砂糖商人的经济支持下，从加那利群岛出发开始横跨大西洋的航行。哥伦布本人善于学习航海知识，也有航海经验。但由于他盲目相信托勒密世界地图，以及他自己的野心，他坚信到达的伊斯帕尼奥拉岛就是"日本"。哥伦布的多次大西洋航行，推动了大西洋中部、南部、北部的"海上航线"的开拓，融合新旧世界的大西洋也进入海图中。并且导致西班牙和葡萄牙签订了分割大西洋的《托尔德西里亚斯条约》，并被描绘于"坎迪诺平面球形图"上。与哥伦布不同，阿美利哥的书信中记载了第四大陆的信息，使得瓦尔德塞弥勒地图中出现了"第二世界"。同时，西班牙从加勒比海开启了南美洲的征服，白银在

---

① ［日］宫崎正胜：《从航海图到世界史——海上道路改变历史》，第49页。

新大陆与欧洲之间起到了连接作用。之后，英、荷、法在开辟通往亚洲的北方航线的过程中，完成了对北美洲的探险。

第五章，姗姗来迟的"第三世界"。在新大陆的西侧与中国相连的"第三世界"，是一个太平洋占据绝大部分面积的特殊世界。① 为了开辟经南美洲南部通往摩鹿加香料群岛的航线，活跃在东南亚的麦哲伦受葡萄牙委托开始环球航行，发现了未知的太平洋，但麦哲伦不幸丧命。环球航行的完成使西、葡签订《萨拉戈萨条约》，重新划分势力范围。虽然太平洋未能立即融入商圈，但麦哲伦的航线被绘入地图。之后，乌达内塔开辟了横跨太平洋的航线，实现了马尼拉·盖伦的定期化贸易，白银也因此大量流入亚洲。

第六章，将三个世界确定下来的佛兰德海图。在大航海时代，佛兰德地区成为欧洲的经济中心，先后从安特卫普转移到阿姆斯特丹，17世纪的印刷海图也十分兴盛。鲱鱼贸易促使荷兰造船业兴盛，荷兰加入开辟亚洲的航海中。为了垄断亚洲贸易，荷兰成立东印度公司，开辟了通过南半球偏西风海域抵达爪哇岛的航线，即"40°的轰鸣"。荷兰海图产业也在这一时期占据领先地位。在佛兰德地区，产生了墨卡托绘图法及其世界地图。同时期还有奥特里斯的《世界的舞台》地图册，绘有被误认为狭小的"第三世界"。随着西班牙、荷兰、俄国等对金银岛的探索，白令海峡使太平洋北部海域最终明确。荷兰在对大洋洲进行探索之后，证明了"未知的南方大陆"并不存在。佛兰德海图也最终将三个世界确定下来。经过三次英荷战争，荷兰开始衰落，英国的海运业、造船业和海图制作发展起来。

第七章，英国海图与一体化的世界。科学测量从17世纪后半期开始，法国准确测量了子午线，并规定了标准长度计量单位"米"。英国平民哈里森制作了准确测量经度的船舶用时钟。到18世纪，大西洋"海上航线"稳定下来，使加勒比海的甘蔗种植园普及，奴隶贸易扩大，海图扩充，从而促进了资本主义兴起。直到18世纪下半叶，库克经过三次太平洋探险，终将太平洋海图化。同时英国发生工业革命，为了实现自由贸易，基于系统测量的英国海图兴盛起来，并成立海军水文处，制作了精密海图。19世纪下半叶，国际会议通过了格林尼治天文台的子午线为标准的本初子午

---

① ［日］宫崎正胜：《从航海图到世界史——海上道路改变历史》，第141页。

线。随着苏伊士运河开通和蒸汽船诞生,第一世界和第二世界紧密联系,北大西洋航线活跃起来。进入 20 世纪后,美国发展迅速,马汉的海权思想使美国的政策向第三世界倾斜,巴拿马运河也因此开通。经过两次世界大战,美国确立了海洋霸权地位。高科技的发展也迎来海图共享时代,但海图仍然保持着传统形式,仍是寻找海上航线的必需品。总之,宫著认为,海图的历史也可以说是"海上航线"的历史。①

三

宫著在史料运用和理论研究相结合的基础上,在内容的拓展和深化方面推进了航海图的研究。笔者认为该书的研究特色主要体现为以下三个方面。

第一,研究视角和研究视域的宏大。宫著分析了地图、航海图和世界地图之间层层递进的关系。作者认为那些被描绘在羊皮纸和纸片上的海图,完全改变了人类固有的以地面为基准的视角,它们是使人们意识到要从宏观角度观察地球的特殊地图。② 换言之,随着地图绘制方式的变迁,世界地图的出现经过了从平视地面的平面视角到俯瞰地球的宏观视角的转变。这种视角的扩大一方面说明了制图学走向科学化的必然趋势,另一方面揭示了作者透过航海图书写世界历史演变的研究视角也随之扩大。作者没有拘泥于传统的陆地本位的史学研究视角,而是强调海洋的主体地位以及凌驾于陆、海空间之上的俯瞰视角和宏观视野。

此外,作者在研究视域方面对航海图的历史进行了长时段的考察,从古典时期一直推移至当代。正如作者认为由道路网和"海上道路网"连接成"第一世界""第二世界"与"第三世界"的过程是一个漫长的时间跨度。③ 世界历史的航海图化也不是一蹴而就的。16 世纪,探险者们对自己的发现绘制成图没有什么兴趣。到了 17 世纪,探险者们在获取海上知识时还是习惯用文字的航海指南,而航海图的使用一直都处于下风。④ 直到 18

---

① [日] 宫崎正胜:《从航海图到世界史——海上道路改变历史》,第 232 页。
② [日] 宫崎正胜:《从航海图到世界史——海上道路改变历史》,前言第 i 页。
③ [日] 宫崎正胜:《从航海图到世界史——海上道路改变历史》,第 9 页。
④ [美] 菲利普·费尔南德兹-阿迈斯托:《探路者:世界探险史》,第 286 页。

世纪晚期，太平洋才被库克几乎完整地描绘于地图上。因此，作者从长时段抓住了航海图变迁背后的世界历史动因。

第二，研究方法上注重跨学科研究，并体现了全球史的研究理念。一方面，从"海图"到"世界地图"的变迁，本身就是一个跨学科的产物。作者想要探讨航海图的变迁，就需要掌握必要的与航海相关的自然地理、航海技术和绘图等方面的知识。因此，宫著中包含了制图学、地理学、地质学和天文学等学科的知识。具体表现为：从埃拉托斯特尼经纬线的构想，托勒密的圆锥投影绘图法，波特兰海图的指南玫瑰到现代的电子化海图，直观体现了制图学的发展；托勒密还提出了与地理学相对的地质学概念，主要是描述局部地区的地质学，将各个空间从整体中分离出来，每一个都作为独立的空间进行描述，港口、村落、区域、主要的山脉河流等细节都是地质学的考察对象[①]；英国航海家库克的首次太平洋探险的任务之一就是观测金星，准确计算金星与太平洋之间的距离；等等。诸如此类的自然科学的知识在书中屡见不鲜。

另一方面，宫著对海洋史研究的新视角体现了全球史的研究理念。全球史注重历史研究的全球视野和跨区域、跨文化的交流互动。而宫著将陆地和海洋放在一起俯瞰的视角则是全球视野的体现。宫著在此基础上以海上道路为线索将航海图与世界历史关联起来，从世界被航海图化的先后顺序出发，将世界一分为三。这种研究路径注重陆地与海洋的空间互动，不仅试图脱离陆地本位的史学研究传统，而且在一定程度上与全球史的跨区域研究理念相吻合。

第三，研究观点之创新。上述提到《纸上海洋》一书，同样是以航海图与世界历史的关系为研究主题，但宫著还注重将世界勾连起来的"海上道路网"，因此宫著的副标题为"海上道路改变历史"。宫著通过航海图的穿针作用，和海上航线网的引线功能，最终将分散于各处的零散的、孤立的历史碎片织成一部完整的世界历史。其实，海上航线的发现经常源自少数渔民偶然的探险。[②] 在经过了沿岸航线、周边海域航线到跨洋航线的演进之后，海上道路网逐渐交织而成，人类交流互动的"生活的舞台"才得

---

① ［日］宫崎正胜：《从航海图到世界史——海上道路改变历史》，第23页。
② ［法］弗朗索瓦·舍瓦利耶：《航线与航船演绎的世界史》，第8页。

到扩大。正如作者指出，"海上航线"的出现，让相对被分割的陆地重新连接成一个整体。① 宫著认为虽然在传统的世界史中都没有提起过"海上航线"的重要性。但是人类为了表示"海上航线"积累下数量庞大的航海日志和海图，甚至还有根据这些信息综合而成的世界地图。② 从而为解释海上航线、航海图和世界历史之间的演进关系奠定了基础。

由此，宫著旨在从"海上航线"的扩大来描写世界历史的舞台是如何展开的。作者认为通过海图与"第一世界"连接在一起的"第二世界"和"第三世界"，也是由各自的"海上航线"所连接起来的独特世界，在整个世界史中也扮演着自己的角色。③ 这一观点是贯穿宫著始终的关键所在。就道路网对世界历史的重要性而言，费尔南德兹-阿迈斯托就有类似表述，并将陆路网与海路网结合了起来。费尔南德兹-阿迈斯托认为从公元前第一个千年的后半期开始，世界因为三条主要路线越变越小：陆路贸易线建立了横跨欧亚的沟通；海上航线把地中海地区和欧洲大西洋沿岸连接在了一起；季风推动的海上交通把亚洲和东非的大部分地区也连接在一起。④ 而宫著的创新在于抓住了描绘海上航线的航海图这个核心。航线的不断延伸促使陆地和海洋空间的文本化，并最终作用于历史实践中。

总而言之，宫著之所以包含以上诸多研究特色，是因为作者选取了航海图作为研究对象，并强调航海图的静态价值及其蕴含的世界历史的动态意义。

最后笔者简单谈谈宫著存在的不足及可改进之处。

第一，作者对航海图文化层面的世界历史意义关注不够。很显然，宫著尤为强调航海图演变与经济贸易发展的相互作用，包括亚历山大港大商圈对托勒密世界地图的影响，伊斯兰商圈中复苏的世界地图，加那利群岛砂糖业对哥伦布探险的推动等。并且航线开辟的原因基本上都是为了寻求更多的贸易机会，比如葡萄牙为了参与香料贸易，促使麦哲伦环球航行开辟通往摩鹿加群岛的航线等。这在一定程度上影响了宫著对航海图贸易动因的侧重。虽然作者也鲜见地提到了亚细亚文化对地中海的影响，但总体

---

① ［日］宫崎正胜：《从航海图到世界史——海上道路改变历史》，第3页。
② ［日］宫崎正胜：《从航海图到世界史——海上道路改变历史》，第236页。
③ ［日］宫崎正胜：《从航海图到世界史——海上道路改变历史》，第9页。
④ ［美］菲利普·费尔南德兹-阿迈斯托：《探路者：世界探险史》，第43页。

而言，作者对航海图的文化语境及意义关注不多。

事实上，其他学者已对航海图的文化层面进行了相关考察。约翰·迈克在论述海洋文化史时提到，海图、制图法以及现在讨论的所谓"胸有地图"强调的都是心理的活动而非实物本身。① 大卫·伊格勒认为海洋似乎没有记录历史学家真正要紧的心理地图的地方，因为我们经常想象大海是人类从历史中逃离出来的景象。相比较，在近代早期，海洋在最早的土著旅行者和欧洲以及美洲水手的心理地图上占据了显著位置。② 梅赛德斯·卡米诺讨论了 16 世纪后期西班牙探险中的地图与叙事对太平洋文化的建构意义。他论道："为了追溯一个空间变得具有文化意义的过程，我在这里分析了叙事、地图和仪式，它们是产生太平洋的核心思想。这一过程起源于书面叙事中探索的再现，也植根于地图和仪式中，这些地图和仪式有效地搭建和执行了空间环境。"③ "我在研究叙事与地图和仪式的同时……将二者视为具有同等价值的文化信息来源……同质化和差异化之间的紧张关系是研究地图和叙事的核心，这些地图和叙事突出了它们的生产、使用和转变。"④ 从学术史意义上而言，宫著为海洋史研究开辟了一条崭新的路径，较为详细地论证了世界航海图的形成。但是却相对忽视了航海图绘制的文化语境，关注不够，因此海图自身的文化意义仍有待深入挖掘。

第二，作者对制图学自身的变迁论述不够，这可能也是书中对某些航海图的解释说明不够详细且出现个别谬误的原因。宫著注重航海图演变带来的世界历史变迁，是宏大历史叙事的一种新视角。但如果参照《纸上海洋》关于制图学发展脉络的论述，该书显然在这一方面阐述不够。而且需要对航海图史料的微观细节进行准确和严谨地分析。当然，这可能与制图学涉及较为广泛的跨学科知识有关。上文已提及作者关于绘制地图的数据偏差。另外，需要指出作者应该对书中所附地图进行更为详细的说明，包

---

① ［英］约翰·迈克：《海洋——一部文化史》，冯延群、陈淑英译，上海译文出版社 2018 年版，第 149 页。

② David Igler, *The Great Ocean: Pacific Worlds from Captain Cook to the Gold Rush*, Oxford University Press, 2013, p. 8.

③ Mercedes Maroto Camino, *Producing the Pacific: Maps and Narratives of Spanish Exploration (1567 – 1606)*, Rodopi, Amsterdam, New York, 2005, p. 16.

④ Mercedes Maroto Camino, *Producing the Pacific: Maps and Narratives of Spanish Exploration (1567 – 1606)*, p. 23.

括所引地图的出处、作者和其他基本信息等。因此，在运用和解析诸如航海图这样类似的史料时，应该对所引用的数据、材料进行核查，避免出现错误，从而实现海洋史的跨学科研究。

最后，作者认为继承了西洋史传统的现代世界史，还没有从"托勒密的世界地图"的"小世界史"范畴中摆脱出来。世界以欧亚大陆即北非为核心不断扩展的过程，还是世界史研究的主要对象。① 鉴于此，作者试图摆脱传统的欧洲中心论的世界史叙事模式，将目光放在整个地球之上，通过海上航线将三个世界相互连接起来。然而，作者对道路网和"海上道路网"的连接及其形成过程的考察，事实上并未脱离他所谓的"小世界史"范畴。从"第一世界"先后对"第二世界"和"第三世界"的发现，以及地中海、印度洋、大西洋和太平洋依次被拼入地图的顺序来看，这种叙事仍然遵循传统海洋史的研究模式。且书中对"第二世界"和"第三世界"的历史能动性没有给予足够的关注。因此，"第二世界"和"第三世界"在海上道路网的构建中有什么贡献？航海图的文化意义有哪些？航海图的变迁所揭示的陆海关系又是怎样的？这些问题都有待进一步的深入研究。

上述不足表明，航海图变迁与世界历史演变之间的关系需要宏大叙事，非一本专著所能囊括。约翰·迈克指出寻找航路并非一个一成不变的过程，不单单是一幅客观地理的静态图。② 因此，航海图和海洋史的研究需要长时段的动态眼光。从某种意义上而言，《从航海图到世界史——海上道路改变历史》一书在这方面表现出了延伸性和包容性，有进一步探讨的空间。总之，宫著所运用的图像史料，所考察的研究对象和宏大的研究视角等创新之处，都为海洋史乃至世界史的研究提供了很好的例证。

（张小敏，中山大学历史学系博士后）

---

① ［日］宫崎正胜：《从航海图到世界史——海上道路改变历史》，第7页。
② ［英］约翰·迈克：《海洋——一部文化史》，第149页。

二战时期英国军队军备规模述评[*]

张　箭　陈安琪

摘要　英国作为"日不落"帝国，拥有雄厚的世界级工业基础和强大的军事实力。在二战中，英军与法西斯德军的战损比接近于一比一，且具备精良的武器和高素质的军事人才，其战斗能力不输于德军。英军属于反法西斯同盟国的三大军事力量之一，其组成不仅包含本土的军队，还包括其殖民地、自治领的部队。从二战爆发到二战结束，英军的军队规模和武器规模迅速扩张，其兵力动员也随着战事升级而快速增长，最高时达到了900余万。无论是不列颠空战，还是敦刻尔克大撤退，英军的表现都在二战军事史上留下了浓墨重彩的一笔。

关键词　不列颠空战　租借法案　北非战场　诺曼底登陆

第二次世界大战是人类有史以来最大规模的战争，也是首次运用各种杀伤力巨大的新型轻重武器的战争。战争分为德、意、日法西斯轴心国与反法西斯同盟两大阵营，61个国家和20亿以上的人口先后卷入其中，涉及范围从欧洲到亚、非洲、大洋洲，从大西洋到北冰洋、印度洋、太平洋。英国，作为反法西斯阵营的主要同盟国，在二战中投入巨大人力、物力、财力、兵力，一共发动了1150万左右的人参军，它的总兵力最多时高达900余万，戎行数量位居国际第四（仅次于美、苏、德），以高质量的空军和海军为主，拥有一支海陆空齐全的立体化现代部队。英国的空军最

---

[*] 本文系中央高校基本科研业务费研究专项四川大学"学科前沿与学术交叉"项目（skqy201215，skzd201407），四川大学"区域历史与边疆学"一流学科群建设项目。

多时配备了上万架作战飞机，在不列颠战役中打败了当时极凶的德国空军；其海军也是仅次于美国，在二战中英军舰艇规模急速扩张，远超于日本；还有它的陆军、海军陆战队以及特种后勤部队等都装备了现代化水平极高的武器。此外，二战中英国军队是一支由本土军队和自治领、殖民地军队杂烩的混合部队，其中，加拿大、澳大利亚和新西兰军团都是可以直接与德军对抗，具有极强战斗力的部队。所以，它们也应被纳入英军军备规模的考量中。由于学界对英军在二战中的兵力规模及其增长并未予以关注和考察，国内研究比较缺失，故此撰文予以述评。

一　二战前英国的军队军备概况

第二次世界大战前，英帝国的殖民地面积最广时约3000万平方公里，占了世界陆地总面积的1/4。大英帝国的总人口最高时达到了4亿，占世界总人口的1/6。大英帝国的版图上不仅包括英属印度（430万平方公里）、英属缅甸（67万平方公里）、英属马来西亚（33万平方公里）、英属肯尼亚（58万平方公里）、英属纳米比亚（82万平方公里）等殖民地的面积，还包括加拿大（998万平方公里）、澳大利亚（815万平方公里）、南非（122万平方公里）、新西兰（27万平方公里）、爱尔兰（7万平方公里）等自治领的面积。[①] 英属殖民地和自治领的地位与权力不同。殖民地是指由宗主国英国本土统治，没有政治、经济、军事和外交方面的独立权利，完全受宗主国控制的地区。自治领是大英帝国殖民地制度下一个特殊的国家体制，是殖民地步向独立的最后一步，除内政自治外，自治领还有自己的贸易政策，有限的自主外交政策，也有自己的军队，但英国政府才有宣战权。随着20世纪民族解放运动的蓬勃发展，以及1926年《贝尔福宣言》和1931年《威斯敏斯特法案》的通过，有不少殖民地都发展成了具有更多外交权力的自治领，比如，加拿大、澳大利亚、新西兰、南非和爱尔兰自治领。所有自治领取得与英国的同等地位，英国的立法机构不再有权干涉自治领内部事务，自治领也将享有自主外交政策的自由。[②] 当二

---

① 光亭、天枢：《二战中的英国，1939—1945》，时代文艺出版社2015年版，第72页。
② 光亭、天枢：《二战中的英国，1939—1945》，第25页。

战爆发时，这些自治领对是否跟随英国参战的反应也不同：澳大利亚沿用殖民地旧制，认为其在法律上已经自动向德国宣战，无须额外宣战；新西兰的态度表示若英国开战，新西兰便开战；加拿大通过召开紧急国会会议，独立使用了宣战权，但也是对德国宣战；南非政府争论一周后也是通过国会宣布对德作战；而爱尔兰宣布保持中立，并根据1938年与英国的协议要英军撤出爱尔兰，爱尔兰由此在二战中始终保持中立，没有参战。因此，爱尔兰军队也就不在英国军队考量范围。

无论如何，英国对其殖民帝国仍然有很大的影响力。当英国宣战后，其殖民地被迫马上投入战略物资的生产。比如英属马来亚增加对橡胶和锡的生产，北罗得西亚殖民政府扩大生产铜的产业，还有锡兰生产的茶叶、印度和毛里求斯生产的糖等。① 这些扩增的殖民地原材料和食品被用于支援英国。殖民地不仅给英国提供了战略物资，还有巨大的兵力支持。因为英国是一个横跨欧亚非和大洋洲的拥有众多殖民地和自治领的帝国，动员了英联邦和殖民地极多的人力，这些参加英军编制的非英国本土士兵为数众多（如近40%的英国皇家空军人员是由英联邦自治领或殖民地提供的）。所以有必要把英国下属的殖民地、自治领军队列入英国军队总兵力来考量，即凡听从英国政府号令和调遣，接受英国将领指挥的反法西斯军队，这些军队的军人不管他们是白人、混血人还是有色人，不论他们战前居住在不列颠诸岛，还是自治领，或英属殖民地，不管他们属于本土居民、还是自治领居民，或是殖民地居民，便都是本文认为的二战时期的英国军队。

二战前夕，依照英国驻柏林大使韩德逊爵士（Sir Neville Henderson）的报道：英国连一架喷火式战斗机都还没有，只有一两架作为试验用的飓风式战斗机。用于伦敦防空的，一共只有7门现代化的高射炮。② 不仅是武器装备短缺的问题，当时，英国陆军还面临着军队组织扩大的问题。1939年年初，英国陆军在印度驻有5.6万人，从西印度群岛到香港驻有1.4万人，在地中海和中东驻有2.1万人，只有10.7万名正规军驻在本土。③ 因此，把军队调动到欧洲大陆参加军事行动是一个问题。不过英国

---

① 张顺洪：《英国殖民地公职机构简史》，中国社会科学出版社2018年版，第103页。
② ［英］J. F. C. 富勒：《西洋世界军事史》，钮先钟译，广西师范大学出版社2012年版，第320页。
③ ［英］阿伦·马林森：《英国陆军史》，胡坚译，广西师范大学出版社2013年版，第314页。

的海军，在二战爆发时的1939年仍然具备了世界第一的实力。英国本土舰队共有5艘战列舰（分别是"皇家橡树"号①、"君权"号、"拉米里斯"号、"罗德尼"号、"纳尔逊"号），3艘战列巡洋舰（分别是"胡德"号、"反击"号、"声望"号），3艘航空母舰（分别是"皇家方舟"号、"暴怒"号、"帕加索斯"号）以及大量巡洋舰、驱逐舰②和其他舰艇。

1939年9月1日，德军在未经宣战的情况下就入侵波兰，由此拉开了二战的序幕，英法被迫对德宣战。到1940年4月，希特勒对挪威和丹麦发动突袭，5月对荷兰、比利时、卢森堡以及法国北部的72个机场进行猛烈轰炸。德军庞大的坦克部队，从比利时和卢森堡南部的阿登山区分三路纵队前进，纵深达100公里。③英法比联军在开始的几个小时内遭到严重损失，陆军也是溃不成军。西线告急的消息使得英国舆论哗然，5月10日，主战派的丘吉尔取代了绥靖政策的代表张伯伦登上英国首相的位置，并重组内阁。在支援西线的战争中，英国派出了10个远征军师、1个战车旅（重型）、5个机械化骑兵团（轻战车团），在几乎没有装甲部队的情况下，却要对付古德里安将军率领的800多辆高机动的坦克大队。英国的皇家空军虽然有1800多架飞机，但绝大部分用于本土防御，派往欧洲大陆的只有474架。④至于英国海军，在挪威海战中损失惨重，损失了航空母舰1艘，巡洋舰1艘，防空驱逐舰1艘，驱逐舰7艘，潜艇4艘。⑤

二　从不列颠空战到阿拉曼战役（1940—1942）

面对法西斯德国的凶猛进攻，英法联军进行了敦刻尔克大撤退。从1940年5月26日到6月3日之间，英国一共动用了765艘各种类型的大小船只，把总数36.6万人的兵力运回了英格兰，其中，英国军人占22.4万

---

①　1939年10月14日，英国皇家橡树号战列舰在苏格兰北的斯卡帕湾被德国U-47号潜艇击沉，是潜艇战史上的一次重要作战，具有重要的战略意义。
②　[英]康纳德·萨莫维尔，伊恩·怀斯特威尔：《第二次世界大战Ⅱ（战争史完全图解系列）》，尚亚宁译，万卷出版公司2016年版，第36页。
③　朱贵生、王振德：《第二次世界大战史》，人民出版社2005年版，第163页。
④　[英]J. F. C. 富勒：《西洋世界军事史》，第336页。
⑤　[美]威廉·夏伊勒：《第三帝国的兴亡》，董乐山译，世界知识出版社1996年版，第711页。

人，法国军人占 11.4 万人①，还有部分比利时、荷兰等国的军人。英国在 9 天内使 30 多万人安全撤离到本土，不仅为自己保存了军事实力，也留下了史称"敦刻尔克大撤退"的创举。

1940 年 7 月，希特勒和德国空军总司令赫尔曼·戈林制订了空袭英国本土的海狮计划。空战前，英德的武器数量差距很大，德国空军有 4500 架一线作战飞机，而英国皇家空军只有 2900 架飞机与德军抗衡。② 不过，如果从飞机质量而不是数量上来看的话，英军的飞机的空中格斗能力与德国是不相上下的（皇家空军具备三种型号的战机：性能可靠的老式"飓风"战机、超级马林"喷火"战机、波尔顿·保罗"挑战者"战机）。当时，英军已经装备了可以侦察敌机踪迹的雷达，因此可以利用这项发明，扬长避短，充分发挥本土作战优势。此外，英国军备制造的能力很强大，英国空军重建负责人呼吁妇女上交所有含铝的生活用品，命令工人一周七天连续不断地工作。结果，在敦刻尔克大撤退的一个月后，英国的工厂和工人就为皇家空军生产了 446 架新式战斗机，这比同时期德国工厂和工人为德国空军生产的飞机多了 100 架。此后，在战争的其余阶段，英国的生产能力也保持稍微超过德国。

7 月中旬，皇家空军与德国空军在英吉利海峡上空发生激战。到了 8 月 13 号，德军的"鹰日"行动时，6 个皇家空军机场和一些配套设施被摧毁，大量的英国飞机在机场被炸坏，许多小工厂被炸毁，南安普敦港完全陷入瘫痪。英德双方各自出动 700 架飞机和 1485 架飞机，不过英国在"鹰日"中只损失了 13 架战斗机，而德国损失了 23 架轰炸机和 11 架战斗机③。空战进行到 8 月的第三个星期后，双方交战都已疲惫不堪，大量飞行员不是葬身大海就是皮肤严重烧伤烧焦。据英国情报局报道，英国皇家空军在 4 天内击落了 194 架德国空军飞机，且在 8 月 16 日的时候仍然保存着 750 架战斗机的实力。④ 这导致德国试图夺取英吉利海峡制空权，短时间占据英国本土的侵略野心彻底破灭。德军 151 战斗机分机队长道格

---

① 刘桓：《敦刻尔克大撤退》，哈尔滨出版社 2013 年版，第 204 页。
② [美] 伦纳德·莫斯利：《图文第二次世界大战史：英国之战》典藏版，杨晋译，中国社会科学出版社 2004 年版，第 46 页。
③ [美] 伦纳德·莫斯利：《图文第二次世界大战史：英国之战》典藏版，第 94 页。
④ [美] 伦纳德·莫斯利：《图文第二次世界大战史：英国之战》典藏版，第 97 页。

拉斯说,"我确信我们已经精疲力竭,我们输掉了这场战斗"①。

大不列颠空战后,随着德军在西线的节节胜利,英国迫切希望得到美国的支持,也和美国逐渐确定了交换技术侦察情报和进行军事合作的准同盟关系。美国总统罗斯福表面上受国际法、美国法律、国际中立地位的限制,但实际上,他正在努力引导美国进入战争,并在他权力范围内尽量帮助英国。在国会授权下,他把美国的驱逐舰供给英国,派遣美国部队在冰岛登陆,对大西洋航线实行舰队巡逻来保护英国运输船只的安全②,所有这一切,显示美国已经开始无声地向德国表现出战争姿态。罗斯福在1940年12月29日那场著名的炉边谈话中说道:"自从美国开国以来,我们美国文明从来没有比今天的处境更危险。假如大不列颠垮了,则轴心国会即将控制欧洲、亚洲、非洲和澳洲等大陆和整个海洋……我们应该做民主世界的伟大兵工厂,我们应给予英国人以大量的物资援助,而在将来还要增加更多。"③ 1941年3月,美国参议院以60票对31票的压倒性优势通过了"租借法案"(Lend-Lease Bill)。这个法案意味着美国总统可以制造、采购一切他想要的军需品,也可以任意出售、转让、交换、租借一切有关防御的物品。因为受战争影响,当时英国处于"付现自运"的战略性破产中,甚至无法继续靠出卖海外财产来维持。④该法案正好解决了英国的燃眉之急,使英国再次有资金和技术发展新的武器和军队规模,也意味着英美建立同盟对抗法西斯的战略有了新的突破。

在美国的经济技术支持下,英军规模扩大,军备发展迅速,到1941年夏,英国本国兵力达到了327万人(陆军为222万人,空军为66万人,海军为39万人)。陆军又分为33个师(其中有7个装甲师)和29个独立步兵旅。海军共有392艘主要舰种作战舰艇,其中有15艘战列舰和战列巡洋

---

① [美]伦纳德·莫斯利:《图文第二次世界大战史:英国之战》典藏版,第99页。
② [英]J. F. C. 富勒:《西洋世界军事史》,第360页。
③ [英]J. F. C. 富勒:《西洋世界军事史》,第361页。
④ 1940年12月8日,丘吉尔给罗斯福写了长信,信中说"我们已经付出了45亿美元以上的现金,现在我们所剩下的美金只有10亿,而大部分是投资,无法变卖。既令我们把所有黄金和国外财产卖光,也不足以偿付我们已经订购物资的一半,而战争的延长,更使我们有十倍以上的需要",转引自[英]温斯顿·丘吉尔《二战回忆录》,康文凯译,江苏人民出版社2000年版,第187页。

舰、7艘航空母舰、68艘巡洋舰、248艘舰队驱逐舰、54艘潜艇。[①] 国内军工生产也增长惊人，比如坦克产量从1939年的969辆增长至1942年的8611辆，轰炸机的产量从1939年的758架增长到1943年的7903架，炸弹的产量从1940年的51903枚增长到1944年的309366枚。[②]

1942年春，英国陆海空军的总人数达到了700多万人，其中在宗主国英国本土的有369万人。这700多万人的陆海空军队里面有近400万人是陆军，他们不仅包括英国本地军队，还包括澳大利亚、加拿大、新西兰、爱尔兰、南非与印度等与英国协同作战的自治领和殖民地兵团，同时还有波兰、捷克和希腊的独立兵团与部队。英国陆军一共分为54个步兵师，49个独立步兵旅，1个空降兵师，1个独立骑兵旅，12个装甲坦克师和9个独立装甲坦克旅。[③] 英国空军有4857架飞机，它和陆军一样大部分驻扎在不列颠诸岛上。分布在英国本土的有27个步兵师（其中有2个加拿大师），16个步兵旅，6个装甲坦克师，9个独立装甲坦克旅（其中有2个加拿大旅），303个空军大队。分布在其他战区，比如在非洲和部分中东的有英军15个骑兵师，3个装甲坦克师，2个装甲坦克旅，1个骑兵旅和几个步兵旅；分布在直布罗陀的有3个步兵旅；分布在塞浦路斯的有1个步兵师；分布在马耳他的有4个步兵旅；还有6个步兵师和2个装甲坦克师驻扎在印度和缅甸；2个步兵师和1个装甲坦克师在澳大利亚；1个步兵师在新西兰；2个步兵师在加拿大；在南非还有英军的几个步兵旅。[④]

英军指挥部改组了步兵师和装甲坦克师，加强了它们的火力、突击性和快速性，使得它们能在现代战争的条件下有效完成战斗任务。英军的坦克炮和反坦克炮的口径从40毫米增加到57毫米，其穿甲弹动能提高了2.8倍[⑤]，可以击穿德军Ⅳ型坦克的主装甲。1942年4月英国有15—16个师在利比亚和缅甸分别参加对德意军队和日本军队的作战。英国海军虽然遭受了损失，却仍然是世界上实力最强的海军之一。此时，它拥有13艘战

[①] H. Joslen, "United Kingdom and Colonial Formations and Units in the Second World War 1939–1945", *The Journal of Military History*, Vol. 66, No. 3 (Jul 1960), pp. 231–259.

[②] ［英］约翰·基根：《二战史》，第174页。

[③] ［英］约翰·基根：《二战史》，第233页。

[④] M. Howard, *Grand Strategy*, Vol. 4, London: HMSO, 1972, p. 13.

[⑤] 徐志伟：《二战期间的英军火炮》，《坦克装甲车辆》2018年第1期。

列舰、12艘航空母舰（其中有5艘护航航空母舰）、60艘巡洋舰、200多艘驱逐舰和护航驱逐舰以及70艘潜艇。① 英国的造船工业不但补充了损失，并且增加了所需舰艇类型的建造。

三 从诺曼底登陆到太平洋战场（1943—1945）

在斯大林格勒战役期间，英军武备规模继续扩大。到了1943年4月初，英军本土总兵力已达到418万人，其中陆军有262万人，空军有95万人，海军有61万人。英国陆军由36个师（26个步兵师，9个装甲师，1个空降师）和27个独立旅（16个步兵旅和11个坦克旅）组成，各部队和兵团的人员装备基本与编制数相符。比如，1个步兵师有1.7万人，装甲师由1.3万人和230辆坦克组成，坦克旅由202辆坦克组成。20个装甲师和坦克旅加在一起共拥有近4300辆坦克。② 陆军分布情况是这样的，22个师和18个旅分布在英伦诸岛，9个师和4个旅分布在北非战场，剩下的5个师和5个旅驻扎在近东和印度。至于英国空军和海军，第一线飞机数量按3月1日计共有6026架。③ 海军按4月初计有278艘主要作战舰艇，其中有15艘战列舰、15艘航空母舰、59艘巡洋舰、93艘舰队驱逐舰和96艘潜艇以及其他舰艇。④ 它们主要分布在大西洋和地中海区域作战。

为了配合军队装备的扩大，英国经济重心也转向了战时轨道，其工业生产在1943年达到了战时最高水平。国内发电量这一年为382亿千瓦时，煤炭产量为1.1亿吨，钢产量有1300万吨，生铁产量高达720万吨。在军工生产方面，从1939年9月到1943年底，英国生产了约26300架飞机、7500辆坦克和自行火炮、118200门各类火炮、17100门迫击炮、85艘主要舰种的作战舰艇。随着军工产业的快速发展，也是在1943年年底，英国本土武装部队人数达到了开战以来的最高水平，总数为443万人，其中陆

---

① [苏联] В. П. 莫罗佐夫主编：《第二次世界大战史，1939—1945》第5卷，安徽大学苏联问题研究所译，上海译文出版社1982年版，第41页。
② Andrew Roberts, *The Storm of War: A New History of the Second World War*, pp. 159 – 162.
③ Denis Richards, *Royal Air Force, 1939 – 1945: The Fight at Odds*-Vol. 1, London: Her Majesty's Stationery Office, 1953, p. 372.
④ H. Lenton, J. Colledge, *Warships of World War II*, London: Ian Allan, 1970, pp. 46 – 81.

军有 268 万人，空军有 99 万人，海军有 75 万人。加上英国自治领和殖民地的武装力量（1943 年年底至 1944 年年初，加拿大服兵役总数有 68 万人，澳大利亚有 69 万人，新西兰有 13 万人，南非联邦约有 30 万人，印度有 250 万人，非洲殖民地军队有 35 万人），从 1943 年下半年至 1944 年上半年，英军统帅部统率的兵力总共高达 900 余万人。① 到了 1944 年夏季，英军本土武装力量估计有 450 万人，拥有 34300 门火炮和迫击炮（火炮口径最大为 140 毫米左右），4200 辆坦克和自行火炮，8300 架作战飞机和 387 艘主要作战舰艇 [包括 15 艘战列舰，49 艘航空母舰（含护航航母和轻航母），62 艘巡洋舰，125 艘舰队驱逐舰，136 艘潜艇]。②

英国与法西斯轴心国作战期间，也广泛地调动和利用了其自治领和殖民地的军事资源。作为英国的自治领，加拿大在经济和军事上都对反法西斯战争做出了极为重要的贡献。加拿大的军工生产发展迅速，自 1942 年 4 月到 1943 年 3 月几乎增加了一倍，军队人数也在 1943 年年中超过了 20 万人，部署在海外的军队有 17.7 万人，几乎全在英伦三岛。③ 自治领澳大利亚在 1943 年春的时候已将本国经济转入战时轨道，生产了包括坦克和飞机在内的大量技术兵器，并且越来越广泛地参与到太平洋战区的作战，至少有 3 个师参加了太平洋的某些战役。④ 还有与英国有紧密联系的自治领南非联邦，它的人力物力资源被大大动员起来满足英军的战争需要。印度，作为英国的殖民地，在二战中总共投入了 200 多万的兵力跟随英军在东南亚、北非等各大战场作战。除此之外，一些与英国合作的自由法国军队也被吸收进来，在北非有被编为第 19 军的 3 个法国师参与了盟军编队作战。⑤ 与意大利、德国作战负有盛名的英国第 8 集团军，也是一支"联

---

① W. K. Hancock, *Statistical Digest of the War*, London: Hmso and Longmans Green, 1951, pp. 75 - 152.

② W. K. Hancock, *Statistical Digest of the War*, p. 133; H. Lenton, J. Colledge, *Warships of World War II*, pp. 6 - 72.

③ [苏联] 索洛维约夫主编：《第二次世界大战史，1939—1945》第 7 卷，安徽大学苏联问题研究所译，上海译文出版社 1983 年版，第 42 页。

④ [苏联] 索洛维约夫主编：《第二次世界大战史，1939—1945》第 7 卷，第 43 页。

⑤ C. P. Stacey, *The Canadian Army 1939 - 1945*, *An Official Historical Summary*, Ottawa: King's Printer, 1948, p. 48; D. Dexter, "The New Guinea Offensive," *Pacific Historical Review*, Vol. 31, No. 2 (May, 1961), p. 16; L. Playfair, *The Mediterranean and Middle East*: Vol. IV, *The Destruction of the Axis Forces Africa*, London: Naval & Military Press, 1996, p. 433.

军",除本土英军外还有澳大利亚、印度、加拿大、新西兰、南非以及罗德西亚(现津巴布韦)的部队,其中英国第13军的3个师里便只有1个本土英国师(第7装甲师),另外两个是澳大利亚第6步兵师和印度第4步兵师。由此可见,广义上的英军,包括大英帝国各殖民地、自治领的军队,而且数量上并不比狭义上的英军少。① 二战结束前,在英国自治领和殖民地军队中,印度军队数量最多,已经高达250多万人;加拿大军队数量其次,高达90万人;澳大利亚军队数量随后,高达70万人;还有军事上属于英军领导的波兰、捷克、希腊等国的军队,在1943年总数量也高达13.2万人。②

1943年5月,英美政府首脑和英美苏三军的参谋长们在华盛顿开会,这次会议也叫作"三叉戟"会议。会上,罗斯福和丘吉尔一致认为,横渡英吉利海峡,在法国登陆的作战计划只有到1944年的春天才能实行。最后,英美在8月加拿大的魁北克会议上正式确定从法国打进欧洲大陆的主要作战计划,并命名为"霸王"行动,初步确定于1944年5月1日开始实施。11月德黑兰会议后,考虑到美军人数大大超过英军,美国艾森豪威尔将军被任命为盟军远征军的最高统帅。

诺曼底登陆之前,在英国本土已经准备好的兵力中:英军有17个师,包括3个加拿大师,美军有20个师,法军和波军各1个师;战斗机5049架,重轰炸机3467架,其他军用飞机共2343架,运输机2316架和滑翔机2591架;包括登陆艇、商船、战舰等各种舰船6000艘。包括陆海空在内,盟军参加诺曼底登陆的总兵力一共有287万人。③

1944年6月6日,盟军开始向诺曼底海滩进军,代号为"D日行动"的登陆战役正式开始。到8月21日的时候,德军30多万名士兵开始溃逃,2天之后,巴黎被本国复国军的坦克军解放。在诺曼底战役中,包括受伤、被俘、失踪等在内的盟军损失人数一共有20万,阵亡人数是3.7万,其中1.6万人是英军、加拿大军和波军,略高于美军的比例。④

---

① 戴问天:《不可尽信的丘吉尔"二战"回忆录》,《书屋》2015年第7期。
② 苏联国防部军事历史研究所等编:《第二次世界大战总结与教训》,张海麟等译,军事科学出版社1988年版,第436页。
③ [英] J. F. C. 富勒:《西洋世界军事史》,第487页。
④ [英] 阿伦·马林森:《英国陆军史》,第344页。

1944年9月17日，为了进一步快速攻入法西斯德国，一场最大的运兵机群开始在德军阵地背后——纳粹占领下的荷兰空降，这次军事行动被称为"市场花园"行动。这场有史以来最大的空降作战，动用了3.5万的兵力，有将近5000架战斗机、轰炸机、运输机以及2500多架滑翔机①，超过1700辆汽车和263门火炮。为了配合这次行动，英军派出了第二集团军的坦克纵队，沿着荷兰与比利时的边界部署兵力。最后，行动虽然胜利了，但英军以降落伞或滑翔机降落的1万人部队却损失了三分之二。

整个二战期间，包括英联邦、英属殖民地和自治领军队在内的英国军队其部分贡献如下：英国本土联合王国人口为4900万，出动过军队600万，死亡26万人左右；印度人口3.9亿，出动过军队250万，死亡2.5万；加拿大人口1150万，出动过军队90万，死亡3.7万；澳大利亚人口750万，出动过军队70万，死亡2.3万；新西兰人口150万，出动过军队20.5万，死亡1万；西非出动过军队20万，死亡3000，东非黑人武装部队出动过2.8万，死亡3000，东非白人人口260万，出动过武装部队20万，死亡7000；还有西印度群岛为皇家空军和志愿兵提供了1万兵力。②大英帝国总共动员过1150万左右的兵力投入二战。由于在战争中，大英帝国的军队不断有战损，许多军人士兵因伤、残、病、年龄大等原因而退伍、复员、转业，所以二战时期大英帝国军队最高峰时达到的900余万与总动员人数有差异，不过其总兵力仅次于美、苏、德，位居世界第四。

四 结语

回顾英国从1939年向法西斯轴心国宣战到1945年二战结束的过程，可以看到英国为二战胜利做出了突出贡献。它动员了极大的兵力，生产了大量先进的海陆空电磁武器，因而在二战中后期的国际政治中，英国与美国、苏联形成了事实上的"三巨头"。然而，从1939年9月参战到1945年8月二战结束，英国本土陆、海、空三军死亡人数共计26万人，因轰

---

① ［美］科尼利厄斯·瑞恩：《遥远的桥：1944市场花园行动》，王义国译，中信出版社2015年版，第4页。

② P. J. Marshall, *Cambridge Illustrated History British Empire*, Oxford: Cambridge University Press, 1996, p. 83.

炸导致死亡的英国平民人数有 6 万人，还有 3 万名商船船员死亡；除了英国本土，英联邦国家还有 12 万名军人死亡，总计死亡人数达到 48 万多人。①

战争期间，英国本土从 1939 年 9 月到 1945 年 8 月一共生产了步枪和卡宾枪 245 万余支，冲锋枪 391 万余支，其他各种机枪 93 万余支，迫击炮 10 万余门，其他类型与口径的火炮 38 万余门，坦克和自行火炮 2.9 万余辆，作战飞机 9.4 万余架，以及 441 艘作战舰艇。② 值得注意的是，作为大英帝国最大自治领的加拿大为英国起到了特殊的"运输工具制造厂"的作用。战争期间，加拿大前后一共生产了 1.6 万多架飞机（包括战斗机和教练机），3.8 万辆装甲运输车和坦克，2.4 万门野战火炮和高射火炮，3000 多艘登陆舰艇，以及成百艘护卫舰、扫雷艇和拖船。③ 而这些军用物资，大部分被运往英国及其英联邦各国来支持其抗争法西斯。因此，英军的装甲坦克师数量在战争期间从 2 个增加到了 10 个，每个师约有 1.8 万人，300 多辆坦克。④ 英国的空军发展也有新突破，不仅首次建立了空降兵师和旅（它们装备有自动武器和轻型坦克），还增加了战斗机数量（战斗机总数增加了约 3 倍），发展了航空兵的质量（从战初发展歼击航空兵到 1942 年开始发展战略航空兵）。英国空军不仅率先改进和装备了最先进的雷达系统，还成功使用了"暴风－V""喷火－XIV"式新式歼击机和"流星"式喷气歼击机，这对抵挡法西斯德国空军轰炸起了很好的效果。英国皇家海军在二战爆发时编有本土舰队、地中海舰队、远东舰队和后备舰队，总兵力 19.5 万人，作战舰艇主要有战列舰 12 艘、战列巡洋舰 3 艘、航空母舰 8 艘、重巡洋舰 15 艘、轻巡洋舰 49 艘、驱逐舰 119 艘、护卫舰 64 艘、扫雷舰 45 艘、潜艇 69 艘，总吨位约 130 万吨。⑤ 二战结束时，海军的战列舰和巡洋舰的总数基本没有太大变化，除去战损的，驱逐舰增加

---

① ［英］吉尔伯特：《第二次世界大战史》，王涛等译，长江文艺出版社 2016 年版，第 493 页。
② 苏联国防部军事历史研究所等编：《第二次世界大战总结与教训》，第 375 页。
③ C. P. Stacey, *Official History of the Canadian Army in the Second World War—Six Years of War: The Army in Canada, Britain and the Pacific*, Ottawa: Edmond Cloutier; Queen's Printer, 1955, pp. 205 – 247.
④ 苏联国防部军事历史研究所等编：《第二次世界大战总结与教训》，第 437 页。
⑤ 苏联国防部军事历史研究所等编：《第二次世界大战总结与教训》，第 438 页。

到了193艘,潜艇增加到了220多艘,航母增加到49艘。① 而且这些舰艇装备了更加完美的水声设备、雷达装置和通信设备,使英国海军对敌潜艇的斗争效果转好。

二战期间,英国作为率先宣战的欧洲国家,遭到具有强劲实力的德军攻击,从空战到海战,英军都表现非凡,拖住了德军大量兵力和作战飞机潜艇,为其他盟军赢得战场优势准备了条件。英军不仅对战德军,还与意大利、日本等其他法西斯国家及其仆从国作战,为反法西斯战争胜利做出了极其重要的贡献。

(张箭,四川大学历史文化学院教授;陈安琪,四川大学历史文化学院硕士研究生)

---

① John F. Schank, *Learning from Experience*: Volume Ⅲ: *Lessons from the United Kingdom's Astute Submarine Program*, Los Angeles: RAND Corporation, 2011, pp. 5 – 18.

Book Reviews
书评

《没有永远的咖啡：咖啡叶锈病的全球史》评介

朱守政

Stuart McCook, *Coffee Is Not Forever: A Global History of the Coffee Leaf Rust*, Athens: Ohio University Press, 2019, xxi + 281pp.

《没有永远的咖啡：咖啡叶锈病的全球史》是一部以咖啡叶锈病为线索，注重生物学、地理学、气象学、遗传学、经济学、传染病学等多学科交叉协作，强调揭示个体生物历史研究背后所隐藏的全球性意涵，将全球历史进程贯穿于微观生物的世界扩张脉络来进行解读的全球环境史著作。

斯图亚特·麦克库克是加拿大著名全球史、商业史和自然灾害史学者，圭尔夫大学教授。2019 年，他在拉美地区环境问题的研究基础上把研究空间从地区扩大到全球范围，推出以小生境见大历史的《没有永远的咖啡：咖啡叶锈病的全球史》，给学者们展示了一个新的环境史研究方向。全书分为十章，笔者将根据麦克库克的咖啡叶锈病的书写脉络和主要研究线索，把全书分为四部分来讨论。

第一部分是对咖啡叶锈病和咖啡全球化背景的介绍。咖啡原产于非洲地区，主要分布在赤道非洲西部的利比亚至东部的马达加斯加一带。在埃塞俄比亚地区它首先作为一种饮品和食物而流行。到了 15 世纪早期因为其特殊的兴奋剂功能，帮助穆斯林僧侣在漫长的仪式中保持清醒而开始在阿拉伯半岛传播。1490 年被引入开罗，1520 年进入伊斯坦布尔。因为阿拉比卡咖啡品质优良，同株授粉的特点更适于通过单株长途运输在异域种植，到了 1570 年以后，咖啡在阿拉伯半岛广泛流行，也门一跃成为替代埃塞俄比亚的世界主要咖啡生产地。这也是阿拉比卡咖啡名字中为何有着阿拉伯元素的原因。成也萧何，败也萧何。同株授粉导致阿拉比卡咖啡基因遗传基础越来越窄，抗病害能力低，为之后的叶锈病危机埋下隐患。全书的第一章和第二章主要对咖啡叶锈病爆发和咖啡的全球化过程进行了简单介绍。奥斯曼帝国的鼓励政策为也门地区咖啡产业迅速发展创造了条件。咖啡贸易实现了由红海航线到地中海和印度洋地区的拓展。与之相伴随，最初的咖啡叶锈病也从埃塞俄比亚扩散到也门，走上了它的全球化路程。

第二部分讲述了叶锈病在亚洲的传播情况。作者在第三章的介绍表明了叶锈病的全球传播。从18世纪开始，锡兰的咖啡产业在荷兰统治下已经进入全球轨道，在拿破仑战争后由英国接管下的锡兰地区咖啡产业更加壮大。在1830—1880年之间，锡兰咖啡产量稳居全球第三。咖啡的疯狂扩张，大片的森林被开垦，甚至一些不适于阿拉比卡咖啡生长的低海拔地区也被划入开垦计划，为慢慢滋生的叶锈病爆发做好铺垫。1869年，咖啡叶锈病首次在锡兰出现，咖农们还没来得及反应，叶锈病已经通过紧密连接的全球生态关系网络迅速在亚太地区传播开来。短短十五年，繁荣的锡兰咖啡产业走向了溃败。第四章和第五章作者对叶锈病在亚洲及太平洋地区的传播和咖农对此做出的反应进行了书写。空前的叶锈病灾难给亚太地区的咖啡产业以重创，迫使人们更加依靠科学技术来解决咖啡叶锈病问题。作为反应，人们通过引入抗病害能力强和产量较高的罗布斯塔咖啡来缓解叶锈病灾难带给咖啡产业的压力，这在未来的咖啡全球生态发展史中画下了重要的一笔。

第三部分是非洲的叶锈病情况。如文中所写，19世纪世界性少有限制的植物交换引发全球作物疾病，这种植物的世界主义运动造成了全球病虫害危机。在第一次世界大战和第二次世界大战之间，随着欧洲殖民国家对内地控制的加强，非洲各地的咖啡生产迅速增长。麦克库克在第六章写道，一战前期欧洲殖民者和非洲咖农大量种植容易感染的阿拉比卡咖啡，加速了非洲叶锈病的出现。第七章，作者承认了人的主观能动性在人与环境互动过程中发挥的积极作用。地方和国际咖啡组织在面临咖啡减产、咖啡危机时被迫研发新的技术、化学药物和新的咖啡品种，以保证咖啡的市场运营。麦斯威尔、雀巢等速溶咖啡市场的不断扩大又助推罗布斯塔咖啡种植走向高潮。1956年，象牙海岸成为世界上最大的罗布斯塔咖啡生产地。罗布斯塔的出现不仅仅在一些地区替代了阿拉比卡,更重要的是改变了咖啡生产的经济和地理结构。

第四部分则是新大陆叶锈病的传播情况。新奇的种子大概在1710年至1720年间被欧洲人带到了新大陆。到了20世纪中期,巴西的咖啡生产量达到了世界咖啡生产总量的一半。在20世纪末,这个比重达到百分之八十多。浩瀚的咖啡景观,单一的咖啡品种,为后来叶锈病危机创造了温床。第八章、第九章分别重点就美洲叶锈病的传播路径、咖农的妥协以及大叶锈病的爆发进行书写。1970年,叶锈病首先在巴西地区爆发,随后洪都拉斯、墨西哥、哥伦比亚地区相继出现。为了控制叶锈病蔓延,仅1972年一年,巴西就进口了1.5万吨的铜喷剂来进行叶锈病防控。如同约翰·麦克尼尔所说,人类对地球和生物圈的影响在20世纪中期以来升级了。二战后生化科技的广泛使用确实保证了咖啡产业的持续性。但人类在用智慧与劳动对自然进行改造的同时,大自然的力量也对历史的发展施加了反作用。21世纪初复杂的厄尔尼诺现象打破了叶锈病与咖啡产业之间存在的和谐,空前的生态灾难再次爆发。作者在第十章讲到此次叶锈病的影响尚未完全显现,因为天气的不确定性,新的病虫害的出现,科学技术的支持程度等都将左右叶锈病的全球影响。

由此可见,在历史认识的本体论层面,麦克库克改变以往传统的"以人类为中心"或激进的"以生物为中心"的历史观念,注重历史发展进程中人与环境的相互作用。全球生物流动过程中物种间的协同演化不再是只体现在某一个体,而是普遍的表现在更多的物种身上,生态链条的必然联系,促使史家的历史学书写必须给予非人类生物的历史变迁以重视。

《没有永远的咖啡》并非第一本以一事物为线索来讨论全球历史的著作,也不是第一本以生物为中心来探讨全球环境史的书籍。1973年,著名的环境史学家艾尔弗雷德·克罗斯比就曾以病毒这种微小生物作为线索来突出人类与自然的共生与互动,从环境史的视角对历史进行重新地解读,为全球环境史的发展奠定了基础。随着环境史学的发展,近年全球环境史学在微观取材、宏观分析的实践中取得很多成绩,如罗宾·道蒂(Robin W. Doughty)、约翰·麦克尼尔(John R. McNeill)、格里高利·库斯曼(Gregory T. Cushman)等人,或从全球视角讨论生物与经济的关系入手,抑或从生态、疾病和国际政治的关系出发,在微观环境史抑或微观全球环境史方面已经进行了探索。麦克库克的创新之处在于通过分析寄生于咖啡树身上的叶锈病，讲述了一部咖啡叶锈病的生态全球史。作者在研究时间上从 15 世纪咖啡的商品化讲到当下大叶锈病的加剧，追溯了咖啡叶锈病的整个全球化过程及其影响；在研究空间上从锡兰的叶锈病爆发开始连接起亚太地区、非洲、欧洲、美洲整个咖啡产业的生物流动。全书以咖啡为线索，通过对咖啡叶锈病的跟踪研究，结合各地区叶锈病所表现出的普遍性和特殊性，揭示了各大洲之间存在的生态流动关系。作者综合经济、政治、文化、气候、科技等多个学科背景论述叶锈病的全球化进程，为人们认知咖啡全球环境史打开了新窗口。

正如麦克库克所说撰写全球环境史中会出现的诸多麻烦，选择一个适合的题材非常重要。麦克库克在决定撰写一部有关热带地区商品农作物的病害问题时，发现南美洲橡胶叶枯病，香蕉的叶黄病问题，甘蔗花叶病问题都具有进行全球环境史研究的代表性意义，尽管每一种热带作物疾病都存在特殊性。但全球化之后物种间的大交换以及生态杂糅不断加剧，对某一问题进行深入挖掘，研究其与不同环境中多元因素的多重关系，进行全球性的立体考察，有助于学者通过解释个别历史问题来揭示其背后隐藏的普世价值。

因此笔者认为，历史学家的研究视角可以微观，但是研究视野要宏大，要在全球层面来探求历史时期人类与环境的关系。在全球视野去看咖啡叶锈病，欧洲的殖民扩张、经济全球化和人类无节制能源开发等问题造成的全球叶锈病危机已然不是孤立现象。在麦克库克看来，理解为什么叶锈病在咖啡市场进一步全球化进程中不断扩张和更具有破坏力，意味着同时掌握叶锈病在每个地区所表现的特殊性和其他热带作物传染病通性的多重意涵。从方法论的角度来讲，热带商品作物传染病研究作为一个普通的类别应该被解构，具有全球意义的生态历史需要被建构。在全球政治、经济、技术和全球气候等众多合力影响下产生的当代咖啡叶锈病危机，有着新的不同以往更多的多元生态关联性，历史学者需要通过多学科的交叉、宏微观结合的方法来更丰富对环境历史变迁进行解释。

通过对叶锈病的全球生态影响和在咖啡生产区域所造成的不同危害程度分析，人们不得不反思生态全球化的过程，在大自然的力量面前，人是否应该在历史书写中继续置于绝对主体的地位？显然，生态视角的历史书写让人们更加清晰地认识到,历史发展进程中突出人与环境关系的重要性。在全书的撰写过程中,麦克库克承认因为冗杂的史料让他一度陷入困境,对于全球咖啡生态链条的重要一部分,占据全球咖啡生产市场一定比例的夏威夷地区的病虫害问题缺少论及,特别是作者指出夏威夷地区的咖啡产业没有受到叶锈病的困扰,却没有给出应有的分析,实属全书的一处遗憾。但是通读全文我们可以发现作者较为合理的使用大量的地方材料,让作品避免陷入西方中心论境地的同时,也遵循了咖啡殖民扩张路线的历史事实,较为真实还原了咖啡叶锈病全球化进程的历史。叶锈病的研究为我们重新认识全球环境史打开了一个新的窗口,生物、经济、科技的全球化进程带来的不尽然是发展,也可能有破坏。

(朱守政,首都师范大学历史学院博士研究生)

《缓缓之灾：澳大利亚的干旱生活》评介[*]

乔 瑜

Rebecca Jones, *Slow Catastrophes: Living with Drought in Australia*, Melbourne: Monash University Publishing, 2017. xxiv + 357 pp.

干旱仿佛是澳大利亚生活的底色，水的丰歉塑造了动植物生长的环境。澳大利亚历史学在干旱治理、气候、灌溉农业等领域已经积累了大量的研究。瑞贝卡·琼斯的《缓缓之灾：澳大利亚的干旱生活》的独特之处在于作者对农场主日记的使用。这些日记时间跨度长（1890—1950），内容丰富，为历史学家认识农场主的干旱体验、他们所在地区的干旱经历，以及更广范围的干旱生活史提供了有益的底层视角。对于大部分生活在澳大利亚东南部的人来说，干旱是一种常态。但是不同于现代澳大利亚都市人对于火灾的清晰记忆，他们对于干旱的感受是模糊的，少雨是一种不那么明确的环境体验，是一种"缓缓之灾"（slow catastrophes）。

干旱不仅仅是抽象的概念，还是实实在在的生活。干旱也不是独立的事件，而是长时段的挑战，用数代人的生命去度量的生存试验。作者提出"恢复力"（resilience）这一概念（p. vii），揭示农场主们如何随着时间的推移，在反复发生的旱灾中，改变自己的行为去适应气候，解决问题，找到生存之道。

该书第一章梳理了澳大利亚东南部农场的七部干旱生活史。第一个故

---

[*] 本文系北京市教育委员会科研计划项目"物种的跨洋传播与生态经验互动：以桉树进入中国为中心（1890—1920）"（项目批准号：SM202110028013）阶段性研究成果。

《缓缓之灾：澳大利亚的干旱生活》评介

事的主人公是新南威尔士西部的第二代畜牧者亨特与布卢维斯两家，他们是早期探险者与畜牧先锋的后代。拥有一定财产和家庭支持，但是他们都极少投入太多资金用于基础设施建设，对于周遭的环境缺乏足够的知识，由于同伴们也多初来乍到，因此缺乏向他人学习的条件。在干旱的年份，他们减少牲口数量，转场放牧；而在持续的干旱面前，撤离是他们唯一的应对方式。第二个故事的主人公是生活在沿海冲积平原的奶农麦凯恩一家，这里拥有年均620毫米的年均降雨量，但是会遭遇极端干旱的春夏两季。相较于牧民，奶农对干旱更加敏感，他们开始投资建筑水坝，而他们对于规律性的降水也有不切实际的期待，所以也未在好年景扩大种植牧草和粮食的面积，增加收益。他们应对干旱的方式是因地制宜：在附近的树林中捕捉负鼠出售皮毛，砍伐金合欢树出售树皮。世界时尚市场对前者多有需求，后者是制作鞣皮制剂的重要原料。另外，由于沿海的干旱与内陆并不同步，在这个故事中，沿海的奶农还通过低价购入旱区羊群等方式，从内陆的干旱中牟利。第三个故事位于维多利亚的小桉树区，这里也是东南部最干旱的耕作区。故事的主人公是有经验的新麦农威廉姆·皮尔斯，他是矿工的后代。作为联邦干旱（federation drought）的幸存者，他的成功多归因于自身丰富的耕作经验、充足的设备、广布的社交网络和朴素自足的生活方式。

第四个故事的发生地位于小桉树区的东缘，降雨稍高于小桉树区，有季节性河流。故事的主人公查尔斯·库特在1892年选地后来到这里，主事小麦种植和畜牧。查尔斯完整地经历了这里的数次旱灾。这家人的幸存不仅仅得益于他本人的聪慧与善学，更在于他们在联邦干旱中积累了经验，开始了解气候的无常，不再没有理由地期待好天气，而是未"旱"绸缪。第五个故事与第四个多有类似，早年的旱灾经历也塑造了主人公后来的应对策略。查理·格罗斯曼是生活在维多利亚东北地区的麦农，在经历了1914年的干旱后，他开始了多样化的经营，例如从事园艺型农业，养牛养羊以降低旱季的风险。书中的第六个故事中，主人公福金纳展开了对干旱最为积极的应对。作为富可敌国的大农场主，他也有更多对付干旱的办法，例如对水系进行改造，转场放牧，调控农产品价格，选育耐旱的美利奴羊品种等等。在这个故事里，人们不仅仅在减轻干旱的影响，更企图克服干旱，对干旱宣战。

最后一个故事是全书唯一的"失败"案例,贝蒂森一家居住在墨雷达令盆地的西端,这里是可耕土地的边缘地带,位于著名的高雅德线以北。1865 年南澳的农业工程师乔治·高雅德(George Goyder)在南澳北部标出一条农业的"安全"线,乔治反对在划线区域以北地区进行小麦种植,线内的区域都对所有的农民开放。而在接下来的几年中,小麦农业带不断向北延伸,很快就超过了高雅德线。1900 年后旱灾的袭击最终导致绝大部分农民放弃了他们在北方的农场。现在这里依然留有殖民时代的断壁残垣,贝蒂森一家也成为这段历史里的一缕尘埃。

该书的后半部分是对以上抗旱故事的经验总结,并由此提出具有更广泛理论意义的设想。澳大利亚东南部气候的年际变化剧烈,无论是降雨、气温、日照强度都如此。极旱的年份和湿润的好年景不期而遇。七个故事实际上展现了 19 世纪末至 20 世纪初,当地居民对于干旱的不同态度,而他们应对干旱的策略则直接受制于前者。像书中第三个至六个故事所昭示的那样,如果居民将干旱的发生视为常态,这种心理预期有利于他们更好的绸缪、以适应干旱。在干旱来临伊始,他们就在农场上观察、学习。早年的经历和周期性发生的旱灾直接改变了他们的农业实践,帮助他们在未来岁月中更好的应对干旱。第一、第二个故事里,主人公们由于经验缺失则倾向于将干旱视为反常,这种预判让他们鲜少对日常生活做出相应的安排来适应干旱。而且在这几段故事发生的早期,澳大利亚乡村一直缺少稳定且可靠的气象记录。农民对于气候与气象的知识更多的来自日常生活,他们对于干旱的理解是由个体经验塑造的认知。以上两种截然不同的干旱叙事也一直存续于澳大利亚历史,并影响着当代澳大利亚人的生活。

旱情本身也是一种自然的律动,它是大自然在干旱与湿润之间的调节,旱情也让土地休养生息,激发植被自身的应激反应,更强壮的植被会在雨水再次到来时获得新生。19 世纪中后期开始流行的多种气候循环理论也给了农民希望,以及在干涸之地坚守、耕耘的合法性。换言之,当这些日记的撰写者接受干旱是农业环境的重要组成部分,继而在农业生活中与之艰难共舞时,干旱本身也成为重要的环境能动力,干旱倒逼着农民改革与创新,更有效率地利用土地和水。从这个角度看,干旱反而成为重建农场的恢复力。

该书主要依赖于日记、回忆录和口述史等体裁的史料,不同于知识精英的论著和官方文件，从这些材料中梳理出来的干旱史为既往的干旱问题研究提供了新知。首先，对于农民来说，干旱是一直存在于现实生活中的撕扯。干旱不仅仅是气候现象和气象灾难，旱情是生态环境、疾病、作物价格、财务状况共同造就的。其次，日记所记载的农民应对干旱的策略有些亦少见诸报端。包括野生采摘、伐木出售在内的活动不仅改善了旱情时农民的经济状况，丰富了他们的膳食结构，也改变了读者对澳大利亚殖民时代农业的固有印象，即基于进步叙事的官方定义。半干旱区和干旱区的农业并未实现现代化，帮助他们渡过难关正是前现代的生存方式，勤俭与自足是美德也是生存的必要条件。公地、现代农业意义上的边疆地带也成为农场的延伸，是澳大利亚干旱区农业文化的一部分。农业也不仅仅只是生产农产品的过程，殖民初年的农业是涉猎范围广阔，层次丰富的一系列劳动的组合，是农民与周遭环境的复杂互动。而转场放牧等方法使得殖民早期的社会极具移动性。随着社会稳定，农民被要求固定地居住于驻地，这种稳定性反而破坏了他们从干旱中积累下来的生存战略。

第二次世界大战后到1967年的大旱之前，澳大利亚境内再也没有经历过严重的旱灾，因此通过日记承袭的干旱记忆是断裂的。20世纪中期后技术、经验的乐观主义被承袭，1960年代初的年轻农场主对干旱的惨烈几乎集体失忆。他们比前辈更不能接受气候的不确定性，而现实则是人类世的气候比以往任何时候更加震荡。

最后，作者的立论前提是干旱的循环理论，这实际上忽视了人为原因导致的气候变幻，尽管当代读者不应该苛求古人，但这一前提依然有为殖民者的不当行为辩护之嫌。

（乔瑜，首都师范大学历史学院副教授）

《从巡捕到革命者：全球上海的锡克移民（1885—1945）》评介

黄肖昱

Cao Yin, *From Policemen to Revolutionaries: A Sikh Diaspora in Global Shanghai*, 1885–1945. Brill, 2017, 212 pp.

近代中国租界内的印度锡克教巡捕常被称为"红头阿三"，这一带有揶揄和戏谑成分的称谓对中国民众而言并不陌生，它已经演化成我们对近代中国半殖民地半封建社会的一个耻辱性记忆符号。曹寅的《从巡捕到革命者：全球上海的锡克移民（1885—1945）》一书运用全球史和微观史学相结合的方法，以翔实的多国原始档案，勾勒出一个线索分明、层次清晰的印度锡克教徒流散史和印度民族主义思潮传播史。

该书第一章探讨了英国殖民网络下印度锡克警员制度的形成。19 世纪英国的殖民范围遍布全球，英国殖民者从时间成本和经营成本的角度考虑，决定选择雇佣当地人充当警员以管理殖民城市，但经过一段时间的实践，转为采取"以夷治夷"的策略，即招募一处殖民地的一批人到另一处殖民地担任警员，最大限度地防范殖民地的尾大不掉。因此，英国的殖民网络上遍布着不少来自印度的雇佣警员。只有符合"军事族群"（Martial Race）的印度人才有被遴选的机会，因锡克教徒孔武有力、英勇善战，且并未参加 1857 年反英大起义给英人留下了良好印象。于是，对锡克教徒的

---

* 本文系上海市哲学社会科学规划课题：二战敌后城市抵抗史比较研究——以里昂和上海为例（项目批准号：2019ELS011）阶段性研究成果。

《从巡捕到革命者：全球上海的锡克移民（1885—1945）》评介

良好评价就通过英帝国殖民网络的人员流动和知识传播，让各殖民网络点上的管理者对招募锡克教徒产生了浓厚的兴趣。加之被英国占领后的印度旁遮普地区在政治经济环境上发生了剧烈的变化，大量的外来资本挤压着锡克教小农的生存空间，促使青壮年男性劳动力选择到海外谋生。锡克教徒最初借助着英国的殖民网络到香港担任警员，在镇压暴乱、维护治安方面获得良好声誉。上海设立租界后，运作已相对成熟的香港警员制度自然成了维护上海公共租界治安可借鉴的范本。

第二章作者通过爬梳 20 世纪初的锡克教警员伊赛尔·辛格的个人迁徙历程，以小人物的经历揭示香港、上海，以及新加坡三地的锡克教徒社区网络之间人员和信息流通。作者通过对比档案发现，当时在上海当巡捕的薪水要高于香港和新加坡，并且通过从上海公共租界工部局年报和《北华捷报》中梳理出锡克教巡捕的日常生活史料，建构了一个普通锡克教巡捕的跨国迁移旅程。锡克教徒一方面是殖民秩序的维护者，但另一方面，又是被殖民者，同样受到英国殖民当局的压榨，殖民巡捕这一工作岗位并非绝对安稳，一旦这些巡捕违法乱纪，便面临着被租界工部局解雇的风险，其中有的锡克巡捕选择再次迁徙到北美谋生。

第三章作者以印度加达尔党（Ghadar）在上海策划刺杀布达·辛格（Buddha Singh）一案为切入点，描述印度民族主义运动思潮借助英帝国殖民和锡克移民的跨国网络从北美到上海的传播路径，进而在一战后全球反帝运动和中国民族主义运动兴起的背景下，探讨英帝国对其所属殖民网络的掌控和监管。成立于一战前的加达尔党是印度民族主义政党，主要由加拿大英属不列颠和美国加州的锡克教移民组成，宗旨是推翻英国殖民统治，追求印度民族独立。布达·辛格原是一名从旁遮普地区来到上海当巡捕的锡克移民，凭借自身努力在巡捕体制内得到快速升迁，同时在上海锡克教社区中享有一定威望。一战爆发时，他积极追查加达尔党在沪的地下反英活动，以实际行动效忠英帝国，加剧了加达尔党人对他的仇恨和不满，1927 年加达尔党决定在上海刺杀布达·辛格，以鼓动锡克教巡捕反抗英殖民当局，同时也表达对正如火如荼进行的中国民族主义运动的支持。实际上印度民族主义者组织的这一起暗杀事件，却随着后来国共合作的破裂而偃旗息鼓，甚至在上海锡克巡捕内部中也没有引起太大的波动。英殖民当局迅速将此案冷处理，提高锡克巡捕的工资待遇和生活水平，并对上海乃至全球殖民网络上的印度民族主义运动严加限制和监控。

第四章作者试图通过描述印度国民军（Indian National Army）与日本军国主义媾和，来沪招募锡克教巡捕一事，进而揭示太平洋战争后印度民族主义者利用业已成熟的殖民网络和宗教网络来推动英国殖民统治的瓦解。1941年太平洋战争爆发，随着英国在东亚和东南亚势力的退却，日本通过扶持鲍斯（Subhas Chandra Bose）领导的自由印度临时政府来填补其中的权力真空，以换取鲍斯对"大东亚共荣圈"计划的支持。与汪伪政权相互承认的鲍斯曾访问上海锡克教社区，鼓动锡克巡捕加入他组织的印度国民军以推翻英国殖民统治。虽然随着日本战败，鲍斯死于空难，印度国民军运动也销声匿迹，但印度民族主义思潮却依然在殖民网络上广泛传播，推动英国殖民体系的瓦解。值得留意的是，本章从另一个视角来看待太平洋战争爆发后的上海城市史，以往的研究一般将太平洋战争爆发后的上海形容成一座孤岛，但若从日本"大东亚共荣圈"殖民网络和锡克教移民网络的视角出发，发现彼时的上海存在着大量的信息沟通和人员流动现象。

近二十年间，中国史学界受到西方新文化史和全球史研究思潮的影响，在学术机构的建设、经典作品的引介上不断跟进，但就如何在历史书写的实践中超越民族国家模式，实现中国史与世界史研究的相互融合，尚处于起步探索阶段。就该书而言，倘若仅仅是利用新发掘的多国档案，将视野局限在上海一地对印度锡克教巡捕进行深描，那么较以往的上海租界侨民史研究，可能只是在资料积累上更胜一筹。作者能在研究中尝试运用微观全球史的理论方法来分析锡克巡捕迁徙史，丰富我们对以上海为节点的殖民网络这一地方性知识的理解，才是此书最重要的学术价值。

就研究主题而言，此书有意识地扩大研究视野。全球史的兴起挑战了以往研究的单一民族国家叙事，全球史学者尝试在历史书写中运用跨国史的视角和去西方中心化的书写模式。于是，跨国网络下的人员流动、信息交流和知识再生产这类话题都是全球史研究者所关注的。此书将锡克教徒流散和印度民族主义思潮的传播置于旁遮普—香港—新加坡—上海这条英国殖民网络和锡克教宗教网络中，尝试从多层面去分析这些非西方的殖民地相互之间、与西方宗主国之间存在的复杂缠绕的交流与互动关系，从而将宗主国和殖民地这一"中心与边缘"的二元叙事结构模糊化。从这个角度来说，该书实践了全球史研究的"网络转向"（network turn），突破以往"西方中心论"视角的桎梏，呈现出一个以上海为网络交汇点、普遍联系和交流的世界史，使读者更深层次地理解上海这座国际化大都市在中国历史、亚洲历史乃至世界历史进程中所扮演的角色。

就研究对象而言，作者有意识地"视角下移"。微观史学和社会文化史所采用"自下而上"的书写方式挑战了传统历史学的宏大叙事和以军事外交为主线的研究范式。当前上海租界侨民史研究的国际知名学者如毕克思（Robert Bickers）、伊莎贝拉·杰克逊（Isabella Jackson）、张宁等人的研究，大多聚焦在租界内部的商人、外交使节、传教士这些上层社会知识精英的社会生活史[1]，与此不同的是，作者另辟蹊径，将落脚点选在处于英帝国殖民秩序的底层（Subaltern）且文化程度较低的"二等臣民"。于是作者笔下的"红头阿三"不再是世界史中的失语者，而是一个在错综复杂的国际形势下具有能动性和选择性的群体。

就个案分析而言，此书避免了"碎片化"的研究倾向。尽管作者论述的主体是历史上的边缘人群，但却是在中国国民革命、印度民族主义运动、日本"大东亚共荣圈"计划等这些中国和亚洲近代史上不可忽视的宏大背景下去探讨锡克教群体的历史命运。譬如书中提及"自由印度政府"领袖鲍斯在上海和东南亚的活动情况。鲍斯是20世纪印度史上一位具有争议性的政治家，他出生于英属孟加拉，早年留学英国，却与纳粹德国关系密切，后在日本军国主义的扶持下从事反英运动。关于他留给南亚、东南亚的政治思想遗产，引起学者们的广泛关注。[2] 作者通过描述鲍斯与殖民网络上锡克教徒的联系，更生动地还原一个印度民族主义领袖在20世纪民族主义思潮和二战背景下在上海和东南亚的政治实践，从而弥补以往学界

---

[1] 参见 Robert Bickers, *Britain in China: Community, Culture, Colonialism, 1900–1949*, Manchester University Press, 1999。Isabella Jackson, *Shaping Modern Shanghai: Colonialism in China's Global City*, Cambridge: Cambridge University Press, 2017. 张宁：《异国事物的转译：近代上海的跑马、跑狗和回力球赛》，社会科学文献出版社2020年版。

[2] 参见 Anton Pelinka, *Democracy Indian Style. Subhas Chandra Bose and the Creation of India's Political Culture*, New Brunswick, New Jersey 2003. Sugata Bose, *His Majesty's Opponent: Subhas Chandra Bose and India's Struggle Against Empire*, Cambridge: Harvard University Press, 2011. Nilanjana Sengupta, *A Gentleman's Word: The Legacy of Subhas Chandra Bose in Southeast Asia*, ISEASYusof Ishak Institute, 2012.

对鲍斯的研究多局限在个人政治思想分析层面而忽略了他与殖民网络视角下的地方社会的交流互动。

该书在史料选取上稍显遗憾，虽然作者使用了多国档案，可能由于锡克教徒的读写文化程度较低，没有留下过多的自传和回忆录，以至于作者还是通过梳理上海工部局年报、英国殖民地档案、印度国民军档案和《北华捷报》这些由社会上层精英书写的文献来为这群边缘人发声。此外，虽然作者想以殖民网络为视角，矫枉以往殖民帝国史研究中侧重于所谓宗主国对殖民地单向输出影响的研究取向，从而客观地评价上海锡克巡捕群体的历史地位。但以笔者愚见，我们不能简单地将上海视为英殖民帝国的一部分，无法与香港，以及印度、新加坡相提并论。因为较其他几处殖民地，上海的情况较为复杂，除了极具活力的江南文化传统和华界因素，还有法国因素存在，但全书对上海错综复杂的中外政治势力与英国殖民者和锡克教徒之间的互动情况着墨甚少，会让读者在阅读的时候，有一种作者笔下的上海失去了"中国性"的错觉。但同时我们也不能期待一本书能面面俱到，回应所有的学术问题。

众所周知，中国的世界史学科颇具有自身独特的风格，虽然在学术研究上按区域国别或时段进行划分，但早在30多年前吴于廑便提出过"世界从分散走向一体"的整体史观，可见中国的世界史研究本身具备超越国别的研究视野和人文关怀，关注不同文明之间的联系、交往和互动。而中外关系史也一直是中国史研究的传统分支。但该如何从中国出发，书写一个普遍联系的世界史？又该如何突破西方中心论，看待中国在世界历史进程中所扮演的地位？该书只是做了一个初步的尝试，我们还需要更多世界史和中国史学人通力合作，加强对话，借鉴和吸纳国际优秀史学理论，挖掘中国本土丰富的异域文化和红色资源，从宏观和微观层面进行更多动态、立体的个案解读，揭示历史进程背后所蕴含的全球联系，呈现出更多具有中国视角的全球史著作，推动中国的全球史研究深入发展。

（黄肖昱，华东师范大学历史系博士研究生）

《物质帝国：15—21世纪我们如何成为世界消费者》评介

王仰旭

Frank Trentmann, *Empire of Things: How We Became a World of Consumers, from the Fifteenth Century to the Twenty-First*, New York: HarperCollins, 2016, vi + 862 pp.

随着全球化趋势在各领域的发展日益深入，全球史视野在世界各国的历史研究中渐为普遍，通过探究跨越国界的历史，有助于揭示不同文明之间的动态，以此来反映错综复杂的人类历史进程。近年来，一些历史学家通过关注消费领域来考察经济发展、社会、技术和科学的演变。

弗兰克·特伦特曼是研究消费领域的历史学家之一，他在伦敦大学任教，是"消费文化"基金项目的主要负责人，该项目产生了许多出版物，《物质帝国：15—21世纪我们如何成为世界消费者》（以下简称《物质帝国》）就是该项目的代表作。该著既是一部高度引人入胜的全球史作品，也是一部涵盖历史学、社会学、经济学与人类学之跨学科结晶。特伦特曼做的不仅仅是对人类消费发展的总结，而是将国家、经济和地缘政治置于消费史范畴下讨论。因此，《物质帝国》既探讨推动消费者行为的基本原理和习惯，也阐释消费如何促进世界历史的变迁，通过扩大视野来分析欧洲、美国、非洲、中东、拉丁美洲和亚洲社会的物质生产与消费情况，来突出全球化消费的历史变迁及时代问题。

《物质帝国》从全球视角出发，分析消费的利弊，以食糖、咖啡、巧克力等异域情调的药物性食品为例，探讨这些食品如何从原产地传播到世界各地，如何从奢侈产品变成大众食品，消费习惯如何从上层普及到整个社会等的发展过程。该书主体结构分为两部分，前半部分从文艺复兴时期的意大利到 21 世纪城市消费，揭示了现代物质生活的来源。特伦特曼通过记述消费主义丰富悠久的历史与剖析不同地区的消费文化，以此探索消费带来的启示；后半部分则分章节探讨具体主题，涉及信贷消费、伦理消费、消费理念对消费的影响等。书中陈述丰富多彩的事实，穿插多个案例，陈述大量细节，涉及不同国家、不同时代的消费历史，解释了咖啡、茶、棉花、养老金、信用卡和家庭垃圾在消费过程中的重要性，观点新颖，论据充足。

在第一、二章中，弗兰克·特伦特曼描绘了早期消费文化的发展历程，包括它们所引发的道德和哲学反思：消费有助于鼓励多个地区的物质文化交流；第三章描述了帝国与消费文化的关系。用特伦特曼的话说，帝国影响了"消费条件"，新的商品流通"塑造了帝国权力的运作"。与此同时，欧洲帝国对消费的态度常常是矛盾的。第四章讨论了 19 世纪和 20 世纪欧洲和亚洲城市的消费情况。第五章关注世界各地的消费空间，强调地区内和地区间生活水平变化的相对不均衡性。例如，特定公用事业的吸引力因市场而异，一些社会在某些现代家电的使用比其他社会更为迟缓；第六章探讨了 1945 年以后消费在冷战中如何戏剧化发展。在西欧和北美的案例中，特伦特曼证明了市场营销业不仅在战后迅速发展，而且与研究人员和国家机构建立了密切的联系，广告成为推动消费的关键。而苏联、中国、印度和埃及的消费需求在这一时期也得到很好的发展，但他指出一个关键性区别：东方国家向消费者提供商品之计划性模式与西方国家多样化的商品体系之间的差异。

特伦特曼在第七章花了大量笔墨论述"奢侈""物欲""恶习"这些人们历来抨击的事物是否能促进消费和社会的发展，但同时指出这些习惯的合理性是如何随着消费水平的提高以及对上流社会的追求逐步被大家所接受。在第八章，作者将重点放在战后的东亚。特伦特曼断言，"在世界历史上，从来没有如此多的人在如此短的时间内加入购物者的行列"，因此东亚的消费模式不同于其他许多消费社会，其接受消费品的时间远远短于欧洲。第九章至第十一章，特伦特曼将二战后世界日益高涨的消费平等与社会地位竞争联系起来，他认为，在 1945 年后相对和平的全球大环境中，消费品实际上是社会身份区别的重要工具。

在第十二章，特伦特曼探讨了国家消费，展示了 20 和 21 世纪政府支出对私人消费的巨大影响。在第十三章，特伦特曼回顾了消费与道德之间的悠久历史，从 19 世纪反奴隶制的商品抵制到当代公平贸易运动。虽然他承认公平贸易的局限性，但也指出，公平贸易在揭示消费者需求的深远影响方面发挥核心作用。第十四章讨论了被忽视的宗教与消费文化之间的关系。第十五章讲述了垃圾的复杂历史。特伦特曼认为，尽管美国已开展反浪费运动，但美国人仍产生与 20 世纪 70 年代一样多的生活垃圾。更令人不安的是，世界其他富裕国家也与美国的浪费现象相类似。他通过列举材料价格下跌对回收利用产生负面影响的案例，批判当代部分环保人士提出创建共享平台可以有效解决浪费问题的设想。

消费史作为一个独特的研究领域，从 20 世纪 80 年代美国"新社会历史"研究中发展而出，到 20 世纪 90 年代末至 21 世纪初出版的经典著作把该领域的研究推向正统。在英国，20 世纪 80 年代的伯明翰学派同样将探讨消费和大众文化中的代理者作为史学研究的一个领域，而不仅仅是归纳为偶然现象。到 21 世纪初，一些雄心勃勃的历史作品审视各种形式的消费文化，例如丽莎贝丝·科恩（Lizabeth Cohen）的《消费者共和国》、维多利亚·德格拉齐亚（Victoria De Grazia）的《不可抗拒的帝国》、谢尔登·加隆（Sheldon Garon）的《超出我们的能力》，引起了人们对消费与政治之联系的研究兴趣。加里·克罗斯（Gary Cross）、路易斯·海曼（Louis Hyman）、黛博拉·科恩（Deborah Cohen）、卡尔·格特（Karl Gerth）和詹姆斯·利文斯顿（James Livingston）等其他作品显示了从东亚到非洲、英国和美国，消费可以作为一个研究范式来处理流行文化、社会运动、道德和伦理观念的变化，以及消费文化是如何被国家政策塑造和约束。

近年来，大量关于消费领域的专门史作品陆续问世，例如乔吉奥·列略（Giorgio Riello）《棉的全球史》、斯文·贝克特（Sven Beckert）《棉花帝国》、黛娜·拉米·贝瑞（Daina Ramey Berry）《一磅肉的价格》以及德鲁·麦凯维特（Drew McKevitt）《消费日本》，因此，消费史作为一门独立且发散式的专题史研究，仍有大量的研究空间可以开拓。

在众多消费史作品中，弗兰克·特伦特曼的《物质帝国》是集大成者，他从在广度、想象力、批判性与敏锐性等角度对 1500 年以后人类的消费变迁进行大量调查，对例子的高超运用，对主次要资料的掌握和书写质量等方面都无与伦比。特伦特曼善于运用晦涩的事实、统计数字或逸事来完美地说明他的观论。例如，我们在关于消费距离的一段论述中可以了解到时代发展对于消费范围的拓展作用，"在19世纪30年代，一个伦敦人的小麦和面粉来自2420英里之外。到了19世纪70年代，这个数字翻了一番"。因此，《物质帝国》展现了一种多视角的方法，以许多不同的方式审视消费，包括个人、制度、观念、权力、社会关系和价值体系等因素，来让读者全息了解消费者历史。

特伦特曼的主要研究目标是将现代消费置于历史背景下，"消费作为一种生活方式和一种理想，随着时间的推移，表现出显著的适应性"。在整本书中，他严厉抨击了"传统"社会的非历史观念，认为传统社会把消费牺牲看得比一切都重要。这种历史化观论使他能够挑战许多当代消费主张，例如，传统观点将购物狂潮的存在归咎于现代信用卡是"对证据的歪曲"。

特伦特曼的核心论点是，在现代世界中，消费者的身份比所有其他人都重要，要理解这个世界，就需要弄清楚这种身份是如何产生的。他倾向于个性化的消费观，其结果是，消费作为一种阶层身份的提升，是以资本主义阶级关系的化身而出现。这本书的一句话暗示了透视问题，"我们的生活方式及社会和经济的后果应该成为严肃的公共辩论和政策主题，而不是仅仅停留在个人品味和购买力的问题上"。特伦特曼认为，消费社会的本质是对更多商品和服务的渴望，提出将个人主义和需求作为形成消费世界的观点，而这种观点的形成需要历史化和政治化术语来阐释。

尽管《物质帝国》的大部分内容涉及历史，但特伦特曼在其结语中讨论了一个特别当代的主题：消费与平等之间的关系。传统观点认为，不平等会刺激竞争性支出，导致"攀比"现象的产生。但特伦特曼指出，消费社会在更平等的时代下普遍繁荣，例如二战后，福利国家的发展"推动了大众消费"。无论消费和平等之间有什么确切的因果关系，消费社会的发展肯定会带来阶级差别的削弱。又例如，在17世纪，全球贸易带来了咖啡、茶、瓷器和贵重布料等外来商品，使他们能够挑战贵族行使商品仲裁者的权力；在20世纪，汽车、收音机和电视等变革性商品的出现也有类似的大众化情况，因为公司不仅开始向少数有财产的人推销，还向普通人推销。此外，该书在部分引述上存在局限，例如在论述1735年南卡罗来纳州黑人法案，该法案禁止奴隶购买某些类型的衣服，从而激起黑人的消费反抗，引发社会矛盾。特伦特曼在这一例子中引用的材料多为政府文献，缺乏社会底层的文史资料，导致他的论述是自上而下的，缺少政府与黑人群体在消费政策之间的互动，其观论存在一定的片面性。

《物质帝国》揭示了随着人们的品味和观点的演变，消费社会发生令人惊讶的变化，同时给未来物质发展带来希望。尽管目前的消费水平浪费了自然资源，刺激了气候变化，甚至在可持续增长的未来这种现象可能还存在。但至少，社会将环境计算纳入公共政策，例如，通过调整商品价格以反映其中所含的碳。最终，消费社会必须认识到，他们的行为不仅影响其他社会的人，而且影响其他物种和整个非物质世界，这种认识比"把消费者置于全球经济体系的核心地位"更具前瞻性，因为每一位消费者也是物质世界中的一部分。

综上所述，弗兰克·特伦特曼的《物质帝国》是一部全球史杰作，它以物质和消费者为切入点，记述了消费主义在现代世界的发展，同时强调了这种发展对人类、民族国家和环境的各种影响。即使消费者的认同已成为一种全球性的认同，但它仍然是一种极不平等和复杂的力量，为抗议活动提供政治资源，同时也埋下了全球灾难的种子。所有这些都表明，消费史研究完全能够提供许多学者在资本主义史及其他领域的探究中所寻求的见解。

特伦特曼对消费史上的物质欲望、社会规范、国家政策、跨国贸易等主题做出丰富的见解，为研究当代消费提供宝贵的借鉴。《物质帝国》将历史分析置于一个广阔的地理和时间之全球视野下，成为一面窥探人类消费变迁的明镜。

(王仰旭，上海大学文学院历史系博士研究生)

《女性的世界/女性的帝国：国际视角下的基督教妇女禁酒联盟（1880—1930）》评介

孙晓霞

Ian Tyrrell, *Woman's World/Woman's Empire: The Woman's Christian Temperance Union in International Perspective*, 1880 - 1930, Chapel Hill and London: The University of North Carolina Press, 1991, 365pp.

20 世纪 90 年代以来，随着全球化进程的加速和历史学的全球转向，"跨国"概念开始为西方史学界所使用，越来越多的学者开始突破以民族国家为历史分析单位的做法。澳大利亚新南威尔士大学的伊恩·蒂勒尔（Ian Tyrrell）提出了"跨国史"理念并付诸研究实践，他的《女性的世界/女性的帝国：国际视角下的基督教妇女禁酒联盟（1880—1930）》一书便是这种研究的代表作之一。

禁酒运动是美国历史上的一次社会改良运动。它萌发于殖民地时期，19 世纪末 20 世纪初被推向高潮。1919 年，第十八条宪法修正案出台，标志着全国范围的立法禁酒。1933 年，这一法令被废止，禁酒运动也随之落幕。女性在禁酒运动中发挥着重要的作用，成立于 1874 年的基督教妇女禁酒联盟（The Woman's Christian Temperance Union，后文简称禁酒联盟）不但在美国国内是最大的女性禁酒组织，它还建立了国际组织世界基督教妇女禁酒联盟（The Woman's Christian Temperance Union，后文简称世界禁酒联盟），成员多达四十多个国家和地区。蒂勒尔是最早跳出民族国家界限、在国际层面上考察这个组织的历史学家之一。

全书共分十二章。第一章是整本书的概括和导引。首先，蒂勒尔介绍了禁酒联盟反映出的国际主义。禁酒联盟，以及同时期在国际舞台上比较

《女性的世界/女性的帝国：国际视角下的基督教妇女禁酒联盟（1880—1930）》评介

活跃的妇女组织和禁酒组织，例如基督教奋进会（Christian Endeavor Societies）、基督教青年会（YMCA）、基督教女青年会（YWCA）等都拥护英美国际主义，它们是美国梦的主要传播工具。换句话说，世界基督教妇女禁酒联盟的成立就是对美国价值的肯定，当然，它也就是美国化和西化的一部分。与此相矛盾的是军事扩张与殖民贸易。国际组织发展所依赖的军事扩张显然不是禁酒联盟所宣扬的美国价值的一部分，出口酒精的商人的梦想与禁酒的梦想更是背道而驰。所以，在禁酒联盟开展活动的过程中，一方面是对帝国扩张的抵触和厌恶；另一方面是对扩张的依赖和对英美文化中好的一面的坚持。蒂勒尔认为，分析世界问题时对国际主义的辩证理解是不可避免的。

随后蒂勒尔指出，在表面上看来，世界禁酒联盟确实没有达到它的最终目标，即建立一个清醒的纯净的世界。但是，历史学家不应该忽视对"失败的研究"，世界禁酒联盟的精彩故事不应该因为"失败"而无人问津。尽管美国历史书写中自诩比较的方法多有运用，但是国际史这种类别依然没有得以发展。禁酒联盟在国际层面上思想、制度和人员跨越国界的流动，为跨越国界的历史书写提供了试验田。世界禁酒联盟发展的波折也表明这是国家和地方特性发挥作用的结果。所以，蒂勒尔认为应该将禁酒联盟在国际层面的研究和在不同国家背景下的比较研究结合起来，他将自己这一著作的写作特点总结为国际视角和比较方法。

第二章"禁酒国际主义的根源"。作者认为世界禁酒联盟是三个因素合力的自然产物，即传教士传教活动、英美新教的千年思想和禁酒国际组织。早在19世纪，美国一些基督教组织就派遣传教士到世界各地传教。在基督教看来，不节制/酗酒是一种罪行，也是福音传播的阻碍，传教的成果也包含了禁酒理念的传播。美国国内的节制工作已经取得了一定的成效，由此催生的道德优越感使美国禁酒倡导者担负起帮助其他国家和地区的人民的使命。早在基督教妇女禁酒联盟成立之前，就已经有诸如"美国禁酒协会"（American Temperance Society）、"禁酒之子"（The Sons of Temperance）、"禁酒会"（Good Templars）等禁酒组织。他们不仅在美国积极倡导禁酒，同时还打破国家的界限，向美国以外的国家和地区传播禁酒理念，并辅助成立当地禁酒组织。这些先期走向国际舞台的组织，为基督教妇女禁酒联盟在国外的拓展提供了强有力的支撑。

第三章主要讲世界基督教妇女禁酒联盟的组织结构。它的组织工作有以下几种形式：多语言请愿、成员代表大会、文献和象征符号。禁酒联盟发起了递呈各国政府的请愿书。她们在请愿书上说明酒精和鸦片等在世界各地对女性生活带来的影响，在各国征集签名，旨在唤起男性世界对这些问题的关注并有所改变。1891年，第一次世界代表大会召开。会上通过了章程，确定了会费，选举了各部门领导人，威拉德被选举为新一届主席。第一次世界大会没有太多实质性内容，重要的是它展示了世界禁酒联盟的理念和影响力。此后大会每两年到三年举办一次。她们将"联盟信号"（Union Signal）这份刊物打造成世界基督教妇女禁酒联盟的主要新闻机关和向各分会传递信息的主要信息来源。此外，世界组织的象征符号还包括圣歌、标志、口号、旗帜、横幅等。

第四章介绍了基督教妇女禁酒联盟在美国以外的接受情况。联盟向美国以外的国家发展受到诸多因素的影响，如文化、宗教、性别、阶级、意识形态等。比如法国，法国是对禁酒接受度很低的国家，直到1910年才发展了97人。部分原因是饮酒文化不同。美国人在沙龙饮酒，而法国人认为酒是佐餐必备饮品，他们不喝烈性酒，只喝葡萄酒，而且还经常酒里兑水。诸如此类都是联盟向外发展遇到的困难和障碍。联盟之所以能够不断扩充势力，主要归因于英属殖民地的可开拓空间，以及美国文化对非英美文化圈的影响。

第五章主要讲述环球传教士（1920年更名为世界联盟组织人）在文化上感受的痛苦和煎熬。早在1874年勒维特（Leavitt）作为第一名环球传教士，历时8年，足迹踏遍5个大洲若干国家，传播禁酒理念，开展组织工作。到1925年，已经有30多人担当此项工作。她们只身前往异国他乡势必会遭遇路途的艰辛，文化、性别、宗教的隔阂，以及由此带来的疾病、孤独等。在此过程中，她们成为联盟理念的最有力最鲜活的传播者，当然她们也会受到当地状况的反拨，是联盟了解世界的窗口和途径。

第六章"姐妹，母亲和丈夫"中，蒂勒尔首先解释了姐妹情谊和母子情谊。姐妹情谊被用来描述女权主义者之间的关系。它暗示着一种女性利益的认同，无关民族界限和国家狭隘。国际层面的活动还体现着另外一种关系，即母子关系。它和姐妹情谊相矛盾，是一种等级观念。尽管女性间称呼姐妹，并且关系亲密，但是禁酒联盟反对被贴上反男性标签。从策略

《女性的世界/女性的帝国：国际视角下的基督教妇女禁酒联盟（1880—1930）》评介

上讲，她们从不否定男性的支持和帮助，并且寻求与禁酒党等男性组织合作。

该书的后半部分介绍了基督教妇女禁酒联盟在国际上主要关注的禁酒问题，以及"做一切"策略中所包含的和平、反妓女、妇女选举权和社会主义。

第七章"酒精和帝国"。作者认为帝国权力和酒精的关系是欧洲扩张史书写中被忽略的主题。西方政府和商人向太平洋、非洲和亚洲的殖民地人民出口酒精和鸦片增加了政府收入，充盈了私人企业的收益，而酒精和鸦片也使权力、道德、经济问题相互关联。实际上国际禁酒运动并没有减少欧洲出口非洲的酒精贸易，这表明禁酒还需民族主义的配合。以印度为例，印度的民族主义者把禁酒联盟的反帝国主义批判当作复兴传统文化的契机。甘地强调说全面禁酒不是人民推动的，而是政府的政策推动的。在中国，基督教妇女禁酒联盟呼吁禁止鸦片贸易，但直到1911年辛亥革命，英国政府才终止鸦片垄断。

第八章"和平是一种生活方式"。作者指出民族扩张依赖于对殖民地人民的军事征服，而倡导和平涉及对帝国主义本身的批判，禁酒联盟因此受到不爱国的指控。其次作者指出在和平问题上禁酒联盟开展了大规模的工作。要理解这些工作的广度和深度，我们必须意识到对禁酒女性来说，和平绝不仅仅是停止战争，它是源于福音宗教和家庭理念的文化的延伸，是一种生活方式。所以，她们的工作除了呼吁取消学校军训，还涉及劳资纠纷、私刑、拳击、虐待动物等问题。

第九章讲妓女问题。其中主要例子是英国在其殖民地印度驻兵，士兵们需要娱乐，于是英国政府就为士兵开辟一定的场所提供妓女，官方的医生为妓女进行定期身体检查。禁酒联盟一直在为此抗争，但是只有在1892—1895年自由政府时期，政客才与女权站在一起。那之后的保守党，更倾向于支持帝国，而不是女性的地位。蒂勒尔指出帝国和罪恶是共生的，领土扩张需要驻兵，有驻兵就会产生罪恶。但是只有获得新的领土，基督教妇女禁酒联盟才能有更多的布道区，才能施展她们的影响力。

第十章"女性、选举权和平等"。这一章展示了不同国家争取女性选举权的状况并做了对比。澳大利亚女性在1893年获取了选举权，这个胜利来之不易，她们经历了14年坚持不懈的斗争。但美国的选举权斗争者将澳洲的选举权斗争理解为权宜之计，而不是平等。与之形成对比的是，当瑞典女性 1909 年获得选举权时，美国以及很多国家纷纷表示认可。此外，选举权的胜利并不代表女权主义目标的实现。争取平等的斗争仍在继续，比如说残疾女性面临的问题就比剥夺选举权来得更为复杂。禁酒女性在女性解放中起到关键作用，因为她们坚信女性拥有投票权是她们继续推进社会和道德改革的有力武器。

第十一章"社会主义"。这一章主要介绍基督教妇女禁酒联盟试图解决社会中的劳资矛盾。19 世纪 90 年代，社会主义运动处于上升阶段。但是，禁酒联盟的社会主义思想的根源不是马克思主义，而是新教福音。在解决劳资关系时，他们将重点放在了工人阶级内部的道德改革上。在威拉德看来，劳动问题的根源就是那些酒馆，因为酒馆在创造欲望和鼓励无政府主义。禁酒联盟将社会主义道德愿景和女性解放的梦想结合起来。但是禁酒联盟的社会主义是夹在资本和劳工或者说无政府主义之间的中产阶级的社会主义，不可能完全站在劳动人民一方。比如威拉德回应关于女性的职业歧视时说，解决方法只能是智力和道德上的自我提升。

第十二章"禁酒和文化适应的危害"。作者指出由于各个国家的文化差异，在国际范围推行禁酒非常艰难，尤其是欧洲大陆。禁酒联盟本着文化适应的精神，对分歧持宽容的态度，容许在禁酒问题上有一些变通。例如在挪威，威拉德的做法不是彻底禁酒，而是提高沙龙的费用，其实这种做法可以理解为变相的许可，很难让坚定的禁酒者信服。一些英国的联盟领导者在请客的时候还给客人提供酒，因为她们认为没有必要所有人都禁酒，她们也不希望所有的酒馆关闭。令人感觉不安的是这些做法还受到维护，比如说"联盟信号"就曾提出，"我们不要把美国的意愿强加到其他的国家"，"环境不同，做法也会不同"。这种文化适应在很大程度上给联盟带来了危害。

综观全书，蒂勒尔的写作超越了民族国家历史书写的界限，是一种跨国史的书写实践。作为第一个从世界范围介绍和研究基督教妇女禁酒联盟的历史学者，他为我们揭示了禁酒联盟存在的不可调和的内在矛盾。首先，禁酒联盟对帝国体系的依赖。一方面，联盟主张禁酒，反对向非西方人民贩卖鸦片和酒精的殖民政策，但是鸦片和酒精带来的收益是帝国重要的经济来源；另一方面，联盟在世界层面的改革活动在很大程度上借助于帝国体系才得以推进。于是，禁酒联盟既是帝国政策和西方物质文明的批判者，又借助于帝国，依赖于帝国体系而发展，并成为英美文化和新教福音信仰的全球传播者。其次，英美文化在禁酒联盟中占据主导地位，这种状况既有助于联盟的发展，因为那些接受英美文化的人（如澳大利亚和新西兰）都支持这一运动。但是，这也给它带来了危害，因为禁酒联盟宣传的节制、新教福音宗教和中产阶级的统治地位，无法使非英美民众（如法国和德国）产生亲近感。同样的问题也存在于有关姐妹情谊之中。禁酒联盟标榜姐妹情谊或者平等关系，但这很难实现，实际上体现出来的是母系结构或者说等级制度，是一种文化帝国主义。

（孙晓霞，首都师范大学大学英语教研部讲师）

《海战：1860年以来的全球历史》评介

李向远

Jeremy Black, *Naval Warfare: A Global History since* 1860, Maryland: Rowman & Littlefield Publishers, 2017, 287pp.

杰里米·布莱克（Jeremy Black）是英国著名的历史学家，曾任教于杜伦大学和埃塞克特大学。目前他虽已荣退，但仍兼任欧美多所研究机构的高级研究员，主要研究领域包括军事史、国际关系史和英国政治史等。布莱克擅于运用多维的视角观察和思考历史，他撰有史学著作140多本，被誉为"我们这个时代最高产的历史学者"。2008年，因其在军事史领域成就卓著，军事史学会为他颁发了塞缪尔·埃利奥特·莫里森终身成就奖（Samuel Eliot Morison prize for lifetime）。布莱克在军事史方面的研究成果，除了《海战：1860年以来的全球历史》（2017）外，还有《军事革命？1550—1800年的军事变革与欧洲社会》（1991）、《海军力量：从1500年起的海洋和战争史》（2009）、《空军力量：全球历史》（2016）、《坦克战》（2020）、《军事战略：全球历史》（2020）等。

在《海战：1860年以来的全球历史》一书中，布莱克全面叙述了19世纪60年代以来的全球海战历史，重点分析海军发展的过程中技术进步、地缘政治和资源问题之间的相互作用，为全球史研究提供了一个崭新的视角。在经典战例方面，布莱克运用大量最近研究成果，不仅评估了各时期超级大国在海战中的作用，还考察了其他国家的海军冲突，比如1946—1949年中国的解放战争、1967—1973年的阿以冲突和1980—1988年的两伊战争等。值得一提的是，作者强调1860年以来，特别是二战结束以来全球海战冲突的变化,并思考了大国海军和地缘政治未来可能的发展。

《海战:1860年以来的全球历史》共分十一章,按时间顺序排列,布莱克为读者提供一幅非常清晰、生动和宏大的海战图景,并试图阐释海战在全球史中的地位和作用。

第一章和第二章主要讨论了"铁甲舰时代"海战方式的变革,促进了海军的发展与竞赛。布莱克详细考察了美国内战和欧洲冲突中的海战,认为该时期的技术变革、强权政治和海军战略相互作用,共同推动了海军战术和用途的多样化。同时,许多关于海洋、海军与海战的新学说也在这一时期不断涌现,其中最具影响力的是阿尔弗雷德·塞耶·马汉(Alfred Thayer Mahan)的海权学说。他关注的是美国应该如何借鉴英国,建造一支与自己的利益、地理和社会相匹配的海军,进而打造一个世界大国。他聚焦于地理和社会等因素与海权之间的关系,呼吁美国建立专业的海军教育和更加强大的海军。19世纪末,欧美各国开始竞相利用海军在全球范围内争夺势力范围,海军力量、商业贸易与两栖作战成为决定殖民地归属的主要因素,现代意义上的军备竞赛也由此拉开序幕。在1905—1913年的英德无畏舰之争中,双方均希望从战舰大小、数量和技术上压制对方。德国人想要建立一支强大的海军,以保护他们日益扩大的商业和殖民利益,并展示新德国的强大。但这显然不是老牌海军强国英国愿意看到的,这就为一战的爆发埋下隐患。

第三章主要分析了一战中海军交战的经典案例。作者首先考察了战前各国的海军力量,认为英国海军对于德国北海舰队,仍有底蕴、规模和经验等方面的优势。日德兰海战后,德国开始实施无限制潜艇战,企图破坏英国赖以维系战争的远洋运输体系。但德国的这一战术激怒与英国有着密切商贸往来的美国,并最终导致美国的参战。潜艇的攻击力在一战中有目共睹,而海军舰队的防御价值也愈加凸显,英法海军运用海军舰队牢牢把握住了制海权。值得一提的是,海军航空力量在一战中也初显锋芒,大型货船被改装成了飞机的护航载体,海军与空军在战争中首次实现结合,初具现代航母雏形。

第四章和第五章考察了一战之后的全球海军形势。一战结束后,战败国的海军力量被削弱,胜利者在恢复海军力量的同时,试图遏制未来任何可能的海军竞赛。作为挑战者,美国成了华盛顿会议的最大胜利者,虽然英国依然保有数量庞大的海军,但却被迫放弃了传统的海上优势,接受与美国海军对等的地位。而法西斯国家经过短暂的休整后,开始大力推行海军建设与扩张主义,试图挑战凡尔赛—华盛顿体系。1931年日本入侵中国东北期间,日本海军派舰队赴长江和黄浦江演习,企图以此迫使中国政府承认伪满洲国傀儡政权。意大利海军活动也日益频繁,他们不仅时常与英法发生冲突,还以潜艇拦截了苏联对西班牙共产党的援助,尽管意大利海军高层对此并不情愿。而德国级战列舰的诞生,也极大地增强了德国海军的实力和信心。在民族情绪的激荡下,希特勒成了德国总理,第二次世界大战的爆发只是一个时间问题。作者认为,在扩张主义主导下建立的海军,成为下一次世界大战的主力军;而由战争衍生出的战舰建造,则是对各国海军战略优先次序、资源配置和工业能力的考验。

第六章作者主要描述第二次世界大战中激烈的海战情形。与以往关注视角不同的是,布莱克考察了一直被忽视的海军强国在二战中的重要性,比如泰国舰队对封锁法国远东水域的关键作用等。其他中立国虽然不参与战争,但仍会在商贸方面与强大的一方有合作,例如瑞典舰队为驶往德国的商船提供护航。值得一提的是,航母战术在二战中日益成熟,在英国奇袭塔兰托港、日本偷袭珍珠港和美日中途岛战役等海战中航母都发挥了奇效。这些成功的战例,促使美国海军发展重心由战列舰转向航母,进而在之后对日海战中取得决定性胜利。而潜艇战术,则继续成为德国遏制英国大西洋运输线的重要方式。此外,两栖登陆战在二战中也被广泛运用。二战中多兵种联合作战的经典战例,使各国对于整合海军力量高度重视,尤其是海空军方面。

第七章和第八章重点论述了冷战中美苏海军力量的竞争与消长。冷战是两个超级大国之间在军事力量和战略控制上的竞争,其最直接的就是海军竞赛和对峙。但不可否认,其他大国也在冷战中扮演重要角色,比如北约阵营的英国和加拿大,社会主义阵营的古巴等。作者认为,冷战前期是"美国的统治时代",但后期却面临着苏联的挑战。1971年,苏联取代英国成为世界第二大海军强国,大批苏联海军在全球各个海域游弋、部署,对七八十年代地缘政治产生重要影响。例如中美面对苏联的军事威胁,转而尝试建交等。为应对苏联的军事扩张,美国采取了代理人战争等方式,并用经济和科技手段对抗苏联。作者最后总结,冷战是影响海军历史发展的重要因素，冷战中的海军对抗比之前更具全球性，更加强调海军战术和舰队结构的重要性，但这也大大增加了海战胜负的不确定性。

第九章和第十章作者探究了"后冷战时代"世界各国海军的发展，并对未来海军的发展走向进行了展望。由于苏联解体，美国海军成为世界上最先进、最强大的海军。在海湾战争中，美军航母战术充分利用了最新的电子信息技术，开启了信息战的先河。而随着美苏对峙的结束，国与国之间战争相对减少，地方武装和恐怖主义势力却在全球逐渐抬头，因此现代海战往往是运用舰载巡航导弹或直升机投送突击部队打击内陆目标，而不必再进行抢滩登陆。布莱克认为，这段时期的海战或海洋冲突已发生质的变化，即由常规战争向不对称战争转型，这种变化是对技术发展的一个新考验。值得一提的是，他特别关注中国海军的发展，冷战后的中国海军战略逐渐从近海防卫转向远洋作战。最后，作者对全球海军未来的发展进行了探讨和展望。他认为经济、贸易和区位等因素，是国家海洋战略调整的重要参考维度，远洋护航将是各国未来海军发展的战略目标之一，而适应冷战后的信息战、扩大作战范围与提高海洋管辖权将成为未来海军发展的主攻方向。

第十一章中作者提出，"海战与海军之间并不是零和博弈状态，而是一种相互协调的关系"。布莱克认为，海战是检验海军战力的重要方式，而海军战力的加强又能够有效地遏制海战的爆发。虽然，在未来很长的一段时间里，打击恐怖主义和商船护航，将会是海军活动的主要内容，但不可否认，世界海军的发展和海战，依然是海军历史研究的核心主题。

纵览全文，布莱克提出一个有趣而清晰的历史脉络来探索海军、海权和海战的发展，这一脉络不仅见证了历史上最伟大的海军技术的变革，也见证了世界历史上最具破坏性的海战冲突。鉴于当今全球多个热点地区的海上紧张局势日益加剧，布莱克对海上战争和海军战略的独到见解丰富了现有研究和知识。他在著作最后提出一些富有见地的问题，其中包括海军在未来战争的适应性以及军种间协调配合的重要性、海军和海上力量的战略意义、全球变暖对海上力量的地理影响、全球贸易格局变化的海洋影响，以及对世界公海领域重要航线日益增长的安全需求等。这些问题具有全球性和前瞻性，是作者结合过去的历史对未来的展望。

在史料方面，这本著作的注释涵盖了世界上大部分国家海军活动的相关文献。布莱克对其进行了认真的整理和分析，并用全球史的视角完成本书的创作，这对学界来说是一个重大的贡献。然而，布莱克在文献筛选上也存在局限，引用的史料几乎全部取自欧美，而现代海战史除欧美国家外，东亚地区的文献也需要关注和使用，特别是日本在20世纪上半叶的远东海战文献。

在论述角度上，布莱克仍着重于从军事、政治和科技角度探讨主题，并没有深入结合经济与文化等因素，例如导致海战爆发是否与海洋贸易有直接联系？这不免让读者感到叙事脉络过于单一。因此，一部真正具有全球性的历史作品，如果建立在开创性视野之上，并试图将这个主题提升到一个更高的水平，就需要有更丰富的知识基础和更广泛的史料支撑。在未来的海战史研究上，历史学家既需要对海军和海战的性质有一个更准确的定位，又要结合历史、外交、经济和文化，进行多维度、宽领域的考察。

总的来说，《海战：1860年以来的全球历史》是一部探讨海军、海权和海洋战略在决定全球力量平衡与国家兴衰的重要作品。在这本著作中，布莱克干练地阐明了过去一个多世纪以来，海战在全球事务中的内在复杂性和深远意义。因此，读者能够对海军力量在国际关系和全球力量平衡中的中心地位及其在未来的综合性与战略性方面产生新的体悟，从而引发新的思考。

（李向远，上海大学文学院历史系博士研究生）

《帝国眼中的中国法律：主权、正义与跨文化政治》评介

魏怡多

Li Chen, *Chinese Law in Imperial Eyes: Sovereignty, Justice and Transcultural Politics*, New York: Columbia University Press, 2016, xii+250pp.

1980 年代以来，受新文化史、后殖民理论、全球史等思潮的影响，传统的帝国史研究拓展了自身的范畴，重视以互动、关联的视野并从文化角度审视帝国的身份认同、权力话语、意识形态等问题，呈现出去本质主义、反欧洲中心论的色彩，极大地修正并丰富了我们的历史认知。陈利《帝国眼中的中国法律：主权、正义与跨文化政治》一书正是这一学术潮流的重要表现，该书以法律为切入点，主要探讨了 1740 年代至鸦片战争期间中国法律在西方的形象如何在中西互动的进程中被建构，这一形象又是如何成为西方殖民话语以及帝国意识形态的一部分并最终影响中西关系的发展。全书涉及主题丰富，研究视角独特，在学界产生了重要影响，并获得美国亚洲研究协会 2018 年列文森奖。作者陈利为加拿大多伦多大学历史系、历史与文化研究系副教授，兼任法学院副教授，研究领域涉及帝制晚期中国、中国法律与社会、中西关系史、国际法、后殖民研究等。他先后学习多门语言以及政治、法律学科，在哥伦比亚大学取得中国史博士学位，这种多元的学术背景与本书所涉主题的宽泛性、跨学科特点应当有着重要的联系。

全书除引言和结论外一共分为五章。在引言部分，作者除概括主要内容外，还简要梳理了近几十年学界有关帝制时期中国法律以及中西关系看

法的变化，认为有必要在历史的脉络中审视西方有关中国法律与社会的观点。作者对人类学家普拉特（Pratt）在《帝国之眼》（*Imperial Eyes*）一书中提出的"接触地带"（contact zone）这一概念进行了批判性引用，认为鸦片战争前中西之间的接触地带并非由西方主导，接触地带的交流并非单向的移植，而这一概念所指代的并不限于物理空间，还包括中西观念、语言、感知以及情感相互影响和建构的文化空间以及话语空间（p. 10）。除此之外，作者还强调了法律在近代殖民主义以及帝国意识形态中的重要作用，认为法律与帝国相互建构，有着紧密的联系。

作者在第一章中对近代中西关系史上具有标志意义的"休斯女士号事件"进行了深入分析。1784年11月24日，停泊在黄埔港的英国私船休斯女士号在鸣放礼炮的过程中致两名中国人死亡，清廷地方官员随即对事件展开调查，要求对肇事者进行审讯，而英方则以种种理由拒绝交付炮手，阻碍官员执法，经过数日的谈判与协商，英方在武力威胁无果后对中方妥协，上交肇事炮手，而炮手最终被处以死刑。事件的结果对在华西人造成巨大冲击，他们以野蛮、武断形容中国法律，谴责中国官方的作为，并谋求在华治外法权。这类有关中国法律的话语日后不断积累，深刻地影响了史家对这一事件的表述和解读。作者在书中通过挖掘、分析、对比中英双方的大量原始文献，对事件始末进行了详细的重构，对官方档案中将案件定位为意外事故的说法提出质疑。作者还从法律本身入手，审视了这一时期中英两国法律对意外杀人的定义和相关刑法规定，断定炮手即便在英国法庭也很有可能被视为杀人罪而受处罚，而英方的一系列逃避行为更增添了案件的严重性。除此之外，通过对档案的细致梳理，作者发现在这次事件发生之前，西方国家已经习惯于以"意外"指称西方人致中国人伤亡的案件，而涉及中国人致西方人伤亡的事件时则严厉斥责。作者由此认为，西方人在中国谋求治外法权最初的原因与中国法律条文和实际运作并没有多少关联，只是因为它是一个"东方"法律体系（p. 39）。作者对事件介入主体的细致考察还展现了清王朝中央与地方、伦敦当局与在华英人之间的利益冲突，以及信息的沟通等因素都对事件的发展产生了影响，事件本身受多种因素的主导而非简单的中西文化冲突所能解释。

在第二章，作者详细考察了乔治·斯当东（George Staunton）对《大清律例》的翻译。《大清律例》英译本于1810年出版，随即被翻译成其他语言，在西方各国广泛传播，这是中国法典第一次直接进入西方世界，对西方人理解中国法律和社会具有重要意义。作为近代英国最早的汉学家，斯当东较早地接触了中文，并在 1793 年马戛尔尼使团中发挥重要作用，他于 1800 年再次来到中国，凭借自己的语言能力协助英国官方处理与中国发生的冲突，让英国在与中国地方官府交谈时获得了更多的主动权，保证了英国人的利益，而这些经历也使他明白了掌握中国法律知识的重要性。斯当东的译本以及他个人对中国法律的评价摒弃了过去传教士大肆赞扬中国法律的观点，也对当时西方存在的指责中国法律残忍、野蛮的观点提出质疑，力图客观真实地向西方展现中国法律。然而，面对中西法律之间的差异，深处帝国殖民扩张时代的斯当东还是不可避免地将中国法律纳入西方法律框架，他通过对内容的删减改变了原先的律例结构，还将本不相符的中西法律范畴和名词进行对译，例如将吏律译为"civil laws"，将户律译为"fiscal laws"，更重要的是，他将整部法律称作《刑法典》（the penal code of China），而实际上清代中国法律体系也涉及大量民事内容。对中国法律的这种定义使得中国法律成为专制君主实行统治的惩罚工具而丧失了伸张正义的作用，这种形象随着文本的传播而影响广泛。值得一提的是，作者在本章节的最后将《大清律例》纳入全球知识生产网络中进行审视，指出《大清律例》的翻译实际上受到西方学者对波斯、印度法律的研究的鼓舞，这在斯当东的书信和《大清律例》英译本序言中有直接体现，而在译本出版之后，斯当东活跃于西方学界，加入并成立各类亚洲研究协会，也推动了《大清律例》在西方的传播，增强了中国法律的影响力。

第三章，作者通过考察 18 世纪下半叶至 19 世纪上半叶欧洲思想家和改革者对中国法律的讨论，展现了这一时期中国法律在欧洲存在的复杂面相和独特影响，力图揭示隐藏在西方关于法律现代性起源叙事背后的中国因素。在 17—18 世纪，有关中国法律的知识经由传教士进入欧洲，启蒙思想家孟德斯鸠对此不乏关注与讨论。孟德斯鸠之后，贝加利亚（Beccaria）、伏尔泰、布兰克斯东（Blackstone）等西方重要知识分子也纷纷对中国法律以及法律现代性提出了自己的见解，俄皇叶卡捷琳娜二世受此影响在改革过程中将中国法律作为参照，《大清律例》也因此被翻译成俄文，但英译本的出版引起了更大反响，各大主流报刊纷纷对此发表评论。许多评论者对中国法律本身的严密以及其中所展现出的"量罪定刑"等代表理性的特点表示赞赏，但对中国以及中国法律的先入之见还是对这场讨论产生了深刻的影响，评论者们通过将中国法律理论与司法实践、理性与自由、西方与东方以及中国与其他亚洲国家相区分，基本保持了有关中国的原有的叙事结构，维持了中西之间的文化界限。中国法律还对19世纪上半叶的英国法律改革产生了影响，塞穆尔·罗米利（Samuel Romilly）等议员注意到英国法律体系存在无差别惩处罪犯、专断执法等问题，并在推行法律改革中借鉴了中国法律，而在有关法典化以及刑法改革的争辩中，中国法律更是被争辩双方多次引用，支持改革者希望将英国法律法典化并借鉴中国法律修正其中一些条款，而反对者认为这样的法律改革会对英国的社会和文化结构造成威胁，损害个人自由等权益。这场辩论并未使英国法律走向法典化，但法典化以及法律改革运动却在印度等英国殖民地以"文明"的名义开展。总之，中国以及中国法律一方面作为专制主义的象征，帮助西方构建起自身的现代性认同和话语，并维持和东方的文化界限；另一方面中国法律所展现出的许多优点促进了西方国家对自身的法律传统进行反思，西方法律由此在借鉴中国法律的基础上取得重要发展。

  作者在第四章中从情感史角度入手，主要考察了18—19世纪西方有关中国法律与社会的相关著述中直接或隐含的情感表达，展现出西方对中国法律认知中的感性一面，而这种情感因素对西方以及中西关系的发展有着重要的影响力。随着启蒙运动的开展，18世纪的欧洲在强调理性、文明、自由等观念的同时，大卫·休谟、亚当·斯密等一批重要的思想家也对人内在的道德、情感进行了反思，并发展出情感自由主义（sentimental liberalism）的思潮，这一思潮的内核便是对人类同情心（sympathy）的强调，是否具有同情心逐渐成为区分现代人类和社会的重要标志。至18世纪末，西方社会更是形成了一种对一切生灵的痛苦遭遇表示同情、关心的情感态度，这种态度的变迁影响了西方的政治议程进而改善了奴隶、罪犯以至于动物的处境，而在殖民扩张的大背景以及东方主义话语的影响之下，西方的情感自由主义逐渐演变为情感帝国主义（sentimental imperialism），这在近代中西交流中有着直接体现。作者首先引用了在19世纪初流传甚广的由英国海军少校亨利·梅森（Henry Mason）编著的《中国刑罚》（*The Punishment of China*）一书作为分析对象，书中有意凸显中国酷刑场面的水彩画加上对行刑细节以及受刑人痛苦的文字注解深刻地传达出中国刑罚残忍、落后的形象，同时也表现出西方观察者的同情和不满情绪。随着通讯、交通以及大众传媒的发展，这类有关中国刑罚的呈现与表述大量涌现并在西方世界及其殖民地广泛传播，西方观察者在记述、报道中不断流露出他们见证、记录处刑现场所感受到的不安和痛苦，而中国官员执意在西方商馆门前处决鸦片犯人更是对在华西人造成了文化创伤（cultural trauma），自危与不满的情绪在西方社群中蔓延，他们指责中国人残忍、缺乏同情心与麻木不仁。这类表述进一步建构了中西之间的界限并使得西方观察者获得了道德上的制高点，西方人以此为基础推行自己的文明使命，为近代的殖民扩张寻求道德合理性，而实际上，通过对西方相关报道的细致分析可知，西方人有关中国处刑的报道强调的更多是西方人自身的情绪和文化优越性，而非对受刑人本身的同情与怜悯。总而言之，西方对中国刑罚的情感表述在殖民扩张时代帮助西方构建起了一个等级秩序，成为帝国殖民扩张的一套话语体系，人类内在的同情心被文化与种族隔离，情感自由主义由此演变为情感帝国主义。

最后一章，旨在从法律层面重新审视鸦片战争的爆发和意义。过去学界对鸦片战争的研究十分强调经济因素的作用，而作者认为对法律和道德的考虑同样在英国内部争论以及政策制定的过程中占据着重要地位。鸦片战争不只是有关经济、政治利益的角逐，还是一场有关法律、帝国主权和文化边界的战争（p. 203）。作者主要依靠英国档案、报刊材料，通过对时人看法的深入分析，重点阐述了作为战争发起者的英国是如何赋予战争正义性的。在鸦片战争之前，对鸦片贸易以及由此引发的冲突在英国国内引起了广泛的争论，各大报刊媒体纷纷刊登文章质疑鸦片贸易的道德以及中国采取反鸦片措施的合理性，许多知识分子对鸦片贸易提出批评，认为中国官员有权制定反对鸦片的法律，然而经过大众舆论以及政府内部长时间的争论，主战一方最终占据了优势地位，他们一方面引用长期积累的有关中国法律腐朽、残酷的话语，展现中国专制、落后的形象，将中国排除于"文明"国家的国际法之外进而否定中国主权的完整性，为英国的反抗提供基础；另一方面中国官方对"无辜"英国代表、商人的羞辱和不公对待以及对英国"财产"的破坏，既违反了国际法所规定的国家义务，也与西方关于理性、正义、人道的观念相左。这样一来，有关鸦片贸易的道德困境最终被针对中国的法律话语所掩盖，英国也由此建构了鸦片战争的正当性。作者在此还详细分析了作为违禁品的鸦片如何摇身一变成为英国的"财产",这其中驻华商务监督义律的干预起到了十分重要的作用。除义律之外,林赛、马地臣、斯当东等人都对法律话语的建构起着重要的作用并影响了政府的最终决策。鸦片战争的结果使英国获得了垂涎已久的治外法权,建立在国际条约基础之上的条约港口体系取代了广州体系,构造了中西交流的一个新的法律框架。

该书以法律为核心主题,在中西法律交流的框架中揭示了法律与帝国之间存在的重要联系。西方殖民帝国在对外扩张的过程中与中国发生法律冲突与交流,有关中国法律的知识得以在西方广泛传播并推动了帝国对自身内部法律的反思以及法律变革,而更重要的是,"现代化"的法律话语以及由西方主导的国际法体系,又为西方在中国谋求治外法权并将中国排除于国际法之外提供了合理依据,从作者的研究中我们可以看出法律既作为一种建构性的力量塑造了帝国自身的身份认同与对他者想象,又成为一种话语工具推动了帝国的兴起和扩张,法律在帝国中发挥的作用应值得我们进一步重视。

作者在研究中所展现的全球视野、互动思维也是该书取得突破的重要原因。例如作者对《大清律例》英译本的研究不局限于对具体文本的分析,还注意到了影响文本生成的跨国因素以及它如何借助跨国知识网络得以传播并扩大影响力,中国形象在西方的转变也正是通过这样一种知识网络达成的。在书中作者还强调了中西法律交流的双向性,重点分析了中国法律传播到西方并对西方造成的影响,揭示出西方有关法律现代性表述中的中国因素,而这一点在过去的研究中常常被忽视。另外,作者将话语的生成放入互动的框架中理解,通过对具体案例的分析展现出中国地方官员的实践以及中国人的"自我东方化"对西方有关中国话语的形成和巩固也起到了重要作用。

除此之外,本书涉及的问题宽泛,作者却以小见大,通过对具体案例的分析凸显主题,而作者对档案的分析同样极具特色。在对"休斯女士号事件"的研究中,作者详细对比了中英双方的官方档案并辅之以部分旁观者与事件亲历者的记录,尽可能完整地重构了这一历史事件并改变了长久以来关于这一事件的表述,力图揭示帝国档案记载中的利益导向和权力关系。这种对官方档案的批判性反思也在一定程度上改变了我们对档案史料的认识,在这个意义上,该书不仅仅只是有关帝国史或中西关系史的个案研究,更涉及一些通论性质的史学基本问题,具有可观的理论的意义。

该书也存在一些疏漏和矛盾之处,例如作者在文中强调文化差异以及文化的不可通约性(cultural incommensurability)应该被视为一种历史现象和话语建构,反对以"文化冲突"来解释中西关系的叙述模式,然而在作者的论述中却随处可见文化差异的重要作用,例如中西法律在范畴和类别上的差异导致斯当东在翻译《大清律例》的困境与失误,中西之间对于绞刑、斩首的不同看法和定义影响西方对中国法律的认知等。脱离文化本身的差异,恐怕我们很难对这些细致的问题进行恰当的解释。当然作者的这些疏漏并不能掩盖该书对学界的贡献和价值,书中展现出的全球视野、理论与实证研究相结合、跨学科研究等值得我们借鉴。

(魏怡多,首都师范大学历史学院硕士研究生)

《橡胶的世界史：帝国、工业和日常生活》评介

张炜伦

Stephen L. Harp, *A World History of Rubber: Empire, Industry, and the Everyday*, London: Wiley Blackwell, 2016, xxi + 162pp.

全球性商品在近现代的世界历史上有着非常重要的作用，它们原本局限于世界一隅，凭借着新航路开辟的历史机遇与自身的优越特性而受到世界的普遍欢迎，并在很大程度上重塑了全球的经济结构与劳动分工。因此，物质文化研究一直是学术界的一个重要课题。1986 年，美国著名的人类学家西敏司在他的著作《甜与权力：糖在近代历史上的地位》当中考察了糖与加勒比地区奴隶的生产、糖与宗主国社会各阶层的消费以及全球资本主义之间的密切联系。在他的影响下，很多历史学者也开始关注全球性商品在世界历史中的重要作用，除了蔗糖之外，可可、烟草、棉花等多种重要的商品都得到了学界的关注。橡胶，作为 19 世纪以来典型的全球性商品，自然也不应该被忽视。斯蒂芬·L. 哈普的《橡胶的世界史：帝国、工业和日常生活》（以下简称《橡胶的世界史》）就是以橡胶为中心，通过橡胶这一切入点勾勒出了 19 世纪以来的世界万象。

斯蒂芬·L. 哈普是美国阿克伦大学历史系的教授，同时也是美国历史协会和社会科学史协会的重要成员。早在 2001 年，他就写过一本以橡胶轮胎公司为研究对象的著作《营销米其林：20 世纪法国的广告和文化身份》，这为他进一步研究橡胶打下了重要基础。《橡胶的世界史》一书共由五章组成："种族、移民与劳工""种植园、工厂与消费当中的性别""需求与

日常消费""世界战争与民族主义"以及"抗争与独立"。我们可以将这五章内容以橡胶为线索归类为三组关系：橡胶与科技、橡胶与生产、橡胶与消费，在这三组关系中，穿插着帝国主义与民族主义。

橡胶与科技的关系是最为基础的一组关系。可以说，在很大程度上，如果没有科技的发展，橡胶就不可能成为全球性商品。在近代之前，橡胶树主要生长在美洲地区，中美洲地区的阿兹特克人将橡胶制作成有弹性的橡胶球，用于宗教性的游戏，而亚马孙地区的土著居民则以橡胶为原料制作适宜在雨林中行走的靴子。在欧洲殖民者开辟新航路之后，橡胶这一新型植物伴随着哥伦布大交换被欧洲人所熟知，但是，与甘蔗、棉花这些快速实现全球传播的作物不同，橡胶与近代早期人们的日常生活联系并不紧密，更为重要的是，天然橡胶本身非常脆弱，它很容易由于温差的变化而融化或者凝固破裂。因此，在新航路开辟之后的两个多世纪里，由于用途小以及本身的局限性，橡胶并没有体现出它的经济价值。但是，科技的日益发展逐渐改变了橡胶默默无闻的状态。

首先是一系列与橡胶本身有关的重要发明。19世纪20年代，英国的化学家托马斯·汉考克（Thomas Hancock）发明了橡胶塑炼法，将橡胶由强韧的高弹性状态转变为柔软的塑性状态。通过这种办法，原本已经成型的橡胶制品可以进行重新加工塑形，这就使橡胶突破了原本的地域限制，可以在远离原产地的地方实现产品的生产。19世纪30年代，美国发明家查尔斯·古德伊尔（Charles Goodyear）发现，如果在橡胶中加入硫黄，那么制作成的橡胶产品可以具备更大的温度适应性：在高温状态下不易融化，在低温环境下也不易破裂。这种在橡胶中加入硫黄的"橡胶硫化法"进一步帮助橡胶摆脱了自身物理性质的局限性，这一发现如此重要，以至于很多橡胶公司都以古德伊尔的名字命名，美国知名的固特异轮胎橡胶公司（Goodyear Tire and Ribber Company）就是代表。

除去与橡胶本身有关的发现，两次科技革命中的其他发明也为橡胶提供了大量的需求缺口。以蒸汽动力为核心的第一次科技革命不仅诞生了改良式的蒸汽机，也出现了以蒸汽为动力的轮船与火车。这些机械设备都需要安装以橡胶为原料的零部件：垫圈、垫片、缓冲弹簧和轴承弹簧、滚动活塞、旋塞阀、软管、皮带、电机支座等。机器的发明使得橡胶的需求开始增长，它的经济价值也在不断提高。在第一次科技革命中，橡胶的主要需求还只是在工业方面，而第二次科技革命的开展则使橡胶的大规模民用成为可能。以电气动力为核心的第二次工业革命诞生了一系列利用电能源的发明（如电话、电报），它们无一不需要橡胶皮层的绝缘保护；同时，两项重要的消费品——自行车的改良与汽车的发明也进一步加强了橡胶与民众日常生活的联系。不论是自行车还是汽车，它们都需要轮胎，不管是表面的硬轮胎还是内部的充气轮胎，都需要用橡胶作为原料。此外，两次工业革命的进行也加强了欧洲殖民者的经济与军事实力，他们对于殖民地半殖民地的控制日益加强，这在客观上为科技文明的传播创造了条件，对橡胶在欠发达地区的普及也大有裨益。

因此，随着知识技术的进步，橡胶不仅克服了自身物理性质的局限性，也实现了用途的宽泛化。不过，需要说明的是，科技的发展对橡胶并不总是起推动作用。在第一次世界大战结束之后，战败的德国吸取了在战争期间天然橡胶供应不足的教训，开始着手进行合成橡胶的研究。在20世纪20年代末期，德国的法本公司（IG Farben）研制出了丁苯橡胶（Buna-S），这种合成橡胶虽然成本高昂，但它所需要的原料在德国境内都很充足，从而帮助德国脱离了对于天然橡胶的依赖，在二战期间，德国使用的绝大多数都是合成橡胶。以德国为起点，其他的国家也陆续开始进行合成橡胶的研究，并取得了重要的成就。合成橡胶这种新型产品的出现使得天然橡胶的地位开始下降，所以，科技既推动了橡胶最初的普及，也最终遏制了它的地位。当然，至少在20世纪上半叶，天然橡胶在全球经济中的重要地位依然不可撼动。在这样的情况下，扩大橡胶的生产规模就成了欧洲列强关注的重点问题，这就涉及了这本书中的第二层关系："橡胶与生产。"

橡胶产业的生产主要分为两个步骤：初始原料的生产与收集、最终产品的加工。前者主要在种植园中进行，而后者则在工厂中完成。种植园是世界近代经济体系中的重要组成部分，它以强制劳动为主要特征，并辅以严格的纪律管理。在19世纪末20世纪初，东南亚的马来亚与印度尼西亚成为橡胶种植园理想的选址地点。这一区域的选取主要是由四个因素决定的：第一，这两个地区都位于热带雨林气候带，全年高温多雨，这对于喜热喜湿的橡胶树来说是绝佳的生长地点。第二，东南亚地区有效克服了威胁橡胶树健康的枯叶病。在橡胶树的原产地亚马孙地区，由于枯叶病的存在，橡胶树不能密集种植，否则很可能会导致枯叶病的大肆泛滥进而造成损失，这一严重的问题在东南亚地区不再存在，因而可以实现大规模的密集种植。第三，不论是马来西亚还是印度尼西亚，海洋交通都非常便捷，生产出来的橡胶能够非常顺利地通过海上航线运往欧美国家的生产工厂；第四，东南亚地区的种植园还可以获得大量的廉价劳动力，来自中国南部、印度南部的大量劳动者都可以为橡胶种植园的生产提供大量的帮助，同时，他们所要求的报酬也非常低廉。由于这四个优越条件，东南亚地区成为20世纪全球主要的橡胶生产地，承担了绝大部分天然橡胶的供应。根据数据统计，在1941年，全球54%的橡胶来自马来亚，36%来自于印度尼西亚，合计高达90%。

　　从表面上看，如此高的供应比例的确是很不错的成绩，但是，在如此巨大的产量的背后，隐藏的却是种植园劳工无尽的血泪。作为欧洲殖民扩张的产物，种植园内部存在着鲜明的种族歧视与等级差异，作者在书中花了大量的篇幅对这种差异进行了叙述。总的来说，东南亚的橡胶种植园内存在四个等级：种植园管理者、欧洲助手、监工以及苦力劳动者，他们的差异表现在诸多方面。在薪资上，高等级的群体不用从事太多的劳动就可以获得大量的收入，相反，那些位于底层的苦力劳工明明从事着最繁重的体力劳动，却只能获得最微薄的收入。在衣着上，欧洲人的服饰以白色为主，白色的衣服不仅可以反射灼热的烈日，也能够反映"白人至上"的理念，与之相对的，劳动者们的服饰就要简陋得多，女性以莎笼为主，男性则以腰布缠身。这些简朴的服饰经常遭到欧洲人的取笑，他们认为这是亚洲人落后的象征之一。在住所上，欧洲人（不论是第一等级的管理者还是第二等级的助手）居住的房屋不仅宽敞，装修也十分豪华，而劳动者们只能挤在"苦力线"（coolie lines）上，所谓的"苦力线"，就是由20个100平方英尺的小房间组成的长型房屋，狭小且拥挤。在称谓上，欧洲人拥有全名，监工可以拥有"姓"，但是苦力劳动者没有自己的名字，留给他们的只有毫无尊严的序号，就连日常的走路，他们都要保持与高等级之间的距离。除了在身份上遭受歧视，苦力劳工们还面临着其他的压榨。例如，为了延长契约劳工的契约时间，种植园主们充分利用了"赌博"这一工具，由于欠下了赌债，劳工们不得不延续工作契约，继续遭受剥削。正因如此，劳工们的反抗从未停止过，在二战结束后，当东南亚地区的民族主义运动兴起时，种植园更是被一度视为帝国主义的象征，不管是在印度尼西亚、马来西亚还是越南，与欧洲殖民者经济联系密切、同时远离市区的种植园都会成为民族革命者们主要的攻击对象。

当然，除了种植园之外，东南亚地区那些不愿意在种植园中工作的土著居民也是天然橡胶的主要生产者。他们开发了适合自身条件的橡胶种植模式，并以此作为反抗欧洲殖民统治的方式之一。由于小农的生产模式并兼具自给自足与市场导向的性质，因此他们的韧性很强，即便是20世纪30年代的经济大危机也未给他们带来太大的冲击。

在完成最初的原料采集之后，东南亚的这些橡胶就被运到欧美的工厂进行进一步的产品加工。虽然这些生产工厂位于各发达资本主义国家内部，但其同样存在等级差异与种族歧视。这些差异的表现与在橡胶种植园中的大同小异，基本离不开住房、薪资等范畴。虽然种植园与橡胶工厂都只是小规模的生产单位，但透过它们，人们不难发现在19世纪末20世纪初帝国主义与种族主义在世界范围内的广泛影响。

在完成橡胶产品的生产之后，最后一步便是厂家的销售与民众的消费，这也是三层关系中的最后一环。斯蒂芬·L.哈普在该书中重点介绍的是轮胎公司的产品销售，这一方面是因为作者对轮胎公司有较为深厚的研究基础；另一方面虽然雨衣、橡胶医用手套、性保健用品也是重要的橡胶制品，但是与轮胎相比，它们的重要性被相对弱化，因为单位轮胎所需要的橡胶量更大，同时，与轮胎相联系的自行车与汽车价格都较为高昂，因此，将橡胶制成轮胎可以获得更大的利润。为了扩大轮胎成品的市场，各个主要的轮胎公司主要采取了两种办法，一种是利用消费者的攀比心理，将轮胎制品与高档的生活质量联系在一起；另一种则是利用当时的世界形势，将爱国主义、民族主义融入产品的宣传当中。

将轮胎制品与高质量的生活联系在一起的办法有很多，主要的几家轮胎公司纷纷各显神通。位于法国的米其林公司选取了广告形象的办法。为了推动公司的轮胎销售，米其林打造了一个"米其林人"的形象——一位富有的，甚或是贵族阶层的白人男性。虽然今天的"米其林人"基本上是一个中性的呈现，但这个广告形象的第一版本则是一位抽雪茄、戴戒指、喝香槟并统管黑色人种和苦力劳工的白人男性。雪茄、戒指、香槟都象征着高档的生活品质，这对于那些富裕的、渴望彰显社会地位的欧洲男性具有很大的吸引力；而对黑人和苦力劳工的统辖也同样迎合了欧洲人的种族歧视心理，得到了很好的宣传效果。除了广告形象的设计，大众媒体的使用对于产品的宣传也极为重要，美国著名的费尔斯通公司（Firestone）就是利用大众传媒的主要代表。它不仅在《美国杂志》（*American Magazine*）和《周六晚报》（*Saturday Evening Post*）等著名的杂志刊物上将轮胎与许多古代著名的成就（如中世纪的花毯、古登堡的发明）相提并论，更于1928年在美国全国广播公司（NBC）开创了费尔斯通之声（The Voice of Firestone），这个广播节目以30分钟的古典音乐为特征，在极大程度上将轮胎制品与高质量生活的品位关联在了一起。

  利用民众的爱国主义热情与民族主义情绪进行公司宣传的事件同样不在少数。作者在书中再次列举了米其林公司的例子。在一战期间，运输人员和物资的车辆成为后勤保障的重要一环，而英法两国充足的橡胶储备满足了运输车的轮胎需求，对战争的胜利做出了非常大的贡献。如此重要的机遇，精明的商人自然不会放过。在一战结束之后，米其林公司开发了战地旅游，公司不仅鼓励游客前往那些经由车辆行驶过的战场，还非常巧妙地向游客宣传轮胎对于战争胜利的重要性。通过利用战后民众的爱国主义和民族主义情绪，米其林再次进行了产品的宣传，并且收获了非常好的效果。

  总的来说，如果用简单的框架概括，《橡胶的世界史》叙述的就是橡胶与科技、生产、消费的关系，而在这三组关系中，同时穿插着帝国主义和民族主义。科技的发展增强了欧洲列强的实力，在推动帝国主义发展的同时也实现了橡胶的推广；橡胶产品的生产过程中，种族歧视从未间断；在橡胶产品的推广过程中，经营者利用了帝国主义国家对于殖民地地区的蔑视以及民众的民族主义与爱国主义情绪。

  "商品是讲述一个全球性故事的好方式"，因为它在流通的过程中牵涉到了大量的地区和人类群体。斯蒂芬·L. 哈普以宏大的视野，将橡胶种植园、橡胶工厂、轮胎公司等多个对象纳入了叙述范围，虽然要叙述的点很多，但是作者的整体编排非常成功，通过五个既彼此区别又相互联系的主题章节，所有的内容都简明清晰地呈现给了读者，没有任何一个地区和环节被单独割裂，所有的对象处在不断的互动交流当中。同时，作者在正文叙述的过程中补充了很多的历史图片（如苦力劳工居住的住所、轮胎公司的宣传海报等)、数据图以及与正文叙述密切相关的文学性选段,这不仅增添了阅读的趣味性,也更加便利了读者对于整体内容的理解。总体来说,《橡胶的世界史》篇幅短小、结构精简、内容丰富,是帮助读者初步理解橡胶发展历程的有效读物。

当然,这本书也存在着一些不足,最大的一个问题就在于作者对于橡胶的相对弱化。虽然斯蒂芬在最初的序言中就已经明确表示,自己的写作目的在于通过橡胶这一全球性商品来揭示 19 世纪末 20 世纪初帝国主义、工业革命与消费之间的联系,但笔者认为并不能因此而弱化橡胶在书中的地位。例如,该书叙述的重点橡胶种植园,对于橡胶本身的叙述并不多,反而更多地倾向于描写种植园内部的等级状况与种族歧视。但是,等级与歧视并不仅仅只发生在橡胶种植园当中,蔗糖种植园、棉花种植园内都存在这样的状况,所以,作者的这一处理并没有凸显出橡胶种植园的独有特色。如何在兼顾宏大视野的同时凸显个性,依然值得我们认真思考。

(张炜伦,首都师范大学历史学院硕士研究生)

《大航海时代的日本人奴隶：亚洲·新大陆·欧洲》评介

韩 仑

ルシオ・デ・ソウザと岡美穂子「大航海時代の日本人奴隷：アジア・新大陸・ヨーロッパ」、中央公論新社2017年版、201ページ。

东京外国语大学的葡萄牙讲师卢西奥·德·索萨和东京大学史料编辑所副教授冈美穗子合著的《大航海时代的日本人奴隶：亚洲·新大陆·欧洲》一书，于2017年由日本中央公论新社出版，2021年1月又推出了增补新版。这部著作主要探讨了16、17世纪被贩卖到西葡控制下的亚洲、美洲、欧洲诸地区的日本人奴隶的生活。关于大航海时代被贩卖的日本人奴隶的研究，从19世纪末法国学者里昂·帕杰斯（Lyon Pages）的《日本切支丹宗门史》中对于长崎耶稣会士相关报告书的分析开始，至今已有多国学者进行过相关史料的发掘和分析。但卢西奥和冈美穗子发现，由于先前的研究都仅仅局限于地区的边界或者单一的史料，缺乏成体系论述的实证研究，所以无论是社会大众还是亚洲海洋史学界对于这一历史事实都不甚了解。故此，他们尝试将南欧史料研究的传统与东亚海洋史研究的进展结合起来，综合运用葡萄牙、西班牙、墨西哥等多国史料，并将对日本人奴隶的考察范围扩展至全球，通过分别论述个人经历的"线"与重要地区的"点"两种叙事方式相结合，力求揭示16、17世纪葡萄牙人的日本人奴隶贸易网络全貌。

该书分为绪言、前言、序章、正文三章和结语几个部分。

作者在绪言部分指出了葡萄牙人买卖日本人奴隶的历史几乎不为现代

学者所知的原因：一是在于涉事各方政府都禁止人身买卖，所以直接记录奴隶贸易的史料非常少，只是在各种史料中有间接的体现。二是缺少日本人奴隶的具体个案史料。因此作者声称书写该书的目的不是描写大航海时代的伟大航海家，而是那些被历史埋没的不为人所知的人们，从微观的视角尝试再现奴隶个人的生活经历。前言部分主要讨论了阅读大航海时代西葡奴隶制相关文献所需要理解的重要概念，尤其是大航海时代西葡语言中关于人种和奴隶的复杂用语。

序章的标题为"交叉的离散社群——日本人奴隶与改宗基督教的犹太商人的故事"，尝试通过以墨西哥国家档案馆所藏的宗教裁判所证词为主的史料，还原葡萄牙的犹太商人路易·佩雷斯与日本人奴隶嘎斯帕鲁·费尔南德斯·日本（日本名不详）横跨三大洲的故事，以填补这一领域中个案研究的空白。嘎斯帕鲁于1577年出生于丰后国，约十岁时被拐卖到长崎，并被卖给佩雷斯一家，这是依史料仅知的他遇到佩雷斯一家前的经历，之后一直随佩雷斯一家在世界上流动。而路易·佩雷斯大约于1530年出生于犹太人聚居的葡萄牙内陆贸易重地维塞乌，为了逃避宗教迫害，佩雷斯带着两个儿子于1580年代初偷渡至印度果阿，后继续逃亡，先后到达柯钦、马六甲、澳门、长崎和马尼拉，最后病故在去往墨西哥的船上，并在漫长的迁徙中购买或雇佣过孟加拉、柬埔寨、爪哇、日本、朝鲜等多个民族的奴隶和佣人。嘎斯帕鲁与佩雷斯一家相遇的节点是在旅程的第四站长崎，他被以十个或十一个比索的价格作为"年季奉公人"被佩雷斯买走并受洗，负责协助佩雷斯一家的家务和生意。1592年佩雷斯一行人逃往马尼拉时，带他离开了日本。一行人在马尼拉平稳的生活了五年，其间又在当地雇佣了两名日本佣人和一名朝鲜奴隶，但在1596年被多明我会以其一家是隐秘犹太教徒的罪名告发。常年为佩雷斯家负责饮食的孟加拉人奴隶保罗·潘佩鲁掩盖了佩雷斯家的犹太饮食习惯，但还是因为日本和朝鲜人奴隶不了解犹太教和基督教习俗的差别而暴露了佩雷斯犹太教徒的身份，使佩雷斯一家被捕而流放墨西哥，三名本来作为"年季奉公人"服务佩雷斯家的日本人，这时在财产清单上也被宗教裁判所简单的认定成了终生奴隶。1597年路易·佩雷斯在船只到达墨西哥阿卡普尔科港的两天前病逝，一行人中仅有他的两个儿子、三名日本奴隶和奴隶保罗到达了墨西哥，其他人下落不明。1599年，已经被卖给其他人为奴的嘎斯帕鲁在墨西哥城重逢了被监视居住的佩雷斯兄弟，并在他们的证言下重获了自由身，最后在远离故乡的大陆度过了余生。本章虽为序章，但内容最为丰富，不仅第一次尝试用史料还原了一名日本人奴隶的个人生活经历，更是以此为线索，较为详细地论述了16世纪西葡殖民网络中的方方面面，包括各地的交通联系、宗教裁判所运作、犹太人离散社群和长崎切支丹日本人等群体的生活方式等。

该书正文三章，第一章的主题为亚洲，分为澳门、菲律宾和果阿三个重要节点叙述。

澳门是与日本联系最紧密的葡萄牙港口，从葡萄牙人居住区成立初期开始，就有大量的日本人和其他亚洲人共存其中，其社会结构可以说与葡萄牙人在亚洲各地进行的奴隶贸易有着密切的关联，是人口的中转站之一。作者提到奴隶在澳门的工作与内陆地区不同，大多是围绕着贸易港口的功能展开的，并且人数不多。此外作者的探讨还涉及奴隶的性别问题、日裔贸易船长和佣兵、流亡的切支丹、明政府对"倭奴"增多的警惕、1625年的澳门人口普查等。

在菲律宾最早的日本人据点，有史料可查的是吕宋岛北部的卡加延和林加延，但随着马尼拉的地位上升，尤其是1583年澳门与马尼拉开始通商后，大量日本人通过这条航线移居到了马尼拉。作者重点梳理了马尼拉日本人社会的兴衰，还提到两名被指控为"女巫"的日本女性奴隶。结合序章和后文的内容，使我们可以了解马尼拉有大量日本自由民和奴隶共存，并且也是重要的人口中转站。

果阿是葡萄牙在印度最重要的据点，据当时一位法国冒险家的记录，果阿云集了亚洲各个地区的商人，也能见到很多定居在果阿的中国人和日本人，关于日本人奴隶的记录也出现于各种史料之中。作者认为应该留意从1570年开始葡萄牙国王发布的一系列关于日本人奴隶贸易的禁令，以及果阿社会的反应。从果阿市民反对奴隶禁令而呈送国王的信件中，我们可以得知日本雇佣军对于果阿军事防御的重要性，以及日本人奴隶数量占果阿人口总数较高的比例。随后作者利用史料梳理了果阿禁奴与反禁奴观点的争论以及最后不了了之的过程，并且还提到了奴隶在果阿遭遇的虐待。

第二章讨论西属中南美地区，分为墨西哥、秘鲁和阿根廷三个节点。
墨西哥与亚洲联系紧密起来是从1565年大帆船贸易开始的，但对于亚洲自由民和奴隶的系统记录则始于 1590 年王室金库设立之后，此前的史料很少。然而，作者从 1584 年伊斯米尔潘的矿场主向马尼拉总督请求购买几百名亚洲奴隶的信件中，证实了有亚洲人经由菲律宾被送往美洲矿山的事实。而墨西哥最早有准确记载的日本人，是 1596 年到达的一名叫作托梅·巴鲁德斯的奴隶，他在长崎曾经和序章中的佩雷斯一家关系密切，并在墨西哥认出了佩雷斯的一个儿子，报告给了当地的宗教裁判所。此外作者还列举了其他一些以各种身份来到墨西哥的日本人的例子，包括著名的"庆长遣欧使节团"中因故滞留的成员，展示了当时墨西哥社会中的日本人社会阶层的复杂性。作者最后强调，由于亚洲奴隶在运往美洲的途中，都要改宗基督教并接受西葡风格的名字，这使其身份难以辨认，所以相关的实证研究非常困难。

到达秘鲁的日本人可能有经过果阿、里斯本的大西洋航线和经过澳门、马尼拉的太平洋航线两条途径。从利马的人口普查记录中，我们能明确知道在 1607 年至 1613 年间有 20 名身份不一的日本人生活在利马市。作者随后列举了其中一些人的相关信息，并且从其中一名日本人奴隶的烙印展开，介绍了关于葡萄牙人在奴隶身上烙印习惯的相关史料。

阿根廷有日本人存在的最早记录，是在当时作为奴隶贸易中心的科尔多瓦，有一名叫佛朗西斯科·日本的奴隶，他到达当地的经过已经无法考证，因此作者在此只是借用前人的研究介绍了从他在当地为奴到重获自由身的经历。

第三章为欧洲，分为葡萄牙和西班牙两个节点。

进入葡萄牙贸易网络的日本人中，也有不少人通过果阿流入了欧洲，作者从 1735 年初版的《航海的悲剧故事》（*História Trágico Marítima*）（该书收集了大航海时代的大海难）中，找到了日本人遇难的记录。随后作者介绍了葡萄牙人管理包括奴隶在内的东方商品的"印度商务院"，以及生活里斯本的奴隶的社会组织"康夫拉里亚"（Confraria），并探讨了里斯本日本人奴隶的婚姻和职业，以及西葡边境小镇塞尔帕的一个小领主与七名日本人奴隶的情况。

关于在西班牙塞维利亚生活的日本人，作者介绍到更明确的史料是前文提过的"庆长使节团"中滞留当地的几名成员，其中地位最高的是山城出身的武士泷野嘉兵卫，作者根据各方的史料，对他之前身世做了推测，并介绍了他在西班牙备受王室和教会的礼遇,但后来却被人非法当成奴隶对待,甚至被烙上烙印,最后又在塞维利亚印度枢机会议的帮助下起诉了奴役者。另外,作者还分析了现在以科里亚德尔里奥为中心存在的以"日本"(Japón)为姓的西班牙人,认证了他们可能是使节团滞留成员后代的可能。

结语中,作者先以日本为主要视点简述了日本人在"南蛮世纪"被掳掠为奴的原因,如战国时代的战乱中对敌方领民的掳掠,以及各方大名对于外国商品的需求,还有日本百姓对于欧洲"奴隶"概念理解的偏差等。最后作者谈到了教会与奴隶贸易的复杂关系,关于这一问题,该书作者之一卢西奥·德·索萨的另一著作《十六、十七世纪的日本人奴隶贸易及其扩散》做了详细探讨。

在日本史学界,关于16、17世纪被欧洲人贩卖出国的日本人奴隶的研究有一定的学术传承,不过所用的史料,追根溯源主要还是来自冈本良知在1934年所发表的相关文章,且这些史料大都是政府发布的文件或长崎教会的记录,关注点常在于日葡关系或切支丹史研究,而关于具体个人的微观研究基本为空白。在国际史学界,虽然也有包括中国在内的一些学者进行过相关的研究,但是视点和所用史料基本也都以本国为界限,比如中国和葡萄牙的学者都只关注于澳门,而西班牙学者胡安·希尔的研究范围则仅限于塞维利亚,拉美许多地区的相关史料没有被发掘利用。而且,除了相关的少数学者,这些研究对于普通日本民众,甚至是国际海洋史学者来说都几乎不为人所知。因此,该书的研究具有重要学术价值。

与之前的研究相比,该书的研究具有两个特点:一是具有全球史研究的视野和方法;二是关注微观个案。关于近代早期奴隶贸易的研究,必然要跨越文化的边界,但之前的研究大多限于以一地区为中心的范式,而该书的葡日两名作者采取了多中心的写作方式,参考了西葡墨日等多国的史料,分别以路易·佩雷斯与嘎斯帕鲁的个人经历和西葡的贸易网络为两条线索,力图系统地呈现出日本人奴隶被贩卖到世界各地这一事件,体现了微观个案与全球史理念的结合。

作为一部实证作品,作者把几乎所有篇幅都用在介绍和分析史料上,这难免使史料过于碎化,进而使本书,尤其是正文三章的结构碎片化。不过,序章中的佩雷斯家因为多次受各地宗教裁判所的审讯,由此有了一些史料记载，可以勉强拼凑出较完整的人生轨迹。通过阅读本书，我们从中能体会到作者利用仅有史料还原各地区间联系的尝试，例如除了序章外，作者还在介绍澳门、墨西哥、西班牙等地的史料时，找出了与序章中佩雷斯一家在某些地区曾有过的交集的人物，探讨他们在西葡贸易网络其他地点的过往经历或人生结局究竟如何，让读者真实地感受到16、17世纪这一全球网络的存在。但这一发掘尚浅的领域，还有很大深入研究的空间，笔者认为后续的研究除像该书作者所说的继续发掘史料之外，或许亦应将其放在16、17世纪全球性的奴隶贸易的研究中去考量。

（韩仑，首都师范大学历史学院硕士研究生）

《东方是黑色的：黑人激进主义者想象中的冷战中国》评介

苏学影

Robeson Taj Frazier, *The East is Black : Cold War China in the Black Radical Imagination*, Durham and London: Duke University Press, 2015, vxi + 329pp.

作为以黑人文化史见长的历史学家，罗伯逊·塔杰·弗雷泽长期关注美国和世界其他地方非洲侨民的艺术、政治及表现性文化，并详细考察了种族和性别、文化沟通与联系、城市文化和生活以及大众文化的历史，相继发表和出版了一系列有影响的论著。《东方是黑色的：黑人激进主义者想象中的冷战中国》是弗雷泽的代表性专著之一，这是一部探索冷战期间非裔美国激进主义者与共产主义者之间联系的新著，一经出版便引发巨大反响。作者独辟蹊径，自下而上，不再拘泥于传统的政治外交家之间的研究，而是以黑人争取民权运动与共产主义思想相结合为着眼点，彰显了一种跨国史视角。

就全书的内容来看，作者选取了黑人知识分子杜波依斯夫妇、前全国有色人种协进会组织者罗伯特·威廉夫妇、记者威廉·沃西以及前共产党员维基·加文为考察对象，讲述了从1949年至1976年间中国外交政策中鲜为人知的一面：非裔美国激进主义者与中国政府之间的"政治和文化交流"。

弗雷泽研究的核心是"想象的不协调"，也就是说，在脑海中想到的事物和在现实中展现出来的形象存在差异。正如伯明翰大学全球史学者莱斯利·詹姆斯所言，弗雷泽感兴趣的是几名黑人激进分子如何"变戏法"般地将共产主义中国变成有利于他们自己对抗美国种族主义的形式。毫无疑问，中国的解放言论有助于黑人激进分子努力开拓黑人生活的新领域。如果说种族问题是美国黑人面临的一个关键问题，那么它也是中国区别于冷战对手美国和苏联的关键点，中国成为其对外宣传的一个楷模。因此，弗雷泽也很关注前往中国的黑人旅客如何有意或无意地支持中国共产党的国际主义战略。

基于这样的思考，全书按年代顺序分为两大部分，总共四个章节，每一章都对几个黑人激进主义者在中国的政治旅程进行了详细的解读。

第一章介绍了杜波依斯夫妇的中国之行，强调了他们对于当时中国"大跃进"运动的肯定，以及为加强非裔美国人与中国之间关系所做出的努力。杜波依斯认为新中国的建立对于非裔美国激进主义者来说意义重大，在他们看来新中国不仅致力于国内经济的恢复，而且还致力于反对美国和欧洲的帝国主义，这对于黑人反对种族歧视而言具有重大意义。同时，弗雷泽也展示了中国政府在"大跃进"期间是如何精心策划杜波依斯夫妇的中国之行的，政府预先设计了参观路线，向杜波伊斯夫妇展现了中国社会主义建设的巨大成就，从而在外国学者眼中树立起中国良好的国际形象。此外，弗雷泽细致入微地分析了杜波依斯的妻子雪莉对中国改善妇女状况的看法。在她看来，中国正朝着消除性别歧视和实现公民社会自由的方向迅速迈进，这一时期中国女性与男性的地位比她所了解的任何一个国家都要平等，这对她后来无条件支持"文化大革命"产生了重大影响。

第二章主要讲述了威廉·沃西的中国之行。作为一名新闻记者，为确保其新闻报道的真实性，他需要实地考察和采访，这为他的中国之行奠定了基础。他对朝鲜战争的报道使得他遍历亚洲，在此期间他深刻意识到反对帝国主义和反对种族压迫的重要性。沃西回国后发现，美国国内对于朝鲜战争的报道和他自己的实际经历相冲突，这使得沃西对美国媒体报道中国对待美国战俘的行为产生了怀疑。于是，威廉·沃西在美国各地对战俘进行了采访，收集了他们在战俘营和在中国生活经历的信息。通过采访了解到，虽然这些士兵身处战俘营中，但他们也感受到了美国种族制度对他们的影响，他们开始质疑美国干预朝鲜问题的做法，开始反对帝国主义，呼吁世界和平。在这期间，沃西违反了政府的禁令前往中国，他的中国之行以及随后的古巴之行使他陷入了严重的麻烦。因为他的这一系列行为引起了美国国务院的关注,他在回国后护照便受到了限制。但他的这些新闻报道使他成为美国国内民权运动的象征,也强化了中国在非裔美国人心目中的正面形象。

第三章阐述了罗伯特·威廉夫妇的旅行。他们都是主张暴力自卫的激进主义者,1961年因受到绑架白人的指控而遭到联邦调查局的通缉。他们先是逃到加拿大,随后又流亡到古巴。在那里,他们继续出版了《十字军战士报》,并主持了一个针对国内非裔美国人的电台节目,但他们对古巴的种族现实和苏联对发展中国家的政策越来越失望。而且由于他们的亲华文章,他们在古巴受到越来越多的批评并陷入孤立,于是他们决定前往中国。在中国,他们以图文小册子的形式撰写在越南战争期间有关非裔美国士兵的文章,并因此在中国成了名人。在《听着!兄弟》这本小册子中,罗伯特·威廉夫妇的思想得到了详细的阐述,小册子打破了传统的以男性为主导的叙述方式,从女性视角论述了非裔美国人进行的反种族歧视和反种族压迫运动。在罗伯特·威廉夫妇看来,美国黑人开始逐渐认同世界上的黑人解放力量,越来越反对帝国主义和种族主义,并主张世界革命。弗雷泽对他们的评价颇高,他认为罗伯特·威廉夫妇与毛泽东的交往在全球反帝国主义、反种族歧视过程中发挥了重要作用。

第四章的内容是关于维基·加文在中国的生活和工作。1958年加文退出美国共产党,在尼日利亚工作了一段时间后前往加纳,在那里,她见证了摆脱殖民统治的非洲新独立国家的建设。1964年,加文接受了一位中国外交官的邀请到上海教英语,她以毛泽东思想来讲授非裔美国人解放运动的历史,同时还鼓励女学生要具有女权主义思想。在此期间,毛泽东思想及相关的著作对加文个人及其教学工作产生了巨大的影响。此外,在中国期间她还参加了许多的研讨会和演讲活动,制定新的教学大纲,开展形式新颖的课堂活动,对中国教育产生了重要影响。她拥护并支持中国的"文化大革命",当时居住在中国的罗伯特·威廉夫妇持肯定和赞扬的态度。1970年加文返回美国后,成为"中美人民友好协会"的成员,她帮助组织策划了多次中国的旅行,使更多黑人激进主义者得以访问中国。"中美人民友好协会"的建立预示着中美关系的解冻和1972年尼克松访华即将到来。

弗雷泽在结尾部分主要讲述了中美关系的正常化、中国对非洲的援助、中国对外关系的改变等对美国黑人激进分子的影响，以及约翰·基伦斯来华等内容。在中美关系正常化期间，罗伯特·威廉夫妇顺利回国，结束了他们的流亡生活。罗伯特·威廉夫妇的归国在一定程度上对推动中美关系正常化的进程产生了影响。后记部分则是从个人自传的角度描述中国的意识形态、多元文化的发展等。

就全书的档案使用而言，尽管他并没有取材于中国官方档案资料，但却利用美国档案并通过实地采访，结合大量相关研究对其主题进行了丰富的描写。诚如作者自己所说，在查阅所涉及当事人的记录、书籍、照片、艺术品、剪报、杂志、信件、日记、硬币、盘子和其他奇怪的和有趣的物品时，让他同时与过去、现在和未来产生了互动。从而使得文章的写作更加真实可信，还原出一幅比较完整的历史画面。

总的来说，该书脉络清晰，逻辑缜密，作者试图将历史与政治文化相结合，将非裔美国人的经历与中国历史相结合，这种写作方法更利于读者了解在当时历史状况下美国黑人的反种族主义运动与中国人民的反帝国主义，深化对美苏冷战背景下文化冷战的理解。作者以黑人激进主义者为切入点，开辟了很多新思路，提出了很多新观点，弥补了这一研究领域的空白，从这一点而言，该书不失为一本佳作。

尽管有很多优点，但它也留下了进一步探索的空间，例如，文中关于争取妇女平等的斗争是如何符合黑人激进分子的诉求的？美国黑人激进国际主义者追求的美国争取种族平等的斗争是多种族的，还是主要以非裔美国人为中心的斗争？中国是如何支持非裔美国人进行自由斗争的？对此，弗雷泽并没有提供答案。除此，作者仅通过对几位黑人激进主义者的经历去阐释非裔美国人和中国政府的联系，对于美国国内人民以及中国人的叙述很少涉及，也很少关注中国媒体对这些事件的反应和报道，尤其是对中国档案的有限使用，使得文章的论证在解释力上存在一定的局限性。弗雷泽本人在序言中也指出这些资料有很大的不确定性，在解读方面存在很大的局限性。对于这一领域的研究，如何更好地收集和利用中国的资料是进一步努力的方向。

（苏学影，首都师范大学历史学院硕士研究生）

《全球化的大历史：全球世界体系的诞生》评介

汪锦涛

Julia Zinkina, David Christian and Leonid Grinin, eds., *A Big History of Globalization: The Emergence of a Global World System*, Switzerland: Springer International Publishing, 2019, xvii + 284pp.

茱莉娅·津基纳（Julia Zinkina）是俄罗斯国民经济和公共管理总统学院人口和人力资本国际实验室的高级研究员，同时还在俄罗斯罗蒙诺索夫莫斯科国立大学全球研究学院担任研究职务。她目前的研究领域包括全球和国家层面的人口发展过程、全球社会网络、全球性的社会政治问题、全球宏观历史和长期发展趋势。她与另外七位学者共同编写的《全球化的大历史：全球世界体系的诞生》（2019）一书，不仅是一部关于全球化进程的重要历史著作，而且还以"大历史"理念审视全球化。作者除了俄罗斯学者外，"大历史"的倡导者、澳大利亚学者大卫·克里斯蒂安（David Christian）也参与其中，使得该书成为全球化背景下国际合作的产物。

该书包括两篇导言和一篇结语在内，共分为十二章。不同的章节由不同的作者负责撰写，独立成章，但又以时间为线索互相联系，共同回答"全球化是什么？全球史始于何时？全球史本质何为？"等问题。

"古代的全球化：世界体系的诞生"一章叙述了全球世界体系的诞生过程和由此产生的早期古代世界的全球化。作者认为，当包含世界大多数人口的社会（领土）之间的稳定关系和系统互动得以建立时，全球世界就出现了。作者一并认为，从这个角度来看，全球世界的定义接近于世界体系——最大的"超级社会体系",它起源于中东,是农业(新石器时代)革命的结果,并通过无数次扩张和巩固的循环而涵盖了整个世界。值得一提的是,作者在该章开篇提出全球的"年代"和人类历史的"年代"是不一样的,作者在此借用了"大历史"的概念。

从"公元1—1800年的全球动态:趋势和周期"一章至"全球化的第一个黄金时代:1870—1914年"一章中,作者着眼于从历史的纵向维度书写全球化的过程,并得出结论:全球化的本质远非无可争议。在有关全球化的数百个定义中,这本书选取了乔治·莫德斯基(George Modski)提出的方法,他将以下两种理论范畴结合起来:将全球化视为跨界互动、关系网和传播性增强的"联系主义"方法,以及一种将全球化解释为全球性和全球性制度的出现及演变机制的方法。作者强调,"制度"对莫德斯基来说是一个宽泛的术语,因为它包括全球自由贸易、跨国企业、全球治理、全球社会运动、意识形态等概念。因此,作者在该书中试图从这两种重叠的角度来分析全球化的历史,即各种全球网络的出现和扩展,以及它给人类世界带来深刻变化的全球进程的演变与发展。

该书第五章以地理大发现时代为中轴,考察了在此之前的几个世纪里发生的非洲—欧亚世界体系的动态和结构变化,希望以此来找到并解释全球扩张的一些先决条件。作者的考察重点在于首先对地理大发现时代的一些全球扩张形式进行简要描述,之后继续研究早期现代全球史阶段一些最突出的表现形式。这些表现形式以全球网络内发生的新型互动和互相作用为主(这些交流反过来促进了全球网络的形成)。作者提出的最典型的例子包括跨区域和洲际的动植物交换(哥伦布大交换)、病原体传播、有价值的稀有贵金属(如白银)的传播等。该书第六章认为在现代早期,人类社会的结构仍然遵循着人口周期增长——经历危机——克服危机——重新获得增长的模式。第七章以"现代早期:新兴的全球进程和制度"为标题,叙述了现代早期人类社会的一些重大变革对塑造全球化体系和扩张全球化规模的重要意义。这其中包括印刷机的发明、"军事革命"和现代国家的形成。在第八章中,作者重点研究了英国的工业革命,指出虽然工业革命是现代技术革命的一个至关重要的部分,但它仍然只是全面现代化进程的一个要素,并不反映整个现代化进程的方方面面。在全球化的历史背景下,工业革命只是产生了新型的网络和通过这些网络传播的内容。总之，工业革命是服务于全球化进程的一个要素，而非一个全球化阶段。

该书第九章以"19世纪的全球社会政治变革"为题，讲述了19世纪在现代全球化大历史发展阶段中的重要地位。作者认为，19世纪见证了国家主权、国家治理和一般政治领域许多重要变革的开始。从大历史的角度来看，具有多维、深刻、迅速的特点的现代化发展进程中的不平衡，使得世界体系中的核心国家暴露在动荡和革命的危险中。作者指出，乍一看，这些动荡事件经常发生在经济改善和生活水平提高的背景下。在这一章中，作者力图探寻这些表面矛盾背后的本质。作者指出，随着全球化的深入，现代化进程越来越多地渗透到世界体系的半边缘和边缘部分，这些矛盾背后的本质机制也开始扩散，成为全球性的，并在整个20世纪和21世纪初的各个现代化国家产生了不稳定的社会政治性事件。作者还论述了有关政治民主化的内容。作者认为国家治理领域最显著的变化之一与选举权有关。事实上，现代化的各个方面正变得越来越不符合传统制度，在传统制度中，只有少数人拥有投票权，从而参与国家治理。因此，整个19世纪，尤其是从19世纪30年代开始，是一个在世界体系内为扩大选举权而激烈斗争的时代，最终导致了20世纪普遍选举权在世界范围内的传播。

该书第十章重点探讨了作为社会文化领域重要方面的教育的功能和对全球化的作用。作者指出，在19世纪，教育领域发生的重大变革之一是，教育作为上层阶级特权的地位开始发生巨大变化。许多欧洲国家（以普鲁士为例）引入了国家资助和控制的大规模（以及后来的义务）初等教育。在欧洲和北美以外，教育传播得较慢，但这一领域的进步在许多国家仍然显而易见。一个特别引人注目的例子是日本，中学教育的组织和内容发生了一些根本性的变化，因为19世纪出现了现代类型的体育馆，从而为学生进入大学做了准备。大学教育也经历了深刻的变化，因为它的中世纪特征让位于两种现代模式（法国的和德国的）。最重要的是，大学教育的变化不仅仅局限于欧洲，在其他地区也可以观察到。所有的这些变化都为全球化的社会信息化和文化知识的互动交流创造了有利的文化基础。

该书的一个重要创新之处在于作者提出了关于全球化历史的分期标准，

借鉴其他史学流派理论（现代化理论、世界体系理论等）的方法，提出了全球化发展史的五个历史时期："古代的""前现代的""早期现代的""现代的"（该时期在全球化的第一个"黄金时代"阶段达到发展高潮）和"后现代的"。通过分析世界体系向新的更为复杂和一体化方向的转变，该书为"大历史"的进程和人类社会的进化提供了有价值的见解。

（汪锦涛，郑州大学历史学院硕士研究生）

Contents and Abstracts

Articles

Discussion on the Studies of the Pacific History and the History of Countries in the Pacific Area

Wang Shiming, Liu Shuqi (3)

Abstract: The study of the Pacific history has already gained some achievement, in which the studies of environmental history and indigenous history are impressive, but there still remain obvious traces of the "West-centrism". With the increasing study on global history and issues concerning some area and individual state, the study of the Pacific history in China has begun to attract much attention. A consensus should be reached on the history of states in the Pacific area as epistemological concept of integral history; and as integral history from the textual perspective, it is hard to be defined, framed and written, because ofthe lack of research significance and historical construction. On thisaccount, regional and sub-regional history in the Pacific area should be the right researching fields for academic circles with much interest and much effort.

Key Words: the Pacific; Pacific History; History of States in the Pacific area; Regional History

Some Reflections on Transnational History in Recent Historiography

Liu Xiang (17)

Abstract: In the past three decades, the study of transnational history has promoted the renewal of the research themes and perspectives, and it has achieved fruitful academic achievements. At the same time, a lot of academic criticism has also appeared around transnational history, which involves the concept of transnational history, the choice of research topics, the role of the state, the causal relationsand etc. Reflections on these problems show the aspects that can be perfected in the further development of transnational history, and provide beneficial thinking for exploring the goal of mutual supplement and promotion between transnational history and nationstate history.

Key Words: Transnational History; Academic Criticism; Nation State History; Transnationalism

The Qianlong Emperor's Letter to George III and the Early-Twentieth-Century Origins of Ideas about Traditional China's Foreign Relations

Henrietta Harrison (30)

Abstract: This article examines the famous edict in which the Qianlong emperor responded to the British embassy led by Lord Macartney to China in 1793, which has often been interpreted as a symbol of the Qing dynasty's ignorance and narrow-mindedness. An examination of a wider range of archival documents suggests that the quotation does not reflect the Qianlong emperor's response to the British embassy, which was primarily to see it as a security threat, but rather eighteenth-century British concerns with protocol and their influence on Chinese and Western scholars in the early twentieth century, when the letter first began to circulate widely. The focus here is on Chen Yuan, Shen Jianshi, Xu Baoheng, and other scholars who edited the first volumes of published materials to emerge from the Qing archives, as well as Jiang Tingfu, Deng Siyu, and John K. Fairbank, who used these materials to create a lasting narrative of the Qing. Looking at how the letter has been interpreted illustrates both the role of archivists as co-creators of history and the extent to which many of our ideas about Qing history are still shaped by the tumultuous politics of China's early twentieth century.

Key Words: Macartney Embassy; Qianlong; Archives; Kowtow; John K. Fairbank

Who Invented the Map? Some General Thoughts on the Most Ancient Space Representations from West and East

Lai Rui, Anca Dan (57)

Abstract: This article explains the cultural background of these characteristics by comparing the commonness and characteristics of two civilizations on their knowledge about the world and their own cartographic traditions, as well as some early exchanges and contacts. First, we will look at the most ancient representations of terrestrial and cosmic spaces in the two civilizations and we will observe how they could arrive, most probably independently, without being in contact one with each other, to some cartographic shapes, which can be compared. In the second part of the article, we will explain the originality of the Greek "geography", and the information about China allowed Ptolemy to calculate the coordinates of the first detailed world map known in the West. In the last part of this article, we will discuss the most famous Chinese ancient traditional maps: we notice that they correspond to a method that could establish maps without taking into consideration the sphericity of the Earth. The Chinese maps are drawn following a scale. An Arabic intermediary introduced the grid, which is a direct sign of this scale, in the Latin western cartography in the 14th century. Like any real "cultural transfer", the use of the grid is different, having a new meaning, which corresponded to the needs of the Europeans. The mastery of the space-time is in fact the last and universal reason for inventing maps no matter in the East or the West.

Key Words: East; West; Geography; Cartography; Cultural transfer

Observation and Imagination: *A New History of China* in 1688

Pan Tianbo (82)

Abstract: From the perspective of global history, the description andthe imagination of objects are unique ways of early global cultural exchanges. *A New History of China* of Missionary Gabriel de Magalhães has launched a faithful description and imagination of the Chinese objects, which provides the most detailed knowledge landscape for the European people to read the Chinese objects, and actively created a cross-cultural image of the Chinese empire. The new stage of construction has in turn contributed to the peak period of European people's fascination with Chinese objects, and provided a frame of reference for the development of Chinoiserie in Europe. *A New History of China* not only responded to the European society and people's desire and pursuit of Chinese knowledge in 17th century, but also provided a link for global technical and cultural exchanges.

Key Words: Missionaries; *A New History of China*; Chinese Empire; Imagination of objects; Enlightenment

A Research on the Impact of the Introduction of Crops on the Silk Road in the Ming and Qing Dynasties on the Communication between China and the World and the Development of Chinese Agriculture

Cui Sipeng (101)

Abstract: The Silk Road served as an important bridge between ancient China and the world, as well as the main channel for the spread of crops between China and the rest of the world. There was, in the study of Chinese agricultural history, the theory of "three climaxes of introduction of foreign crops in China", in which the third climax of the spread of foreign crops to China occurred in the Ming and Qing Dynasties. Of all the foreign crops, those introduced from the Americas were the most common and widely spread. The Ming and Qing dynasties were also a critical period when Chinese native crops spread to the world, especially to the Americas. Therefore, the transmission of crops had also become an important medium between China and the world during the Ming and Qing Dynasties, which greatly promoted the exchanges between China and the West. The spread through crops also provided a new perspective for reexamining the exchanges between China and the world during this period. In addition, the introduction of American crops also had an important impact on the development of Chinese agricultural civilization during the Ming and Qing Dynasties.

Key Words: Ming and Qing Dynasty; Silk Road; Crops Spread; Communicative Interaction; Agricultural Development

A Comparative Study of Property Division Documents between China and South Korea in Late Modern Time

Zhu Mei (123)

Abstract: After a long history of evolution, China and South Korea have formed a set of common property division habits. As the original records of dividing the family property, the records of property division documents called "*fencaiji* 分财记" in Joseon Dynasty and "*fenjiashu* 分家书" in Ming and Qing Dynasties are a kind of contract made by the people for the activity of dividing the property. The property of China and South Korea in late modern time can be divided, and is jointly inherited by the sons or childrenin a family of multiple sons or children, which is different from the system of Japan's eldest son's separate inheritance. In Joseon Dynasty, the system of equal distribution of legitimate children was carried out, and daughters were also formal property recipients, who had fixed shares at the time of property division; in the documents of property division of Huizhou area in Ming and Qing Dynasties, the fixed property of daughters was often not included. Joseon Korea's property division is based on "*Jin* 衿". Jin stands for individuals, regardless of men and women. Family in Huizhou area of Ming and Qing Dynasties was divided into "houses 房".

Key Words: Property Division; Joseon Dynasty; Daughter; *Fencaiji*; *Fenjiashu*; Comparative Study

George Thomas Staunton and the "Chinese Rites Controversy" during the British Embassy to China

Zhao Liancheng (143)

Abstract: When the British Macartney and Amherst Embassies came to China in Qing Dynasty, the point of debate was whether the British should perform the Chinese ceremony "San-kwei-kne-kow" (kowtow, or "ko-tow" as the 19th century British people call it), also known as a part of the "Chinese Rites Controversy". George Thomas Staunton played a crucial part in both embassies, especially the Amherst Embassy, where he successfully persuaded Lord Amherst to refuse to perform such Chinese rituals in spite of the conflicting ideas of the significance and limit of performing the ceremony. The close reading of Staunton's texts of different ages andcomparative study of his texts and those of his colleagues indicate that Staunton' attitude toward Chinese ceremony involves several elements: Staunton's position in the East Indian Company, his status as nobility, his career plan and the underlying elements of the his so called "personal experience" and "state honor".

Key Words: Staunton; the Amherst Embassy; Chinese Rites Controversy; Kowtow

"Interactions" between Lin Zexu and Peter Parker: Some Reflections from a Cross-cultural Communication Perspective

Li Yang (155)

Abstract: Lin Zexu and the American medical missionary Peter Parker had several "interactions" in 1839: Lin Zexu sent people to meet with Peter Parker with the purpose of learning about "foreign conditions", inquiring about his disease as well as western therapies of smoking cessation methods for the opium-banning campaign. Lin Zexu asked Parker to assist in translating international law and note to the Queen of England. If we regard Lin Zexu and Parker as individuals representing the two heterogeneous civilizations of China and the West in the first half of the 19th century, it is comparatively insignificant whether they meet face-to-face or not; what is important is to observe their ways of "interactions" from a microcosmic perspective, which helps to understand the problems existing in the early contact between Chinese and Western civilizations from the perspective of cross-cultural communication, and to understand the importance of ideational culture behind the civilization interaction.

Key Words: Lin Zexu; Peter Parker; Interaction; Cross-cultural Communication

The Individual under the Political Situation: The Experience of the Peruvian Chinese Labor He Guangpei before and after Going Abroad

Wang Yanxin (165)

Abstract: The transnational study of the individual case of Chinese labors hasn't been noticed sufficiently by scholars, which is neither conductive to know about the individual experience of Chinese labors, nor good for showing the deep influence of the important historical events. In the case of He Guangpei, with the rising and declining of the civil uprisings, his father He Sixun became from the educational officer to the employee of the hall of Guangdong, and he also became from the child of officers to the secretary of Binxing organization. Then he became the Chinese labor in Peru from the people of Qing Dynasty, losing the protection of the family, gentry and nation, and finally was deeply caught into the economic and social structures of Peru. With the change of diplomatic situation, Yung Wing went to Peru in order to survey the plights of the Chinese labors, and He Guangpei finally became from the surviving victim to the accuser which provided the important testimonies for Yung Wing. In a word, we shouldn't only understand the individual destiny based on the political situation, but also connect the seemingly unrelated situations by the individual experience, and then the historical multi-aspects and charm would appear.

Key Words: Transnational History; Micro-history; Peru; Yung Wing; Heaven and Earth Society

The Information Dissemination of "Ding Wu Qi Huang" and the Famine Relief Conducted by Westerners

Zhao Ying (179)

Abstract: "Ding Wu Qi Huang", the Famine in China from 1876 to 1879, affected the provinces of Shanxi, Zhili, Shandong, Henan and Shanxi in North China. The westerners in China mounted relief operation for helping Chinese famine victims. However, westerner's information channels to the Chinese famine in the coastal and the inland China are different. Under the asymmetric information, westerner's relief work conducted in Shandong, rather than in Shanxi, the worst-hit area in the early time. Transformation of this situation happened when the Famine news of Shanxi from *Peking Gazette* was translated and published by the English language newspapers. The Famine in China began to attracting the international attention. People from different areas and communities actively participated in disseminating the famine information. They had a voice in international affairs by this means. And the westerner's relief operation became an issue on the national level.

Key Words: "Ding Wu Qi Huang"; Relief Operation Conducted by Westerners; *Peking Gazette*; Information Dissemination; a Voice

Kang Youwei's "New Age" Theory: Thinking of China Issues from Political Changes in Europe and America

Zhang Xiang (195)

Abstract: This article analyzes Kang Youwei´s theory of the "New Age", which considers the experience of political reform in Europe and the United States and the actual situation in China, and provides a reform plan in China. Kang Youwei's explanation of Western Europe's "New Age" can be summarized as "topography—feudal nations—unity of one country". The feudalism and long-term competition of the Western European countries led to the rise of many Western European countries, but only those who maintained the internal unity canstay strong. His analysis of modern political changes in Western European countries mainlyfocused onthe position and influence of domestic "feudalism" in their political reforms. He compared the British constitutional monarchy with the French republican revolution. He believed that Britain was a model for realizing "new age" without bloodshed orabandoning monarchy, but the bloody struggle of the French Revolution had become intensified, and as a result, after more than a hundred years of continuous turmoil, France was surpassed by Germany. In response to the increasingly popular thoughtsof republican revolutionin China at the beginning of the twentieth century, Kang Youwei developed a historical discourse that China has long been in a state of equality, hence no need for republican revolution. He distinguisheda crowned republic from a constitutional monarchy, and advocated that China adopt a "crowned republic" system where the monarch has no real power.

Key Words: Kang Youwei; New Age (Xin Shi); Feudalism; aCrowned Republic

On the Foreign Invaders in Modern China from the Change of the Meaning and Reference of *Guizi*

Xu Longbo (219)

Abstract: In the interaction with modern Chinese politics and society, the word Guizi was changed from a neutral word referring to foreigners to a derogatory word referring to Japanese aggressors. Before the Opium War, Chinese people generally called foreigners as "Guizi". With the aggravation of foreign aggression against China, "Guizi" has evolved into "YangGuizi", which was closely related to the negative meaning of ghosts and evil spirits. The generation and widespread of "YangGuizi" reflected the Chinese people's reproach and hatred of the aggressors, and also provided an effective language tool for the enlighteners to encourage the Chinese. In the 1920s and 1930s, the cruel acts of Japanese aggressors made-Guizi gradually attached to Japan. At this time, the "Guizi" strengthened national consciousness, provided effective ideological resources for the Chinese' self-awareness and fighting against aggression, and was also used by Japanese aggressors to mislead the people and attack opponents.

Key Words: Guizi; Word Meaning; Referent; Modern China

The Japanese Invasion of China through the Eyes of Protestant Missionaries: Exploration Based on *the Reviews of the Chinese Recorder* (1928—1941)

Wang Hao (233)

Abstract: Protestant missionaries occupied an important position in the history of modern China, since they experienced and witnessed many historical moments. The Japanese invasion of China, which can be traced back to the late 19th century, has long been undertheir close observation. The missionaries kept a stand different from that of the two sides because of their position and nationality. Based on many book reviews written by protestant missionaries and published on *The Chinese Recorder*, this article tries to get an overview of the missionaries' discourse on the Japanese invasion of China. In general, missionaries observed the conflict of worldwide influence from a perspective of global interactions, and analyzed thedeep constructional contradiction between Japan and China. In addition, they tried to understand these two sides in terms of their history and culture, which provided the understanding with in-depth insight and knowledge. As a reverse observation, this article attempts to deepen the multi-perspective and in-depth understanding of the Christian missionary group, and to show their side of scholarship through their own comments.

Key Words: *The Chinese Recorder*; Protestant Missionaries; Book Reviews; Japanese Invasion of China

Reviews

Review of *A World History of Nautical Chart*: *History Changed by Sea Route* by Masakatsu Miyazaki.

Zhang Xiaomin (251)

Abstract: As one of the important sources of historical data in the study of history, nautical charts have gradually become the research object of the scholars under the impetus of Marine history studies. Masakatsu Miyazaki's *A World History of Nautical Chart*: *History Changed by Sea Route*, by reviewing of maritime adventures, narrates the transition from charts to world maps and the formation of maritime traffic networks, and reveals the relationship between the expansion of sea routes and the process of world integration. In this book, by focusing on interdisciplinary methods, the formation of the sea route network of the world is investigated from a long period of time with a bird-view, thusit reflectedan idea of global history. Although there are some problems, such as insufficient attention to the cultural significance of nautical charts and the changes of cartography, it is different from the previous perspective of world history studies, and provides a reference for the grand narration of Marine history

Key Words: Nautical Chart; Maritime History; World History; Sea Route

Review of the Size of British Army and Armaments during World War II

Zhang Jian, Chen Anqi (265)

Abstract: Britain, as the "no sunset" empire of the time, has a great world-class industrial base and strong military strength. In World War II, war-loss ratio of the British and Fascist German is close to one to one. Britain had the sophisticated weapons and high-quality military personnel, its combat ability is comparable to that of the German army. The British Army belongs to one of the three major military forces of the anti-fascist allies, andit includes not only the local army, but also its colonial and self-governing Dominion's forces. From the outbreak of World War II to the end of war, the size of the army and weaponry of the British army expanded rapidly, and its troop mobilization grew rapidly as the war escalated, reaching a maximum of a little more than 9 million. Whether it was the British Air War, the Great Retreat of Dunkirk, the Battle of North Africa, the sea Battle of the Mediterranean, etc., the British performance leaves its own mark in the military history of World War II.

Key Words: Pre-war Politics; British Air War; Lease Bill; North African Battlefield; Normandy Landings

Book Reviews

Review of *Coffee Is Not Forever: A Global History of the Coffee Leaf Rust* **by Stuart McCook**

Zhu Shouzheng (281)

Review of *Slow Catastrophes: Living with Drought in Australia* **by Rebecca Jones**

Qiao Yu (286)

Review of *From Policemen to Revolutionaries: A Sikh Diaspora in Global Shanghai, 1885 – 1945* **by Cao Yin**

Hang Xiaoyu (290)

Review of *Empire of Things*: *How We Became a World of Consumers*, *from the Fifteenth Century to the Twenty-First* by **Frank Trentman**

Wang Yangxu (295)

Review of *Woman's World/Woman's Empire*: *The Woman's Christian Temperance Union in International Perspective*, *1880 – 1930* by **Ian Tyrell**

Sun Xiaoxia (300)

Review of *Naval Warfare*: *A Global History since* 1860 by **Jeremy Black**

Li Xiangyuan (306)

Review of *Chinese Law in Imperial Eyes*: *Sovereignty*, *Justice and Transcultural Politics* by **Li Chen**

Wei Yiduo (311)

Review of *A World History of Rubber*: *Empire*, *Industry*, *and the Everyday* by **Harp Stephen**

Zhang Weilun (318)

Review of *Japanese Slaves in theAgeof Seafaring Exploration*: *Asia*, *the New World and Europe* by **Lucio de Sousa and Oka Mihoko**

Han Lun (325)

Review of *The East is Black*: *Cold War China in the Black Radical Imagination* by **Robeson Taj Frazier**

Su Xueying (331)

Review of *A Big History of Globalization*: *The Emergence of a Global World System* by **Julia Zinkina etc.**

Wang Jintao (335)

《全球史评论》稿约

1. 《全球史评论》是由首都师范大学全球史研究中心主办的连续性学术辑刊，刘新成教授担任主编，2008年创刊。

2. 《全球史评论》致力于在中国历史学界推进全球史的研究视野与方法，提倡有关跨文化、跨国家历史现象的研究，注重揭示全球视野中的文明互动与交往，探寻政治、经济、文化诸方面的全球化进程与地方特性的相互影响。

3. 《全球史评论》下设"论文""评论""书评"三个主要栏目。（1）"论文"为原创性的问题研讨，字数一般在两万以内；（2）"评论"或为某一论题的综合性的学术史考察，或为重要论著的深度评论，一万字左右为宜；（3）"书评"为国外近期出版全球史新著评介，所评书目原则上由编辑部选定，投稿请预先联络。此外，有"学术信息"一栏，报道本领域重要学术活动的相关资讯。

4. 《全球史评论》对来稿一视同仁，执行双向匿名评审制度，以追求公正和严肃性。编辑部接到学者赐稿，将在最迟三个月之内给予采用与否的答复。如遇评审、修改，则时间相应延后。

5. 《全球史评论》为中文刊物。来稿可以是中文或外文，外文稿件如确定发表则由编辑部邀请专人译为中文。

6. 稿件所涉文献引注格式，同《中国社会科学》及《历史研究》杂志的体例。

7. 来稿请寄《全球史评论》编辑部。

   电子信箱：cnuglobalhistory@163.com

   通信地址：北京市海淀区西三环北路83号首都师范大学历史学院（邮编：100089）

8. 《全球史评论》为CSSCI来源集刊（2017—2018），由中国社会科学出版社出版发行，从第八辑起，出刊进度为每年两辑。

《全球史评论》编辑部